高建勋 著

高校管理干部的八项修炼

Gaoxiao Guanli Ganbu De
Baxiang Xiulian

长江出版传媒
湖北人民出版社

图书在版编目（CIP）数据

高校管理干部的八项修炼 / 高建勋著. — 武汉 :湖北人民出版社, 2023.9
ISBN 978-7-216-10727-3

Ⅰ.①高…　Ⅱ.①高…　Ⅲ.①高校管理－研究　Ⅳ.①G647

中国国家版本馆CIP数据核字（2023）第171674号

责任编辑：杨　猛
封面设计：董　昀
责任校对：范承勇
责任印制：肖迎军

出版发行：湖北人民出版社	地址：武汉市雄楚大道268号
印刷：武汉市籍缘印刷厂	邮编：430070
开本：787毫米×1092毫米　1/16	印张：19.25
字数：367千字	插页：2
版次：2023年9月第1版	印次：2023年9月第1次印刷
书号：ISBN 978-7-216-10727-3	定价：80.00元

本社网址：http://www.hbpp.com.cn
本社旗舰店：http://hbrmcbs.tmall.com
读者服务部电话：027-87679656
投诉举报电话：027-87679757
（图书如出现印装质量问题，由本社负责调换）

序　一

初拿到高建勋同志的新著《高校管理干部的八项修炼》，我不禁联想起彼得·圣吉关于学习型组织建设的经典畅销书《第五项修炼》。细细读来，两书是有"公约数"的，都蕴含着对"管理者"的深切关注。

自改革开放以来，随着我国"国门洞开"，经济社会快速发展，曾经作为"舶来品"的西方管理学理论备受推崇；与此同时，中国传统文化中的"管理"思想也不断被挖掘。"管理"这一话题常谈常新、经久不衰。

当代中国最具权威的大型综合性辞书《辞海》是这样来定义"管理"的：管理是指社会组织中为实现预期目标进行的以人为中心的协调活动，管理的目的是实现预期目标，管理的本质是协调，协调的中心是人。经济学家、"现代管理学之父"德鲁克认为，管理是关于人类的管理，其任务就是使人与人之间能够协调配合、扬长避短，实现最大的集体效益。"科学管理之父"泰勒认为，管理就是确切地知道你要别人干什么，并使他用最好的方法去干。古今中外、不同流派关于管理的定义，可谓仁者见仁、智者见智。但综合分析，我们不难发现这些定义都围绕着管理的主体、客体、目标、手段等核心要素。在这其中，最为核心的要素就是"人"。

《高校管理干部的八项修炼》就聚焦高校管理干部这一核心人群，以八种管理能力的提升为内涵和外延，以33个主题问答的新颖形式，进行了一系列理论与实践相结合、历史与现实相贯通、目标与路径相契合的论述，具有很强的针对性。对提升高校管理干部能力素质，提高高校管理效能是很有帮助的。

一是深刻洞悉大学办学的本质特征。大学之道、育人为本，为师之道、立德树人。纵观人类发展史，自1088年世界上第一所大学——意大利博洛尼亚大学创立以来，在近千年的大学发展进程中，大学始终将人才培养作为首要职能，这是大学安身立命之本。因此，当我们发现适用于党政机关、企事业单位和社会组织的一般管理学原理和规律也适用于高校管理时，不能简单的大而化之、等而视之，忽略了高等教育管理的特殊性。我们要深刻认识到高校因其天然具有的"育人为本、以生为本"的普世价值，高校管理还具有不同于其他领域管理的特殊性。特别是，我们作为中国高校管理干部，更要始终牢记"我们要建设的教育强国，是中国特色社会主义教育强国，必须以坚持党对教育事业的全面领导为根本保证，以立德树人为根本任务，以为党育人、为国育才为根本目标……"这就要求我们的管理工作要统筹协调好学校与学生、教师队伍和庞大的后勤保障体系间的良性互动关系，从发挥党的领导核心作用、构建管理育人协同机制、创新管理育人有效载体等方面多维发力，实现高效管理与育人实效的同频共振、双向奔赴。本书在这方面就做了很多有益尝试，它不是只见树木、不见森林，脱离于大学的本质去谈管理，而是在开篇就赋予高校管理干部"党的教育工作者"和"党和国家高等教育政策决策的坚定执行者"的身份定位，并将其肩负的育人职责使命贯穿于《如何提高办事水平？》《如何加强制度建设？》《如何建设行政文化？》等章节，体现了作者对大学本质的深刻洞悉。

二是精准洞察大学运行的客观规律。大学的运行以大学治理体系中的各种权力关系为基础。在我国高校，主要体现为实行党委领导下的校长负责制，和以"党委领导、校长负责、教授治学、民主管理、社会参与"为基本框架的现代大学制度。其中主要包含由党委领导形成的政治权力、校长负责形成的行政权力、教授治学形成的学术权力和师生参与形成的民主权力这四个要素。提高大学管理效能和内部治理能力的关键，就在于通过健全和完善各种体制机制，正确协调处理好四种权力关系，提高规范管理学校各项事务和增强依法治校的综合能力，最终在高校实现共治、法治和善治。本书就专门安排了一章，围绕"如何正确行使权力"这一主题，对大学中的政治权力、行政权力、学术权力是什么？为什么要协调？如何协调？进行了系统研究阐述。作者坚持目标导向和问题导向相统一，提出了一系列有价值的建设性意见，体现了他对大学运行规律的精准洞察。

三是清晰洞见大学管理干部的履职要求。一流的大学之所以一流，成功的大学之所以成功，固然离不开高水平的教学、科研队伍，但也少不了能力突出、作风优良的管理干部。现代大学管理是否一流，既取决于一流的管理体制和管理文化，也取决于一流的治理体系和治理能力，这一系列"一流"的交汇点和落脚点，就在大学的管理干部。大学管理干部承担着承上启下、起承转合的重要职能，也同时面临着事务多、头绪杂、时间紧、任务重、人手少的客观困难，处于典型的"上有老、下有小，中间还有兄弟姐妹找"的多维度管理体系中。因此提升能力，既是高校管理干部适应工作岗位的客观要求，也是促进个人成长的主观需要。习近平总书记多次强调，干部特别是年轻干部要提高政治能力、调查研究能力、科学决策能力、改革攻坚能力、应急处突能力、群众工作能力、抓落实能力。本书坚持需求导向,以习近平总书记系列重要论述为科学指引和根本遵循,紧密结合高校管理工作实际,紧扣高校管理干部能力素质提升这个"牛鼻子",从办文、办会、办事,从如何提高政治能力,如何与领导相处以及如何加强制度建设、加强行政文化建设等方面做了深入细致的探索,体现了作者对大学管理工作的勤业、乐业、精业,体现了对新时代高校管理干部如何成长的期盼和情谊。

党的二十大将科教兴国战略、人才强国战略、创新驱动发展战略提高到前所未有的高度,指出"教育、科技、人才是全面建设社会主义现代化国家的基础性、战略性支撑"。作为教育、科技、人才"三个第一"交汇点的高等学校,高校管理体制的改革创新和管理效能的提质增效已然成为实现高等教育治理现代化建设目标的必要条件。

高建勋同志长期在高校工作,先后在校团委书记、学院党委书记、学工部长、宣传部长、人事处长、校办主任等多个重要岗位工作,对高校管理工作有着丰富经验和深入思考。本书的出版可谓是正当其时、正逢其势。

最后,希望大家和我一样喜欢这本书。

是为序。

谢红星

2023 年 7 月 1 日

(谢红星,博士研究生,教授。历任武汉大学副校长、长江大学校长、湖北大学校长,曾挂职任广西梧州市党委常委、副市长,现任湖北大学党委书记。)

序　二

　　党的二十大报告提出加快建设教育强国的战略目标和加快建设高质量教育体系的具体要求,以高质量教育体系支撑教育强国建设,是新时代中国高等教育的使命任务。勇担高等教育新使命,奋进高等教育发展新征程,对高校的管理队伍提出更高要求。建成一支政治坚定、业务精湛、作风过硬、综合素质高、富有活力的管理干部队伍,是高校治理能力现代化的基础和保障。当前,高校管理干部的职业特点和成长规律,在新时代背景下呈现出新的特质。

　　高等教育只有坚定推进治理体系和治理能力现代化,提升治理效能,才能解决影响高校高质量发展的机制性、结构性问题,才能为高校落实立德树人根本任务和促进内涵式发展,更好服务经济社会发展提供坚实保障。高校领导班子和中层管理干部必须认清形势、把握大势、抢抓机遇,通过理念、制度、能力、方法等的革故鼎新,着力构建高质量的高等教育治理体系,加速推进治理体系和治理能力现代化进程,努力为建设教育强国、科技强国、人才强国提供坚强有力的高等教育支持。《高校管理干部的八项修炼》一书紧密结合高校教育管理工作实际,对高教管理工作深入探究思考,就如何提高高校管理干部政治能力和办文、办会、办事能力等八项核心竞争力提出了解决方案和实现路径,为高校管理干部的成长赋能导航、强筋壮骨。该书作者经过多岗位历练,熟悉高校工作,管理经验丰富,通过实践、认识、再实践、再认识,见微知著,聚沙成塔,总结规律,著书成册,旨在帮助高校各级领导干部不断提高思想水平、解决实际问题、实现自我超越,具有很强的针对性和指导性。

　　本人在多所大学担任过主要领导职务,愈发感到在教育强国的新征程上,高校内部管理更趋复杂化和专业化,虽不是中心但影响中心,虽不是大局但关系大局。希望读者朋友从本书中找到成为"参谋助手""行家里手""协调高手""创新能手"的秘籍,始终把心思集中在"想干事"上,把能力发挥在"会干事"上,把力量凝聚在"干成事"上,创造无愧于事业、无愧于组织的工作业绩和实绩,真正收获属于自己人生精彩的成长和成功。

彭育园

2023年5月26日

（彭育园,教授,博士生导师。历任湖北科技学院党委书记,武汉纺织大学校长,湖北工业大学校长,现任湖北工业大学党委书记。）

前　　言

党的二十大报告首次将教育、科技、人才进行统筹部署、整体谋划,从基础性、战略性支撑的角度强调教育、科技、人才一体发展。加快建设教育强国、科技强国、人才强国,赋予高校在现代化建设中新的使命。世界一流大学都是在服务本国发展中成长起来的,高校必须担当加快建设教育强国、科技强国、人才强国的时代责任,全面提升人才自主培养质量,全面提升科技自主创新能力,全面提升现代大学治理水平,为现代化建设提供强大人才支撑,为全面推进中国式现代化做出高校应有的贡献。

建设高水平大学,必须充分调动高校全体师生员工的主动性和创造性。高校教职员工由四支队伍构成,即管理干部队伍、专任教师队伍、专业技术队伍和后勤保障队伍,他们为学校事业发展提供了有力保障。教师承担着教书育人的使命,教师始终是一所高校的主体,新时代建设一支师德高尚,业务精湛、高水平的教师队伍,是建设高水平大学的前提。教师以外的专业技术队伍,如实验技术人员、工程技术人员、财务人员等其他专业技术人员是教学科研的重要辅助人员。高校管理干部肩负着重要责任,担负着对学校各项工作的领导,指挥、决策、协调、管理和服务等重要任务,是一支推动教学,科研等事业发展的重要力量。管理干部队伍建设得如何,直接关系到高校能否全面贯彻党的教育方针,也直接关系到高水平大学的创建。后勤保障工作仍是学校工作的重要组成部分,后勤队伍建设决定着高校后勤管理体系和服务质量,影响着高校整体水平和培养目标的实现。

流光容易把人抛,转眼间,我在高校行政管理岗位从事管理工作三十余年了。高校管理干部面对的是高素质、高文化的知识群体,是学校各项方针政策的具体实施者,是学校有序运行与高质量发展的推动者,他们的能力素质如何,关系到高校治理能力的综合提升,关系到学校的未来发展。随着我国高等教育的快速发展,高校行政管理队伍发生了巨大变化,队伍更加年轻,学历不断提升,但也面临任务琐碎、压力偏大,行政管理工作还存在研究水平仍需提升、认同感不高、激励机制不健全等问题,在我国高等教育事业快速发展的今天,加强管理干部队伍建设显得尤为迫切。新时代赋予高等教育更多的使命担当,也为高校行政管理工作提出了更多的挑战。在长期的工作中,我见证了高校管理干部队伍的发展变化,深切地感受到需要在以下五个方面加以改进。

一是岗位培训机会偏少。现阶段,各高校普遍重视专任教师队伍建设,大力引育高层次人才,新进教师具有博士学位,有岗前培训、海内外研修制度安排,晋升渠道畅通。重视专业技术队伍素质提升,实验系列人员也有了正高级职称;后勤管理队伍逐步减少,大部分交给专业化的公司经营。部分高校对管理干部培训重视程度不足,对管理干部提供的培训机会不多,认为参加脱产培训会影响工作开展,校内除了对新进教师(辅导员)开展入职培训外,很少开展对现有管理岗位的培训。

二是职业认同度不高。一段时间以来,在"去行政化"的呼声下,高校在福利待遇、职务晋升、资源调配等方面向教学科研岗位的专任教师倾斜,行政管理工作处于"低人一等"、被矮化的状态,对高校的行政管理岗位没有太多的认可。管理岗位干部需要多年才能达到教学岗位一两年便可达到的岗级,另一方面,管理人员收入相对偏低,生活压力相对增大。高校基层管理干部多数是年轻人,正处于干事创业、迫切需要认可的年龄段,对行政管理工作的意义和价值评价下降,导致一些基层管理干部工作怠惰,缺乏热情,直接影响到工作状态和工作质量,进而影响服务高校人才培养、科学研究、社会服务的质量。

三是基层管理干部数量不足。在高校管理中,对于"教职员比例"长期以来存在一种误解。比如,许多人认为我国高校的问题是专任教师比例过低,非教学人员比例过大;有的学校通过压缩职员数量,调整生师比;有的地方政府部门和学校硬性要求停止补充非专职教师;有的地方以教学与科研人员的比例比较大学实力;有的甚至将减少职员与"去行政化"相联系。导致管理干部队伍增加很少,不少职能部门人员多年缺编。高等学校作为一个学术机构当然要以教学科研人员为主体,但是为教学科研人员服务也需要一个强大的保障体系。长期以来,各地普遍反映高校教师负担过重,提出为教师和科研人员减负,解放学术生产力。合理调整管理干部比例是一个很重要的途径。美国私立一流大学师职比为 0.5:1,公立大学为 0.3:1,英国一流大学为 1.1:1,澳大利亚一流大学为 0.3:1。因此,要合理配置我国高校党政管理干部比例,建设一支高素质的管理干部队伍。

四是激励机制不够健全。高校行政管理工作任务繁重,事情烦琐,有的岗位要面对成千上万的服务对象,而对管理绩效又很难以进行评价,出现了"干多干少一个样,干好干坏一个样"的现象,不利于管理干部的长期发展。高校管理工作的复杂性使管理能力水平的高低衡量缺乏精准的评价体系,管理岗位以事务性工作为主,且不同部门不同岗位工作性质、内容差异较大,用统一定量方式进行评价比较困难。目前考核评价以定性评价为主,实际开展中存在"轮流优秀"的情况。缺乏有效的运用路径,在职级、职位晋升中评价结果实际作用不大,评奖评优路径较少,使得激励路径非常单一。在实际工作中,管理干部存在工作量分配不均衡的现象:能力强的,往往超负荷工作;能力弱的,往往承担较少的工作内容,没有科学、合理的任务划分,造成出力多、待遇低、职务晋升论资排辈和不确定性因素多、个人发展前景不明朗等问题。处于相对于"教师本位"的这种"边缘地位",使管理干部既看不到在现实工作中的自身地位,又看不到在管理岗位上的未来发展,必然影响管理工作的开展。

五是自身能力素质有待提高。党的二十大报告提出,建设堪当民族复兴重任的高素质干部队伍。我们要深刻领会"高素质"的时代内涵,即政治素质好、思想境界高、专业能力强。高校管理干部的专业能力强,不仅体现在管理能力上,而且必须懂业务,熟悉了解人才培养、学科建设规律、学术研究规律。今天的年轻干部伴随着改革开放成长,生活在物质相对富足的时代,学历高、思想活跃、观念新,从来源上看,高校的管理干部大多是从辅导员抽调补充,多为高校非教育管理专业硕士毕业生,也有专业技术岗位转岗的。虽然大多数品学兼优、德才兼备,但同时大多数年轻干部都是从家门到校门再到机关门的"三门"干部,没有经历过艰苦生活、大风大浪考验,党性锻炼、社会阅历、实践历练相对不足。而且大多是被分配做管理工作,学非所用。大学里就没有开设高校管理这门课。现实中,有的管理干部看不懂形势、理不清思路,把不准方向、打不开局面,知识结构老化、业务素质欠缺的掣肘愈加明显。有的不会起草文稿,领导讲话不能写、会议纪要不能写;有的干事按部就班,循规蹈矩,不学习新政策,不了解新形势,不掌握新方法,拘泥于条条框框,不敢突破、不善突破,安于守成,常常以惯例论事,干什么事情之前都要请示领导;甚至一些管理干部为了自身的利益,占着管理干部的岗位,一心想的却是转岗。导致老问题未解决、新问题不间断。长此下去,管理就不可能到位,不仅贻误自身进步,也耽误学校事业发展,更有损干部队伍乃至党的形象。

高校管理干部除了行政管理晋级之外,一个重要的晋级通道就是职称评定,当前,很多高校管理人员不能参加职称评审,一些管理干部缺乏开展研究的动力,加上事务性工作繁重,客观上存在时间和精力的不足,日常工作中以完成工作为主,思考和研究管理工作的主动性不够。此外,部分管理人员由于对工作很难产生强烈的兴趣,长期单调重复的行政管理工作也容易产生职业倦怠。管理岗位专业化要求较高,部分岗位工作需要较高延续性,如以教学科研管理部门为主的机关部门,教务处、研究生院、人事处、社科处和科技处等;以教学科研服务部门为主的机关部门,图书馆、网络与信息管理中心等。现实中,高校聘岗中管理队伍有聘期轮岗交流要求,岗位流动性较大,导致了部分工作出现衔接空隙,也影响了岗位工作专业化提升。

高校管理是一门实实在在的科学,绝对不缺少理论厚度,但又是一门实践性很强的学问。在实际工作中,高校管理干部面临的情况纷繁复杂,要处理的问题千头万绪,当一名称职的管理干部就很不易了。管理科学告诉我们,管理工作一般包括五大要素,即计划、组织、指挥、协调与控制。这就要求管理干部在日常工作中要深入进行调查研究,广泛听取广大师生员工的意见和建议,创新管理机制,强化管理执行效果。要有摆脱惯性思维的主动性和创新的风险意识,对实际工作中出现的问题认真进行思考和研究,在综合进行分析、评估和判断的基础上,不断提出、改进和建立新的管理制度和措施,做出科学正确的管理决策。同时,由于高校管理干部服务的对象是知识分子,特别是高级知识分子,是科学技术发展的直接推动者,要为他们做好服务工作,就必须转变观念,从经验型向科学型转化。即使是"双肩挑"的干部,也不是天生就会做好管理工作的。在人的成长过程中,高人指点应该是成本最低也是最为关键的一步,高人指点可以解决人的智慧和觉悟及方向等人生关键问题,所谓"听君一席话,胜读十年书"就是这个道理。但高人不常有,如果没有高人指点,那就靠自己摸索着做了。我回想在高校从事管理工作的这些年,如果当初有人传帮带,就会少走很多弯路。

现实中,确实有很大一部分管理干部想把工作干好,对自身能力素质的提升,最快捷最有效的便是消化吸收先进的、典型的经验和做法,再与自身实际相结合,做到取其精华、为我所用。目前,高校管理工作很大程度上是个人经验的积累,但是,管理工作不能指望"师傅带徒弟"模式来推进,散落在茫茫人海中的个体经验的贝壳,需要穿成美丽的项链。只有依靠理论的指导,才能在整体上推进管理工作水平的提高。要想增强本领,除了学习,还有其他途径、手段、方法吗?没有!但是现在很难找到针对高校管理干部能力提升的著作,社会上谈管理的书籍很多,但谈高校管理的少,具体谈高校管理干部成长的就更少,要学习如何当好高校管理干部这项技能,可以说基本上是"求学无门"。武汉纺织大学校长、中国工程院院士徐卫林曾经一针见血地指出,高校唯独不研究自身问题,疾呼高校干部要做"研究型"管理。究其原因,高校专任教师要申报各类基金项目,撰写本学科专业学术论文,他们没时间也没兴趣研究高校管理工作;高教研究人员多关注高等教育宏观政策,专任教师队伍发展,对高校管理干部全方位研究的很少。要研究高校管理干部还是得依靠高校管理干部自身,这样产生的研究成果既有学术性,又有实践性,专家学者看了不觉得浅陋,基层干部看了觉得可操作实施。

那好吧,我就自己写一本关于高校管理干部专业化成长的书吧!为同行写书,是很需要那么一点勇气的。这样的书,本应该由高校的校级领导来写最合适,他们是过来人,肯定有不一样的视角和感受,但他们平日里忙着学校发展的大事,每天为大学排行、学科评估、办学经费焦头烂额,没有时间、没有精力专门坐下来写作。况且,校级领导有的是学术专家,不可能对高等教育管理领域范围内的事都有深入思考、深入研究。作为一名在高校管理战线工作三十余年的"资深"管理干部,我自2002年12月任校团委书记,走上高校中层领导岗位,迄今也有二十余个年头了。先后在学校机关处室、院部教学单位等多个岗位工作,担任过八个二级单位的主要领导,从事并分管过群团、党务、教学、科研、学生、人事、行政等工作,一路上细心观察,谨慎体悟,孜孜以求,有泪水、有汗水、有遗憾、有收获、有失误、有感悟。我每到一个新的岗位,总想在实践的同时弄清它的理论根据,总是结合岗位实际开展一些理论研究,总想有所创新,走出一条适合学校实际的特色发展之路。近年来,我尝试着把自己的工作感悟,分享给刚走上高校管理岗位的年轻人,先后出版了《高校事务文书写作与公务讲话要领》《高校管理干部的四重修炼》等专著,被一些高校当作管理干部培训读本,对他们的帮助很大。我应该站出来,把自己的工作得失,所思所悟写出来。以一个高校管理干部的身份,以自己的切身体会,为高校管理干部同行写一本专门的业务书,用个人的亲身经历,为他们提供一些启发和帮助。

高校管理干部两眼一睁忙到熄灯,高校行政管理工作既涉及宏观层面的运行管理,同时还要参与到微观层面的落实执行,既有总揽全局的中心工作和重大事项,也有细致入微的行政事务和琐碎流程。涉及的领域方方面面,要做到写作"对路"实为不易。愚者千虑,必有一得。我想,针对大多数高校管理干部关注的共性问题做一些分析探讨,给出有一定成熟度的方案,能为解决实际问题多少提供一点有益支持的书籍,可能是更被需要的。因此,坚持问题导向就显得尤为重要。本书就力图奔着问题去、奔着解决问题去,就高校管理干部日常工作中聚焦度集中、关注热度比较高的问题进行梳理、概括,有针对性地提出了"八项修炼",尽量提供一些有深度的有效分析,给出一些解决问题的思路和方法,让读者从中得到相应的启示而有所得。

热爱是最好的老师。日本著名企业家稻盛和夫说，要想拥有一个充实的人生，你只有两种选择：一种是"从事自己喜欢的工作"，另一种则是"让自己喜欢上工作"。作为一名高校管理干部，如果不能改变目前的岗位，首先必须热爱自己所从事的工作岗位，珍惜自己的工作岗位，以锲而不舍的毅力，干一行爱一行，对自己的工作有一种使命感和责任感，把工作变成一种乐趣。其次应主动适应高等教育事业发展的新形势、新要求，加强学习，善于思考，把自身的学习作为一种常规性工作，作为一种发自内心的现实需要，向过去学、向未来学、向同行学、向他人学，从调查研究中学、从实践经验中学，提升研究能力，不断提升自我、完善自我，做到干一行专一行。希望本书能够对那些有志于做好管理干部的读者提供一些帮助，提供一些借鉴。如是也，则实现了我的初衷，我也将感到莫大的荣幸了。

当前，世界之变、时代之变、历史之变正以前所未有的方式展开。当今中国，正处在中华民族伟大复兴战略全局和世界百年未有之大变局的历史交汇点，我们比历史上任何时期都更接近、更有信心和能力实现中华民族伟大复兴的目标。身处这样一个伟大的时代，何其幸也！这个"幸"字，既包含好时代赋予所有人的巨大"时代红利"，也蕴含着好时代为每个人提供更多人人出彩的大舞台。身处最好的时代，我们须成就最好的自己，不负韶华，不负时代。这是个人理想，也是时代责任。党的十八大以来，以建设教育强国，加快实现高等教育内涵式发展为目标，"双一流"建设总体规划成为新的重大战略抉择，必将对我国高等教育结构产生深远影响。无论风云如何变幻，无论挑战如何严峻，把握历史发展规律和大势，以思想的力量激扬奋进的力量，以理论的主动把握历史的主动，不断锤炼斗争精神和斗争本领，知难而进、奋发有为，我们就一定能依靠顽强斗争打开事业发展新天地。

目　　录

引言：如何正确认识自己？

　　相传，在希腊特尔斐神庙上刻着三句箴言，即"毋过""你是"和"认识你自己"。语短意深，言简意明。这是人文的话语，也是人类永恒的话题。无论是西方的他者，还是东方的我者，都无法回避这一始终与你同行的议题。杨绛先生在《走到人生边上》一书里曾感慨道："人生实苦，终其一生，我们都要不断地修炼灵魂，完善自我。"真正的修炼，不是远离车马喧嚣，而是在心里修篱种菊。人生是一场没有终点的修行，不是为了遇见谁，而是为了遇见最好的自己。高校管理工作本质上属于服务性工作，服务对象是师生员工。高校管理干部只有清醒地知道自己从哪里来、到哪里去，为谁工作、以什么样的态度工作，才能更好地履职尽责、实现管理工作的价值。只有不断淬炼、沉淀，才能修炼成自己想要的模样，变成更好的自己。

高等教育,千帆竞发,不进则退,慢进亦退。内外部环境的深刻变化,给高校管理工作带来了前所未有的机遇和挑战。 一流大学不仅要有一流的教学、一流的科研,还要有一流的管理。高校管理是一种系统工程,内部的人、财、物、事、时间、空间、信息各要素都必须有机配合,协调运行,其中高校管理队伍的精神面貌和业务素质是影响高校管理效能的最重要的因素。在同等的资源条件下,一所高校办学水平的高低很大程度上取决于其管理水平的高低。从管理与教学、科研之间的关系来讲,教学是中心,学术是关键,管理是保证。教育教学工作及人才培养质量是生命线,是高校安身立命的基础和发展的支点;学科建设、科学研究及社会服务是增长线,是高校生命力得以旺盛的发展点;机关部门、教辅单位、后勤等管理是保障线,是支持生命线和增长线的坚强后盾。虽然管理不是高校的核心事务,但却是高校发展的基础和支撑。随着高等教育改革的深入推进,高校管理的价值愈加凸显。为提升高校的核心竞争力,不仅需要拥有一支高水平的教师队伍,还需要有一支与时俱进,精于管理,结构合理,相对稳定的高素质管理干部队伍。加强高校管理干部素质和能力建设,是实现高校管理目标,提升高校治理能力和办学水平的关键。

一、高校管理干部究竟是干什么的?

高校管理主要包括教学管理、科研管理、学生管理、人事管理、财务管理、后勤管理、产业管理等。高校管理干部主要是指从事管理工作人员中的党政管理人员,包括承担一定领导责任的管理干部和不承担领导责任的管理干部,即包括高校决策层管理人员、职能部门管理人员和教学科研部门管理人员。他们肩负着高校教学、科研、后勤等各项工作的领导、决策、组织、指挥、管理、协调和服务的任务,是正确引导高校办学方向、提高整体管理水平、创造和谐校园环境、提高教学质量、加快人才培养、加快教育教学改革与发展的重要保障,在搞好人才培养、科学研究、社会服务、文化传承与创新等方面发挥着举足轻重的作用。高校的一切工作都是通过管理干部的组织得到贯彻和落实的,没有管理干部,高校的运转就成了问题,也就谈不上教育教学质量。

(一) 高校管理干部的基本内涵

第一,高校管理干部的界定

基于"大学是以传播、发展高深学问为其目标的特殊社会组织"[①]的观点来看,高校的发展是在充分占有了其固有的学术性质的基础上得以发展的,学术性是高校存在的根据,也是高校得以发展的内在规定。在大学内部建立行政机构来对大学进行控制和管理也是大学自身发展的需要。目前,我国高校教职员工由四支队伍构成,即管理干部队伍、专任教师队伍、专业技术队伍(包括工程技术、会计、审计、出版、图书资料等人员)和后勤保障队伍。高校管理干部,是指在高校内部行政管理事务岗位上工作,依法行使学校行政管理权,完成所担负的行政管理事务的工作人员。从管理活动的内容来看,高校管理干部是高校内部从事计划、组织、指挥与控制内部人员及资源,以实现学校目标的人员。从管理活动的职能范围来看,高校管理干部是从事高校行政管理事务的人员。具体地讲,有机关部门、群团组织、学院、系、所、中心等不同岗位的管理干部。在高校行政管理部门工作,但不从事学校行政管理事务、工作纯属后勤服务性质的工勤人员不属于管理干部。

高校管理干部按照工作内容,可以分为党务管理、行政管理两大类;就管理干部的职责而言,高校管理干部包括管理中的领导者和一般管理人员。管理中的领导者是指在管理机构中担负一定的职务,肩负一定的责任,按照党的教育方针、政策,上级的要求和事物发展的客观规律来组织、指挥、引导师生员工所从事的各种管理活动,实现一定组织目标的人。一般管理人员是指在管理活动中从事各种具体业务的工作人员。就管理干部的职级层次而言,高校管理干部有办事员、科员、副科、正科、副处、正处、副厅、正厅、副部等不同的级别的职务。尽管高校管理干部有着职级层次之分和工作职责范围之别,但其管理的基本过程、管理的实质内容以及管理职能的基本要求是相同的。

具体来说,高校管理干部队伍主要由三部分人员组成:

一部分是高层管理干部,包括以党委书记、校长为主体的高校领导班子。在知识化的程度上,一般都具有本科以上文化水平,其中许多人有硕士研究生、博士研究生学历和教授、副教授职称,绝大多数来自学校教学、科研和管理工作的第一线,相当一部分同志还有出国留学经历,少数来自地方党委政府管理干部。

一部分是中层管理干部,包括职能处室正副职负责人,教学、科研单位正副职

---

① 阳荣威,胡弼成.大众化进程中大学发展的和谐竞争战略分析[J].江苏高教,2009(5):32—34.

负责人,其中又包括因工作需要,通过聘任、选任、委任等多种任用形式,部分具有丰富教学经验和科研能力的专业教师,以"双肩挑"的形式,做高校管理工作。他们一般都具有较高的学历和专业技术职务,有比较扎实的专业知识,具有较丰富的人生阅历、工作经验,但他们缺乏现代管理知识和方法。除了"双肩挑"人员,其他的中层管理干部一般不从事教学科研工作,专职负责行政党务工作,这些人原始学历不高,为本科学历,一般都是在职攻读硕士、博士学位,基本都在管理岗位上工作了一些年头,他们积累了许多管理经验,与其他高校从事相关管理工作人员熟悉,具有领导能力,能胜任领导工作。

再有一部分是基层管理干部,这部分干部又由三类人群组成。一是在管理岗位上工作十几年以至几十年的"老同志"。他们学历层次相对较低,从事教学科研等管理工作早,在基层管理岗位上一直做着常规工作,业务流程熟悉。二是近几年毕业的硕士研究生、博士研究生。他们年轻,接受过大学的专业教育,具有较高的政治素质,而且大部分都是共产党员,学生时代做过学生干部工作,对于当代大学生的思想比较了解,熟悉学生的生活实际,业务基础扎实,精力旺盛,思想活跃,朝气蓬勃,竞争意识强,从事管理工作能从教师和学生双方的角度考虑问题,他们不断充实到管理干部队伍中来,是高校管理干部队伍的新生力量。三是一些引进人才的随调家属。这些干部多数为非管理专业,很少有系统地学习过高等教育理论、管理学知识等,不具备现代管理岗位的能力和知识。

高层管理干部最重要的工作就是决策,确定一所高校发展的大政方针、发展方向和总体规划,掌握国家政策,制定规章制度以及进行重要的人事组织及其变动,商议与外部协作等重大问题。

中层管理干部主要担负组织职能、决策职能、执行职能、协调职能和宣传职能,负责调动下属成员进行团队合作,组织下属工作人员努力完成工作计划和任务。他们是高校管理活动的中坚力量,同时具有"下属、同事、上级"的角色,具有多重性、复杂性等特点,集责任、权力与服务于一体,是学校领导连接基层的中间力量,承担着战略的执行、基层的管理以及与高层的管理沟通,是连接组织的纽带和桥梁,既要承上启下,又要独当一面;既是指挥员,又是战斗员,在组织管理中起着缓冲带作用。

基层管理干部是具体工作的操作者,是最基层的工作人员,作为一线工作人员,负责保证常规工作的完成,同时完成领导交办的其他工作,为中、高层管理干部提供最基础的数据资料。

本书所指的高校管理干部一般限定为刚参加工作的基层管理干部到中层管理

干部,有时称之为行政人员、管理人员,领导、下属,上级、下级,是在不同情况下的不同称呼,但分别指向同样的群体,其内涵是一致的。有的时候针对领导干部,主要是指高标准、高要求,但并不是说基层管理干部就不需要提升这些能力和素质;有的时候针对年轻干部,主要是指年轻干部更需要修炼,但不限于年轻干部,因为能力并不随着年龄增长而自然增长。

第二,高校管理干部的占比

现阶段高校管理干部的构成从数量上看,教育部《关于当前深化高等学校人事分配制度改革的若干意见》(教人〔1999〕16号)规定,"全校党政管理人员编制原则上控制在全校编制的12%~15%"。2003年,中编办、教育部、财政部关于《普通高等学校编制管理规程(草案)》规定,"普通高等学校党政管理人员编制原则上控制在全校编制的20%以内"。我国高校在普遍重视保证教学科研人员数量的同时,严格控制非教学科研人员的数量。总编制主要按照学生的当量人数来核定,党政管理人员基本控制在总编制的20%以内,其中机关党政管理人员控制在总编制的10%以内。

但实际上,随着我国高校办学规模的不断扩大、高校职能的不断拓展以及高等教育内部管理体制改革的不断深化,我国高校管理干部数量总体上看,已经占到了高校教职工总数的15%~20%。根据《中国教育统计年鉴(2021)》数据,2021年高等教育学校教职工总人数2785592人,专任教师1913817人,行政人员400044人,教辅人员247999人,工勤人员129095人,专职科研人员50644人,其中行政人员占比为14.36%。[①]相对于高校管理干部而言,高校的行政管理组织机构的设置是一个更为上位的问题。近年来,随着高校办学规模的不断扩展,我国高校的组织管理机构整体数量较多,且呈现不断增加趋势。

第三,高校管理干部的结构

从结构上看,我国高校管理干部的管理借用了国家行政机关干部的称谓,实行动态稳定、合理流动的管理办法,一般分为校级(厅级)干部、处级干部、科级干部、一般干部。校级领导以外,其他干部基本分布在学校机关各职能部门、二级学院领导班子及办公室、直属和附属单位领导班子及办公室。从工作业务范围,也可分为党务干部、行政干部、教学科研业务干部、后勤干部等。当然,就高校管理干部的学

[①] 中华人民共和国教育部发展规划司.中国教育统计年鉴(2021)[M].北京:中国统计出版社,2022:210.

历结构、职称结构、年龄结构而言,高校管理干部的日益高学历、高职称、年轻化,已经成为不争的事实。

第四,高校管理干部的来源

从来源上看,目前我国高校管理干部的构成主要有三大类:一是历年面向社会公开招聘的硕士、博士毕业的研究生;二是专业技术人员中愿意且有能力从事行政管理工作的"双肩挑"人员;三是学校办学历史上留存的"以工代干"人员。近几年来,我国高校也日益注重改善高校管理队伍的学缘结构,逐步加大了面向社会公开招聘的硕士、博士毕业的研究生干部选拔力度。高校管理干部的高学历化成为必然趋势。

（二）高校管理干部的职能定位

高校管理干部是一种职业。从社会学的角度分析,职业是个体在社会中用以谋生的工作。社会学家休斯认为:现代人在人际对应的诸多角色中,以他的职业角色为主角色,是这个角色决定了他的生活形态、人生价值取向及他人对他的评价。《中华人民共和国职业分类大典》认为,职业是从业人员为获取主要生活来源所从事的社会工作类别。职业具备以下特征:一是目的性。职业活动以获取报酬为目的。二是社会性。即职业是从业人员在特定生活环境中所从事的一种与其他社会成员相互关联、相互服务的社会活动。三是稳定性。即职业在一定历史时期内形成,并具有较长的生命周期。四是规范性。即职业活动必须符合国家法律和社会道德规范。五是群体性。即职业必须有一定的从业人数。

高校管理干部作为一个对高等教育乃至整个社会发展具有重要作用的一个特殊群体,他们所从事的工作越来越引起人们的关注,如果用上述定义来衡量高校管理干部的工作,高校管理干部具备了职业的所有特征。高校管理干部这一职业是人类社会发展和教育活动发展的必然产物。高等教育结构的分化和教育规模的扩大对高校管理提出了更高的要求,使得管理工作从教学工作中逐渐分离出来,促进了高校管理的相对独立性与有效性,也使得高校管理干部职业从教师职业中逐渐独立出来。

随着社会的发展,越来越多的职业进入专业领域,专业化成为社会职业发展的重要趋势,专业性则成为衡量职业成熟度的重要指标。高校管理干部职业也不例外,只有提高高校管理干部的专业化水平,才能提高学校的管理水平和办学质量,才能提高高校管理干部职业的社会地位,才能满足社会变革和高等教育发展的需要。任何一种职业都有其特殊的、区别于其他职业的角色定位。高校管理干部的职业定位是指在一定历史时期高校管理干部在高校组织系统内部根据工作需要所承担的角色。高校管理干部有着宣传者、管理者、教育者、领导者的多重职业定位。

第一，党的教育方针和国家高等教育政策的有力宣传者

教育是国之大计、党之大计。高校具有鲜明的政治属性和重要的政治功能，立德树人是教育的根本任务，是高校的立身之本。落实立德树人根本任务，管理育人是一个重要环节。高校管理干部亟须把育人作为管理工作的出发点和落脚点，将管理育人理念渗透在学校教学、科研、行政管理、后勤服务等多个管理流程与环节中，积极采取行之有效的措施为师生解难事、办实事，在科学、民主、规范的管理过程中引导、传递三全育人理念，在潜移默化中促进广大师生提升思想道德品质、养成良好行为习惯，增强管理育人实效，推进落实立德树人根本任务。

高校是知识分子聚集的场所和思想文化创新的重镇，加强政治建设对把稳一流大学建设方向极其重要。只有政治过硬、方向正确，才能筑牢办学根基，源源不断培养出社会主义建设者和接班人，而不是旁观者和反对派。当前，一些师生中仍然存在忽视政治、淡化政治、避谈政治、远离政治的倾向，错误地认为"谈政治太虚了""政治与日常工作生活没有关系""政治建设是党员干部的事，不是普通群众的事"等。在推进一流大学建设过程中，高校管理干部要始终坚定对马克思主义的信仰、对中国特色社会主义的信念、对实现中华民族伟大复兴中国梦的信心，筑牢信仰之基、补足精神之钙、把稳思想之舵，把政治标准和要求细化、具体化，内化到党的建设和改革发展中，落实到各个岗位职责里，体现在日常实际行动上。

习近平总书记指出："马克思主义是我们立党立国的根本指导思想，也是我国大学最鲜亮的底色。"推进一流大学建设，必须坚持和巩固马克思主义的指导地位。近年来，世界格局深度调整，"东升西降"趋势日益凸显，西方敌对势力对我进行渗透、破坏和颠覆活动变本加厉，意识形态领域斗争异常激烈，历史虚无主义、"普世价值"等错误思潮仍有市场。愈是斗争形势严峻复杂，愈要教育师生掌握马克思主义科学武器、拨开思想迷雾、感悟真理力量、坚定理想信念。高校管理干部首先要注重坚持马克思主义的指导地位，把理想信念教育放在首位，面向党员干部师生群体分层分众开展马克思列宁主义、毛泽东思想和中国特色社会主义理论体系的教育，尤其注重用习近平新时代中国特色社会主义思想培根铸魂。习近平新时代中国特色社会主义思想开辟了马克思主义新境界，彰显着科学性、人民性、实践性、开放性的鲜明特征，要坚持不懈学懂弄通做实习近平新时代中国特色社会主义思想，

推动党的创新理论生动活泼进课堂、全面准确进教材、融会贯通进头脑,真正在高校落地生根、形成生动实践。在这一过程中,要尊重不同对象群体的差异性,杜绝"同质化""一刀切"。重点抓好教师和学生两个主体,着眼于落实立德树人根本任务,把党的创新理论的生动化、现实化教育作为重中之重,把培育和践行社会主义核心价值观贯穿始终,教育引导师生更加自觉深刻领悟"两个确立"的决定性意义,增强"四个意识"、坚定"四个自信"、做到"两个维护",始终在思想上政治上行动上同以习近平同志为核心的党中央保持高度一致。

第二,党和国家高等教育政策决策的坚定执行者

在大学的发展演变过程中,大学日益与社会紧密结合,走出了"象牙塔",成为现代社会的"轴心机构""动力站"和"瞭望塔"。正如布鲁贝克指出的:"每一个较大规模的现代社会,无论它的政治、经济或宗教制度是什么类型的,都需要建立一个机构来传递深奥的知识,分析批判现存的知识,并探索新的学问领域。"[①] 大学不仅是社会良知的灯塔,同时也是促进经济社会发展的发动机,大学要在服务经济社会发展的过程中获得社会的认可、理解和支持,同时也受到社会政治、经济、文化的极大影响。2022年,全国共有高等学校3013所,各种形式的高等教育在学总规模4655万人,很多高校在校学生超过万人。各种级别的管理人员成为学校权力格局中的节点。如何在高校日常管理中全面准确领会党中央战略意图,不折不扣落实党中央各项要求,确保党中央和上级党组织决策部署落地见效,正确贯彻落实国家高等教育管理体制,正确协调和处理高校与政府、高校与社会其他组织之间的关系,以及创设有利于高校发展的生态环境成为高校管理干部义不容辞的责任。高校管理干部要自觉对标对表,坚决贯彻落实党中央重大决策部署和习近平总书记重要指示批示,找准工作站位,明确工作方向、路径方法,高效开展各项工作。

一是坚持党对高校的领导,坚持党委领导下的校长负责制这个根本制度。在校级层面,着重处理好"党委领导"与"校长负责"的关系,确保党在高校的领导地位;在院系层面,执行好党政联席会议制度,强调书记和院长对学院党的建设和思想政治工作负有共同责任;在基层党支部层面,切实解决党务和业务"两张皮"问题。坚持用习近平新时代中国特色社会主义思想铸魂育人、启智润心,把思想政治工作始终贯穿学校教育教学全过程,拓展和提升思想政治工作的广度、深度、温度和效度,坚持知识传授与思想引领"双塑造",培养好担当民族复兴大任的时代新人。

---

① 约翰·S.布鲁贝克.高等教育哲学[M].郑继伟,等译.杭州:浙江教育出版社,1987:22.

二是加快建设中国特色、世界一流的大学和优势学科。学科建设是一所高校发展的龙头,体现一所高校的整体办学实力、学术地位和核心竞争力,彰显一所高校办学特色和优势。要把握学科建设的"时"与"势",精准靶向国家"双一流"高校建设的各项指标,遵循学科建设规律,加大学科人才队伍建设,增强学科带头人的学术实力和影响力,主动适应新技术、新产业、新业态对学科人才的重大需求,扬优势、创特色、补弱项,打造高水平学科团队和梯队,在"强基、固优、扶新"中打好学科建设的"组合拳",契合"新兴、交叉、融合"的学科建设趋势,积极推进新工科、新医科、新农科、新文科建设。

三是全面提高人才自主培养质量。高校作为人才培养主阵地,人才培养是高校的根本任务和重要使命,要全面贯彻党的教育方针,坚持为党育人、为国育才,落实立德树人根本任务,坚持为人民服务,为中国共产党治国理政服务,为巩固和发展中国特色社会主义制度服务,为改革开放和社会主义现代化建设服务。高校一切工作都要紧紧围绕人才培养,都要服务于学生成长成才。要将人才培养聚焦到时代之需、国家之需、民族之需上,把握人才培养的方向,遵循人才培养的规律,契合人才培养的大需求、营造人才培养的大环境、培育人才培养的"大先生",打造适合学生成长成才和教师教书育人的良好校风、学风和教风,健全学校创新人才培养体制机制,全面推进人才培养模式改革,培养更多政治坚定、业务精湛的人才,为加快高等教育强国建设提供强大的人才支撑。

四是培养高素质教师队伍。有高质量的教师,才会有高质量的教育。大力培养造就一支师德高尚、业务精湛、结构合理、充满活力的高素质专业化师资力量,书写好高质量教师队伍建设这篇文章,不断造就一批又一批的"四有"好老师,这不仅是落实好学校党管人才的必然要求,也是推进高等教育高质量发展的重要内容,更是加快高等教育强国建设的迫切需要。坚持党对教师队伍建设的全面领导,发挥党管人才制度优势,遵循教师队伍建设的科学规律,结合学校自身办学特色和优势,统筹编制资源,拓宽选用渠道,优化引进程序,完善兼职教师管理制度,加强师资人才队伍建设。

五是服务科技自立自强。习近平总书记在党的二十大报告中指出要"加快实现高水平科技自立自强",要求以国家战略需求为导向,积聚力量进行原创性引领性科技攻关,坚决打赢关键核心技术攻坚战。高校应抢抓发展机遇,强化特色、激发潜能,及时准确把握变革趋势和发展规律,加强战略性谋划和前瞻性思考,在培养战略科技人才、一流科技领军人才和创新团队上下功夫,加强基础研究平台建设和条件保障,建设前沿科学中心和集成攻关大平台,以国家重大战略需求为导向,强化有组织科研,深化与重点企业、重点地区战略合作,大力推进关键核心技术攻关,全力破解"卡脖子"难题,有力支撑实现高水平科技自立自强。

第三,高校内部行政管理事务的主要承担者

高校是现代社会的一种重要组织。现代大学起源于欧洲中世纪大学,中世纪大学是学者为自由探讨学术、保护学者团体利益而建立的学者自治组织。"大学作为一种独特的组织机构,汇集了以追求真理为使命的学者团体。尽管社会的外部因素不断地对大学和学者团体提出各种要求,但学者团体对知识和真理的追求,集中体现在保护他们的大学自治和学术自由的根基之上。"①因此,大学中最初是不存在专职行政管理人员的。正如别敦荣教授所言:"近代大学的世俗化和科学教育引入大学不仅导致大学功能的世俗化和学科机构的复杂化,而且带来了大学规模的不断扩大,以及维持高校运行的事务性工作日益复杂。教师为了全力应付繁重的教学科研任务,逐步与非学术性事务工作脱离关系。一批不同于学生和教师群体的人员——专职管理人员在学校出现,改变了学校组成人员的传统结构。"由此可见,承担高校内部行政管理事务是高校管理干部最基本的职责。每一位高校管理干部都要当好行动派和实干家。行动派,就是要坚持用行动说话,响应党中央号召、贯彻党中央要求,必须雷厉风行、迅速有力,确保党中央政令畅通、令行禁止。实干家,就是不仅要真抓实干、埋头苦干,而且要善作善成、把事做成,努力创造经得起历史、实践和人民检验的业绩。

任何岗位职责都是责任、权利与义务的综合体,有多大的权力就应该承担多大的责任,有多大的权力和责任就应该尽多大的义务。不明确自己的岗位职责,就不知道自己的定位,就不知道应该干什么、怎么干、干到什么程度。岗位职责明确,就不会发生责任推诿和越权行为;岗位职责不明确,推诿、扯皮的现象就一定会出现。有的管理干部不敢触及矛盾,遇到矛盾绕着走,缺乏解决具体问题的勇气、能力和办法;有的明哲保身,遇到能落好的事情自己才办,得罪人的事情要么上交矛盾,要么推诿扯皮;有的工作没计划、没打算,开会不用心思,会后一无所知,讲话没有思路,发言没有主题;有的做什么、不做什么心中无数,做一天和尚撞一天钟,甚至只当和尚不撞钟,不仅起不了好作用,反而泄气、拆台。这些都是对自己的岗位职责茫然无知的表现。明确岗位职责,就是要做一个熟悉岗位、热爱岗位的明白人,对自己的本职工作要有一个强烈的责任意识,要主动负责、敢于负责和善于负责,"在其位谋其政",做到到位不越位,补台不拆台。对自己的岗位职责要有充分的理解

---

① 邬大光.现代大学制度的根基[J].现代大学教育,2001(3):30—32.

不只是对岗位职责要牢记。下面以机关管理干部为例进一步加以说明。

机关管理干部,首先要胸怀学校。处于关键位置的高校机关干部要有高度的事业心和责任感,要把学校的发展作为"第一要务",树立责任意识和大局意识,切实增强责任感、使命感和荣誉感。其次,要敢于担当。行政管理工作是高校教育教学工作得以顺利进行的基础,是实现学校工作管理育人、服务育人、环境育人的重要环节。机关干部要起到带头、示范的作用,敢于担当,克服办事效率低下、工作职责模糊、工作过程推诿扯皮等现象。更要创新管理理念、管理方式和管理体系,共同为学校的发展出主意、想办法、破解难题。在工作过程中,要更多地与兄弟院校开展交流,多学习别人好的做法和经验,促进各项事业的发展进步。最后,要善于协作。一件事情不是一个人能做好的,需要团队的配合与协助;同样的,各个部门承接的事情,都是在每个成员之间的协作下完成的。机关干部要做到工作讲大局、遇事不推诿、做事不拖拉、事后有总结。

第四,高校内部学术事务发展的贴心服务者

学术是大学的本质之所在。在学术面前不存在绝对的权威,每个学者都是他所认识的那个领域的裁决者。在高校组织内部,必须为每个学者自主地探究学问提供思想自由的环境。基于此,美国学者科恩(Mich D. Cohen)、马奇(James G. March)将大学组织概括为"有组织的无政府状态"。但是,大学毕竟是一个组织,作为组织自然需要遵循组织的管理原则。

管理的目的在于有序,在于按照一定的权力模式维持组织的正常运转。这样一来,多元的权力现实与集中化的权力之间的矛盾就成为大学的一个现实问题。正是由于这一原因,如何有效地平衡学术权力、行政权力与政治权力就成为高校管理中的一个基本规律。《中华人民共和国高等教育法》第五十二条也明确规定:"高等学校的教师、管理人员和教学辅助人员及其他专业技术人员,应当以教学和培养人才为中心做好本职工作。"为此,高校管理干部要树立党的领导、学术自治、权责分明、管理科学的现代大学制度的理念,最终实现党政分工明确,学术权力与行政权力配置合理,党委决策系统、行政决策系统、专家(学术)决策系统能够相互支持,协调运作,形成合力;学校与学院分权合理,上下顺畅,执行有力,责权利相结合,能够充分调动各级各层的积极性和创造性。

高校管理工作是服务性的工作。管理工作的对象是学校广大的师生员工,管理工作自始至终都是为师生着想,为师生服务的过程。如何最大限度地激发高校教师积极主动并富有创新地开展工作,充分挖掘自身的潜能,全面提高育人的质量;如何充分激励学生生动活泼、刻苦学习,奋发向上,自主地发展自我,完善自我,始终是高校管理工作的出发点和归宿。管理干部作为一线的工作人员和服务人员,其工作态度和服务质量直接关系到师生的满意程度,也关系到工作的开展成效和完成程度,因此需要强化主体意识、服务意识和责任意识。高校管理干部要提倡"大服务"理念,打造"大服务"的工作格局。"大服务"的精髓在于:管理就是服务,服务就是职责,包括全员服务、全程服务、全方位服务等方面。简单来说,服务就是要做到服务质量最优化、服务手段科学化、服务环境舒适化,注重个性化服务和亲情化服务。只有这样,才能营造出充满活力、奋发向上、融洽和谐的工作格局和校园氛围。要把落实"以师生为中心"首先体现到关注师生职业发展、学业发展和成长成才的实际需要上来,为师生成长发展营造良好环境、创造有利条件、打造一流平台;还要善于运用党的群众工作方法,尊重师生主体地位和个性需求,多做聚民心、暖人心、强信心、筑同心地工作,提升师生的获得感、安全感、幸福感,不断增强师生对党的领导的政治认同、思想认同、情感认同。

第五,高校内部管理体制改革的大力推动者

构建一流高校治理体系,推进高校治理体系和治理能力现代化,是建设世界一流大学的必然要求、必经之路和必备条件。高校是社会的学术和文化组织,高校的管理者要尊重并维护高校的主体地位和独立性,使之按照自身的逻辑运行,并始终把高校作为社会的学术组织加以建设和管理。为此,必须做到"一切妨碍发展的思想和观念都要坚决冲破,一切束缚发展的做法和规定都要坚决改变,一切影响发展的体制弊端都要坚决革除",通过思路创新、体制创新和实践创新,引进先进的管理理念,构建运转灵活、高效、协调、优化的内部管理体制,使全校师生员工尤其是管理干部牢固树立管理也是生产力的思想,发挥优势、提高效率、改进工作、促进发展,为高校改革发展目标的实现奠定基础。

管理干部要围绕学校的办学定位,更加明晰学校的发展路径和目标,整合校内外优质资源,深入推进对外交流与开放办学,切实提升人才培养质量,进一步彰显办学特色。在统一思想、形成共识的基础上,管理干部要进一步明确阶段性目标、中长期发展规划,理清发展思路,抓住工作重点。树立"不拘一格用人才"的理念,进一步完善、创新人才激励机制,为想干事、能干事、干成事的人创造机会,为优秀人才脱颖而出搭建平台。

二、高校管理干部应具备什么样的素质和能力?

高校肩负着人才培养、科学研究、社会服务、文化传承与创新、国际合作与交流等职能,高校高质量发展是高等教育事业一个永恒的主题,其职能发挥很大程度上取决于管理干部素质能力的高低。一方面,高校要生存和发展,校园环境、教学实验设施及场馆等硬件建设是基础,图书馆建设、师资建设、学科建设、制度建设等软件建设管理是前提。对任何一所高校来说,管理质量、效益高低,尽管影响因素较多,但管理干部自身素质、能力水平是关键。高校管理工作涉及学校的教学科研安排、党政工作管理、产业后勤保障以及其他方面的师生服务等,在社会发展形势不断变化的情况下,高校管理工作也逐渐发生了变化,呈现出多方面的工作特点。因而要不断促进和保证管理干部自身素质的提升,以便能够在新时期的发展形势之下,使高校管理干部素质与管理工作特点相适应,这对学校管理水平的提升、各项工作的顺利进行以及高校的全面健康发展起着至关重要的作用。

(一)新时期高校管理工作的基本特征

高校管理干部是学校领导与师生之间进行高效沟通、与政府、企业或其他高校之间进行交流合作的桥梁纽带,高校管理干部担负着综合协调学校的各项工作、收集学校信息以及处理学校的日常事务等多项任务。在新时期的高校管理工作中,呈现出了不同的特征,具体如下。

一是工作内容的复杂化。在国家大力推进一流大学和一流学科建设的大背景之下,我国高等学校也在不断加大自身的开放办学程度,这也就加大了学校管理工作的复杂程度。根据教育部的调查数据显示,2022年,全国共有高等学校3013所,各种形式的高等教育在学总规模4655万人,这样的高等教育规模在全世界首屈一指。而与学校的招生规模和教学规模不断增加相对应的是,高校的行政机构在不断精简,管理干部也在逐步减少,有些高校甚至实行两块牌子一班人马的办公形式,这在无形中加大了高校管理干部的工作压力,增加了工作任务。还有一方面是学校工作与社会的联系逐渐密切,产学研的合作力度不断加大,学生的就业、科研成果的转化以及校地、校企合作工作的不断开展,都使得高校管理工作范围不断扩大。在新时期的发展形势之下,高校管理干部不但需要完成上级教育主管部门所安排的各项工作任务,同时还要与社会各界加大合作力度,如各类企业、事业单位以及一些理事会等部门,都需要高校与其进行沟通交流,进而安排相关的合作计划和事宜。高校管理干部的工作也不再局限于学校内部的工作协调和安排、文件的撰写和发布以及相关会议的举行和召开等,这些都对高校管理干部的素质提出了较高的要求。

二是工作模式的信息化。信息化的发展趋势是当前社会的发展大方向,在新时期的发展形势之下,建立智慧校园,借助于信息化技术来提高高校管理工作效率和准确度是高校管理工作的一大特点。信息化的智慧校园并不是校园网络、多媒体教学装备和智能硬件设备的简单叠加。打造真正的"互联网+"校园,需要的是转变教育教学理念,并将信息化常态化地融入日常教学实践、教务工作及管理应用中。总体看来,高校机关处室和学院办公室一方面需要加强自身的硬件配置,采购计算机,改造办公环境,借助于现代化信息技术建立设备先进、功能齐全而且处理效率较高的校园计算机网络,实现学校多部门之间的有效连接,缩短高校管理机构之间的办公距离;另一方面,与先进的办公系统相对应的就是需要提升管理干部的素质,先进的信息技术处理系统首先要求高校管理干部具有一定的计算机操作基础,能够运用计算机完成日常工作中的数据收集、信息检索以及信息的加工和传递工作。此外,高校管理干部还要及时转变自身的思维观念和思想认识,要定期开展现代化的管理意识的培训,推行无纸化的办公观念,实现学校的事务处理信息化、政策实行智能化以及指挥调度现代化的目标,实现高校的高质量发展。

三是工作制度的规范化。规范化的要求是当今高校管理工作得以高效、顺利进行的重要保证,前文已述,高校管理工作复杂程度较高,工作涉及的范围较广,工作的对象是有较高文化水平的教师和大学生,而且具有较高的突发性和临时性,因而管理工作需要有一定的规范制度来进行约束和指导。同时,高校管理工作有较高的重要性,关系到学校的教师和学生的切身利益,随意的一个电话、一个通知或是一句问答,就可能对学生或教师的思想情绪产生不良影响,同时还可能对学校的形象产生负面效应。因此,高校管理工作在保证效率的前提之下,还需要保证工作的质量,这就要求对高校管理工作进行规范化管理。建立健全相关的管理工作制度和评判标准,将各项事务的责任明确到每个人,细致划分工作标准和规程及要求,只有这样才能够保证高校各项管理工作顺利进行,从而做到有章可循、有序衔接。

四是工作要求的开放化。党的十八大以来,在以习近平同志为核心的党中央坚强领导下,我国高等教育与时代同行,建成世界规模最大的高等教育体系,培育了一大批高素质专门人才,为民族振兴、经济建设、社会发展、科技进步发挥了重要作用,高等教育事业取得了历史性成就,发生了格局性变化。当前,高等教育与人民大众的联系越来越密切,已经成为关系到广大人民群众切实利益的重要工作。加之现代社会信息化程度的提升,人民群众对于高等教育学校的招生标准、学费情况、教学质量以及学生的就业率等问题的关注度不断增加,这就要求高等学校的各项工作要向着透明化、清晰化和开放化的方向发展。高校管理干部需要对学校的各项工作进行宣传,在学校网站、二级单位网站上向人民群众宣传党和国家的教育政策,促进学校工作的透明化发展,增加人民群众对高校的信任度和认可度,加快推进学校事业高质量发展。

(二)高校管理干部的素质要求

何谓素质?《辞海》对素质一词的定义有以下三个方面:第一,人的生理上生来具有的特点;第二,事物本来具有的性质;第三,完成某种活动所必需的基本条件。狭义的素质是指人的先天的解剖生理特点,主要是感觉器官和神经系统的特点。广义的素质,可理解为人的生理、心理、智能、知识等方面的基本特征。各类专业人员具有本职业所要求的特有素质,本书采用广义的素质定义,高校管理干部基本素质即从事高等教育管理实践活动所具备的基本素质。怎样是好干部?习近平总书记在全国组织工作会议上指出,好干部要做到信念坚定、为民服务、勤政务实、敢于担当、清正廉洁。这也为高校管理干部成长进步确立了鲜明导向。我们必须深入学习领会,自觉贯彻落实,努力锻造与新时代新要求相适应的能力素质。

第一,合格的思想政治素质

北宋政治家、史学家司马光在《资治通鉴》中有这样一句话:"聪察强毅之谓才,正直中和之谓德。才者,德之资也;德者,才之帅也。"其意是才能是德行的凭借,德行是才能的统帅。《资治通鉴·周纪一》具体记载了中国历史上一次非常惨痛的用人教训。春秋末年晋国大夫智宣子错误地选择了多才少德的智伯为继承人,之后他因傲慢结怨,导致强大的智氏家族遭受灭族之祸。为此,司马光评论道:"智伯之亡也,才胜德也。"因为智伯的才能超过了他的德行,最后招致灭族的恶果。从才与德是否兼具出发,司马光把人分为四类:才德全备者为圣人,才德兼亡者为愚人,德胜才者为君子,才胜德者为小人。用人之法,若不得圣人、君子,则宁用愚人,不用小人。为什么这么说呢?司马光指出:"君子挟才以为善,小人挟才以为恶。挟才以为善者,善无不至矣;挟才以为恶者,恶亦无不至矣。愚者虽欲为不善,智不能周,力不能胜,譬之乳狗搏人,人得而制之。小人智足以遂其奸,勇足以决其暴,是虎而翼者也,其为害岂不多哉!"司马光如此才德之论,当不仅源于此事,是根据历史上乱臣败子多是才有余而德不足之事实得出的结论。

"德"蕴涵品德、道德、操守多方面,最重要的是政治品德要过硬,还包括思想道德、社会公德、家庭美德等。道德是发展的标尺,只有通过道德的衡量才能准确定义个人的价值,而如果一个人只有能力,没有道德,则极有可能为社会国家带来巨大祸患。

高等教育是一个国家社会意识形态建构、传承、扩散的重要领域,本质上具有较强的政治属性。高校管理干部的政治品德要过硬,讲政治是首要原则,时刻把牢旗帜鲜明讲政治这个做好一切工作的生命线,坚持把讲政治作为第一要求,坚定坚决铸牢忠诚之魂。2023年1月12日,中共中央组织部、人力资源和社会保障部印发的《事业单位工作人员考核规定》指出:对事业单位工作人员的考核,以岗位职责和所承担的工作任务为基本依据,全面考核德、能、勤、绩、廉,突出对德和绩的考核。其中,"德"的考核坚持将政治标准放在首位,全面考核政治品质和道德品行。由此可见,思想政治素质是高校管理干部所必需的基本条件和基本素质,其内容包括:

首先,过硬的政治素质。政治素质是人的综合素质的核心。政治素质主要包括理想信念、政治立场、从政理念、规则意识、纪律意识等。高校管理干部要旗帜鲜明讲政治,深刻领悟"两个确立"的决定性意义,增强"四个意识"、坚定"四个自信"、做到"两个维护",坚持用习近平新时代中国特色社会主义思想武装头脑、指导实践、推动工作,胸怀"两个大局"、牢记"国之大者",自觉在思想上政治上行动上同以习近平同志为核心的党中央保持高度一致,不断提高政治判断力、政治领悟力、政治执行力,把党的领导贯彻落实到日常工作全过程各领域。科学遵循"三大规律",即思想政治工作规律、教书育人规律和学生成长规律,深刻认识高校师生群体发生的新变化,对于在学校的管理事务中出现的问题,要进行科学而全面的分析,从政治上看教育,在把握全局中找准方位,不断回答好"培养什么人、怎样培养人、为谁培养人"的问题。管理工作中有很多涉及较强的政策性的工作,党政工作计划的制定、领导讲话的拟定、学校工作年度总结报告以及其他的各类文件的处理工作等,都与党的领导政策息息相关。

其次,科学的思想素质。科学的思想素质,是支配人们行为的意识形态,是个人的政治信仰、理想信念以及道德修养的总领和综合概括,具备高尚的思想品质,是保证管理工作得以顺利、高效进行的重要保证,也是高校的各项管理工作得到学校全体师生、社会各界认可的重要前提。坚持从实际出发、实事求是,不只是思想方法问题,也是党性强不强问题。实事求是是我党的重要工作原则,也是做好高校管理工作的重要前提和保证。管理干部在向领导汇报工作进展、调查学校的各项数据以及与社会各界开展合作,都需要坚持实事求是的原则,以科学认真的态度去完成每项工作。坚持一切从实际出发的工作原则,在工作中不掺杂个人的情绪,不让私人感情影响到正常的工作安排和计划,更不能出现弄虚作假或者是颠倒是非的情况。要敢于说真话,也要说实话,不能被自己的情感影响,不夸大,也不刻意去缩小影响,要遵循实事求是的原则,将事物的本来面貌呈现到领导面前。此外,在日常的工作中,不能对上级领导唯唯诺诺,更不能对下级同事趾高气扬、摆出领导的架势。高校是培养人才和进行教学活动的重要场所,也是各种思潮交汇的重要枢纽,管理干部需要在工作中坚持实事求是的原则,塑造求真务实的典范,无论是与学生交流还是与教师沟通,都需要保持谦虚谨慎、清正廉洁的作风。只有这样的管理干部,才能受到学校师生的尊敬,才能促进和保证学校各项工作的顺利进行,从而促使学校的高质量发展。

第二,全面的文化素质

文化素质,也就是智力素质。《礼记》中道:"博学之,审问之,慎思之,明辨之,笃行之。"这为高校管理干部提高智力素质指明了方向和目标。以教育管理工作实践为载体,通过实践到知识、知识到智慧、智慧到远见的不断跨越提升,达到心怀学校、志存高远的境界。夯实理论知识基础、积累直接经验、借鉴间接经验等途径,丰富自身知识储备;学习教育管理通用知识、深度掌握相关专门知识,逐步完善自身知识结构。提升智慧,学会化知为识,善于用已经掌握的哲学方法对所知进行辨析并形成正确认识,进一步指导自身实际工作;运用知识过程中体现管理艺术,既遵循客观规律又发挥主观能动性。发现智慧,培养远见卓识和敏感的洞察力,增强判断事态发展态势的前瞻眼光和应对挫折和挑战的必胜信心。

高校管理干部要有精湛的管理科学知识、较强的业务素质,最主要的是要有合理的知识结构。

一是文化知识。文化知识是管理干部的基础知识。基础知识是从事任何工作都必须熟悉和掌握的基本知识。管理工作作为一门科学,对管理干部的文化素质提出了更高的要求,高校管理干部必须具备大学以上的文化水平。有效管理是一切组织存在和正常发挥作用的前提,高校作为一个社会组织当然也不例外。邓小平指出:"我们需要大量的、合格的学校管理人员,这也是专业人员。"但是,一些高校对管理专业性认识不足,将关注点放在教学、科研等业务人员上,忽略管理干部的素质培养和能力建设。目前,不少管理干部尽管学历层次较高,但缺乏高校管理知识和技能,管理思维落后,因循守旧,缺乏科学决策、驾驭全局、应对复杂局面和指挥协调各方面关系的能力,管理干部能力亟待提高。高校管理干部一方面要认真学习现代教育管理知识,掌握教育管理规律和原理,把握国家教育事业改革发展宏观规划与基本政策,学习借鉴国际上教育管理成功经验,努力提高组织管理水平。另一方面,在实际工作中,要注意克服传统经验管理模式,善于从全局、从长远分析问题,分清工作主次轻重、远近缓急,统筹兼顾,有条不紊地安排好各项具体事务。当前,一些高校从基层教学、科研工作的高学历、高职称人员选拔的专业技术人员走上领导岗位,大大改善了高校管理干部的知识机构和能力结构。但是,应避免以学术专家代替管理专家的现象发生。

二是纵向知识结构。如保卫干部应了解掌握包括管理学、保卫学、教育心理学、高等教育法、教师法、中华人民共和国刑法、中华人民共和国治安管理处罚法、行政诉讼法、消防法知识等;此外,还要学习掌握户政、居民身份证管理、交通安全管理、公民出入境管理、危险品管理等相关知识。

三是横向知识机构。高校涵盖了理、工、医、文、管等多种学科。现代科学技术的巨大发展,使大量的自然科学和社会科学相互交叉、自然科学各学科之间互相渗透,许多边缘学科、综合科学等新学科不断涌现。这部分知识包括一门或几门外语、哲学、伦理学、史学、文学、心理学、美学、政治经济学、社会学、法学、计算机科学及应用和其他相关自然科学知识。高校是一个学术机构,知识性是高校管理主要特征。教学、科研和服务是现代高校的三大功能。高校的知识性要求管理干部不仅应具备较强的组织能力,而且应具有较高的学历与学术水平。高校管理干部的学术水平对于其实施有效管理、提升管理服务水平有着极其重要的作用。高校的中心工作是教学与科研,教学与科研是其管理的核心,对人、财、物等资源的合理配置,都要以有利于提高教学与科研的水平为依据。

高校管理干部只有熟悉学术事务管理规律,了解学术动向、学科发展状况,在学术管理和学科建设中才有发言权,并且管理干部只有具备较强的学术背景才能得到教师的认可和尊重,才有利于开展管理工作。管理干部必须掌握管理专业知识,了解管理科学前沿、高等教育发展趋势,结合自己工作实际情况不断开拓、创新,促进高校和谐发展。所以,管理干部必须具备创新能力,能结合自己的工作职能、特点进行调研,不断地发现问题、解决问题,不断创新工作思路,使管理工作质量不断提升。

第三，过硬的心理素质

由于工作的需要，高校管理干部接触校内外各类人员，受正面影响也受负面影响，有时工作还具有危险性。研究发现，人们在重大突发事件下生理和心理参数都会发生相应的变化，出现焦虑、不安、恐慌等非理性情绪，甚至发展为各类应激障碍。如新冠肺炎常态化疫情防控使得疫情带来的社会心理影响正在加深并逐渐显露出来。这一突发公共卫生事件不同于以往发生的地震、洪水等自然灾害，具有不确定性和随机性等特征，应急救援的时间线较长，社会心理应激的时间也相对较长，创伤后应激心理障碍出现得也相对较慢，这些都使得疫情对个体和社会心理的消极影响更大、更持久。常态化疫情防控背景下，高校管理干部除了面对长时间快节奏、高度紧张、超负荷的工作状态，还可能要面对师生的不理解、对家人的愧疚、担心防控不力被问责等，强大的心理压力导致这一群体也亟待情绪安抚和心理关怀。因此，作为一名管理干部必须有过硬的心理素质，能经受住各种艰难困苦的考验，又能抵制形形色色的诱惑，同时要学会不断地调整好自己的心态，始终保持健康的心理素质。

良好的性格和高尚的情感既是一个人良好的素质修养的组成部分，又进一步促进个人素质水平的提高。不同的性格，可以反映人的素质的优劣。因此，高校管理干部在工作中应具有良好的性格和高尚的情感。人的性格与情感是在生理的基础上，通过社会实践和教育的影响，逐步形成和发展起来的。在共产主义思想的教育下，就能养成大公无私、克己奉公的品质和社会情感，如责任感、道德感、理智感等。

一位优秀的管理干部的性格特征有：认真。这是管理干部极其重要的性格品质，是严肃负责，一丝不苟，谨慎细致的工作作风。诚实。这可以反映一个人的道德修养水平，也是做好管理工作的基本条件。诚实可以两方面理解：一方面"诚"，是对人的态度诚挚、对事业忠诚。另一方面是"实"，是实实在在的，这是做人的根本。也是说要有实事求是的科学的态度，办老实事、说老实话、当老实人。勤勉。管理工作是一项既辛苦又有一定危险性的工作，需要管理干部付出很多辛勤的劳动，所以要求管理干部要具有踏实肯干、勤勤恳恳的性格。敏锐。有敏锐的感知能力、高度的警觉性和良好的观察力。果断。遇到紧急情况不惊慌，能坚决果断地进行正确处理。公正。办事公正、正直。大度。胸襟开阔、气量宏大、能容人。

管理干部的情感基本表现：热情、稳健。热情是指热烈、高昂的工作情绪和对师生员工的满腔热情。稳健是指管理干部的行为美。表现端庄、大方，讲究礼貌，办事沉着而有分寸;善良、温和、富有同情心;细腻、周到;心平气和。保持心平气和,经常处于平静、协调、稳定、积极的状态中。

第四,健康的身体素质

身体素质是一个人最基本的素质。健康的身体是工作与事业的本钱,是做好一切的前提条件。关于身体健康的重要性有这样一个比喻:健康好比1,家庭、事业、财富、地位、名誉等都是后面的0,如果没有这个1,后面的0就会变得没有意义。健康的身体素质包括脸色红润、精力充沛、反应敏捷、体魄强健、耳聪目明、睡眠高效、头脑清醒、免疫力强。没有良好的身体素质和健康的体魄,高校管理干部就失去了干事创业的最起码条件。如果没有一个健康的身体,再强的能力、再多的知识都不能发挥作用。高校管理干部身负重任,工作千头万绪,要处理各种繁重事务,这就需要有强壮的体魄做后盾。良好的身体素质不仅要求有健康的体魄,需要高校管理干部具备积极锻炼的自觉意识并能坚持锻炼,不断提高自己的身体健康水平和体能,为进行工作提供最基本的保障。

作为事业发展、工作任务和各项压力都比较大的一代,高校青年干部首先要保持身体健康,最直接的是要注意饮食、营养。有一些年轻干部经常不吃早餐,而长期不吃早餐可能会造成大脑损害、消化系统疾病、动脉硬化、肥胖等后果,需要引起重视,要选择适合自己的体育项目持之以恒地坚持体育锻炼,磨练意志,预防疾病。其次要扩展自身胸怀,公正待人、待事,带着感情做事。最后要保持奋发有为的精神状态,善于捕捉创新灵感。

第五,良好的职业素质

职业素质是劳动者对职业的态度和职业行为的规范。其主要表现在职业兴趣、职业能力、职业个性及职业情况等方面。强烈的事业心,无私奉献的品质是高校管理干部必须具备的职业素质。高校管理工作纷繁复杂,任务较多而且较为烦琐,涉及学校师生的各个方面,许多的工作在工作时间内都完不成,需要加班加点,其中的辛苦不言而喻。也正是因为如此,需要管理干部具备一定的耐心、强烈的事业心和无私奉献的高尚品质,永葆"时时放心不下"的思想自觉,敢于担当,如此才能够保证日常工作的顺利进行。

日本著名实业家稻盛和夫说:要想拥有一个充实的人生,你只有两种选择:一种是"从事自己喜欢的工作",另一种则是"让自己喜欢上工作"。一个人能够碰上自己喜欢的工作的几率,恐怕不足"千分之一""万分之一";而且,即使进了自己所期望的单位,能从事自己所期望的工作,这样幸运的机会几乎没有。在稻盛和夫看来,无论如何我们都必须喜欢上自己的工作。组织把我们放到一个工作岗位上,既是组织信任,也是工作需要,更是组织考验,但服从组织安排是每一个党员干部最基本的素质。每个岗位都会面临挑战,也是锻炼自己的新的平台,要有把任何一次困难都当作锻炼自己的一次机会的心态,师生在看着我们,同事在看着我们,组织也在看着我们,只要全身心投入,在工作上会取得新的成绩的同时,终会得到大家的认可,在自己性格的健全、能力的提升等方面也必将有所收益。

牢记"功成不必在我、功成必定有我",做到争优争先争效不争功。不争功是一种境界,一种风格。有一首小诗:"爱书爱字不爱名,求真求实不求荣。多思多谋不多怨,争苦争累不争功。"这是对各级领导干部很好的勉励和鞭策。"争苦争累"应成为高校管理干部的追求。要不怕吃苦、乐于吃苦、化压力为动力、变被动为主动,推动工作取得更好成效。事业心和奉献的精神品质是无形的,也没有一个具体的评判标准,但是这些却能够在日常工作的积极性、对待师生的态度等方面体现出来,这也能够在一定程度上反映出管理干部思想品质的优劣。

第六,得体的仪表姿态

仪表是人的外表仪容。包括了人的穿着、仪容、姿态。它常常是人际交往给人留下的第一印象。相反,如果衣冠不整、蓬头垢面、不修边幅、松松散散,只能使人对他失去信心,严重的甚至影响工作。管理干部的仪表则是一个窗口,代表着学校的形象。

首先,衣着得体。人的衣着服饰可显示出人的才智、素养、风度、情操,表现出人的特定的性格和气质,人的衣着要求与工作、生活环境和谐统一,颜色搭配等适度协调。一般来说高校管理干部的衣着要得体,穿戴应素雅、端庄,从而突出的显示出高校管理干部的内在的心灵。管理干部的仪容举止应是自然、大方、整洁、不卑不亢。

其次,姿态大方。管理干部的姿态应该是和蔼可亲、活泼、健康、有朝气,站有站相、坐有坐相。愉快的面容、健康的姿态会给人以亲切、易于接近并寄托信心的形象。一个人的素质虽然与先天的生理素质有关,但更重要的是在管理工作实践中逐步培养和成熟起来的,是可以通过训练加以提高的。因此,管理干部都应加强学习和锻炼,不断提高自身的素质修养水平。

（三）高校管理干部的能力要求

人的综合素质在现实行动中表现出来的正确驾驭某种活动的实际本领、力量，称之为能力，它是实现人的价值的一种有效方式，也是社会发展和人生命中的积极力量。针对高校管理工作特点，准确把握高校管理干部的能力构成，是加强高校管理干部能力建设的基本前提。

第一，高校管理干部主要特征分析

随着高校行政体制改革的不断深化，高校管理干部的主要特征呈现出一些新面貌。

一是学历"高"，经历"少"。近些年来，我国高学历人才数量呈快速增长态势，对进入高校工作的教职工和年轻干部学历要求也"水涨船高"，往往要求具有硕士或博士学历学位；部分干部也会积极选择在职攻读学位的方式提升自己的学历。此外高校也会组织一些培训，提升干部的综合素养。因此，高校管理干部是一支"学历层次高、知识储备丰富"的高素质队伍。但有些干部的学习与工作经历往往较为单一，大部分只有高校学习经历，企事业单位、社会组织的任职经历与技能较为欠缺，俗称"三门"干部，从家门到校门，毕业后进了机关门的干部。部分"双肩挑"干部专注于教学与科研，对行政事务不太熟悉；部分管理干部的职务与工作内容往往较为固定，对其自身工作了解程度高，但对学校大局工作掌握不全面，存在全局统筹观念不强等问题。

二是意识"强"，沟通"巧"。管理干部往往具有较强的工作意识和创新意识，高校作为相对独立的学术组织，也为其提供了一个学术氛围浓厚、适合自身发展、公平竞争的平台与环境。在这样的平台与环境中，能充分调动管理干部工作积极性，施展个人才能，激发其工作意愿与探究能力。但由于长期以来管理干部队伍专业化、职业化水平不高，多数管理人员基本依靠经验的积累来开展管理工作，对外交流较少，国际化视野不足。高校管理干部特别是年轻干部，在与师生沟通交流方面有着独特的优势。一方面，充满活力与朝气，能主动作为，积极落实上级的部署与安排，服务全体教职员工；另一方面，敢于接受新鲜事物，掌握青年学生的心理状况与面临的问题，能用学生易于接受的方式有效沟通，达到教育目标。

三是年龄"大"，发展"紧"。随着高校教职工"准入门槛"的提升，辅导员、行政人员要求硕士学历，年龄往往大于25岁，专业教师、科研人员要求博士学历，年龄往往大于28岁。当教职工拟提拔为科级、处级干部时，根据中共中央印发的《党政领导干部选拔任用工作条例》《事业单位领导人员管理暂行规定》等文件的规定,有对应的工作年限、职称职级等要求,客观上导致其成为干部时"不够年轻"。高校管理干部在一定程度上也存在职业发展瓶颈。管理干部一般接触的是组织、人事、学工、团学等工作,部分与自身所学专业结合不紧密,长此以往难以再胜任专业课教学与科研等岗位工作,职称评定、职务升迁等势必会受到限制。对于"双肩挑"专业教师、科研人员而言,主要精力放在教学科研上,组织与管理工作经验相对不足,对未来发展也会产生一定影响。

第二,高校管理干部应具备"七种能力"

习近平总书记在2020年秋季学期中央党校(国家行政学院)中青年干部培训班开班式上发表重要讲话强调,面对复杂形势和艰巨任务,要在危机中育先机、于变局中开新局,特别是年轻干部要提高政治能力、调查研究能力、科学决策能力、改革攻坚能力、应急处突能力、群众工作能力、抓落实能力,要让他们勇于直面问题、想干事、能干事、干成事,不断解决问题、破解难题。习近平总书记的讲话体现了党对管理干部培养的重视程度,深刻阐明了管理干部培养的价值观与方法论,为管理干部的成长提供了重要指导。新时代的高校管理干部要充分认识到新形势、新任务和新要求,使思想和行动同党中央保持高度一致,在不断认知与实践中学习领会"七种能力",为高校各项事业改革发展提供坚实的基础和保障。

"七种能力"是高校管理干部的思想之钙。"七种能力"的培养,不仅是对高校管理干部个人工作能力的要求,更是对包括个人素养在内的思想水平的要求。当高校管理干部将提高"七种能力"作为内在目标时,其提升作用不仅体现在个人,还会体现于高校集体与社会之中。一方面,是自身的提升,当高校管理干部内化"七种能力"时,需要坚持将马克思主义作为工作各方面的指导,不断提升理论素养,以知识充实头脑,以行动与实践寻求真理,做到知行合一。另一方面,"七种能力"也体现了对高校管理干部服务学校中心工作、服务师生的要求,管理干部对其工作不能仅限于传达与执行,更要在思想上与行动上融入学校战略发展大局,管理干部"七种能力"的提升对于学校内涵式发展具有促进作用,也是加强高校党的政治建设的必由之路。

"七种能力"是高校管理干部的行动之要。高校管理干部往往具有多重身份,不仅承担着管理育人、立德树人、培养社会主义建设者和接班人的任务,也履行着对学校工作管理、执行的职责。高校管理干部多为"70后",也不乏一些"80后""90后",后者能快速接受并学习新事物,也存在着政治历练不足、工作经历欠缺等短板。加强"七种能力"的培养,能提升其处事能力,完善行为方式,也为其保持政治定力、驾驭政治局面奠定基石。因此,对管理干部"七种能力"的培养不仅仅是保障高校学生成长成才的重要基础,也是维护高校政治生态稳定和谐、推动教育事业发展的重要力量。

第三,高校管理干部"七种能力"提升路径

习近平总书记对"七种能力"的阐释中,也蕴含着高校管理干部能力提升的基本方向。

一是牢固价值理念,提高政治能力。政治能力是"把握方向、把握大势、把握全局能力,辨别政治是非、保持政治定力、驾驭政治局面、防范政治风险的能力"①。政治能力是管理干部应具备的首要能力,也是党组织选育任用干部的第一准则。高校管理干部必须拥有坚定的理想信念和政治站位,对马克思主义做到深刻认同和大力拥护,牢牢把握政治方向,将个人理想与时代目标相结合。此外,还要在日常工作中做好意识形态工作,引领高校师生思想正向发展,善于在复杂表象中预判风险,做政治上的"明白人""老实人"。当前,党和国家事业发展对高等教育的需要,比以往任何时候都更为迫切。加强高校管理干部政治能力建设,关系到党的教育方针在高校的贯彻落实,关系到高素质专业化高校干部队伍建设,关系到高校"双一流"建设发展。

二是直面实际问题,提高调查研究能力。习近平总书记指出:"调查研究是做好工作的基本功。一定要学会调查研究,在调查研究中提高工作本领。"调查研究能力是管理干部应当具备的基本功,也是科学决策之前的必要条件。调查研究工作的细致程度关乎调研结果的准确性、客观性。因此,管理干部首先应确保调查过程实事求是,调查态度客观公正,认真根据高校实际情况与目标任务,本着对学校师生负责的态度,聚焦党建、教学科研、人才引进、团学工作等重点方面开展务实调研,重点突破堵点、难点、痛点。坐在办公室碰到的都是问题,下去调研看到的全是办法。高手在民间,各级干部要多到基层调研,问计于民,问需于民,向群众学习,拜群众为师。

三是丰富知识结构,提高科学决策能力。高校管理干部的科学决策能力事关学校各项工作的顺利推进。一方面,高校管理干部思维活跃,往往能接触到本行业最前沿的理论与知识,应坚持不断学习的态度,努力拓宽自身知识面,及时了解党和国家的重大政策方针和行业动态,针对已出现的问题要有规律性的把握,对潜在风险、重大事件要有高度的敏感性,提升科学决策的前瞻性和预见性,经得起时间

---

① 中共中央关于加强党的政治建设的意见[M].北京:人民出版社,2019.

和现实的检验。另一方面,高校管理干部要积极向老同志学习经验并加强与兄弟院校之间的合作交流,在不断完善自身的同时,虚心求教,综合分析决策影响因素,进一步提升科学决策能力。

四是注重实干担当,提高改革攻坚能力。高校管理干部不仅要有克服困难的决心,也要有深化改革攻坚的本领和能力。在准确找到问题症结所在的基础上找准突破口,从工作部署、调查研究、综合分析等方面挖掘高等教育内涵式发展的着力点。首先,高校管理干部要肯干、实干,以极大热情投入到行政管理工作中,积累攻坚经验,在不断解决问题中提升自身综合素养。其次,要解放思想、善谋良策,采取可靠的方法和谋新的思维方式,坚持实事求是,寻找当前学校工作领域存在的不足与隐患,直面问题根源。最后,在充分采纳各方意见与建议的基础上,结合高校实际提出对策措施,推进高校改革创新发展。

五是强化风险意识,提高应急处突能力。提高应急事件处突能力,是强化高校管理干部风险意识的必然要求,也是高校稳定发展的重要保证。高校存在的潜在风险涉及范围较广,包括教职员工保障风险、学生学业风险、突发事件风险、舆论舆情风险等。一方面,风险事件从萌芽到爆发往往有一个过程,因此防止风险事件发生的成本最小、效果最好的方式就是预判。另一方面,高校管理干部应当根据以往发生的风险事件总结经验,对各类可能出现的风险点,做到心中有数、提前演练、严肃处置、准确研判,确保能有效稳定局势、解决问题。

六是融入师生群体,提高群众工作能力。人民群众是历史的创造者,提高群众工作能力是高校管理干部做好群众工作的必然要求。为进一步提升群众工作能力,一方面高校管理干部要坚持群众观点和群众路线,杜绝官气、牛气、娇气和躁气,用初心、虚心、尽心以及恒心来开展管理工作。另一方面高校管理干部要融入师生当中,了解师生的学习工作生活状况与需求,协调解决不同群体的不同问题,以实际行动赢得师生的认可与支持。这就要求高校管理干部具有敏捷的思维能力、较强的语言表达和情感沟通能力。教育事业最大特征,就是依靠人、培养人、服务人,尊重师生员工个性,平等待人,充分体现"人文关怀",做到以人为本,使师生员工增强主人翁意识和归属感。

七是贯彻总体要求,提高抓落实能力。高校管理干部要同党中央保持高度一致,认真贯彻党和国家的路线方针政策,面对充满风险与挑战的外部发展环境及内部改革要求,抓住历史机遇,勇于承担时代使命,加强自我革新,解决实际问题。一方面,高校管理干部要认识到教育是培养人的事业,一切工作的出发点和落脚点是认真落实立德树人根本任务,要全力培养担当民族复兴大任的时代新人,为国家和社会发展服务。另一方面,高校管理干部要深刻领会学校党委的决策部署精神,掌握其内涵实质,与所负责工作紧密结合,以务实的工作作风深入基层调查研究,提出目标清晰、责权分明、符合高校发展实际的举措,并严格落实。

高校管理干部是高校党委进行决策的信息提供者和目标任务的有力执行者,在工作中发挥着不可替代的作用。高校管理干部应自觉将自身行动与"七种能力"相结合,以坚定的政治立场、踏实的工作作风、创新的工作方法为高校育人育才做出贡献。

三、高校管理干部如何完善自我?

近年来,在各级党委的高度重视下,高校管理干部队伍建设持续加强,管理干部队伍年龄结构比较合理,基本形成了以年富力强的中青年为主体、老中青搭配的梯次结构,学历层次和文化知识水平较高,专业素质过硬。但是,随着党的干部队伍建设和现代大学制度改革的不断深入,部分管理干部的能力素质也面临着新的挑战和问题,需要加以改进和完善。

(一) 高校管理干部素质能力现状

近年来,高校管理干部的整体素质对高校改革发展的重要性已逐步被认可,不少高校的管理干部队伍得到了调整、充实。但与社会发展和高校改革的新要求相比,高校管理干部,特别是青年管理干部的能力建设需要关注和加强,主要表现为:

一是政治能力有待提升。在党员干部干好工作所需的各种能力中,政治能力是最重要、最关键的能力,对其他能力的有效发挥起着决定性影响,是对党员干部能力的第一位要求。总的来看,高校管理干部旗帜鲜明讲政治的自觉性不断增强,形成了坚定政治信仰、坚持政治领导、提高政治能力、净化政治生态的思想自觉和行动自觉,但政治能力还存在以下不足。

马克思主义理论基础不足。主要表现为一些干部存在"三个不到位"。(1)对理论学习重要性的认识不到位,把理论学习当门面装点,认为学不学无所谓、不学照样干工作,重业务轻政治、重实用轻理论,理论学习走形式、装样子,以业务学习代替理论学习、只把业务知识当看家本领的取向依然存在。(2)对理论学习方式的把握不到位,学原文深不下去,读原著沉不下心,悟原理融不到位,学习跟进、认识跟进、行动跟进不够及时,习惯移动互联网碎片化、快餐式学习,尚未养成读原著原文的习惯,理论学习不深、不透、不系统,"浅尝辄止、不求甚解"等倾向依然存在。(3)学用结合不到位,学归学、做归做的学用脱节现象仍然存在,有的把学习成效仅仅体现在做交流发言、谈心得体会上,不能自觉地把理论学习成果运用到指导工作、推动实践上。

政治素养不足。主要表现为一些干部存在"三个不善于"。(1)不善于从政治上看问题,缺乏政治敏锐性和政治鉴别力,不能时时处处事事从政治上看问题,对政治上的苗头性问题不能见微知著、防于未然。(2)不善于从政治上分析问题,对复杂问题透过现象看本质的定力还不够强,对把握复杂问题发展变化趋势的能力还不够高,不能做到花繁柳茂处拨得开、雨骤风狂时立得定。(3)不善于从政治上化解矛盾问题,有的对事物运动的基本原理学习掌握不够,缺少积极面对和化解矛盾的担当和能力,抓住和解决主要矛盾与矛盾的主要方面、推动解决根本问题与深层次问题的本领不够,或者遇到矛盾问题奉行"鸵鸟心态",面对矛盾绕道走、往外推。

党性锻炼不足。主要表现为少数干部存在"三个缺乏"。(1)缺乏严肃的党内政治生活锻炼,有的对随意化、平淡化、庸俗化的组织生活比较"留恋",对严格认真的党内政治生活还不完全适应,还有个别青年干部认为政治建设"有点虚""摸不着"。(2)缺乏党性教育培训,部分青年干部对党性教育培训的需求与实际供给不足、青年干部政治能力提升工作机制不完善的矛盾突出,针对青年干部的党性教育培训普遍缺乏,"一锅煮"和"轮不上"的现象同时存在,理论学习和政治能力提升工程的实效性有待提高。(3)缺乏实践磨砺,有计划地安排青年干部到基层一线和艰苦地方锻炼的工作力度不大,不少机关干部缺少吃劲岗位和重要岗位的磨炼,致使有的思想缺钙、动力不足,有的眼高手低、本领不强,甚至有的只会处理文件、不会处理事件。

斗争精神不足。主要表现为少数干部存在"三种现象"。(1)有"软骨病"现象,不愿斗争。对我们在前进道路上面临的风险考验只会越来越复杂,甚至会遇到难以想象的惊涛骇浪的认识不深刻,当严峻形势和斗争任务摆在面前时,骨头不硬、不敢出击,只愿当"好好先生",不愿当敢于斗争、善于斗争的战士。(2)有"恐惧症"现象,不敢斗争。打"小算盘"、揣"小九九",在大是大非面前不敢亮剑,在矛盾冲突面前不敢迎难而上,在危机困难面前不敢挺身而出,在歪风邪气面前不敢斗争。(3)有"无能症"现象,不会斗争。对风险在哪里、表现形式如何以及发展趋势怎样等问题的见微知著能力不足,一碰见难关险隘就心慌气短,召之即来、来之能战、战之必胜的定力和能力不足。这些都是我们必须高度重视和集中解决的问题。

二是职业归属感有待加强。职业归属感和忠诚度是所有职业对从业者的要求,高校对管理干部的要求更高,这与高校的组织属性和高校管理干部的职业属性有关。人是需要理想和信念的,高校管理干部更甚。高校管理干部绝大多数是党团员,整体素质较高,有较强的社会责任感和一定的政治敏锐性。但一些管理干部所从事的主要是具体事务性工作,因工作环境和业务范围的局限,普遍缺乏主管全面工作的历练,欠缺驾驭局势、全面领导的经验,对高等教育改革过程中出现的新情况、新问题的综合分析、科学决策能力有待提高,全局观念、大局意识有待增强。部分管理干部因理想信念淡薄,专业规训不足,文字功底欠扎实,并非从事业角度选择在高校从事管理工作,而是把高校管理干部等同于其他社会职业,比较单纯地为了就业或物质待遇而栖身于校园。对管理岗位认识不够,责任意识不强。提到管理,很多人认为管理工作就是朝九晚五,坐在办公室,喝喝茶,看看报纸,上上网,最多开开会,写写报告。基于这种错误的观念和认识,导致个人积极性不高,工作状态懒散,责任意识较差,满足于维持一般性的工作运转,缺乏走出办公室搞调查研究、主动服务的意识。少数干部自己不积极投入工作,一心只想着提拔和升迁。一旦升迁无望,就开始混日子,得过且过。部门之间相互扯皮,事不关己高高挂起,门难进、脸难看的现象仍然存在。同时,在实际工作中,管理人员存在工作量分配不均衡的现象:能力强的,往往超负荷工作;能力弱的,往往承担较少的工作内容,没有科学、合理的任务划分,造成部分工作人员人浮于事,得过且过。没有理想和信念,高校管理干部将营营苟且于校园,不但阻碍学校发展,而且自身无聊空虚,空耗生命。

三是文化素养有待提高。毋庸置疑,高等教育管理是一门科学。目前多数高校的管理干部都要求是研究生学历。有些直接从青年教师中调任,学历层次普遍较高,文字能力强、思维敏捷、办事干练。但从专业背景来看,高校管理干部专业分散、拥有高等教育管理专业背景的管理干部为数不多,在高等教育理论、管理学专业知识方面缺乏系统学习和专业培训,容易陷入理论行事或是经验主义的泥潭,管理创新缺少知识体系的土壤。对行业知识、教育教学、学科建设等业务知识了解较少,多从事非业务性的事务性工作。以上问题的背后,反映了一些管理干部的能力素质欠缺或薄弱问题,因此亟须对管理干部的能力素质进行测评,依据测评结果采取相应措施加强能力建设,以提高工作绩效,服务工作大局。

四是创新意识有待强化。随着高校管理体制改革的不断深入,管理工作的精细化、规范化、信息化已经成为工作的普遍要求,部分管理干部信息化技术运用熟练、获取信息的能力强。但高校管理干部在高校多数从事的是基层管理工作,任务繁重、工作琐碎,致使不少干部"只知埋头工作,无暇静心思考"。工作依赖有余、主动不足,忙碌有余、总结不足,投入有余、创新不足是管理干部存在的普遍问题。譬如,在工作创新力度不够方面,有的简单化、"一刀切",照搬照抄、上下一般粗,依葫芦画瓢,以前怎么干,现在还怎么干,用旧经验处理新问题的现象较为普遍。有的对于学习新管理模式表现出或多或少的抗拒,对学习新知识容易产生惰性,缺乏推动变革的持久动力。部门之间缺乏协同，信息的收集、整理、挖掘工作不充分。信息化对管理工作的助力往往仅体现在局部单一系统上，管理中更多体现的是简单的数字化而非信息化，不能形成大数据资源的融合和有效利用。工作求全求稳，不敢试不敢闯，工作局面难以突破。对此，管理干部应主动培育创新意识和创新精神，善于在重复性高的基层管理工作中发现创新点，敢于想前人所未想、做前人所未做，在以事务性为主的基层管理工作中做出特色。

（二）高校管理干部自我完善和发展的途径

习近平总书记深刻指出，"干部的党性修养、思想觉悟、道德水平不会随着党龄的增加而自然提高，也不会随着职务的升迁而自然提高，而需要终生努力。"同样的，干部的专业素养和工作能力也不会随着年龄增加而自然增长。对于党员干部来说，加强党性修养，加强专业素养、提升工作能力，是一生的必修课，只有进行时、没有完成时。"三分成本，七分管理"，建设一支高素质的高校管理干部队伍是提高办学效益，促进高校高质量发展的必要条件。因此，强化高校管理干部自我修炼，加强素质和能力建设就显得尤为重要。

第一，善于反省反思，在思考和总结中升华思想理念

陈云同志一生重视并善于总结经验，他曾说："没有事后诸葛亮就没有事前诸葛亮，事后诸葛亮是总结经验。""有正面的经验，有反面的教训，好好总结都会有利于我们的工作，会对我们的工作起到积极作用。"[①]把工作认真总结梳理好，无论对单位建设发展，还是对个人成长进步，都大有益处。系统思考是学习型组织的核心修炼，也必然是高校管理干部修炼的核心。它引导教育工作者对问题的观察由局部转向全局，由片段转向整体，由对现状被动的消极的反应转向为创造高等教育的美好未来而积极行动，由孤立的静止的思维方法转向掌握动态的相互联系的均衡搭配的思想方法。人的才干增长依赖于实践和学习，但并不是在实践和学习中自然而然地增长的，必须加上不断地认真总结反思经验教训。工作中的经验和教训都是财富，关键在于是否善于总结。系统总结、思考、修炼可使高校管理干部完成思维方式的根本性转变。高校管理干部要统观国际国内的社会全局，系统思考，找出学校管理工作中存在的症结，求得正确有效的对策，提高实际工作的效果。修炼有层次，学习无止境。高校管理干部应该自觉、积极、主动地进行自我修炼，不断提

---

① 从1961年主持召开煤炭工作座谈会看陈云的工作方法[J].党的文献,2007(2):94—95.

高自身的理论素养，从而进一步提高校教育管理工作的成果，为高校高质量发展做出更多的贡献。

高校管理干部实际的工作任务繁重，需要处理的事务非常多，不仅要负责办公室日常运转，还要进行对外联络接待以及参与学校各项组织活动。大部分的管理干部在繁重的工作任务结束之后不会花费较多的时间和精力进行工作的反思及总结，从而出现总体素质不高、自我能力处于停滞不前的状态，面对日益繁杂的工作任务，管理干部在工作中就会逐渐失去积极性，并丧失对工作的热情，这样既不利于提升管理干部队伍的整体质量，也不利于高校的高质量发展。毛泽东同志曾说："我是靠总结经验吃饭的。"①邓小平同志在1992年南方谈话中指出："每年领导层都要总结经验，对的就坚持，不对的赶快改，新问题出来抓紧解决。"②习近平总书记指出："同样是实践，是不是真正上心用心，是不是善于总结思考，收获大小、提高快慢是不一样的。如果忙忙碌碌，只是机械做事，陷入事务主义，是很难提高认识和工作水平的。"③ 善于总结，才能善于进步。

俗话说："一寸光阴一寸金，寸金难买寸光阴。"人的生命是有限的，时间比金子还贵。一些年轻干部在度过最开始的阶段之后，就会开始变得迷茫，开始变得管不了自己，流连于应酬，其实很多时候都是无效的社交。聪明的人，远离吃吃喝喝的"交际圈"。真正的人脉，不是靠吃吃喝喝赚来的，而是靠自己有实力。远离那些麻烦的交际，实在算不得什么损失，反而受益无穷。我们因此获得了好心情和好光阴，可以把它们奉献给自己真正喜欢的人、真正感兴趣的事，而且首先是奉献给自己。

人们往往把交往作为一种能力，却忽略了独处也是一种能力。一切严格意义上的灵魂生活都是在独处时展开的。直接面对自己，与自己谈话似乎是一件令人难以忍受的事，不少人选择逃避。逃避自我有二法，一是事务，二是要消遣。我们忙于职业上和生活上的种种事务，一旦闲下来，又用聊天、娱乐和其他种种消遣打发时光。高校管理干部要学会独处，舍弃不必要的人情，减少不必要的圈子，善于采用自省、自学、自我批评、自我控制等多种办法，修德、修心、修能、修作风，练就干事创业的内功。

一是修德性。德是立身安命之基，也是自我修炼之首。德高才能率众，以德才能服人。以德为镜，对照焦裕禄等先进人物，模范遵守社会公德、职业道德、家庭美德，学习、工作和生活中守底线，不逾矩，不越轨。

---

① 李瑞环.学哲学 用哲学:上册[M].北京:中国人民大学出版社,2005:122.

② 邓小平文选:第3卷[M].北京:人民出版社,1993:372.

③ 习近平在中央党校(国家行政学院)中青年干部培训班开班式上发表重要讲话强调,信念坚定对党忠诚实事求是担当作为努力成为可堪大用能担重任的栋梁之才[N].人民日报,2021-09-02.

二是修心境。把住思想的"总开关",牢记为民服务的初心,练就淡泊名利、宁静致远的平常心,修得自强不息的进取心,始终保持工作热情和韧劲,奋发有为,精益求精。

三是修能耐。能力是干事创业的基础,也是衡量党员干部的重要标准。钻研业务、增长才干,"知羞而学,知错而改",学而信、学而用、学而行,做工作的行家里手。作为高校管理干部,应该懂得办学规律,清楚办学理念,保持忧患意识,了解高等教育的发展趋势以及学校和本部门工作在国内同类高校中的位置,时时思考不足之处,明确自己的长处和短板,努力寻求改进策略。

四是修作风。清正廉洁是党员干部的生命线,作风好坏关系到党的执政能力和效果。修作风就要树立正确的价值追求,培育高尚健康的生活情趣,自觉远离低级趣味,提高思想防腐拒变的能力。努力做到克己慎行,洁身自好,在人情面前不中弹,与边缘行为划界线,在物欲面前不同流,管好自己的嘴、手、腿,为人处事干干净净。

因此,高校管理干部要高度重视对工作进行持续性深刻反思,具体包括行动前的反思、行动中的反思、行动后的反思、对反思的反思等内容,从而逐渐形成一种行动反思力,把善于总结看作一种责任、当成一种习惯、化为一种能力。不断总结工作中存在的问题及解决的措施,对工作进行一番去粗取精、去伪存真,由此及彼、由表及里的思想加工,进一步理清思路、改进措施、提高质效,不断丰富工作经验。善于瞄着问题去、追着问题走,把症结查找准、把原因分析透、把措施订具体,把工作总结的过程变成谋篇布局、扬帆再出发的过程。在提升自身工作效率的同时,还能有效地提升学校的整体管理水平,促进高校的高质量发展。

第二,强化学习研究,提升高校管理干部的业务本领

勤于学习是高校管理干部素质和能力建设的基础。不断学习是党员干部坚定政治定力、修炼人格魅力、提升精神境界的重要途径,是胜任领导工作、增强发展引力的必然要求。作为一名高校管理干部,为了提高自身的素质,要牢记学习、学习、再学习。

一是加强政治理论学习。坚定捍卫"两个确立",坚决做到"两个维护",坚持把习近平总书记关于教育工作的重要指示批示精神作为一切工作的根本遵循,系统学习马克思主义理论特别是新时代党的创新理论,善于从习近平新时代中国特色社会主义思想中找方法、找答案,学习党史、新中国史、改革开放史、社会主义发展史,学习经济、政治、法律、文化、社会、管理、生态、国际等各方面基础性知识,学习同做好本职工作相关的新知识、新技能,不断完善履职尽责必备的知识体系。作为高校管理干部,学习是第一位的。学习就是工作,进步需要不断学习,勤于学习就是加强进步。

　　高校管理工作是一项业务性、复杂性、规范性和综合性很强的工作，这就要求管理干部时刻增强学习的紧迫性及危机感，养成良好的学习习惯。高校管理面临的形势和任务要求干部在学习精神、学习方法、学习内容、学习效果上要有新认识、新发展、新提高。高校管理干部要努力养成勤于学习、勤于思考的习惯，排除各种干扰，把心思放在工作和学习上，耐得住寂寞，抗得住诱惑，在不懈地学习中重塑自己，改造自己，提升自己，努力把自己锻炼成为有朝气、有学识、有才干、有作为的管理干部。高校管理干部要坚持向书本学习，向实践学习，向生活学习，向别人学习，处处学习，时时学习，通过勤于学习，努力掌握做好工作所必需的一切现代科学知识，不断拓宽知识领域，不断提高驾驭工作的能力和管理水平。

　　此外，针对一些高校管理干部的管理科学理论和知识欠缺，思想观念落后跟不上高等教育发展新形势的现状，必须加强高校管理干部的业务理论教育，要补上高等教育理论、高等教育行政管理、政策法规等的学习，以及外语、公文写作、计算机操作等方面的知识，不断拓宽知识面，提高业务素质和管理水平。按照美国学者马丁·特罗的理论，在高等教育精英化、大众化和普及化的不同阶段，对高校从事管理的人员有不同的要求，高等教育发展到大众化阶段时，高校管理应由专业管理人员实施。高校应高度重视管理干部队伍专业化建设。高校管理是一门实实在在的科学，实施一流的管理，就要拥有一流的管理人才；一流的管理人才，首先要具备丰富的专业知识。鼓励高校管理干部队伍在职继续教育，在有条件的情况下，还要有意识地选择有培养前途的年轻干部到国（境）外进修培训，学习先进的管理经验、管理意识、开阔视野、增强开拓创新精神。

　　二是积极参加多种形式学习交流培训活动。为提升管理干部的专业化能力，一些高校开展了行之有效、丰富多彩的学习交流培训活动。如开展干部素质能力提升讲坛，举办机关干部经验交流会，就提升干部管理能力组织开展主题演讲、工作观摩会等。多种形式的学习交流活动，可以让管理干部担任"主角"，共同探讨政策业务、经验教训、发展难题，通过思想碰撞，促使管理干部丰富知识、学习经验、拓宽视野、锤炼精神。

　　三是立足本职工作开展科学研究。随着目前我国高等教育布局和结构进一步调整和优化，高校规模普遍急剧扩大，学科建设加快，学位点增加，师生比高居不下，特别是不少高等学校多校区办学，这就更增添了管理工作的难度。那么，如何在这样的现实情况下保证教学、科研、管理目标得以顺利实现和学校的高质量发展，对高等学校管理干部的素质和管理水平就提出了很高的要求。因此，高校管理干部在做好日常管理工作的同时，一定要立足本职，开阔视野，围绕如何加强和改进管理工作、提高工作效率积极开展科学研究,做到"本行是内行,不是本行不外行",努力朝着成为"教育家"的方向发展。只有这样,才能真正适应新形势下高等教育发展的需要。高校管理干部开展科学研究不能像专业技术人员一样围绕所学专业进行,也不能单一地为了荣誉与自身利益进行研究,当然更不能随大流为完成任务而应付工作,必须要立足现实,立足于本职工作。因为管理就是现阶段自己所从事的专业,管理干部必须在熟悉、了解现代大学管理制度,掌握管理的基本技能和高等教育事业发展规律的基础上,充分发挥自己的聪明才智,围绕如何科学高效地做好本职工作进行深入的研究和探讨,以期达到管理的最佳效果。

第三,增加实践历练,提升高校管理干部的应变能力

在实践上要有新的提高,勇于实践是高校管理干部素质和能力建设的关键。实践的观点是辩证唯物主义认识论首要和基本的观点,在实践中培养、锻炼、造就干部,是干部成长最根本的途径。理论知识可以通过书本学习来获得,但品格、意志的锻炼主要靠艰苦的实践去完成。高校管理干部的管理水平、工作能力、思想觉悟,需要在管理工作的实践中提高。实践出真知,实践出智慧,实践出素质,实践出能力,实践锻炼是提高高校管理干部素质和能力的关键所在。高校管理干部只有知行统一、勇于实践,才能掌握新知识、积累新经验、增长新本领。

推动工作实践,攻坚克难,圆满完成所肩负工作任务,这既是高校管理干部加强能力建设的根本出发点和归宿,同时也是检验各级干部能力建设水平的根本标准。理论是灰色的,生活之树常青。各级干部在加强理论知识学习的同时,要特别重视实践,向师生的生动鲜活实践学习,并在实践中提高,在实践中检验学习获得的理论知识,使理论知识和实际工作不断融合,更好地推动学校事业的发展。同时,创新成长环境,加大对高校管理干部的培养力度。环境是干部成长的外在因素,要通过运用政策、组织手段,大力营造有利于他们健康成长并充分发挥作用的政策环境、舆论环境。要通过竞争上岗,使一批素质高、能力强的人才脱颖而出,激发干部竞争意识、进取精神。再次,加强管理也是建设高素质干部队伍的重要保证,要加强干部选拔任用工作的透明度,真正落实群众的知情权、参与权、选择权和监督权。

此外,轮岗+实践锻炼也是提升高校管理干部专业化能力的重要方式,可以拓展管理干部的工作视野,让管理干部避免岗位倦怠和惯性思维,也可促进各部门在"双一流"建设中的沟通、协调和配合。如有的高校实施校内双向挂职锻炼,促进学院与机关干部之间的沟通、交流、合作。有的构建机关干部多元培养渠道,通过校内外挂

职、专项工作锻炼等方式对机关干部进行渐进式能力培养,并鼓励机关干部到地方党政机关和边远地区挂职锻炼,让其在各种实践锻炼中练就本领、增长才干。

第四,加强机制建设,夯实高校管理干部专业化成长的制度基础

建立健全高校管理干部素质和能力建设的相关机制是提高和增强高校管理干部素质和能力的一条根本途径。

一是要建立素质和能力测评机制及考评运作机制。考核对管理干部有着重要的导向、激励和鞭策作用,是提升管理干部专业化能力的重要抓手。根据高校管理干部岗位职责和能力要求,建立一套行之有效的测评指标体系,注重定性与定量、理论性与实践性、可靠性与可能性的结合,并且使之具体化、明细化,提高可操作性和针对性。建立科学完善的素质和能力测评机制及考核运作机制,要以构建体现管理实绩的科学指标体系、严格而科学的考评工作机制、有效的绩效沟通反馈和跟踪改进机制等为基础,保证素质和能力测评机制及测评运作机制科学规范、运行有序。

二是要建立科学合理的激励机制。志不励,则士不死节;士不死节,则众不战。激励可以调动高校管理干部的工作积极性、创造性,提高管理干部的工作效率,更能促进高校管理干部素质和能力快速提高。建立科学合理的激励机制可以不断激发高校管理干部奋发向上,努力工作,能够让管理干部的才能得以充分发挥,最终实现高校管理干部素质和能力的提升。

三是建立监督约束机制。提高高校管理干部的素质和能力既要靠激励机制,也要靠监督约束机制。监督机制是约束管理干部强有力的手段,也是提高管理干部素质和能力的有力措施。高校要进一步建立健全内部监督约束机制,学校要有大的制度管理,基层组织也要有小的制度约束。要坚持把监督约束机制建设作为加强高校管理干部素质和能力工作长期性、根本性的任务来抓,积极探索创新,建立健全各项监督约束机制。

"双一流"建设需要一流的管理服务,而一流的管理服务需要高校管理干部的专业化能力作为支撑。这既是党的二十大对干部队伍的明确要求,也是高校管理要遵循的客观规律。高校要把加强管理干部队伍建设作为重要目标,加强教育培训,提供成长平台,注重科学考核,积极提升管理干部专业化能力。同时,高校管理干部要积极做好自身专业化能力建设。只有组织培养和个人努力齐头并进,才能切实推动高校"双一流"建设取得实效。如果用一句话来回答"高校管理干部队伍应需要什么样的素质与能力",答案就是:以"职业"精神从事工作,将"事业"理想融入工作。

第一项　如何提升政治能力？

　　高校管理干部是高等教育的组织者、管理者和参与者,是高校发展的"关键少数",其政治能力强弱关系到党对高校的全面领导、党的教育方针政策落地落实以及时代新人培养成效。高校各级管理干部要把政治能力作为看家本领,不断提高政治判断力、政治领悟力、政治执行力,深刻领悟"两个确立"的决定性意义,增强"四个意识"、坚定"四个自信"、做到"两个维护",自觉在思想上政治上行动上同以习近平同志为核心的党中央保持高度一致,以过硬政治能力推动高质量党建引领高等教育事业高质量发展。

　　旗帜鲜明讲政治，是中国共产党作为马克思主义政党的本质要求。政治建设是党的根本性建设，加强政治建设，必须把党员的政治能力摆在十分重要的位置。当今，正值百年未有之大变局，世界多极化发展加速，单边主义、保护主义上升，俄乌大战、新冠疫情席卷全球……当此之际，中国共产党如何在复杂的国际局势下推进我国社会主义事业再上一个台阶，需要全体共产党人的接续奋斗。党员干部作为中国共产党的先进分子，必须筑牢信仰之基且敢于勇挑重担。2019年发布的《中共中央关于加强党的政治建设的意见》提出："加强党的政治建设，关键是要提高各级各类组织和党员干部的政治能力。"按照意见要求，提升党员干部尤其是领导干部政治能力，对加强党的政治建设具有重要意义。高校党员干部不断提升政治能力，不仅有利于加强党的政治建设，更是促进党员干部能力提升的必备要素。要将增强"四个意识"、坚定"四个自信"作为思想引擎，进一步提高政治站位，把牢政治方向，站稳政治立场，坚决做到"两个维护"，毫不动摇地贯彻落实党中央的决策部署。

一、为什么要提升政治能力？

　　党的十八大以来，以习近平同志为核心的党中央治国理政的一个重要特点，就是善于从政治上考量和解决问题，不断加强政治建设，注重提高领导干部的政治能力。习近平总书记多次强调要加强党的全面建设，加强党员干部的政治素质和政治能力建设，推进国家治理体系和治理能力现代化。党的二十大报告对"政治三力"做出明确部署，要求"提高各级党组织和党员干部政治判断力、政治领悟力、政治执行力"，这一要求也被写入党的二十大新修订的党章。习近平总书记强调，在干部干好工作所需的各种能力中，政治能力是第一位的。有了过硬的政治能力，才能做到自觉在思想上政治上行动上同党中央保持高度一致，在任何时候任何情况下都能"不畏浮云遮望眼"、"乱云飞渡仍从容"。在2021年春季学期中央党校（国家行政学院）中青年干部培训班开班仪式上，他针对中青年干部再次强调，要自觉加强政治历练，接受严格的党内政治生活淬炼，不断提高政治判断力、政治领悟力、政治执行力，使自己的政治能力同担任的工作职责相匹配。新时代高校青年管理干部是高校事业发展中的中坚力量，需要"胸怀两个大局"①，自觉加强政治能力建设，提高日常行政事务管理能力，为学校领导决策当好参谋，努力担负起时代重任。

（一）何为政治能力？

政治能力是领导干部的第一能力。习近平总书记强调要"注重提高政治能力，特别是把握方向、把握大势、把握全局的能力和保持政治定力、驾驭政治局面、防范政治风险的能力"①。2020年10月，习近平总书记在中央党校（国家行政学院）中青年干部培训班开班式上指出，要提高政治敏锐性和政治鉴别力，观察分析形势首先要把握政治因素，对党的政治纪律和政治规矩怀有敬畏之心，自觉加强政治历练，增强政治自制力等内容。习近平总书记在主持党的十九届中央政治局第六次集体学习讲话中又提出了辨别政治是非，善于从政治上分析问题、解决问题等要求。可见，政治能力主要指各级党组织和党员干部在面临各种风险挑战和重大任务时，能在科学把握、精准研判大势发展基础上，善于从政治上分析解决问题、不折不扣贯彻落实习近平总书记重要讲话精神以及党中央重大决策部署的能力，既涵盖了信仰、立场、思维、本领等内在要素，也包含了把握政治方向、辨别政治是非、保持政治定力、防范政治风险、增强政治自制力等外在表现。

对高校党员干部而言，政治能力是一种自觉在党和国家大局下善于从政治上认识、分析和处理问题的能力，也是一种善于做师生思想政治工作、落实立德树人根本任务、敢于同不良现象做斗争的能力。在高校党员干部的各种能力中，政治能力是最核心最本质的能力，也是对其他能力的性质和方向有决定性影响的能力，政治判断力、政治领悟力和政治执行力是其核心要素。其中，政治判断力是基础，重在贯彻落实党的教育方针、坚持社会主义办学方向、在大是大非面前态度鲜明，善于从错综复杂的矛盾关系中研判形势变化和把握政治逻辑，坚持政治信仰不变、政治立场不移、政治方向不偏，解决的是在政治上"看清楚"的问题；政治领悟力是关键，重在把习近平总书记关于教育的重要论述和党中央关于教育工作的决策部署从政治上领会好、领会透，坚持用党中央精神分析形势、推动工作，做政治上的明白人，解决的是在政治上"想明白"的问题；政治执行力是根本，重在对标习近平新时代中国特色社会主义思想特别是习近平总书记关于教育的重要论述以及党中央关于高等教育的决策部署，不折不扣贯彻落实党中央精神，做到知责于心、担责于身、履责于行，解决的是在政治上"做到位"的问题。政治判断力、政治领悟力、政治执行力构筑党员干部政治能力的三环结构。政治判断力、政治领悟力侧重于"知"，是一个人思维能力在政治领域的具体体现；政治执行力侧重于"行"，是一个人行为能

---

① 习近平.在党的十九届一中全会上的讲话[J].求是,2018(1):4—10.

力在政治领域的具体表现。

高等教育作为中国特色社会主义事业的重要组成部分,负责高校管理的领导干部,既有领导干部的一般性,也有高校要求的特殊性,体现在政治能力上,既符合一般性要求,也有特殊性要求。高校管理干部政治能力主要要素如下:

第一,提高政治判断力,牢牢把握社会主义办学方向

政治判断力是以国家政治安全为大、以人民为重、以坚持和发展中国特色社会主义为本,增强科学把握形势变化、精准识别现象本质、清醒明辨行为是非、有效抵御风险挑战的能力;是运用政治原则作为思量标准,运用政治判断方式对政治现象、政治形势、政治关系等进行鉴别、分析与谋断,辨别政治是非与政治本质的能力。

当前,国际形势正在发生深刻变化。同时,世界新一轮科技革命和产业变革迅猛发展,各种思想思潮交流交融交锋,人们的学习方式、工作方式和生活方式发生很大变化,高校面临的形势比以往更为复杂。全方位高水平推进教育对外开放,必然要在国际交往中处理各种难题。新形势下要担负并完成新的历史使命,高校管理干部必须坚持党对高校的全面领导,不断提高政治判断力,才能准确识变、积极应变、主动求变,从而在应对世界变局、深化教育改革中牢牢把握社会主义办学方向。

一是不断增强把握大势的能力。百年大计,教育为本。要心怀"国之大者"[1],掌握中华民族伟大复兴的战略全局,顺应世界百年未有之大变局,认清世情、国情、省情和校情,做到因势而谋、应势而动、顺势而为,在形势变化中坚定方向、谋划战略。始终坚持党的领导,全面贯彻党的教育方针,牢牢掌握党对高校工作的领导权。

二是不断增强把握主要矛盾的能力。事物的性质主要是由取得支配地位的矛盾的主要方面所规定的。系统观念是具有基础性的思想和工作方法,高校管理干部要积极行动,善于在工作中把握全局和局部、当前和长远、宏观和微观、主要矛盾和次要矛盾、特殊和一般的关系。当前,要紧紧围绕党的二十大报告提出的教育、科技、人才三位一体的战略布局,着力谋划好"十四五"教育改革发展和开局工作,统筹抓好"双一流"建设。

三是不断增强明辨行为是非的能力。要善于从政治上看问题,对重大问题、关键环节、一般事务做到眼明心亮,能从倾向性、苗头性问题中发现端倪,及时采取应

---

[1] "国之大者",指事关党和国家前途命运、事关中华民族伟大复兴、事关人民幸福安康、事关社会长治久安的大事。

对措施,防患于未然,确保高校始终坚持社会主义办学方向,使其成为坚持党的领导的坚强阵地和培养社会主义建设者和接班人的坚强阵地。

四要不断增强有效抵御风险挑战的能力。要增强政治意识,分析研究国际与国内、发展与安全等多方面挑战,预判风险成因、把握风险走向、规避风险损失,下先手棋,打主动仗。要把牢安全底线,紧扣师生特点,紧盯时间节点,善于未雨绸缪,能够举一反三,不断完善制度机制,确保高校平安稳定。

第二,提高政治领悟力,始终坚持党的全面领导

政治领悟力,是对党的理论、路线、方针、政策的科学理解、精准领会、融会贯通的能力。提高政治领悟力,就是要善于从政治上领会党中央重大决策部署和习近平总书记重要讲话精神的重大意义,完整准确领会其基本内涵、基本要求,深刻领悟贯穿于其中的科学世界观和方法论,做到领会不偏差、落实不走样。

对于高校管理干部来说,政治领悟力体现为学深悟透习近平新时代中国特色社会主义思想,贯彻落实习近平总书记关于教育的重要论述;体现为对实施科教兴国战略,强化现代化建设人才支撑的领会理解上。深刻领悟"两个确立"的决定性意义,增强"四个意识"、坚定"四个自信"、做到"两个维护",把党中央重大决策部署和习近平总书记重要指示批示不折不扣贯彻落实到管党治党、办学治校全过程,让党旗始终高高飘扬在学校事业发展第一线。

一是必须始终与党中央保持高度一致。要以习近平新时代中国特色社会主义思想为指导,用习近平总书记关于教育的重要论述分析问题、深化认识、把握规律。要坚持扎根中国大地办大学,切实增强"四个意识",坚定"四个自信",做到"两个维护"。

二是必须坚持马克思主义指导地位。在意识形态领域中,要敢于亮剑,当战士不当"绅士",当"头雁"不当"鸵鸟",不在挑战面前退缩。坚持思政课程、课程思政同向发力,构建协同育人大格局。要推动习近平新时代中国特色社会主义思想进教材、进课堂、进头脑,结合各学科特点推进实施,做到春风化雨、润物无声。

三是必须坚持"五育并举"。培养德智体美劳全面发展的社会主义建设者和接班人,既是马克思主义教育观的应有之义,也是服务实现中华民族伟大复兴的必然要求。要聚焦"五育并举",强弱项,补短板,全面加强和改进新时代高校的美育、体育、劳动教育。

第三,提高政治执行力,落实好立德树人根本任务

政治执行力是指贯彻落实党和国家路线方针、政策任务的领导、决策、管理等

实践能力,是学思践悟习近平新时代中国特色社会主义思想取得成效的根本路径。对于领导干部来讲,政治执行力是自身政治能力的集中体现,是讲政治的根本所在。政治执行力的关键就是要求领导干部能够把"讲政治"放到各项工作的首位,坚决维护习近平总书记党中央的核心、全党的核心地位,坚决维护党中央权威和集中统一领导,不断增强拥护核心、跟随核心、捍卫核心的思想自觉、政治自觉、行动自觉。

实现高等教育高质量发展,既是全面建设社会主义现代化国家新征程的迫切需求,也是高等教育完成好新使命、新任务的内在需要。对于高校领导干部来说,政治执行力体现在推进为党育人、为国育才以及科研创新"四个面向"、"双一流"建设等中心工作上,体现在推进高等教育"四个服务"、教育评价改革、学校治理体系和治理能力现代化的进程中,落脚到落实好立德树人根本任务上。

一是增强责任感、使命感以抓落实。将贯彻落实习近平新时代中国特色社会主义思想作为首要任务,深入贯彻党的教育方针,不断提升政治能力,做既懂政治又懂教育的专家,使立德树人的根本任务能够从认识上深化,从机制上保障,从举措上落地。

二是提高教育治理能力以解难题。深化教育教学改革,全面提高课程的含金量。加强跨学科复合型高层次人才培养。加强对学科建设的顶层设计和规划统合,形成结构协调、特色鲜明、互为支撑、共生发展的学科生态。要在落实上找差距,深入院系,走近师生,倾听诉求,解决难题。要在安全上找盲点,统筹政治安全、意识形态安全、网络阵地安全、国际教育交流合作安全和师生人身财产安全,坚持底线思维,筑牢安全防线。

三是当好教育改革发展的排头兵。教育的根本任务是培养人、培养人才。学校是教育的细胞,教育改革只有最终落实到学校层面,体现到学生和教师身上,才能真正见到实效。要增强干事创业的执行力,担当作为、攻坚克难、落实得力,坚持以人民为中心发展教育,努力办好令人民满意的教育,推动立德树人根本任务落实落地。

综上所述,不断提高政治判断力、政治领悟力、政治执行力既是时代命题,也是加强党的政治建设的必然要求。高校管理干部唯有旗帜鲜明讲政治,写好提高"政治三力"的必答卷,努力成为提高"政治三力"的坚定践行者,才能推进中国特色世界一流大学建设行稳致远。

（二）为什么要提升政治能力？

当前，党和国家事业发展迈上新征程，培养社会主义建设者和接班人的任务比以往任何时候都更为迫切，推动高校高质量发展、建设世界一流大学等，都需要高校管理干部切实提升政治能力，增强政治责任感、使命感，加强高校管理干部的政治能力建设具有十分重要的意义。

第一，高校管理干部政治能力建设是坚持社会主义办学方向的根本前提

党的政治建设落实到党员干部身上，突出体现在其把握方向、把握大势和把控全局的能力。党和国家事业的发展离不开教育，因此，高校党员干部政治能力的建设水平，直接影响党的教育方针在高校的贯彻与落实。中国特色社会主义制度决定了我们的教育必须坚持社会主义办学方向、坚持党管人才的原则，必须旗帜鲜明讲政治，不讲政治犹如蒙着眼睛走路。提升政治能力是党对各级领导干部担当作为的统一要求，更是办好社会主义大学、落实立德树人根本任务的迫切需要。

第二，高校管理干部政治能力建设是培养担当民族复兴大任的时代新人的现实需要

为党育人、为国育才是党和国家赋予高校的崇高使命，也是每一位高校管理干部的政治责任。党和国家高度重视时代新人培养，出台了系列重要举措，积极引导大学生把青春奋斗融入党和人民事业中。高校管理干部的政治能力事关培养什么人、怎样培养人、为谁培养人这一教育的根本问题。当前，国际国内形势发生深刻变化，西方发达国家通过意识形态渗透和文化扩张，导致部分师生在一定程度上存在排斥主流意识形态的倾向。随着市场经济的快速发展，社会利益格局进一步多元化，各类社会矛盾交织凸显，实用主义、功利主义、虚无主义等思想对高校意识形态工作造成冲击。同时，"00后"大学生作为移动互联网第一代原住民，已经成为高校学生主体，互联网已经成为落实高校立德树人的"最大变量"。面对各类风险挑战，高校管理干部能否有效应对，关键看是否具有较强的政治能力。高校管理干部必须从政治上看教育，必须坚持"四个服务"，涵养政治定力，练就政治慧眼，增强对外来思潮、价值观念与理论思潮的辨别能力，把握好办学正确政治方向，把培养担当民族复兴大任的时代新人的政治责任扛起来，全面提高人才自主培养质量。

第三，高校管理干部政治能力建设是加强干部队伍建设的必然要求

推动高等教育事业高质量发展，关键在干部。进入新时代，随着我国教育信息化建设和高等教育的改革发展,带来高等教育领域中教育教学手段的革新、教学理念、教学方法的变革,主要体现为信息化、移动化和视频化等特点,也对高校日常行政管理提出了专业化、专门化、精细化的要求。新时代也对高校管理干部的政策理论水平也提出了新要求。政策理论水平是指对党的路线、方针、政策理解的深度和贯彻执行的情况。一个人的理论水平和政策水平是紧紧连在一起的。理论成熟是政治成熟的表现,提高政策水平必须先提高理论水平。理论是行动的指南,是管思想、管方向的,不掌握党的基本理论,就不可能保持清醒的头脑和正确的政治方向。当前,部分管理干部政治能力和素质跟不上时代发展需要,跟不上高等教育的发展趋势,政策理论水平不高,管理手段、管理方法落后,政治执行力不强。同时,由于基层工作经验不足,工作能力有限,往往存在习近平总书记说的"与新社会群体说话,说不上去;与困难群体说话,说不下去;与青年学生说话,说不进去;与老同志说话,给顶了回去"。因此,为克服"本领恐慌",增强本领能力,加强自身政治能力建设,提高解决实际问题的能力,成为高校管理干部的必然要求。

第四,高校管理干部政治能力建设是营造校园风清气正良好政治生态的重要条件

办好中国的事情,关键在党,关键在坚持党要管党、全面从严治党。过硬的政治能力是高校管理干部把全面从严治党这场伟大自我革命进行到底的"第一能力"。高校管理干部必须严守政治纪律和政治规矩,始终坚持严的主基调,一以贯之推动全面从严治党向纵深发展、向基层延伸,积极营造风清气正的校园政治生态。当前,高校管理干部政治能力建设总体上较好,高校党委积极加强政治建设,坚持不懈用习近平新时代中国特色社会主义思想培根铸魂,严格落实党委领导下的校长负责制,立德树人根本任务得到有效落实,高校班子运行状态、校园政治生态、事业发展势态持续向好,高校成为坚持党的领导的坚强阵地。

此外,强化干部的政治能力是其政治生命发展的必然要求。就干部自身成长而言,提升政治能力、永葆政治能力,才能保障政治生命的健康发展。一方面,政治能力标准贯穿干部成长的全过程。干部的管理包括选拔、任用与考核等环节,从干部政策执行来看,每一个环节都把政治标准作为衡量年轻干部的第一指标。党的十八大以来,中央完善干部能上能下机制,对缺少政治能力的干部必须加强政治历练,不然就要让位于德才兼备者。另一方面,政治能力是激励干部为党的事业做出更大贡献的内生动力。提升政治能力,既是党组织对干部提出的严格要求,也是干部追求进步的自我要求。政治能力并非独立于干部综合能力之外;相反,它是干部

综合能力的一个测压器。干部政治过硬是推动党的事业发展的必要前提,各类干部想要为党的事业奉献更多热情、做出更大贡献,首先就要在政治上达标。

二、政治能力的内涵要素有哪些？

习近平总书记指出:"党的政治建设落实到干部队伍建设上,就要不断提高各级领导干部特别是高级干部把握方向、把握大势、把握全局的能力,辨别政治是非、保持政治定力、驾驭政治局面、防范政治风险的能力。"①"三个把握"是政治能力在战略谋划上的体现;"辨别政治是非、保持政治定力、驾驭政治局面、防范政治风险"是政治能力在工作层面上的体现。新时代高校管理干部要想做好本职工作,必须得有过硬的能力做支撑,其中,政治能力是最重要、最关键的能力。新时代高校管理干部提高政治能力,必须认真把握方向、把握大势、把握全局,在辨别政治是非、保持政治定力、驾驭政治局面、防范政治风险上率先垂范,永葆共产党人政治本色。

（一）做到"三个把握",提高战略谋划能力

第一,把握方向

政治方向是政治能力的基石。高校管理干部提高政治能力,关键是要牢牢把握正确政治方向,要始终坚持中国共产党领导,坚定拥护"两个确立",坚决做到"两个维护",不断提高政治判断力、政治领悟力、政治执行力,始终在思想上政治上行动上同以习近平同志为核心的党中央保持高度一致。把握政治方向主要体现为:一是在高校办学道路上坚持社会主义办学方向,自觉为人民服务、为中国共产党治国理政服务、为巩固和发展中国特色社会主义制度服务、为改革开放和社会主义现代化建设服务。要牢记"国之大者",自觉站在"两个大局"的高度,把培养德智体美劳全面发展的社会主义建设者和接班人作为初心使命,深入实施时代新人培育工程,积极投身"三全育人",全面提升育人育才质量;二是要紧紧围绕立德树人根本使命,要弘扬以伟大建党精神为源头的中国共产党人精神谱系,用好红色资源,深入开展社会主义核心价值观宣传教育,深化爱国主义、集体主义、社会主义教育;三是在高校意识形态工作中要坚持马克思主义的指导地位,坚持不懈地传播马克思主义科学理论,旗帜鲜明地同各种错误思潮做斗争。高校管理干部要在大是大非

---

① 习近平.习近平谈治国理政:第三卷[M].北京:外文出版社,2020:97.

面前头脑清醒、眼睛明亮,确保政治立场不移、政治方向不偏,对容易诱发政治问题的敏感因素、突发事件的苗头倾向、意识形态领域的思潮保持高度警惕,在管理决策、教育教学、科学研究等日常工作中当好把关人。

第二,把握大势

把握大势是指能够看准、看清、看透当今世界的形势走向、风云变幻,善于把握主要矛盾或矛盾的主要方面,自觉把党和人民事业放到历史长河和世界格局中精心谋划。现在的大势是中国特色社会主义进入新时代,当今世界正经历百年未有之大变局,中国正处于实现中华民族伟大复兴关键时期。党的二十大报告首次将教育、科技、人才一体部署,高校管理干部要善于把握大势,深刻认识新形势下高等教育肩负的使命任务,深刻认识人民群众对高质量教育的不懈追求,深刻认识错综复杂的环境形势带来的新挑战新任务,深入掌握高等教育发展规律和人才培养规律,扎根中国大地探索中国特色社会主义大学的办学规律、办学模式,为服务国家富强、民族复兴、人民幸福贡献力量。

第三,把握全局

把握全局是指统筹谋划涉及党和国家事业的各个方面、各个层次、各个要素,注重从全局和战略层面把握和推进党和国家事业。把握全局要求党员干部要注重提高统筹兼顾的能力。"塑造一个人头像,眼睛、鼻子、嘴巴、耳朵、眉毛都要成比例。如果不成比例,各个部位雕琢得再好也没有用。哪怕一个部位没有安排好,也会破坏整体的平衡和美感。"①这是对统筹兼顾方法的形象阐述。新时代党员干部要胸怀两个大局,在工作中全面而不是片面地看问题,自觉站在党和国家大局上想问题、做决策,把工作放到大局中去思考、定位,不要因本位主义、局部利益,损害全局和整体利益。对于高校管理干部来说,就是要胸怀中华民族伟大复兴的战略全局和世界百年未有之大变局,把自身工作放在办好人民满意的教育、服务国家战略全局、全校事业发展中去思考、定位。

(二)强化政治历练,提高政治工作本领

第一,辨别政治是非

善于辨别和分清政治上的是与非,是领导干部加强思想政治修养的首要课题,

---

① 江泽民.江泽民文选:第二卷[M].北京:人民出版社,2006:307.

也是领导干部政德的基本要求。政治上的是与非，首先是对待党的基本理论、基本路线、基本纲领、基本经验，以及党和国家的基本制度等的立场和态度，涉及这些方面的是与非都是大是大非。每一个领导干部都要善于辨别这些方面的"是"与"非"，旗帜鲜明地坚持"是"而反对"非"，不可有丝毫的含糊和动摇。对于高校管理干部来说，辨别政治是非主要体现在三个领域：一是意识形态领域，在出现杂音、冒泡等现象，甚至是重大事件时，要能够正确辨析并引导；二是党的建设领域，对于违反纪律规矩、违背原则宗旨、不落实上级决策部署等现象，要能够正确界定并处理；三是思想政治教育领域，对于违反党的教育方针、社会主义办学方向和中央有关思想政治教育决策部署，违背思想政治工作规律、教书育人规律、学生成长规律的现象，要能够及时发现并纠正。

第二，保持政治定力

政治定力是指在思想上政治上行动上能排除各种干扰、消除各种困惑、抵御各种诱惑，坚持正确立场、保持正确政治方向的能力。政治定力是对党员干部最基本的政治要求。保持政治定力，要求党员干部在大是大非面前不能态度暧昧、不能动摇基本政治立场、不能被错误言论所左右，做到政治信仰不变色、政治立场不动摇、政治方向不偏移。新时代党员干部保持政治定力，最根本、最关键的是坚定理想信念、坚守共产党人精神追求，无论顺境还是逆境都坚贞不渝。检验一名党员干部理想信念是否坚定，主要看其在重大政治考验面前有没有政治定力。此外，在金钱、权力、美色等各种诱惑面前，要始终守住法律底线、纪律底线、政策底线和道德底线，始终做政治上的明白人。对于高校管理干部来讲，面对重大政治考验的情况并不多，但错误思想、歪风邪气、各种诱惑还是存在的。面对错误思想尤其是错误社会思潮，领导干部需要有清楚、正确的认知，既不能让自己的思想跟着跑偏了，也不能让这种思想在师生中放任自流。面对歪风邪气，高校管理干部需要旗帜鲜明的坚决抵制，并努力为营造正常化、纯洁化的校风、教风、学风出谋划策。面对各种诱惑，需要提升拒腐防变的意识和能力，坚决守住做人的底线和干部的红线。

第三，驾驭政治局面

驾驭政治局面是指准确把握影响政治局面的各种因素尤其是消极因素，坚决同一切破坏安定团结的言行做斗争，善于及时把控各种突发事件，将各种政治隐患化解在萌芽状态，切实维护好和巩固好安定团结的政治局面。驾驭政治局面是党员干部特别是"一把手"的必修课。新时代党员干部驾驭政治局面，首先要正确把握当前国际国内安全形势和政治形势，尤其是我国当前党风廉政建设和反腐败斗争形势，清醒地认识到腐败是我们党长期执政的最大威胁，反腐败是一场输不起也绝不能输的重大政治斗争。要全面贯彻总体国家安全观，坚持国家利益至上，以人民安全为宗旨，以政治安全为根本，以经济安全为基础，落实好党中央关于确保政治安全作为维护国家安全首要任务的基本要求。政治担当与领导岗位历来密不可分。高校管理干部要主动对标对标中央决策部署，敢于啃"硬骨头"、及时校准偏差，自觉在大局下谋划工作、推动发展。切实从政治上看教育，坚持以人民为中心，扎实推进"我为师生办实事"，把师生所思、所需、所急作为工作的着力点。要落实"党政同责""一岗双责"，把政治能力建设融入分管领域工作中，把提升政治执行力作为硬核任务，担当政治表率，强化作用发挥，在实践中检验政治担当和政治作为。

第四，防范政治风险

防范政治风险，是指能科学预判政治风险所在，正确把握政治风险走向，有效化解政治风险。当前，我国面临复杂多变的发展和安全环境，前进道路上各种可以预见和难以预见的风险因素明显增多，如果得不到及时有效控制就有可能演变为政治风险。高校作为知识高地、人才集聚地、社会思潮交汇地，是不同意识形态争夺的重要阵地，防范政治风险责任重大。高校管理干部要切实增强政治风险防范意识，牢固树立底线思维，做好随时应对政治风险的充分准备，牢牢把握工作主动权，不仅需要将意识形态工作摆在重中之重的位置来对待，更需要积极应对意识形态领域出现的各种问题和挑战，做到守土有责、守土尽责，召之即来、来之能战、战之必胜。做好高校意识形态工作，对于高校领导干部来讲，既要有一双政治"慧眼"，做好意识形态领域的形势分析和舆情研判，更要发扬斗争精神、增强斗争本领、讲求斗争艺术、提升斗争实效；面对意识形态领域出现的问题，既要敢抓敢管、敢于"亮剑"，又要坚持原则、有理有据。

三、如何提升政治能力？

在干部干好工作所需的各种能力中，政治能力是第一位的。近年来，习近平总书记多次强调年轻干部要加强政治历练，提高政治能力。"政治三力"为提升党员干部政治能力指明了实践方向。从能力发生学的角度来看，一种能力的获得是基于先天基质和后天素质的共同作用而完成的，就提升党员干部政治能力而言，需要党组织与党员干部共同努力。

（一）高校管理干部政治能力建设面临的问题挑战

加强高校管理干部政治能力建设，就是不断提高他们的政治判断力、政治领悟力和政治执行力。总体来看，高校管理干部政治素质和政治能力基本能满足工作需要，但也存在以下问题。

一是学习意识不强，理论学习能力有待加强。政治定力的增强、政治能力的提高，离不开政治理论的坚定。管理干部任务多、压力大，很少静下心来研读马克思主义经典著作，只能零散式、碎片化的学习，离真正学懂弄通做实还有差距；面对新形势新任务，有的学习党的基本理论、基本路线、基本方略不够充分，政治知识、政治素养不足，对党忠诚的政治品格有待进一步锤炼，表现在：(1)思想理论素养锤炼不够扎实，政治敏锐性和辨别力不够强。少数干部疏于对马列主义经典著作和中国特色社会主义理论的精读精解、真悟真信，有的理论学习弄虚作假，有时在重大思想理论问题上认识模糊、思想摇摆。(2)理想信念动摇。随着全球化进程的加快，意识形态领域的斗争也日益激烈和复杂，在利益主体多元、社会思潮多样的大背景大格局下，面对不同的社会思潮相互批判，不同意识形态之间的相互碰撞，部分管理干部茫然无措甚至盲目跟风。极个别干部信仰宗教，不信马列信鬼神。(3)理论水平与实际有差距。部分干部不善于运用马克思主义的立场、观点、方法分析和解决当前高校面临的实际问题，缺乏用科学理论指导实践的能力。

二是政治站位不高，政治鉴别能力存在不足。有的管理干部对新时期加强政治能力建设的重要意义认识不够到位，将业务工作与思想政治工作有机融合的意识与能力不足；有的过于关注个人发展，对高校整体发展认识不高、思考不深；有的对高校意识形态工作面临的新形势新挑战新任务认识不够，对一些错误思想观点发现不及时。少数干部特别是青年干部从学校到学校，缺乏系统的党史学习、党性锻炼，党的意识弱化，对党的领导地位的历史认同、情感认同不够强烈。有的党员干部党内生活流于形式，用行政会议或活动取代党内生活，党内生活时间不固定，程序不严格；有的口无遮拦，毫无顾忌，乱评妄议，对党的方针政策说三道四，对党的决策部署讨价还价；有的对党不忠诚，遇事只考虑一己之私，执行党规党纪变通走样，遇事习惯拉关系"通融"、倚仗人脉"放行"；极少数管理干部忽视个人道德修养，精神空虚，缺少为人师表的底线坚守，个别干部还搞权钱交易、权色交易。近年来高校的工程腐败、招生腐败、作风腐败还是偶有所闻。

三是政治历练不够，政治领导能力有待提高。高校管理干部大多工作经历比较简单,基本是从家门到校门,从校门到机关门的"三门干部",缺乏大风大浪的磨炼。高校是党的意识形态的重要阵地,肩负着学习宣传马克思主义、培养社会主义时代新人的重大任务,历来是敌人渗透、敌我斗争最激烈的地方。由于部分高校管理干部自身的工作经历和个性特点,存在着思想意识松懈、斗争意志缺乏、政治立场不稳的情况;往往嗅不出敌情、分不清是非、辨不明方向,有的面对错误言论斗争意识不强,斗争经验不足,斗争能力不强,批驳不够到位。个别干部工作履职不力,缺乏群众工作的能力,对复杂问题存在着畏难情绪,有时遇到问题绕道走,或遇事推诿、怕担责任,团结带领师生攻坚克难的领导能力不强。

四是政治意识不足,防控政治风险能力不强。高校管理干部由于基层经验缺乏,不谙世情、国情、党情、民情、校情,驾驭和处理复杂局面、防范化解重大风险、解决师生矛盾的能力不足,工作方法简单粗暴。当前,高校普遍经历着改革的阵痛,特别是教师评价机制的改革、教师聘任制度的改革,直接涉及教师的切身利益,牵动着教师的神经,往往容易导致矛盾冲突。面对这些矛盾与难题,有的管理干部束手无策,部分干部不思进取,有政策按政策办,没有政策按惯例办,没有惯例按领导指示办,没有领导指示等着、放放看;少数干部存在"天花板"现象,出工不出力、混日子。有的纹丝不动,有的遇到阻力就退缩,缺乏把政治领悟力、政治判断力转化成开展落实工作的执行力的干劲和勇气;个别干部做知识分子工作、做思想政治工作的能力存在不足,思想观念适应不了高等教育新常态,习惯于墨守成规、按部就班,新办法不会用,老办法不顶用,不能经常从政治上发现风险、研判形势、分析问题,落实意识形态责任制的能力不足。

(二)如何提升政治能力?

政治能力不是与生俱来的,提升高校管理干部的"政治三力",不能仅停留在本本上,既需要干部自身从微观上提高政治自觉、加强思想淬炼、政治历练、实践锻炼与专业训练,也需要高校宏观上整体规划、建章立制,又需要组织部门长期严格要求与培养。针对高校管理干部的岗位特点和现实状况,当前和今后一个时期,高校管理干部提高政治能力的总体思路是:严格按照党章要求,以"三严三实"为基本要求,从主观和客观两方面着手,坚持个人自修、实践锻炼与组织培养相结合,搭建学习、实践、帮扶、典型教育平台,开展系统化、常态化和长效化的党性锻炼,对标对表,内外兼修,全面提升政治能力。

第一，搭建"学习平台"，坚持从科学理论中汲取营养

政治历练，首先要用党的创新理论最新成果武装头脑、指导实践、推动工作。学习是思想改造的一种最基础的方法。理论一经群众掌握，就会变成强大的物质力量。①年轻干部要加强学习，必须在学懂弄通做实党的创新理论上下功夫，掌握马克思主义立场观点方法，以党的创新理论滋养初心、引领使命，指导实践、推动工作，就一定能赢得优势、赢得主动、赢得未来。

一是加强自学，坚持读原著、学原文、悟原理。对于高校管理干部而言，真正把马克思主义看家本领学到手，要用心、用力、用情。要通过不断地阅读马克思主义经典原著，自觉加强马克思主义理论武装，学深悟透，融会贯通，掌握辩证唯物主义和历史唯物主义，掌握贯穿其中的马克思主义立场、观点、方法，深刻理解"马克思主义为什么行"，进而把理论的体悟变为行动的自觉，不断坚定政治信仰。学懂弄通做实习近平新时代中国特色社会主义思想，认真研读党的二十大报告和党章，深入学习习近平总书记系列重要讲话和重要指示批示精神，学习《习近平著作选读》第一卷、第二卷等学习材料，深入研读习近平总书记关于教育、科技、人才、党建、思想政治教育、意识形态等方面的重要论述精神，重点研读习近平总书记关于立德树人、高等教育现代化、自主科技创新等工作的重要讲话，不断增进对党的创新理论的政治认同、思想认同、理论认同、情感认同。通过理论武装，既要解决"知"的问题，也要解决"信"的问题，进一步筑牢信仰之基、补足精神之钙、把稳思想之舵，不断提高自己辨别政治是非、保持政治定力、驾驭政治局面、防范政治风险的能力，深刻领悟"两个确立"的决定性意义，增强"四个意识"、坚定"四个自信"、做到"两个维护"，不断地锻造政治忠诚。要通过"四史"的学习，深刻理解中国共产党带领中华民族走上社会主义道路的历史必然性与现实正确性，进一步站稳政治立场。

二是创新学习方式方法，多渠道加强政治理论学习。理论创新每前进一步，理论武装就跟进一步。坚持用马克思主义中国化时代化最新成果武装全党、指导实践、推动工作，是我们党创造历史、成就辉煌的一条重要经验。高校管理干部要积极参加党中央和学校党委举办的集中学习教育。党的十八大以来，党中央直面新形势、新任务、新挑战，把用习近平新时代中国特色社会主义思想凝心铸魂作为党的思想建设的根本任务，推动党内集中教育环环相扣、次第展开。2023年，在全党深入开展学习贯彻习近平新时代中国特色社会主义思想主题教育，党员干部尤其是处级干部要把高质量开展好主题教育作为当前的首要政治任务，深化理论学习、

---

① 习近平.论党的宣传思想工作[M].北京:中央文献出版社,2020:155.

发挥表率作用。学校也要为管理干部搭建学习平台,常态化、分类化开展各级各类干部的理论培训班,构建"集中学习＋自主学习""规定动作＋自选动作""线上＋线下"学习模式,通过流程图与思维图导学、专家解读与典型案例分析研学、学习问答与交流研讨学等灵活多样的方式,让理论学习"活"起来,管理干部在常学常新中筑牢思想根基,不断提高政治判断力、政治领悟力、政治执行力,善于用政治眼光观察和分析经济社会问题,善于从讲政治的高度思考和推进工作,全力推动党的二十大决策部署落地见效。

三是加强革命传统教育,全方位接受革命精神洗礼。要坚持把红色教育作为政治能力训练的重要抓手,组织干部赴井冈山、西柏坡、遵义等红色教育基地集中培训,重温革命故事、感悟党史精髓、接受思想洗礼、提升政治觉悟。通过到红色革命教育基地参观学习,近距离了解革命先辈在白色恐怖和恶劣的环境下坚定理想信念、顽强战斗的英勇事迹,接受革命精神的洗礼,赓续革命精神血脉,筑牢信仰之基、把稳思想之舵、补足精神之钙。

四是举办政治文化活动,让理论学习入脑入心。通过开展征文、知识竞赛、纪念活动等丰富多彩的红色文化活动,使广大高校管理干部真正做到理论学习入脑,政治思想入心,行动上接地气,进一步坚定信仰、信念,努力践行初心使命,感党恩、跟党走。

第二,搭建"帮扶平台",坚持在党内生活中净化思想

党性教育是共产党人修身养性的必修课,也是共产党人的"心学"。对党员干部来说,党性是最大的德。只有深入开展党性教育,才能帮助党员干部正心、修身、明道,做到永葆先进性和纯洁性。严肃党内政治生活,是提升领导干部"政治三力"的关键举措。党内政治生活是党组织有效管理党员的途径,也是党员干部锻炼政治能力的平台。通过党内政治生活这一载体,严明党员干部的政治纪律与政治规矩,激发党员干部自我革命的政治勇气与担当。定期开展严肃深刻的政治体检,是着力打造政治过硬、能力高强的领导干部队伍的需要。对领导干部个人来说,也能不断获得荡涤灵魂与提升免疫力的机会。

面对新问题,首先要针对自身查摆原因、着力自我革新,从内因出发,寻求破题之道。通过经常性地开展严肃深刻的政治体检,找出自身存在的各种问题,对照检查自身在政治判断力、政治领悟力和政治执行力上的不足,深入剖析问题生成的思想根源,认真、清洗那些影响政治判断力、降低政治领悟力、抑制政治执行力的"灰尘""毒素"和"污垢",以防止忽视政治、淡化政治、不讲政治的倾向。批评和自我批

评是中国共产党的优良传统和传家宝,是思想改造的有力武器,真心实意、严肃规范地开展批评与自我批评,是政治体检"检"出成效、"查"出问题的重要方式。作为高校管理干部,必须围绕强化"政治三力",用好用活用实"批评与自我批评"强大武器,找准问题的关键要素,对问题根源进行靶向治理,以锻造更为强大的"政治三力"。

建立并完善党性分析帮扶制度,搭建"帮扶平台"。有针对性地对干部进行教育引导,帮助其开展党性分析,明确党性修养的不足及努力方向,并积极落实整改和提高。一是严肃党内政治生活。要认真落实"三会一课"、民主生活会、组织生活会、民主评议党员等制度,一方面,要勇于自我批评,对于自己在马克思主义信仰等方面是否存在不坚定的问题自我反省、自我批评。触及灵魂的思想汇报,是一次党性的锤炼、信仰的提纯、觉悟的提升。作为党员,要主动向组织"掏心窝子",做到"无事不可对党说,无话不可对党言"。作为党组织负责人,要有"从百句中听一句"的耐心,对什么时候该较真碰硬、什么时候该真情解难,都要心中有数、手上有术,真正让思想汇报成为锤炼党性、掌握思想、提高觉悟的有效手段;另一方面,聘请支部优秀导师,通过"一对一"的帮带模式,对干部身上出现的苗头性、倾向性问题及时提醒,对党性方面存在不足的党员干部进行约谈、点评,帮助干部树立起自我分析、自我反省的意识,将批评与自我批评落到实处。二是建立公示汇报制,使党性分析成为"规定动作"。探索实施干部党性分析材料等党内生活成果向学校党委汇报和在本部门(单位)公示及评定制度。定期组织开展干部党性分析会,使党性分析成为常态化活动,逐步提高干部的党性觉悟,增强其党性修养。

第三,搭建"实践平台",坚持在实践锻炼中磨砺成长

领导干部的政治能力不是与生俱来的,它需要在长期实践过程中培养和锻造。党的二十大报告指出,加强实践锻炼、专业训练,注重在重大斗争中磨砺干部。实践是年轻干部提高政治能力的大课堂,在实践中加强政治历练、积累政治经验,是年轻干部提高政治能力的根本途径。对于高校来讲,实践锻炼平台主要有岗位锻炼、基层锻炼、挂职锻炼三种。

一是要在多岗位历练中增长政治才干。岗位是最好的课堂,实践是最好的老师。高校管理干部阅历浅、经历单、心理承受能力弱,不了解师生,不接地气,不知实情,很难做好工作。高校要制定管理干部岗位流动办法,实行轮岗交流。新岗位、新环境、新任务会促使高校管理干部汲取新知识、掌握新技能,越是条件艰苦、困难大、矛盾多的地方,越能锤炼人。培养和提升高校领导干部政治能力,一方面,

需要领导干部在处理工作中出现的问题和矛盾时,提升政治分析、政治决断、政治把控等能力;另一方面,需要组织根据干部成长履历,有针对性地给干部提供历练机会,如通过对重要岗位干部、优秀年轻干部安排重要工作或交流任职等方式,锤炼政治魄力和担当本领。通过把业务干部交流到党建、思想政治教育工作岗位上,积累政治经验。只有在多岗位历练中磨炼,才能逐步变得"老练",真正提高政治领悟力,提高应对复杂局面的能力,提升谋划教育事业发展的能力。

二是要支持高校管理干部深入基层"墩苗成长"。基层锻炼是组织培养干部的"练兵场",锤炼干部的"大熔炉",已经成为干部成长中的必修课。党的二十大报告指出,抓好后继有人这个根本大计,健全培养选拔优秀年轻干部常态化工作机制,把到基层和艰苦地区锻炼成长作为年轻干部培养的重要途径。高校的基层在学院,学院工作直面师生,既要处理各种各样具体的问题和矛盾,也要防范和化解各种各样的风险,需要用实招,才能见实效。领导干部在基层工作,不仅有利于提升个人能力,而且也可以切实培养对师生的情感,深化对以学生为中心办学理念的理解。现实中,机关不知学院的苦,学院不懂机关的累;教学不懂思政工作的"经",思政摸不着教学工作的"络",根本原因在于高校干部缺乏流动、经历单一,不善于换位思考、缺乏同理心。学校要出台管理干部岗位轮动管理办法,促使机关管理干部都去二级院部"墩苗成长"。从实际来看,部分高校管理干部不愿意到二级院部去工作,认为基层工作烦琐,都是日常事务性工作,难出成绩,学校领导也看不见,提拔机会少。学校要在改革发展的第一线、关键吃劲的第一线、艰苦复杂的第一线、挑梁压担的第一线培养磨炼干部,有计划地选派青年干部到二级院部做办公室主任、做行政副院长,到乡村振兴等急、难、险、重岗位历练,让他们多捧"烫手山芋",在打硬仗、扛重活、攻难关中练出真功夫,在攻坚克难的岗位上,经风雨、见世面、壮筋骨,在急难险重的地方多做几次"热锅上的蚂蚁",进一步强作风、练内功、长本事,丰富基层工作实践经验,促使他们从"门外汉"成为"行家里手"。

三是要鼓励高校管理干部到校内外挂职锻炼。挂职锻炼被实践证明是培养干部的一种好形式、好方法,是干部开阔视野、积累经验、增长才干的重要途径之一,是各级组织普遍采用的一种干部培养方式。高校挂职锻炼,是指由学校派出,在各级党政机关或社会企事业单位对口岗位上工作一段时间,积累工作经验,锻炼、提升工作能力和水平,然后再回到学校工作的一种工作交流方式。同时,也包括校内转岗位、跨部门锻炼。在高校中,一方面,要做好校内二级学院与机关干部相互之间的挂职;另一方面,要加大干部去党和政府机关挂职锻炼的力度。机关工作更加严格、更加规范、更加紧张的氛围,对挂职干部来讲,是一次难得的思想洗礼、作风养成、能力提升的机会。高校应依托"科技副县、镇长""乡村振兴计划"等多种渠道，积极鼓励管理干部到企事业单位、农村、生产车间等基层一线挂职锻炼，到关键岗位去摔打、去磨炼，引导管理干部投身维护社会稳定、乡村振兴等工作实践中去，防止长年"隐"在机关单位，一味当"温室里的花朵"。越是形势严峻、情况复杂的时候，越能练胆魄、磨意志、长才干，越能实现政治上成熟、经验上丰富、业务上熟练，进一步提高政策的转化能力，提高政治执行力，做到闻风而动，切实为师生解难事、办实事。

第四，搭建"典型教育平台"，坚持在案例教育中提高思想觉悟

习近平总书记反复强调防止"七个有之"、做到"五个必须"，这是严肃党内政治生活、严明政治纪律和政治规矩的重要遵循，也是党员干部特别是领导干部必须遵守的基本要求。严守政治纪律是共产党人的政治基因，是对党忠诚老实、做政治明白人的根本要求。严守政治纪律就是要在政治上讲忠诚，在组织上讲服从，在行动上讲规矩，始终把自己的一言一行严格置于党的纪律、规矩约束之下。当前，自觉同以习近平同志为核心的党中央保持高度一致是最根本的政治纪律，同党中央保持高度一致，要牢固树立政治意识、大局意识、核心意识、看齐意识，做到党中央提倡的坚决响应，党中央决定的坚决执行，党中央禁止的坚决不做，确保党中央令行禁止，在重大原则问题和大是大非面前保持头脑清醒，敢于同各种违背原则、违反党纪国法、损害党中央权威的现象作斗争。坚持把典型案例教育作为党员干部教育管理和党内组织生活的重要内容，既要以先进典型为榜样，又要以反面典型为警示。一要坚持树典型与用典型并举，实行高校优秀管理干部年度评选制度，优先提拔使用先进典型，增强评选结果的含金量。组织先进典型事迹高校巡回报告会，以正面典型为标杆，明确党性修养目标要求。二要以反面典型为镜鉴，及时通报违规违纪案例，加强反面典型警示教育，自己敲打自己，自己约束自己，在思想上警醒起来，在行为上谨慎起来，真正在思想上政治上作风上严起来实起来。

第五，搭建"选才用才平台"，坚持把政治标准作为第一标准

党的二十大报告指出，要把政治标准放在首位，做深做实干部政治素质考察，突出把好政治关、廉洁关。政治标准是第一标准，首关不过，余关莫论。突出政治标准，是我们党一直以来的选人用人的传统。党组织在选拔任用领导干部过程中，把政治标准放在第一位，优先提拔政治能力过硬的干部，这对党员干部提升政治能力是直观有效的激励机制。要把政治标准贯穿选人用人全过程，确保选出来的干部组织信任、群众信赖、干部信服。在选拔任用政治能力突出的党员干部过程中，

涉及一个关键问题：如何判断党员干部政治能力的强弱。这就要求党员干部政治能力的强弱必须有可量化的标准来考核。在考核标准上，要聚焦政治忠诚、政治定力、政治担当、政治自律"四看"坚持正向评价。紧扣政治理想是否坚定、斗争意识是否强化、育人理念是否正确等方面，全方位、多角度考察干部的政治能力情况。在考核方式上，常态化开展干部政治能力建设调研、分析研判，每年开展一次综合考核，结果纳入"一人一档"干部政治素质档案。强化结果运用，把考核结果作为干部培育、选拔、使用的重要依据，让政治能力强的干部得到褒奖和重用。

在党员干部政治能力的考核过程中：一是注重分层，考核不同级别的干部的政治能力的侧重点不同。高层干部要注重对其政治判断力的考核，中层干部注重对其政治领悟力的考核，而基层干部注重对其政治执行力的考核。二是注重分类，政治能力的考核要结合党员干部承担的实际工作。根据各单位各部门的不同情况，制定区别化的考核标准。三是注重考察渠道的多样性。除了体制内部程序化的考核之外，通过对民意的调查，了解师生满意度也是考核的重要途径。

新时代高校的发展既面临着新的重要机遇，同时也面临着艰巨的挑战，这十分考验高校管理干部的政治能力。高校要在新一轮"双一流"建设中大有可为，必须要加强管理干部的政治判断力、政治领悟力和政治执行力建设，克服本领恐慌，为高校发展培养好后备管理人才，真正提高高校的治理水平和治理效能。

第二项　如何同领导相处？

　　我们处在社会这个链条中，每个人都是其中的一环。几乎每个人都有上级，也都有部属。我们每天都处在上下级的关系当中，在经意与不经意之间都在处理着这种关系。我们每个人首先是下级，需要经常汇报、请示工作，这其中还有很多的学问。那些与水平高的领导多交往的人，自然会不断提高自己的领导水平；那些拜水平高的领导为师的人，自然也会使自己成为水平高的人。也就是说，名师出高徒，与高人同行不行也行，常与领导开会不会也会，这可能就是职场上的一个自然传承法则，更是许多职场人自然锻炼成长的过程。

领导的重视,是做好工作的关键因素。"领导重视"不是一句空话,俗话说"火车跑得快,还需车头带",主要领导亲自抓,制定完善实施办法,落实具体措施,集聚人力、物力、财力等要素,才能确保工作由点到面地有序推进;领导班子成员深入工作一线,可以更好地团结和促动下属部门或者团队成员全力投入工作,集思广益、尽已所能地完成目标。作为一所高校、一个单位、一个部门的领导,工作千头万绪,有主要工作,也有次要工作;有中心工作,也有非中心工作。高校管理工作是一项管理性、政策性和服务性较强的工作,高校各级领导尤其是校级领导不可能像抓人才培养中心工作那样,投入太多的精力,这样就要求高校管理干部要善于向领导学习,积极主动争取领导的重视和支持。

一、如何向领导学习?

《致加西亚的信》一书的作者阿尔伯特·哈伯德曾说过:"一个好的领导会让你受用无穷。"领导犹如师者,工作经验丰富、拥有重要岗位锻炼经验等优势,让领导在知识、修养、为人、处事等方面尤为出众,值得下属好好学习。学习是人类的本能,是人类的基本需要,是"指学习者因经验而引起的行为、能力和心理倾向的比较持久的变化"。下级向领导学习,是出于向贤看齐的自觉,也是追求人的自我完善的本能。

高校管理干部每天同学校各级领导一起上班,可以近距离接触学校领导或本单位领导,有的还直接是为各级领导提供辅助管理的人员,因与领导天天一起工作,要利用好"近水楼台先得月"的优势,客观冷静地审视一下自身的素质能力,掂量一下与领导有什么差距,哪些可以提高,哪些可以弥补,哪些可以拓展,善于观察、虚心请教,可以耳濡目染,学习领导在决策、指导、协调、调研等方面的才能,不断提高自身的能力本领和见识水平。如果高校管理干部都能认识到这一点,并积极向领导学习,那么对自己综合素质和业务能力的提高,对更好地辅助领导工作,都将大有裨益。那么,管理干部应如何向领导学习呢?

(一)清楚向领导学什么?

作为一所高校或一个机关处室、二级教学科研单位的标杆,高校的校级领导和中层领导往往具有较为开阔的视野,丰富多元的知识结构,较快的工作节奏,较高的工作水准。高校管理干部必须与领导的工作思路和工作目标保持一致,齐心协力方能实现高质量的行政服务工作,共谋发展。当然,领导也不是完人,有些方面比较优秀,有些方面可能就表现一般,我们要善于学习领导的长处。

第一,学习把握用好政策的能力

政策是一切工作的生命线。毛泽东同志曾指出:"政策和策略是党的生命,各级领导同志务必充分注意,万万不可粗心大意。"正确使用政策,对于最大限度地发挥政策的作用,推动一个地区、一个单位发展,具有十分重大的意义。政策是一种特殊的资源,其作用一旦发挥出来,就会为其他一切资源的合理开发利用、一切社会关系的优化组合,提供了态度支持。有了政策这样的资源,就可以把其他资源的开发利用统领起来,也可以广泛吸纳、调动、整合各方面的力量,激发出巨大能量。政策也是一种机遇,抓住了政策这个机遇,才能抓到相关政策带来的资金、项目、人才等方面的机遇。错过了政策这个机遇,就会错过一系列由政策衍生出的机遇。党的理论和路线方针政策,是指导党的一切活动的行动指南,是推动党的事业发展的基本遵循。如果不熟悉党的理论和政策,或者在理解上不到位,执行中就会出现偏差,还有可能"好心办坏事",轻则问责、重则免职,甚至追究法律责任。学好理论,用好政策,是领导干部提高工作能力的基础和必修课,也是成就事业的硬功夫。高校管理干部要紧紧抓住领导学习、执行、制定、完善政策这四个关键环节,切实在"提高"上下真功夫。

一是学习准确把握政策能力。高校领导干部作为本单位的决策者,要深入学习贯彻习近平总书记关于教育工作重要论述和指示批示精神,不断推动习近平新时代中国特色社会主义思想进校园、进课堂、进头脑,始终确保习近平新时代中国特色社会主义思想在高校贯彻落实。全面、系统地理解和掌握上级制定的各项政策法规,特别是对党的十八大以来党中央提出的一系列政策举措,一定要深入思考、系统研究,力求准确理解、全面掌握、灵活运用。同时,要准确把握省里各项决策,及时跟进学习教育领域的具体政策,不但要熟知分管工作的具体政策,而且要熟知其他相关工作的具体政策,这样在实际工作中落实政策才能做到统筹兼顾,从而发挥政策在改革、发展、稳定中的最大效用。

二是学习坚决执行政策的能力。作为领导干部,要确保党的理论和路线方针政策在本单位贯彻落实。一方面,要做到令行禁止。各级领导干部要坚持民主集中制原则,自觉顾全大局,维护党和国家的整体利益,正确处理保证中央政令畅通和立足实际创造性开展工作的关系。另一方面,要做到狠抓落实。领导干部要增强执行政策的坚定性,把落实各项政策作为自己的重要职责,坚决按照政策要求去做,在执行过程中不敷衍塞责、不变形走样,一抓到底,落到实处,见到成效。

三是学习科学制定政策能力。高校各级领导要不断提高政治能力,强化政治担当,持续推动习近平总书记对本地区本领域工作重要指示批示、党的主张和决策部署转化为本单位本领域的政策法规、制度措施,研制本校本单位关于进一步加强相关工作的意见。要改进工作作风,深入基层、深入群众,听真话、摸实情,虚心向群众学习,善于倾听群众的意见和呼声,从群众那里汲取营养和智慧、获得经验和力量,这样制定的政策才会符合实际并有深厚的群众基础。要发扬民主尊重民意,制定政策尤其是涉及广大师生切身利益的重要决策时,必须广泛征求意见,倾听各方面的反映。

四是学习及时完善政策的能力。领导干部要坚持用唯物辩证法看待问题、分析问题,强化认识规律、尊重规律的意识,增强把握规律、运用规律的能力,密切跟踪政策及重要工作部署在基层贯彻落实过程中的进展情况,根据客观情况变化及时补充完善政策。对超越自身权限范围的,应及时主动向上级反映遇到的新情况新问题,并有针对性地提出修订建议,以推动政策的进一步完善,这既是贯彻落实政策的基本要求,也是领导干部对党和人民的事业高度负责的具体体现。

第二,学习决策能力

决策就是寻求最优化的决定、对策和办法。从根本来说,决策是一种前瞻性、创造性的思维过程。高校各级领导的主要活动就是不断作出决策和实施决策的过程。决策正确与否,直接关系着学校工作的成败和教育事业的兴衰。对一所高校来说,大到办学理念、中长期目标、发展规划的确定,小到各系部的设置、科研项目的立项等都包含着决策问题。高校各级领导干部遇事能否正确、及时地作出决策,是反映其领导能力与领导艺术水平高低的一个重要尺度。年轻干部作为学校领导干部的储备人才,在长期与领导干部的接触与交流中,要善于吸收他们如何决策、怎样决策的工作方法,以避免有朝一日,在面临决策时,不致决策不当或贻误时机。

在学习领导的决策能力方面,尤其需要学习以下几个关键能力:

一是学洞察力。洞察力是一种敏锐、迅速、准确地抓住问题症结的能力。在处理日常工作中,经常有一种情况,在决定拍板一件重大事情时,有的人因为缺乏洞察力,不能抓住隐藏在纷繁复杂的现象背后的本质问题而做出错误的判断。在这一点上,管理干部要学习和注意领导干部在做决策时洞悉问题的能力。

二是学决断力。这是迅速做出选择、下定决心、形成决策方案的能力。领导干部往往是决策的"主心骨",第一责任人,每做出一项选择,都必须与机会、风险、利害、压力、责任等因素相关联。每一项选择背后往往体现的是领导干部当机立断的果敢气魄和从容镇定的风度。这种果敢、镇定的素质是管理干部走上领导岗位后所必备的重要素质。当然，管理干部对于这种果敢、镇定的素质学习和借鉴，必须以正确的认识为基础，否则就会变成鲁莽与武断。

三是学推动力。这里指的是善于激励下级以实现决策目标的能力，也就是说，领导干部要在做出决策目标后有推动下属完成这个目标行动起来的能力。管理学大师彼得·德鲁克曾说，管理的本质，就是激发和释放每一个人的善意。管理者要做的是激发和释放人身上固有的潜能，创造价值，为他人谋福祉。领导干部的这种推动力集中体现了领导干部的感染力、吸引力、凝聚力、号召力、影响力等人格魅力。这种人格魅力主要来自几个方面：（1）处理公务中公正无私。在知识分子高度集中的高等教育殿堂中，人们看重的不是领导的职位和权力，而是看重领导在处理学校事务中能不能做到公正无私。"公生明，廉生威"，公正无私才能树立威信。（2）在廉洁上以身示范。教育管理说到底是人的管理，作为领导干部，既要管好下属也要管好自己。只有清正廉洁，以身示范，才有人格魅力，才能令人信服。（3）对待人才有宽容气度。高校是培养人才的地方，需要把多方面的人才，包括不同学科、不同专业、不同个性和不同特长的人汇集在一起，发挥1+1＞2的效应。因而领导干部必须有容人的器量，有包容心。既包容下属的过失，也包容下属的不敬，不怕下属"功高震主"。总之，一个具有人格魅力的领导干部，有着一个闪光的灵魂，这个闪光的灵魂同时照亮着学校的下属，下属在这束闪光的照耀下既要"沐浴"，也要"吸收"，使自己的灵魂闪耀他人。

第三，学习指导能力

"政治路线确定之后，干部就是决定因素。"在合理的领导体制和良好的组织机构的条件下，领导干部对保证党的路线、方针、政策的贯彻执行具有决定性的意义。高校领导干部既是党的路线、方针、政策的执行者，也是推动党的路线、方针、政策在高校机关部门、院系贯彻执行的指导者。

在做出某一决策的实施计划后，领导干部的能力还表现在对下属部门或人员进行具体、及时的指导上。指导的目的是在明确任务、要求的前提下，帮助下级出主意、想办法，分析前进中可能遇到的困难与问题，可能出现的种种阻力和干扰，并在工作进程中有针对地指导下级采取有效应对措施。在接受指导中，下属应该注意领导干部如何针对问题症结，深入调查研究，掌握第一手材料，摸准基层工作人员思想脉搏，做到心中有数。同时，下属还要辨识指导与指挥的区别，因为指导与指挥之间往往难以划分一条明确的界线,按照一般理解,后者相较前者有更强的指令性质。

第四,学习协调能力

协调能力是指领导干部通过一定的形式、方法或手段,使工作各方面因素协调一致、互相配合,从而提高整体效能的能力。协调能力是领导干部必备的能力之一。对于高校领导干部来说,协调是在实施工作计划中,遇到各种新情况或新问题时,领导干部从实际出发,及时地调整或改善校内与校外、校内各部门或人员之间、上下左右之间的相互关系,使各项工作在和谐合作的良好气氛中有节奏地顺利进行。

就高校而言,协调的内容是多方面、多样化的。既有总体目标与部分目标、长期规划与近期打算、整体利益与部门利益、常规工作与突击任务、教学与科研等诸多方面的矛盾,处理这些矛盾体现的是领导干部的协调能力。从某种意义来说,领导干部的协调能力,起到了"润滑剂"的作用,管理干部要学习这种"润滑剂"的协调能力,以便在日后的领导工作中做到妥善应对、游刃有余。

当然,这种"润滑剂"的角色具有一定的特点,这是管理干部需要注意的。(1)目的性。协调过程中要重视目的,明确为什么要协调,要达到什么目的。从而有针对性地开展工作,化解矛盾,排除各种干扰。(2)主动性。主动协调是提高协调能力的"诀窍",主动协调事半功倍,被动协调事倍功半。管理干部要学会加强事前沟通,沟通在协调之前,协调在沟通基础之上。这样才能减少矛盾、化解矛盾。(3)灵活性。管理干部在学习协调能力中还要注意,协调能力要坚持基本原则,但也需要注意灵活性的问题。协调过程不能不认真,但有时也不能太"较真",不纠缠细枝末节,而应当求大同、存小异,灵活处理各种复杂关系,甚至要做出适当的不失原则的妥协。

第五,学习调研能力

毛泽东同志指出:"没有调查,就没有发言权。""凡是忧愁没有办法的时候,就去调查研究,一经调查研究,办法就出来了,问题就解决了。"党的十八大以来,以习近平同志为核心的党中央高度重视调查研究工作。习近平总书记强调,调查研究是谋事之基、成事之道。没有调查,就没有发言权,更没有决策权。研究、思考、确定全面深化改革的思路和重大举措,刻舟求剑不行,闭门造车不行,异想天开更不行,必须进行全面深入的调查研究。2023年3月,中共中央办公厅印发了《关于在全党大兴调查研究的工作方案》,并发出通知,要求各地区各部门结合实际认真贯彻落实。由此可见，调查研究能力既是党的优良传统，也是党的领导干部需要具备的本领。

什么是调查研究？调查研究就是深入实际，了解实情，探究事物的本质和规律，形成并加深对客观事物的科学认识。坐在办公室碰到的都是问题，下去调研看到的全是办法，高手在民间。高校领导干部对某一决策的部署、某一工作的安排等等，不是主观臆想出来的，而是反复深入学校基层单位进行调查研究和综合比较分析，从中找到问题症结，摸清问题的规律，进而寻求解决问题的方案。

作为管理干部，我们在学习领导干部调查研究本领时也要注意以下几点：（1）调研要有深度。"纸上得来终觉浅，绝知此事要躬行。"只有深入基层，开展深度调研，才能透过现象把握事物的本质，识破假象，弄清问题的真相。（2）调研要有广度。既吃透基层情况，又眼观六路、耳听八方，才能掌握影响决策的一切直接和间接、显性和隐性的因素。（3）调研要有要领。必须从诸多矛盾中把握主要矛盾，抓重点、抓关键，包括难点、疑点、反映事物发展趋势的新经验等。（4）调研会思考。在调查研究中，自始至终都要有理性思考、有对情况的周密研究和分析；有深度、广度和得要领的调研，都与动脑子、会思考分不开。

最后，学习人格魅力

"成大事者必有大境界"。一个优秀的高校领导干部在发挥权力性影响力的同时，还由于其亲和力、感召力、凝聚力等非权力性因素的影响，使下属产生必要的敬畏感、敬佩感、信赖感，这就是"人格魅力"。一位好领导会令人终生难忘，最主要就是因其人格魅力，也就是社会情感能力，包括自尊、自信，处理人际关系、营造干事创业氛围等能力。习近平总书记指出，人格魅力是领导干部人品、气质、能力的综合反映，也是党的干部所应具备的公正无私、以身作则、言行一致优良品质的外在表现。人格魅力是一种权力之外的对他人的影响力，与职责、职位无直接关系，但却润物细无声，影响更持久也更有效。

人格魅力不是天生的，而是经过后天的磨炼、修养而形成的。我们首先学习领导的思想境界。加强党性修养，坚定理想信念，提升道德境界，追求高尚情操，自觉远离低级趣味，自觉抵制歪风邪气；要坚持用权为民，按规则、按制度行使权力，把权力关进制度的笼子里，任何时候都不搞特权、不以权谋私；要心存敬畏、手握戒尺，慎独慎微、勤于自省，遵守党纪校规，做到为政清廉，真正做到在理论上明白、思想上干净、政治上坚定。

学习领导的宽阔胸怀。党员领导干部的宽阔胸怀体现在强烈的大局意识上，体现在一切以事业为重上,大事讲原则、小事讲风格,体现在心态平和、豁达宽容上。要做到淡泊明志,正确地对待升降去留。应坚信,只要努力付出,终究会得到师生的认可和组织上信任。只有真心地与广大师生接触,才能听到他们的真实心声;只有培养与师生之间的真实情感,与师生的喜怒哀乐产生共振,才能更深切地情系师生,做好本职工作。

学习领导的积极进取。要激情,忌浮躁。将激情注入工作,丢掉身上的浮躁之气,养成紧张干事、扎实干事、勤恳干事、专心干事的作风。要锐气,忌脆弱。要在急难险重的工作中,把困难和挫折看成是锻炼自己的机遇,要有知难而进、迎难而上的决心。要担当,不胆怯。"路不险不知马之良,任不重难识人之才。"如果没有勇气担当,出现差错不正视,遇着矛盾躲着走,其前途必然渺茫。要从容,不纵容,积极进取、奋发有为、阳光心态、充满自信、自我激励,不用扬鞭自奋蹄,自觉实现既定目标。

(二)善于抓住时机学习

孔子曾说:"知之为知之,不知为不知,是知也。"越是学识渊博,越要虚怀若谷。学习只有秉持这样的虚心态度,才能不断获得新认识,达到新境界。不管你是新入职的基层管理人员,还是有多年管理经验的高校中层领导干部,在工作上都会碰到自己不懂的问题。这个时候,千万不能错过向与你有直接或间接工作联系的领导学习的机会。那么,我们如何在工作中找准这样的机会呢?

首先,在与领导的日常接触中学习。人伴圣贤品自高。基层管理干部在同领导干部的工作接触中,要珍惜这个宝贵的学习锻炼机会。

一是在工作往来中学习。譬如,高校领导干部的行政事务工作,会接手大量文件、资料,领导干部由于工作繁杂,不可能将这些文件、资料尽数消化,他可能会将其交给信任的下属进行整理、处理。下属接触这些文件、资料的过程,就是一个"披沙炼金"的很好学习过程。一方面,通过对文件、资料的研读,从中感悟原理、创新思维、增长知识、提升水平,内化为精神追求,外化为自觉行为;另一方面,通过对文件、资料的分析整理,又能使领导花费最少的时间、精力接收到重要信息。这既为领导排忧解难,又锻炼提升了自己的能力。

二是在非工作往来中学习。譬如与领导一起出差、业余时间、非工作关系的往来等。一方面,可以学习领导待人接物,如何处理人际关系,更由于这种交往带有浓厚的生活色彩,创造了一种随和、宽松的氛围,可以促使双方一吐衷肠,下属从中能了解到上级领导的道德情操、价值取向、成长轨迹等深层次的信息。这些信息往往是日常工作中所接触不到的,下属能够通过这些信息辨析上级在工作状态之外的一些优点、处事的一些感悟,从中吸取有益之处。

三是在领导心情较好时主动请教。情绪是影响人的行为的重要因素。人的情绪不是直线式恒定的,而是随外界环境变化和内在心理律动波浪式变化的。领导工作具有责任大、担子重、涉及面广等特点,导致领导的关注度高、生活的规律性不强、没有更多精力照顾家庭,这些都容易使其积累紧张、焦虑、烦躁、郁闷等负面情绪。在领导情绪波动较大特别是身心疲惫、心神不宁、紧张烦躁、郁郁寡欢等消极情绪集中的时候,下级应避免再给予领导更多负面情绪的影响使其烦上加烦。

这就要求,下属有问题向领导请教或学习,可选择适当的时机,这样能够增加达到预期目标的概率。譬如,在领导心情不错又空闲的时候,可以把遇到的问题提出来,主动求教。有研究表明,领导的积极情绪能使下属体验到更多的积极情绪与更少的消极情绪。换句话说,领导的正面情绪能够对下属的正面情绪起到积极影响。这说明情绪是能够在人与人之间相互传递的。向领导提问的时候,一定要抓住问题的关键,一些随随便便的小事情,就不要请教领导了,那只会让领导觉得你不会思考,工作能力差。

当然,如果领导情绪不佳,又没有特别紧急的事情,也可以请教领导。但是,这个时候要正确选择所谈内容。譬如谈论他最得意、最擅长之处,并请他多分析思路和解决过程。这是因为,领导的擅长之处,往往是他经验最丰富、兴趣最浓厚的领域,下属可以适当在这个方面增加对他的依赖性,尽量让上级发挥所长。如此,我们既获得了教益,又无形中让领导走出了情绪的低谷,何乐不为呢?

(三)善于总结思考运用

第一,既要学以致用,又要谨言慎行

领导的政绩主要有两个组成部分:一是事,即分管工作取得显著的成绩;二是人,即分管的下属尤其是分管的管理干部的现实表现、各方评价、发展潜力和成长进步的情况。更进一步说,事是人干的,领导往往把下属的优秀素质、卓越表现和成长进步看得更重。下属向领导干部学习和成长的过程,往往与学以致用和谨言慎行是紧密相伴的。

学以致用,是说学习的目的就是提升自身综合素质和业务水平,从而更好地协助领导完成工作任务。而从领导那里所学的,又是领导习惯的做法,更容易获得领导的认可,所以,学到了,就要在适当的时候运用到工作中去,既检验了自己学习的效果,又推动了工作,是双赢的事情。下属自己的职责履行得好,凸显出分管领导领导有方;自己的素质很过硬,凸显出强兵之上有强将;自己在各种考核和公平竞争中脱颖而出,凸显出分管领导知人善任;自己在单位内外具有良好的口碑,凸显出分管领导言传身教之功。

但是,也要有这样的心理准备,跟领导学习,没学到家,结果事情搞砸了。这是因为,一旦下属出现了工作失误或者不当言行,分管领导不仅要负领导责任,而且名声上也会受到不同程度的毁损。谨慎使用就是针对这种情况而言的。跟领导学习的经验,尤其是第一次使用,一定要充分考虑方方面面的条件,许可才能用。偶有风险,也应在可控制范围之内。谨慎使用的第二方面是说,如果一个办事人员同时服务几位领导,就要注意学习的经验是从哪位领导那里得到的,这种经验是普适性的,还是具有这位领导特色的处理问题方法。

鉴于以上认识,下属不能把自己的表现仅仅当作个人的事,而要时刻考虑到对领导的影响,通过自己良好的表现来给领导增光添彩。一是工作上严谨负责,避免出差错,不牵累分管领导;二是在具有核心指标意义的工作上拿出好成绩,为分管领导的政绩添砖加瓦;三是在重要场合和重大事项上要表现出优良的素质和风格,让分管领导在其他领导面前扬眉吐气;四是在品格修养上严格要求,减少瑕疵,以免受人诟病,让分管领导跟着抬不起头;五是为自己的进步成长积极创造优势明显的条件,让分管领导在为自己争取成长进步机会时说话更有底气。

第二,既学具体方法,又学工作思路

"横看成岭侧成峰,远近高低各不同。"每个人所处的位置不同,眼中的风景便也会千差万别。不妨转变你的位置,站在领导的角度去考虑,很多问题就能迎刃而解。高校管理干部要学习领导的工作思路,尤其要掌握马克思主义哲学这一"看家本领",坚持实事求是,坚持从实际出发研究和解决问题,贯彻落实党的路线方针政策,在实践中检验真理和发展真理;提高科学思维能力,不断提高战略思维、历史思维、辩证思维、创新思维、法治思维和底线思维能力;增强问题意识、坚持问题导向,承认矛盾的普遍性、客观性,善于把认识和化解矛盾作为打开工作局面的突破口。

思路决定出路,如何做到"处事有方略",我在实践中注重向领导同志学习,逐步形成了"盯上、看下、瞻前、虑后、学左右"的工作方法,综合起来形成自己的思路。

所谓"盯上",就是把上级的方针政策、决策部署研究清、吃透,结合实际推进实施。每当上级出台有新文件的时候,学校都及时传达学习贯彻落实。2022年上半年，湖北省出台了一项针对离退休老同志发放"统筹待遇"的政策，就是把目前各单位针对退休老同志发放的各种待遇统一调整为"统筹待遇"，以后不能再做调整，某高校主要领导及时督办，推动在年底的校长办公会会议上予以研究落实。

所谓"看下"，就是通过广泛深入、有计划、有组织的调查研究，把基层的情况摸透，掌握第一手资料，找到上级要求和基层实际工作的结合点。

所谓"瞻前"，就是接到一个工作任务，先深入了解前期的背景、基础，包括以前开展过类似工作的得失成败，把来龙去脉吃透。比如学科布局和院系调整既要考虑自身规律，还要兼顾历史传承，如果没有彼此信任和共同的理念，简单地把几个不同学科放在一个院系，并不能促进合作，由于发展理念和评价体系的差异，反而会使竞争超越了合作，矛盾代替了信任，这些都会影响学术机构的发展和运行。

所谓"虑后"，就是每一项工作的决策决定，都事先想好工作开展后会有哪些走向或结果？分别怎么应对？提前进行评估预判，想好应对方案，既要把工作干好，也不能留后遗症。

所谓"学左右"，就是注重学习借鉴兄弟高校的经验做法，把最适合学习推广的经验学过来，结合所学习的、了解的、考虑到的上下左右的情况，形成自己科学的工作思路。为了做好退休老同志"统筹待遇"调整发放工作，某高校主要领导要求人事部门广泛调研武汉地区省属高校"统筹待遇"发放标准，了解到湖北大学、武汉科技大学、湖北工业大学、武汉工程大学等兄弟高校的发放标准，最后形成了三个建议方案，在年底的校长办公会会议上研究讨论，迅速形成一致意见，受到退休老同志的好评。

二、如何与领导相处？

陈云同志曾指出，领导方式的中心问题，是正确处理上下级关系。上下级关系是人际关系中十分微妙的一种关系，既单纯又复杂。就下级而言，要恰当处理与上级各方面的关系实属不易，既要坚持原则，还必须讲求艺术，方能游刃有余。

（一）找准自身角色定位

社会学告诉我们，每个人都在社会中居于某一特定位置，有一套与该位置相关联的行为模式，即人们的角色地位。每个人都不能超越这个角色，否则，会造成角色紊乱，导致角色冲突，上级与下级即是此。下级与上级相处过程中，尤其要把握好自己的角色。一般来说,单独相处,可以比较随便,在公开场合,要正规,即使领导和你开玩笑,你也要庄谐适度,礼貌又不妨气氛。对于下级,无论水平多高,能力多强,都要认清自己所处的位置,调适好自己的心理。因为你毕竟是下级,必须服从上级的领导和安排。必须做到定位而不越位,说下级该说的话,做下级该做的事,补下级该补的台。不能越级、越位、越权,更不能提强上级所难的无理要求,杜绝让上级牺牲其他下属的利益而满足自己欲望的期望。只有这样,才能在与上级交往中有一个良好的基础,从而保持关系的畅通。当然,我们在心理上与领导是平等的,如果做不到这一点,在心理上不对等,就无法和领导平等接触。只有在心理上对等,行为才会进退有据、从容自然。为此,需做到以下几点:

一是做领导意图的领会者。准确领会领导的意图,第一位的是对领导意图要坚信不疑。这不仅是工作方法,更是工作纪律。领导的决心既然定下了,那就没有什么含糊的,必须坚定不移地贯彻下去,有条件要完成,没有条件创造条件也要完成,有困难要克服困难,有阻力要排除阻力。

"领会"是一个动词,可用"以心领受,以神意会"概括之。意思是下属要充分发挥主观能动性,要懂得"领会"领导的意图。由于不同领导的意图和情况有时并不一致,这就要求下属有一定区别认识的能力。然而,在实际工作当中,这种区别是有一定难度的,因为领导意图通常是通过领导个人来贯彻和体现的,人们一般把重点放在领会领导个人的意图和情况上面。理解领导的意图是多方面的,如领导的性格和品质,领导的领导作风、工作作风和生活习惯,领导的好恶和需求,领导关心和关注的问题,领导对下属的期望与担忧,领导的工作历史、现状和未来发展等,都应该了解,做到心中有数。

优秀的管理干部在领会上级指令的过程中必须同时具备一定的能动性,而非机械地听和简单地传。其必须在听的过程中进行更为深入的理解,在传的过程中进行创造性的分解。也就是说,要在接收上级指令时正确、全面领会其内涵,不仅要从表面理解当下的具体任务为何、目标为何,更要透过上级领导者的具体指令来领会其指导思想和定位方向。只有具备卓越的能力和适度的创新精神,才能真正实现对政令、规划的高效执行和切实推进。否则,就会成为机械式的"二传手",在上传下达的过程中只会简单"传话",既无必要的领会理解过程,更无积极的后续规划。

二是做领导决策的执行者。领导做出决策后,下属的落实和执行至关重要,如果其执行内容与决策要求发生偏差,在执行中自打折扣、避重就轻、敷衍应付、拖拉观望等,就是执行不到位的表现。

在领导工作实践中，下属执行不到位的常见表现有：象征式执行，即下属只会做表面文章，不解决实质问题，领导决策目标没有落到实处。替代式执行，即下属用自己的工作习惯和思维替代领导的决策要求，对不符合自己工作习惯和思维的领导决策予以曲解变形，严重损害领导决策的权威性和合法性。附加式执行，即下属在执行过程中，人为附加了与领导决策相背离的其他内容，使执行超出了领导决策的基本要求，以此谋取部门和个人利益。残缺式执行，即在执行过程中，领导决策内容只有部分被执行，其余部分则被"遗忘"或执行不及时，导致领导决策目标不能得到全面充分的实现。搬式执行，即下属在执行过程中，不认真学习与思考，习惯于照抄照搬领导决策，盲目和随意执行，达不到领导决策要求的结合具体实际创造性解决问题的目的。下属执行不到位，领导再好的思路、再好的决策都将成为纸上谈兵。

因此，做好领导决策的执行者，是下属工作内容的基本要求之一。

首先，要增强执行意愿。下属要充分认识到领导决策执行的重要性，以高度的责任感和坚决的执行态度，全力以赴地执行领导决策，并关注执行的速度、质量和纪律，注重执行效率。

其次，提高执行能力。执行能力是一种综合能力，主要包括执行前对决策部署的理解力和领会力，在执行中对决策部署的服从力、组织力、结合本单位实际的贯彻力和创新力，执行后的评估力、问责力等。创造性地抓落实，是对领导干部的一项重要要求。毛泽东同志曾说："盲目地表面上完全无异议的执行上级的指示，这不是真正在执行上级的指示，这是反对上级指示或者对上级指示怠工的最妙方法。"领导干部抓落实的过程，就是把上级决策部署同本单位具体实际相结合的过程，就是吃透上情和摸清下情的过程。这就要求各级领导干部发挥主观能动性，具体问题具体分析，在普遍性与特殊性、一般与个别、继承与创新上开动脑筋，提出落实的具体方案和可行办法，创造性地执行领导决策部署。

最后，强化执行认同。下属执行认同实质上是执行过程中对所实施领导决策的一种心理态度和评价。就具体的认同过程而言，下属面对领导决策时，是认同与服从，还是冷漠和背离，在很大程度上是由其自主决定的。领导可以对下属施压，但最终依然需要下属的认同与服从。领导和下属应就执行问题进行协商对话，相互沟通，消除下属在认识上的误解、分歧，以形成共识，从而高效率地执行领导决策。

三是做领导工作的助力者。领导绝非圣贤，也有工作不到位和对工作考虑不周的时候。作为下属，发现问题时，要及时提醒领导，避免造成问题的扩大化。这就要求助手需要具备如下本领：

其一，要有能力，要有精力。结合高校行政事务工作的实践来看，作为领导助手需要"懂""会""精"。所谓"懂"就是知道，"会"就是知道怎么做，"精"就是要比一般人更出色。当领导需要掌握某些方面工作的时候，下属需要能够迅速、准确地为其提供全面、翔实的相关资料。同时，作为下属，工作时间要保持饱满的精神状态和工作激情，非工作时间也要保持必要的神经张力，随时准备应对领导的工作安排。不能因为休息、休假和个人情况"掉链子"。

其二，摆正心态，搞好服务。下属与领导之间的工作，本就是互助共赢的。每个人都在为他人做事，同时也享受他人提供的服务。做好助手的关键是摆正心态，报以积极的心态与领导之间展开合作与分工，而不是比较自己与领导之间能力的区别。

一般情况是，在一个单位内，下属往往是领导开展工作的主要依靠力量，但对事关学校发展的重大问题的决策，下属却基本没有话语权，只能被动地执行决策。对于这种被动的位置，可能有的下属没有平和的心态，受表现欲望的驱使，很想把自己的一些想法转变成工作实践，但当自己的这种想法不能实现而只能按照上级不同于自己想法的决策开展工作时，就容易产生挫折感。这种心态，从积极的方面说可能会进一步激发下属的创新意识，以引起上级的关注和重视；但如果消极方面占据主导地位，那就是这种抱怨会引起上级的不满，进一步加剧下属在工作上的被动局面。因此，下属必须摆正心态，搞好服务。

对于下属来说，一是要把关注挫折转变为关注自己的工作。下属一旦有了抱怨，就会把更多的关注点放在工作的挫折上，而较少放在如何做好本职工作上。因此，有效转移自己的关注点，减少工作上的抱怨，有利于消除自己和上级工作关系上的障碍。二是要在既定的工作定位上，寻求新的工作空间。下属虽然对学校发展的重大问题没有更多的话语权，但不妨在如何创造性地执行上级决策上想办法、出思路，这样就会在创新中不断证明自己的价值和能力，为以后争取决策的话语权增加筹码。三是要积极促进由被动向主动地转化。只要思想不滑坡，办法总比困难多。被动的工作位置，不应是思想和思路的障碍。只要把主要精力放在如何主动搞好服务工作上，激活思想、拓宽思路，被动的位置就会转化为寻求主动工作的动力。

其三，建言献策，主动参谋。对于上级的决策，下属不应该把自己简单地定位在执行上，还应该积极地建言献策，当好上级决策的参谋。只有这样，才能掌握执行决策的主动权。如果因为自己对上级决策基本没有话语权就只满足于知道干什么,而对其他问题不闻不问,那么就只能跟着上级的决策转,甚至对决策的执行也会走样。

管理干部建言献策的过程,在一定意义上是下级与上级思想互动的过程,也是介入决策的过程,这也有利于管理干部更好地理解并执行上级决策。基层管理干部要高度关注学校事业的发展。虽然基层管理干部不能直接参与学校发展重大问题的决策,但积极提出高质量的意见和建议,并努力得到上级的关注和采纳则是其应有的工作理念。要善于介入决策。基层管理干部虽不能直接决定问题,但并不意味着对上级决策不能产生积极影响。从决策的制定到决策的执行过程以及决策执行的结果,都存在着一个需要不断完善的问题。基层管理干部所处的位置恰恰可以有效地发现问题,所以通过有效的方式提出问题及解决问题的办法,对决策的完善会起到积极的作用。要注意建言献策的方式和场合。基层管理干部提出问题的初衷,一般来说是为了学校更好地发展,但并不意味着所提问题一定符合学校发展的现实需要。因此,在方式上要注意提出问题的可接受性,在场合上要注意上级的感受。切忌固执己见和随意性,否则,即使是正确的意见和建议,上级也很难接受。

（二）把握上下级之间距离

荀子曾说过,远为蔽,近为蔽。就是说,与人交往,距离太远、太近,都会影响彼此间的正确认知,美学上称之为"距离产生美"。下级与上级相处也是如此。

第一,关系上要把好"度"

与上级个体保持一定距离。要把握好一个"度",真理向前迈出一步就会变成谬误。与领导相处,要学习地球与太阳相处的智慧。据科学家研究,如果地球离太阳再近1%,那么地球将成为一个火球,烈焰腾腾,生命将无法存活;如果地球离太阳再远3%,那么地球将成为一个冰球,生命同样无法存活。也就是说,在巨大的太阳系中,只有地球运行的轨道这狭小的空间,才适合生命的生存。否则,只要离太阳再近或再偏离太阳一点点,地球上的生命将不复存在,地球将成为一片荒芜、毫无生机的星球。太远了不行,太近了也不行,可见恰当的距离是多么重要。一切交往都有不可超越的最后界限。在任何两人的交往中,必有一个适合于彼此契合程度的理想距离,越过这个距离,就会引起相斥和反感。下属与分管领导之间感情疏远容易产生陌生感,诱发误会,不利于感情、心理和工作思路的深入交流,不利于达成工作上的默契。但是,如果相互关系过于亲近,又容易限制相互之间个性和创造力的发挥,压缩感情调整的空间,反而可能增加相互之间的感情冲突。对于这种相互关系的亲近程度要疏密有致、动态微调,不可忽远忽近、反复无常。打个比方说,要保持在能够亲密握手的距离,而不是亲密拥抱的距离。

下级与上级,不论是角色交往,还是非角色交往,既不能"过度",也不要"缺度"。有些下级因与某些上级"合得来",交往频繁,甚至鞍前马后,"热度"过大不仅引起上级的反感,也影响了上级之间、上级与其他下级之间的关系;也有些下级由于种种原因(如自卑心理、蔑视权势、看不起上级等)所致,从不积极主动地与上级接触,存在"缺度"。一旦"缺度",很难被上级感知和理解,很难使上级与自己同享欢乐,共分忧愁,自己与上级的关系就很难相处,结果是吃力不讨好。

营造规规矩矩的上下级关系。同事间没有贵贱之分,人格没有高低之别,平等享有权利、履行义务,推动形成清清爽爽的同事关系、规规矩矩的上下级关系。邓小平同志曾说:"上级对下级不能颐指气使,尤其不能让下级办违反党章国法的事情;下级也不应当对上级阿谀奉承,无原则地服从,'尽忠'。"党的十八届六中全会通过的《关于新形势下党内政治生活的若干准则》指出:"领导干部特别是高级干部不能搞家长制,要求别人唯命是从,特别是不能要求下级办违反党纪国法的事情;下级应该抵制上级领导干部的这种要求并向更上级党组织直至党中央报告,不应该对上级领导干部无原则服从。规范和纯洁党内同志交往,领导干部对党员不能颐指气使,党员对领导干部不能阿谀奉承。"为营造规规矩矩的上下级关系指明了方向。

要想成为一名优秀的管理者,尤其要具备与他人坦诚合作的能力,避免个人主义。首先,要重视部门内部的团结问题。在处理正、副职关系问题上,一把手处于主导地位,承担着主要责任,要做到:登高不空泛,务实不求远;统揽不包揽,协调不代办;居高不傲慢,善谈不空谈;倾听不主观,评价不出偏;敢断不武断,大度不失度;严管不失善,看色不失范。作为副手,关键在定位,应该做到:对正负责不越级,适应领导先服从;大事多请示,小事不打扰;协调重落实,具体不空泛;积极当参谋,矛盾不上交。其次,处理好与平行部门的关系。要有清晰准确的角色意识,当"主角"时要勇于承担责任,当"配角"时要主动服务大局。要克服本位主义,不能仅从本单位本部门的利益出发,要紧紧围绕中心工作,不能把自己分管的领域当成独立王国。

第二,工作上要跟得"紧"

有时候,下属与领导之间是事先给定的关系,而不是相互选择的关系,是一种典型的"先结婚后恋爱"的工作关系。这种工作关系基础容易造成一种很尴尬的状况，即分管领导不一定是管理干部期待的领导，管理干部不一定是分管领导中意的下级。但一旦形成分管与被分管的直接工作关系，二者就成了休戚相关、荣辱与共的责任共同体，就必须在共同的工作职责下积极自觉地抑制和抛弃角色期待上的差距，加强心理和工作方式的调适，以求相互接受和适应，同心协力，卓有成效地完成组织确定的工作目标。基层管理干部作为下级，从职责和职级的角度考虑，在这种相互关系的适应和磨合过程中，应该更加体现出主动性和自觉性，明确相互关系中从属的主调，增强配合意识。

下属与分管领导既是职责共同体，又是政绩共同体。分管领导的工作取得了显著的成绩，不仅彰显了分管领导领导有方，也显示出下属工作出色。从这个意义上讲，下属对于分管领导制定的较高的工作目标和提出的比较严格的工作质量要求，应该多一分理解。要把分管领导安排的工作当作自己分内的事，以赴汤蹈火、冲锋陷阵的精神加以落实。要强化大局意识和服从意识，不能把对分管领导个人的好恶体现到工作上来，乐意的就干，不乐意的就撒手，工作提不起劲，履职不到位，而应该更加主动地增强服从意识、配合意识和合作意识，突出分管领导的主导地位，主动加强与分管领导的沟通协调，思路要跟上、行动要跟上、素质能力要跟上、方法措施要跟上，发挥前锋作用、砥柱作用，并自觉弥补素质差距，对挑战性强的工作拿得起，放得下，独当一面，令分管领导刮目相看、分外信任、倾心扶持。

第三，感情上要靠得"近"

感情是合作共事的润滑剂和高效工作的重要动力源。工作关系的直接和间接程度必然会要求与之相应的感情远近程度，这既是有效开展工作的需要，也是人之常情和世之常理。如此则为顺，反之则为悖；顺则利，悖则乱。下属与分管领导同在一个风吹雨淋的屋檐下，共处一条行驶于波涛汹涌中的小舟上，甘苦酸辛、成败得失同为一体，不仅需要工作上相互支撑，而且需要感情上相互温暖。在相互关系的定位上，分管领导是工作的中心，自然也应是感情的中心。作为下属，在与分管领导的感情交往上，自然也应有一种主动靠近的意识，这是一种势所必然、理所固然，也是处理人际关系的一种悟性和世故。

但是，"近"要把握几个原则：一是靠近不投靠。下属在感情上对分管领导主动靠近一些，这是工作需要，是为了更好地开展工作营造良好的相互关系，不是去依附领导、巴结取悦领导。靠近，是出于一种公心、一种诚心、一种尊重；投靠，这是出于一种私欲和个人的算计，也是对分管领导的欺蒙和人格的毁损。下属不能为了骗取分管领导的信任和实现自己的非分之想而专一的投分管领导所好，唯分管领导是从,充当分管领导的亲信甚至打手。二是亲而有节。下属对分管领导要有亲近感是为了增进严肃的工作关系,营造友爱、真诚的工作友谊,是一种感情态度的接近,而不是一种原则立场的倾斜和个人人格尊严的放弃。因此,下属对分管领导感情上要靠近一些的同时,还必须严守公私是非界限,亲而正,体现君子之交的意蕴,着重于追求同道,不仅限于谋求同利,防止相互关系私情化和庸俗化。三是顾此而不失彼。一个下级的上级可能不止一个人,他们的能力有强、有弱,与下级的性格有同、有异,对下级成长的影响有大有小。但无论是哪种情况,作为一个下级,必须与他们保持一定的距离。与上级群体保持大体一致的距离,坚持等距外交,一视同仁。下属一方面在与分管领导的关系上要有所侧重;另一方面也要根据工作关系,按照尊重、得体的原则,保持与其他领导正当、正常的交往,把握好平衡,不能卷入分管领导的人际纷争,既让分管领导感到安心,也避免给其他领导留下自己只认分管领导、是分管领导的亲信和心腹的印象。

(三)适应领导工作方式

上级的领导风格直接决定着上级认识问题和处理问题的方式。对于这一点,下属干部必须有清醒的认识,并在工作上主动适应这种风格,否则,对上级的领导风格不能正确把握,不能适应上级的领导风格,自己的工作将会陷入被动的尴尬境地。

但是,"领导"是相对的,如学校中层管理干部通常是一个部门或院系的主要负责人,也可以说是"领导",有自己的一套工作思路。如果自己的一套工作思路与分管校领导有较大差异,坚持己见,则势必与分管领导造成冲突;放弃己见,则心有不甘,因为内心往往感到自己的思路会比分管领导的思路更为合理;想说服领导,不仅困难大,而且心理上还会有怕分管领导认为自己以下凌上的障碍。

一是在思想节奏上与领导达成一致。自己坚持的未必就是正确的,因为任何正确的东西都是有条件的。所以,在我们对上级的领导风格感到不适应的时候,要多查找自己的原因,以求更好、更准确地适应上级。作为下属,细心观察领导的思想动态,从思想节奏上与领导达成一致,是与领导开展良好合作的一个重要方面。

由于地位上的差异,领导者往往有一种居高临下的心理强势和矜持防范的心态,对于与其心理定式明显不同的意见,往往视之为对其智慧与自尊的挑战,不可能轻易采纳。不同领导都有自己特有的价值观,这些信念构成了领导的内在思想基础。这种价值观并不会随意变动或妥协,一旦它受到挑战或触碰时,就会引致领导产生负面情绪。因此，在思想动态上，及时调整自己微观上的指导思想与上级宏观上指导思想的误差，尽量紧跟上级的思路，使自己的工作符合上级总的意图，这是获得上级支持的重要心理基础。

二是要主动适应上级的领导风格。有的高校管理干部认为自己长期养成的性格和工作方式是很难改变的，不能总是自己去适应上级。这种看法虽然有一定的道理，但在实践中却会带来比较严重的后果：一方面，上级会感到很不舒服，以为下级是在和自己较量，所以会更加坚持自己的领导风格。另一方面，会导致不少管理干部对自己工作上的被动性不以为然，甚至认为工作的主动是一种角色的错位，会出力不讨好。

在这种心理的驱使下，一旦遇到挫折，管理干部想得更多的是客观原因，怨天尤人，很少去找主观原因。长期这样下去，不仅会影响工作和与上级的关系，对自己的成长也是不利的。因此，管理干部在遇到自己的工作方式与上级的领导风格不和谐的时候，要学会积极地改变自我，主动地适应上级的领导风格。这并不是说管理干部要为了讨好上级而去改变自己，而是说在既定的领导环境下，要通过改变自己的工作方式，寻求与上级工作步调的统一，从而为工作的开展创造一个和谐的环境。

改变自己比改变他人相对容易。既然上级的领导风格是长期形成的，在上级看来又是有效的，那么，我们要改变他几乎是不可能的。心理上的拒绝，只会加剧上级对我们的不信任。如果我们做了改变，就会在工作实践中改变上级对自己不利的看法，从而得到上级更多的支持。

三是了解和熟悉领导的工作习惯。下级在上级手下工作，要取得上级的支持，必须了解和适应上级的工作方式和生活习惯。上级的领导风格只是其履行职能的一种载体。管理干部要站在上级的角度来思考上级为什么采取这种方式而不是其他方式的深层次原因，一旦想清楚了这个问题，改变自己就会成为一种自觉的行动。

既然客观上的分歧和冲突无法避免，最好的处置策略就是开诚布公、坦然面对，在主动接近、求同存异、设身处地地体味分管领导切身感受。精明的下级总是善于在上级精力最集中、情绪最饱满、工作效率最高的时候，将重要的工作计划或意见提交上去，或当面向上级请示汇报，这样往往能取得满意的效果。同时，要适应上级的沟通习惯。对阅读型的上级，下级汇报情况，应少用语言，多用文字材料；对倾听型的上级，则应少送文字材料，多当面汇报；对急性子的上级，下级汇报情况，应直切出题，选择要点，加快语气，让其抓住所请示汇报问题的概要和重点，然后再详细展开;对掌控型的上级,下级要注意多请示汇报,即便他委托你全权负责,也应经常请示汇报。

(四) 懂得维护领导形象

领导形象代表着一级组织的形象,作为下级,要注意自觉维护领导的威信和形象。

一是善于给领导"解围"。体察上级的难处,为上级排忧解难,是发展良好的上下级关系的至要之举。每个上级领导都有自己难念的经。对于上级遇到的困难,下级应在能力和条件允许的情况下主动去解围。为领导分忧,把担风险、得罪人的事情办好,是管理干部的职责所在。

给领导"解围",可以具体为"四个作用":(1)当领导不太清楚下面的事情,或者下面不太领会领导的意图时,应多做沟通的工作,起到桥梁作用,使上下之间协调一致。(2)当贯彻涉及诸如职级调整、纪律处分、进退去留等切身利益的组织决定时,应多做疏导工作,起到必要的掩护作用,不能动不动就把领导推到第一线,以使工作留有回旋余地。(3)当领导的意图与下面的实际情况不符而产生强烈反应时,应多做化解的工作,起到缓冲的作用,并及时查清情况,提出建议,力避产生对立情绪。(4)领导有疏漏,要有补救,帮助解围,起到补台作用,切忌标榜自己,贬低上级。领导的疏漏主要表现在两点:(1)智者千虑,必有一失。领导也会有考虑问题不全面,处理事情不周全的时候。(2)情况在不断地变化,计划不如变化快的情形时有发生。遇到这种情况,是拘泥于成命,还是随机应变,最能考验一个人的智慧。基层干部处在工作一线,对实际问题体会更真切,更直接,了解更透彻,发现领导的决心有哪些不妥当的,不能一任事态的发展,要及时采取有效措施给予补台,这是有事业心责任感的标志。危难时刻见真情,这是最能打动上级领导心灵的举动。

二是保持理性的"叛逆"。俗话说"金无足赤,人无完人",每个人都有自己的优点和缺点,谁都不是完美的。领导也有错误的时候,领导活动中的失误乃至不公有时是不可避免的。在这种情况下,一个优秀的下级,应保持一种有限的忍耐,要经得起一定的委屈,做到这一点,对建立良好的上下级关系十分重要。如果失去控制,大吵大闹,就可能失态、失度,造成关系紧张,还会引起其他一些矛盾。所以,要把脾气、性格和品质、工作理念区分开来,理性面对分歧、理性化解分歧,抑制和杜绝意气之争,使分歧成为激发工作创造性、加深与分管领导相互了解和相互欣赏的契机。

但是，在大是大非的原则问题上决不能忍耐和谦让，必须有理性的"叛逆"。丧失原则的忍让，是软弱无能的表现。因此，在处理上级关系中，对上级违背公理、原则、政策等大是大非问题，对上级违反规定的不正之风决不能忍耐，要坚持原则，开展批评和斗争。当然，斗争必须讲究艺术，做到恰当合理。既有利于上级接受批评、改掉缺点，又有利于上下级关系的健康发展。

三是有原则地突出领导。在突出领导的之前，要学会辩证地处理与领导的关系：

其一，尊重而不吹捧。作为下属，一定要充分尊重领导，在各方面维护领导权威，支持领导工作，这也是下属的本分。首先，对领导工作上要支持、尊重和配合；其次，在生活上要关心；再次，在难题面前解围，有时领导处于矛盾的焦点上，下属要主动出面，勇于接触矛盾，承担责任，排忧解难。

其二，请示而不依赖。一般说来，作为部门主管在自己职权范围内大胆负责、创造性工作，是值得倡导的，也是为领导所欢迎的。下属不能事事请示，遇事没有主见，大小事不做主。这样领导也许会觉得你办事不力，顶不了事。这就是说，该请示汇报的必须请示汇报，但下级也要主动积极工作，不能有"等、靠、要"的思想，难度大的事，不能故意往上级头上推。在处理同领导的关系上要克服两种错误认识：一是领导说啥是啥，让怎么着就怎么着，好坏没有自己的责任；二是自恃高明，对领导的工作思路不研究，不落实，甚至另搞一套，阳奉阴违。

其三，主动而不越权。对工作要积极主动，敢于直言，善于提出自己的意见。不能唯唯诺诺，四平八稳。但必须强调的一点是，在服务师生、为下属争取利益的过程中，管理干部必须恰当把握自我的权限范围和身份定位，切忌以服务和谋利为幌子要挟领导者按自我意愿行事，更不能越矩干涉上级的决策过程。即便来自上级的指令不能完全为下属所接受，基层存在质疑抱怨之声，作为下属意见反馈者的中层管理者也只能以合理合规的形式如实向上反映，而不能取代上级领导进行直接决策，更不能贸然在下属面前表态，以免产生误导。此时，管理干部既要在下属面前维持公正、独立的管理者形象，更要以绝对的尊重与守规的下属身份服从于上级。

最后，补台而不拆台。在现实工作中，往往有一些下属的智力和才干超过上级。这些人虽然能力强，工作水平高，为人也正派，在群众中也有威信，但是缘何未被重用，其原因较复杂。从下属的角度来说，其中一个带普遍性的原因是，这些人没有理智地使用自己的才能，没有为上级补好台，与上级之间的人际关系较僵。因此，下属要协调好与上级之间的人际关系，必须理智地用才，表现在工作中就是要多理解、多支持、多配合、多协作,做到分工不分家,补台不拆台。

四是妥善化解领导分歧。高校管理干部所面对的领导,不是一个人,而是一个集体,每个领导的话都要听,每个领导的指示都要执行。但是,由于领导们的学识、经历不同,性格脾气不同,观察问题的角度不同,相互之间意见不一致的时候并不少见。处理这类问题,需要做到机敏灵活,妥善周全。

灵活处置不同意见。在情况紧急需要迅速决断而领导的意见不一致时怎么办?这时候,管理干部应开动脑筋,迅速寻求一种使不同意见的领导都能接受的折中方案。考虑折中方案时,要充分尊重主要领导的基本意见,但有时主要领导的意见不正确或难于实施,而领导又固执坚持时,应考虑一个变通方案,使领导既能接受,又可待情况变化后迅速调整。

巧妙化解分歧观点。严格地说,领导对某项工作的实施计划或某件事情的处理方法意见不一致,与相互之间存在着矛盾和隔阂是不同的。意见不一致是认识问题,方法和手段不同而已,处理时虽有一定的难度,但毕竟都是为了把工作做好,不存在个人恩怨等工作以外的因素。对领导意见出现分歧的可以采取以下几种处理方法:

按"时间先后"来处理。即哪个领导先说了就按照哪个领导的意见办。这实际上是不等不同意见表达出来就执行,可以避免听谁的话、不听谁的话的两难选择。

按"职务高低"来处理。即谁的职务高就主听谁的。虽然职级低的领导心里不高兴,但是不能完全责怪办事人员,即使有意见也摆不到桌面上来。

按"实效大小"来处理。即你认为哪个领导的意见更切合实际,更富有成效,就按哪个领导的意见来办,并把自己的认识向持有不同意见的领导讲清楚。

按"兼顾左右"来处理。即在不违背大原则的前提下,对不同领导的意见尽量兼顾到。有这样一个真实的事例,某单位对大院整修时,两位主要领导在如何修排水沟上意见发生分歧:一位要求修明沟,认为这样节省经费;一位要求修暗沟,认为这样美观。两位领导的意见都有道理,而且互不退让,都要机关职能部门按照自己的意见去办。负责施工的机关干部便来了一个折中方案,道路边的一半修成暗沟,房后不引人注意的一半修成明沟。既没有得罪某个领导,又把任务完成了。

(五) 善于同领导沟通

要和领导很好相处,就必须善于和领导沟通。做到这一点就必须处理好和领导接触的每个环节。

第一,遵守向领导请示沟通的程序

一是仔细聆听领导的命令。如果领导明确指示你去完成某项工作,那你一定要用最简捷有效的方式明白领导的意图和工作的重点。弄清楚该命令的时间(when)、地点(where)、执行者(who)、目的(why)、做什么工作(what)、怎样去做(how)、需要多少工作量(how many)。在领导下达完命令之后,再简明扼要地向领导复述一遍,请领导加以确认。

二是与领导探讨目标的可行性。领导在下达了命令之后,他希望下属能够对该问题有一个大致的思路,以便在宏观上把握工作的进展。作为下属,应该积极开动脑筋,对工作有一个初步的认识,告诉领导你的初步解决方案,尤其是对于可能在工作中出现的困难要有充分的认识,对于在自己能力范围之外的困难,应提请领导协调别的部门加以解决。

三是拟定详细的工作计划。在明确工作目标并和领导就该工作的可行性进行讨论之后,你应该尽快拟定一份工作计划,再次交与领导审批。在该工作计划中,你应该详细阐述你的行动方案与步骤,尤其是对你的工作时间进度要给出明确的时间表,以便于领导进行监控。

四是工作中随时向领导汇报。现在,你已经按照计划开展工作了,那么,你应该留意自己工作的进度是否和计划书一致,无论是提前还是延迟了工期,你都应该及时向你的领导汇报,让领导知道你现在在干什么,取得了什么成效,并及时听取领导的意见和建议。

五是工作完成后及时总结汇报。经过你和部门同事的共同努力完成了工作,作为部门负责人的你仍不应该有松懈的理由。应及时将此次工作进行总结汇报,以便于在下一次的工作中改进提高。同时不要忘记在总结报告中提及领导的正确指导和下属的辛勤工作。

第二,知晓向领导请示沟通的要点

其一,选择恰当的时机。刚上班时,领导会因事情多而繁忙,快下班时,领导又会疲倦心烦,这都不是请示沟通的好时机。要选择领导时间充分、心情舒畅的时候提出改进方案。

其二,资讯及数据都极具说服力。对改进工作的建议,如果只凭嘴讲,是没有太大说服力的。而且领导听取汇报的时间有限,但如果事先收集整理好有关数据和资料,做成书面材料,借助视觉力量,就会加强说服力。

其三,设想领导质疑,事先准备答案。领导对于你的方案提出疑问,如果你事先毫无准备，吞吞吐吐，前言不搭后语，自相矛盾，当然不能说服领导。因此，应事先设想领导会提什么问题，自己该如何回答。

其四，说话简明扼要，重点突出。如果我们表达上有缺陷，过于冗长或艰涩，或易于产生误会，就很难引起领导者对我们的兴趣；还很可能引起领导者的反感。因此你在说服领导时，就要重点突出，简明扼要地回答领导最关心的问题。

其五，面带微笑，充满自信。我们已经知道，在与人交谈的时候，一个人的语言和肢体语言所传达的信息各占50%。一个人若是对自己的计划和建议充满信心，那么他无论面对的是谁，都会表情自然；反之，如果他对自己的提议缺乏必要的信心，就会在言谈举止上有所流露。

最后，尊重领导，勿伤领导自尊。领导毕竟是领导，因此，无论你的可行性分析和项目计划有多么完美无缺，你也不能强迫领导接受他们。毕竟，领导统管全局，他需要考虑和协调的事情你并不完全明白，你应该在阐述完自己的意见之后礼貌的告辞，给领导一段思考和决策的时间。即使领导没有采纳你的意见，也应该感谢领导倾听你的意见和建议，同时让领导感觉到你工作的积极性和主动性即可。

第三，掌握与不同领导沟通的技巧

控制型的领导特征和与其沟通技巧。控制型领导性格特征：强硬的态度；充满竞争心态；要求下属立即服从；实际，果决，旨在求胜；对琐事不感兴趣。与其沟通技巧：对这类人而言，与他们相处，重在简明扼要，干脆利索，不拖泥带水，不拐弯抹角。

互动型的领导特征和与其沟通技巧。互动型的领导性格特征：善于交际，喜欢与他人互动交流；喜欢享受他人对他们的赞美；凡事喜欢参与。与其沟通技巧：公开赞美，赞美的话语一定要出自真心诚意，言之有物，否则虚情假意的赞美会被他们认为是阿谀奉承。

实事求是型的领导特征和与其沟通技巧。实事求是型的领导性格特征：讲究逻辑而不喜欢感情用事；为人处事自有一套标准；喜欢弄清楚事情的来龙去脉；理性思考而缺乏想象力；是方法论的最佳实践者。与其沟通技巧：省掉话家常的时间，直接谈他们感兴趣而且实质性的东西。

总之，管理干部与领导相处，考虑问题一定要细腻一些，领导毕竟是领导，什么时候也不能把关系搞紊乱了。关系正常规范，感情密切长远。最常见的这几种不正常关系一定要警惕：对领导唯唯诺诺，甚至阿谀奉承，犹如"主仆"关系；对领导敬而远之，不敢直言相谏，好像"猫鼠"关系；认为是领导面前的"红人"，能让领导言听计从，如同"哥们"关系；把分管的业务看得很重，不愿让领导当家插手，领导处事还得跟他商量，成了"协作"关系；对领导的指示坚决不执行，或者所提意见建议得不到领导批准时，就发牢骚、讲怪话，颠倒了上下关系。

三、如何向领导汇报工作？

汇报工作是与领导相处的基本形式，汇报要讲究原则和方法，既要考虑汇报的时间、内容、场合、方式等因素，还要考虑汇报的对象。追随松下幸之助30年的江口克彦在《我在松下三十年——上司的哲学　下属的哲学》这本书中曾经指出："对于上司来说，最让人心焦的就是无法掌握各项工作的进度……如果没有得到反馈，以后就不会再把重要的工作交给这样的下属了。所以要知道，虽然只是一个简单的汇报，却能让你得到上司的肯定。"汇报工作体现"汇"和"报"的统一。所谓"汇"，就是将自己掌握的情况进行归纳整理，关键是条理要清楚；所谓"报"，就是通过适当的方式将整理的内容表述出来，关键是观点要鲜明。向领导汇报工作是高校管理干部履行职责的基本功。一个善于汇报工作的人，能得到领导的及时指导，也是得到领导肯定的好机会，并有可能与领导建立起牢固的互信关系。那么，如何向领导汇报工作呢？

（一）严格遵守汇报的程序

任何一个组织或者一项管理都是有层次、有秩序的，岗位不同，职责不同。工作很重要，但是规则也很重要。任何一个单位要想运转顺畅，都需要有一定的组织架构。大学行政管理的运行体系可分为四级，即学校主要领导、分管领导、部门领导和职员。领导工作的重要原则之一是实行分层领导。根据这一原则，一般来讲，下级仅对自己的直接领导负责。此外，每个人都有自己的工作职责和分工。只有各司其职，做好自己分内的事，整个学校才能正常运转。所谓各司其职，就是在其位谋其政，不在其位不谋其政，尽责不越级，到位不越位。任何领导和干部平时应该遵循"分级负责，逐级汇报"的管理原则。

越过分管领导向更上一级领导汇报工作和业务的情况，被称为"越级汇报"。超越这种分工，直接向上级领导汇报工作，会置双方于十分尴尬的境地，上级领导有可能因此不愿听取下级的汇报，或即使听取了下级的汇报，也不会明确表明自己的态度。另外，撇开直接领导向上级领导汇报工作，还有可能干扰既定的工作程序，影响上下级之间的关系；更有甚者，还会给人一种汇报者与自己的直接领导有矛盾的误导,造成今后工作中的不协调现象的发生。所以,下级要向上级领导汇报工作时,务必逐级进行,一般不要"越级汇报",更不要走所谓的"捷径"。

但是,情况紧急受分管领导委托向更上一级领导汇报,也就是"受命越级汇报",是可行的,还有一种情况,就是高层领导主动过问你的工作开展情况,这个时候一般是你的工作比较重要,需要高层领导直接督导,不过,在汇报的过程当中,千万不要忘记夸赞你的分管领导哦!并且"越级汇报"后必须及时向分管领导汇报"越级汇报"的基本情况、主要内容、下一步打算等,以便更上一级领导询问分管领导时,分管领导不至于因为不知情而手忙脚乱甚至被批评。"及时"二字非常重要。所谓及时,就是在更上一级领导询问分管领导之前必须向分管领导汇报,否则可能会产生误会、误解甚至矛盾冲突。同时,也会让分管领导认为,"越级汇报"者目中无人、不尊重领导、想出风头甚至有其他不可告人的目的。

(二)掌握汇报的方法技巧

向领导汇报工作,是一门综合性艺术,是下级领导能力、领导技巧、领导心理和领导素质在领导活动中的综合体现,同时,它在很大程度上决定着汇报工作的绩效。汇报方法要巧,汇报同其他工作一样,是有方法和技巧的。向上级领导汇报工作,主要要把握好以下几点。

第一,清楚汇报什么,精心准备汇报内容

汇报工作可分为"主动汇报"和"被动汇报"。主动汇报,就是汇报方根据需要主动向领导汇报工作,这种汇报的内容一般有三种:一是工作上的新思路、新想法,在没实施之前向领导进行汇报,以求得领导的指导、肯定,以便在决策上"合法化"。二是工作过程中遇到了自己难以克服的困难或重大问题,需要及时向领导反映情况,以求得领导的指点和帮助。三是在领导部署的工作阶段性完成或全部完成后,向领导汇报开展工作的主要做法、基本经验以及今后的打算。

第二,清楚何时汇报,准确把握汇报时机

汇报时机,对一个人汇报的成效影响重大。有些人一有问题就随意找领导汇报。殊不知你的任性,会一次次恶化在领导心中的印象。

上级领导担负着相对于下级而言全局性的工作,每天都需要处理大量繁杂棘手的事务,工作日程安排得很满。下级如若只从自身工作角度出发,不分时间场合去向上级领导汇报工作,不仅容易打乱上级领导正常的工作秩序,对全局工作造成不必要的影响或损失，而且也势必分散上级领导的精力，致使上级领导难以全面考虑并圆满答复你所要解决的问题。此外，还有可能给上级领导留下鲁莽的不良印象。因此，下级在向学校领导汇报工作时，一定要提前向领导办公室预约，尽可能在上级领导相对空闲和工作进展比较顺利的情况下进行汇报，防止相互撞车，确保上级领导有一定时间和愉快的心情来听汇报。

加拿大心理学家、麦吉尔大学教授德比·莫斯考维茨曾做过一个有趣的研究，根据人一周的行为规律画出了一幅一周工作节律图，她认为，人的一周是有规律性的。周一到周五，工作节律大不相同，一周的前半部，人的精力旺盛，态度和行为比较激进；一周的后半部，人的精力逐渐下降，却也更易通融。星期二是向领导汇报工作的好时间，星期五是最奇妙的好沟通时机。那具体到一天中哪个时间段汇报更好呢？实践证明，早上10点多是找领导的最好时间，此时领导刚处理完紧急要务，腾出时间休息，心情比较放松。此时，找领导更容易得到倾听与包容。一般不要在下班前找领导，此时领导经过一天的忙碌或下班后还有私事处理。此时你突然出现在领导面前，只会令领导心烦。需要注意的是，进行工作汇报，应选在上班时间。这样不仅显得正规，而且还说明工作的严肃性。否则，贸然到领导家中去，不仅影响领导休息，而且还会使这种汇报蒙上一层"私报"的阴影。

提倡三分钟汇报法。三分钟汇报法，是指下属向领导汇报工作时，尽量在三分钟时间内将汇报内容表达完毕的一种工作方法。工作的快节奏、形势的新变化以及担负任务的艰巨性，客观上决定了上级领导不可能有大量的宝贵时间坐在办公室里听取下级汇报工作。下级要想在有限的时间内及时、准确、高效地向上级领导汇报工作，必须适应这一特点。而且心理研究证明，人在听别人讲话的时候，只有三分钟的耐心，时间长了会感到不耐烦。这就要求汇报人汇报工作前要做好充分准备。汇报工作时要抓住重点、直奔主题、言简意赅，条理清晰，每个问题简明扼要地说明重点，不要拖泥带水，去掉不必要的口头语和无关紧要的修饰词，最好能列出一、二、三，时间控制在三分钟以内。

工作汇报要精炼为主，结果更为重要。从总体来讲，汇报时机的把握可从以下三个方面着手：1%、50%和100%，这三个时机，通常是领导最想听汇报的时候。

1%法则：任务刚开始，这时候汇报是为了确认工作目标和执行措施无误，避免出现"工作一开始方向就不对，所有的执行都是白忙活"的情况。

50%法则：任务进行到一半，主动去给领导汇报，让领导时刻保持心中有数，对工作情况处于放心状态。如筹备党代会需要很长一段时间，会议材料、名单、议程随时需要领导定夺，应主动汇报，促进工作顺利开展。

100%法则:任务完成,工作汇报必不可少。靠谱的人,办事情要有闭环思维。闭环思维强调的是如果别人发起一件事,你不管做得如何,最后都要闭环到这个发起者。尤其是面向上级,如果上级交代的一件事情,作为下属应该尽力去完成,而最后不管完成的质量如何都应该在约定的时间内给领导一个反馈,这就是闭环。体现在工作上是"文经我手无差错,事交我办请放心",是"件件有着落、事事有回音";体现在生活中是"有始有终、有头有尾,凡事有个交代"。

第三,清楚怎么汇报,掌握汇报方法与技巧

一是汇报对象悉差异。每一个领导在长期的工作生活实践中都形成了自己独特的个性特点、气质类型和领导风格。只有平时注意了解和熟悉不同领导的个性特点、气质类型和领导风格,汇报工作时才能因人而异,让领导对自己的汇报满意,从而获得领导对自己的理解和支持。比如,有的领导认知特点是感觉灵敏型,注意细节,善于微观把握,向这样的领导汇报工作就要有条理、按顺序铺开,并且不要漏掉具体的过程和细节,力求使他对你的工作有一个全面的了解;有的领导认知特点属于知觉发达型,注重整体,善于宏观把握,向这样的领导汇报工作就要选择要点,简明扼要,少说过程,让他一下子抓住要害。再比如,有的领导属于专制型领导风格,向这样的领导汇报工作的频率就要高,要经常请示汇报;有的领导属于放任型领导风格,向这样的领导汇报工作的次数就要少一些,只要不牵涉大局,一般不要汇报太具体的事项,否则领导就会嫌你能力不行,难当大任。

二是汇报准备要充分。首先,工作开始前要多问。为了避免重新返工,在工作开展前多问几个问题,在领导给出明确的方向后再着手准备汇报。但如果领导没有给出十分清晰明确的答案,应先将自己抽离出来,站在领导的角度思考,任务背景是什么? 对业务有哪些影响? 最终目标是什么? 其次,重要汇报需要提前做演练。一定要事先针对汇报内容做模拟演练,从把控时间、汇报语言、逻辑框架等方面进行准备。再次,汇报前做到心中有数不慌乱。汇报工作之前要做好基础调研,熟悉汇报内容,确保汇报时做到有数据支撑、有问题分析、有意见建议。对如何汇报工作要打好腹稿,想清楚逻辑框架、汇报要点、时间把控等。最后,还要针对领导可能会问到的问题精心准备。尤其是相关工作的进展、最新的数据、结论的推导、相关经验教训等。

三是汇报过程讲粗细。向领导汇报工作时,要逻辑清晰有重点。也就是说,重点突出,逻辑清晰。提前想好与领导汇报的目的和核心要点,还需要注意将重要的事情放在最前面说,即需要开篇简明扼要。首先,第一时间开门见山指出汇报要点,快速引起领导注意。这样做便于领导提前知情和预判此次谈话涉及的内容,还可以帮助汇报人整理思路。要善于讲关键的话、汇报重点的事,并能够随机应变,让领导短时间就能接收到明确的信息,快速判断并下达指示。其次,要用精炼的语言概括来龙去脉,提纲挈领,纲举目张,让领导在最短的时间内知晓前因后果和轻重缓急,对汇报事宜有一个大致了解。简明扼要向领导汇报完主要内容后,再根据领导的个性特点等具体情况,进一步汇报需要注意的关键环节和具体细节,如完成时限、具体标准等,让领导有进一步的认识和理解,使汇报环环相连、丝丝相扣。

四是汇报工作有预案。在向领导汇报工作时,要对汇报的内容驾轻就熟,提前准备好精练和详细两个汇报版本,根据情况应变,既能提纲挈领让领导"秒懂"工作进展,清爽而不含糊;又能用数据和事实把细节讲清楚。

五是汇报内容要全面客观准确。领导只有全面了解工作开展情况,才能在此基础上做出准确判断,形成合理的决策意见。所以,向领导汇报工作时反映情况尽可能充分、翔实。首先是要全面。既要从宏观上汇报推进工作的基本做法、进展情况、存在的问题以及发展趋势,又要从微观上汇报工作开展中一些对整体效果有影响的细节,使领导不但能从总体上把握工作情况,而且能从局部上把握工作推进中一些重要环节的情况。细节决定成败,有些事在下级看来是小事,但对领导来说却极有可能是相当重要的信息。其次是要客观。既要报喜,详细汇报工作所取得的成绩和效果,又要报忧,客观汇报工作推进中存在的问题以及主客观原因。特别是对工作中的失误,要分清责任,力求具体。最后是要准确。汇报工作要用事实来说话,用数据来明理,切忌大而化之、模棱两可,说一些诸如"可能是""应该会""大概"之类的话。否则就会误导领导,也会给领导留下工作不踏实、作风不严谨的印象。除了要避免一些模棱两可的问题外,还要先讲结论,再展开具体说明。这就是说,你需要先给出结论,让领导知道你的态度和想法,然后他才有可能带着问题去听下一步关于细节的具体说明和论述。

六是汇报问题有方案。有人以为解决问题是领导的事,下属只要把详细情况汇报给领导就行了,这其实是一种误解。决策上的取舍是领导的责任,但作为工作的具体承担者,对进一步推进工作尤其是解决工作中存在的问题更有发言权,这也是领导听取汇报时关注的重点。因此,汇报工作之前,应根据汇报任务要求,结合工作实际,在对一系列材料进行分析的基础上,从事实背后找出本质性问题,多拟定几套备选方案,供领导遴选采纳。给领导出"选择题"而不是"问答题",也就是说,你在提出问题的同时,应同时给出几种建议或方案,以及分析每种方案的优劣势,最后阐述自己认为合理的建议和相应的理由,为领导决策做足准备工作。还要做到语言精练准确,让汇报更加务实高效。要力戒不明就里式汇报,完全将决策任务推给领导,领导一问三不知,导致汇报效率低下。

(三)领会把握汇报艺术

高校基层管理干部作为工作的落实者,需要经常给领导请示汇报工作,接受领导交办工作事项,有时还要小范围参与领导研究工作。如何跟领导讲话得体恰当是每个管理干部走上岗位之前潜心修炼并在日常工作中高度注意的重要事项。基层管理干部跟领导汇报需要注意哪些方面呢?

第一,去掉"三个担心"

一是担心汇报短了显得不重视。其实,重视不重视不在于汇报时间长短,关键在于准备认真与否。戏剧界有一种"台上一分钟,台下十年功"的说法,对我们准备汇报材料不无借鉴。实践证明,汇报前准备越充分,用的时间越长,汇报时用的时间就越短。

二是担心汇报短了问题说不清。汇报中常见的有两个弊端:一个是面面俱到,一次汇报就想把所有的问题都点到、都讲到,这样的结果却是没有主题、没有重点,让人不得要领。汇报的正确做法,最好一事一汇报,一次涉及一个方面的问题,这样领导听起来明白,解决起来也容易。另一个是娓娓道来,过程长、节奏慢,老是担心领导听不明白,实际上这种担心是不必要的。现在领导文化层次都有显著提高,工作经历阅历也都比较丰富,一般的问题只要汇报者点到,领导者就能抓住要害。

三是担心汇报短了显得水平低。这是一大误区。古人讲,文贵精,言贵简,有用的话一句顶十句,没用的话十句不顶一句。要展示自己的水平,就要下功夫锤炼汇报内容,提高汇报质量,把汇报时间压缩在最短范围内。记住托尔斯泰的话:"请你们珍惜语言,让每一个字都像利箭一样,一直射到听众的心坎上。"

第二,做到"三不"

一是"不插话",就是领导讲话时不要插话。任何人都不喜欢讲话时别人插话打断自己思路,同时也认为下级随便插话本身还是不尊重自己的表现,特别是在公开场合还容易影响领导人的形象。基层干部跟领导讲话一定要等领导讲完让你讲再讲话,哪怕你要讲的内容非常正确,也要等领导讲完后再以恰当方式讲话。如果实在需要插话,也要征得讲话人同意后才可插话,否则非常不礼貌。

二是"不抢话",就是不该讲话时不要抢着讲话,或者说是跟领导抢话说。一定要等领导讲话结束后才能接着讲话，务必注意什么时候该说，什么时候不该说，不该说时要做到沉默是金，领导让你说话你再说话，没轮到你讲话就要规规矩矩把耳朵竖起来好好聆听即可。同样道理，基层干部参加各类会议或者讨论场合时同样要坚持不抢话，任何时候抢话了都会被人家视为不礼貌，还有可能影响领导形象。

三是"不废话"，就是跟领导不讲无用或者多余的话。基层干部跟领导请示汇报工作，该请示哪些事项，该汇报什么内容，事先需要思考清楚，讲话要求直奔主题、重点突出、简洁明了、条理清晰，不能连汤带水、絮絮叨叨、没完没了、东拉西扯，跟汇报事项没有关系的半个字不说；拿不准的宁可不讲或者少讲，也不要打肿脸充胖子而越说越乱。

总的来说，不论在什么单位，下级跟领导讲话都需要注意时间、地点、环境、场合等，同时把握好尺度及火候；认真观察和掌握领导讲话风格及个性特征，及时调整同领导讲话的方式方法，力求适应领导，并争取领导适应自己。跟领导讲话后回到办公室第一件事情就是好好消化吸收讲话要点，针对讲话要点做好针对性工作安排或者贯彻落实工作，并在合适时间报告落实情况，千万不能领导讲完你也搁置了，等领导催问你事情落实怎么样了，就说明你又失职一次了。

第三，注重"四说"

一是汇报工作说结果。"想清楚，说明白，知道说什么，怎么说"，这是我们每个人希望达到的境界，毕竟在这如此忙碌的生活中，没有人有心情听你啰里吧嗦一大堆，最后又云里雾里，不知道你到底想表达什么。在汇报工作时，最重要的原则就是一定要有结果思维，工作无论完成与否，都要从结果说起。汇报工作时，以"结构化思考，形象化表达"为基本指导思想，重点突出，条理清晰，表意明确。

二是请示工作说方案。不要让上级做问答题，而要让上级做选择题。下级在与上级沟通时，除摆明问题之外，更要提出解决方案、解决措施等。如果下级在向上级汇报工作时，只抛出问题而没有相应的解决方案，那就相当于给上级出了一道论述题，让上级帮助解决问题，这是上级不喜欢的。

三是总结工作说流程。一件事情办完了，要复盘，要反思，总结工作流程。流程，就是把事情怎么处理，怎么解决，固化下来，下次发生了，就不用再绞尽脑汁想怎么办。做工作总结要描述流程，不只是先后顺序逻辑清楚，还要找出流程中的关键点，在碰到这些关键节点时，你遇到了什么困难，出现了哪些失误，你是如何解决的等，简明扼要地予以复盘后，才会让你的工作给别人有更多的启发，让自己的工作更受到领导和同事的关注。

四是回忆工作说感受。回忆工作,与总结工作不同,是指对过往甚至比较久远的事情的回顾。但回忆工作和总结工作也有相似之处,都是借鉴和传承。上对下、下对上、平级间都可以把过往的经验教训,无论是自己亲身经历的还是听来的,讲给对方听,避免重蹈覆辙。交流中多说自己对工作的感悟,哪些是学到的,哪些是悟到的,哪些是值得反思的,哪些是需要努力的。

第四,坚持"四带"

一是"带要点"。就是跟领导讲话之前首先思考一下跟领导讲几件事情,每件事情有哪些关键要点,哪些是难点所在,领导关心哪些事项,需要领导决定什么内容,领导可能还要问哪些事项,提前把这些要点写到本子上,不写到本子上起码也要有腹稿,把这些事项明白后就可找领导谈事情了。讲话要点没搞清楚就不能贸然找领导,找了就很有可能汇报不清楚,汇报不清楚不如晚汇报,或者宁可不汇报。

二是"带耳朵"。就是在跟领导讲话时要认真、准确聆听领导讲话,精准捕捉领导讲话要点和把握领导工作意图,听不清楚或者有歧义的要当面跟领导询问清楚,领导讲过的话还要入耳入心,不能这个耳朵进去、那个耳朵出来。实践中不带耳朵跟领导讲话的大有人在,领导讲过几天就忘得不知道哪里去了,时间一长就让领导对你产生丢三落四的不良印象。

三是"带眼睛"。就是跟领导讲话时不但要带耳朵认真聆听,而且还要善于察言观色。察言观色主要包括以下内容:注意观察领导对你汇报内容的兴趣程度及反映情况,如果不感兴趣就及时调整汇报重点及表达方式,迅速考虑重新调整或压缩汇报内容,或者干脆适可而止;注意观察领导对你汇报内容的态度,主要是争取领导对你汇报内容要有明确指示或者意见,但要把握好在领导分管工作及职责范围之内;注意观察领导情绪,如果领导手头繁忙、心情不佳、注意力不集中或者即将离开办公室的话,就要迅速打住;注意观察领导办公室是否需要整理,是否有其他需要你做或者你能做也应该做的活,实际上就是眼里有活。现实中跟领导讲话不带眼睛的也大有人在,领导忙得不可开交还盯着汇报不停,在领导流露不悦时还不知进退等,这些都是不带眼睛的具体表现。

四是"带笔记本"。就是跟领导讲话手里一定要有笔记本。无论是领导还是基层干部,一般工作交流时都应该做些笔记,特别是事关重大的事项。从基层干部角度来说,领导交办了哪些事项要逐一记录在案,以备做好落实,同时防止疏漏误事。从领导角度来说,什么时间交代了哪些事项,有个记录也可备查。俗话说,"好记性不如烂笔头",基层干部要养成随身携带笔记本习惯,以备第一时间将领导交办事项记录下来，千万不能过分依赖记性好，再好的记性事情多了也难免有疏漏；对于重要事项，记下来如还不十分肯定，就要及时跟领导再请示确认，以防误差。

四、怎样取得领导信任？

目前，大多数高校管理干部学历高、精力旺、接受能力强，只要肯干事、求上进，就容易受到领导青睐，得到更多的历练机会，对此，各级管理干部要好好把握机遇，用成绩回报领导的信任。

（一）做好五项准备，争取领导支持

作为下属，特别是参加工作时间不长的年轻管理干部，受经验和阅历的限制，在工作中往往会遇到一些困难，需要得到各级领导的支持和帮助。但是他们往往对此心存顾虑，一是怕领导批评和责怪自己没有本事，二是怕领导不给自己面子而难堪，三是怕同事知道后认为自己是和领导套近乎。但是这些问题如果得不到领导的帮助，仅靠他们自己的力量又往往难以解决，很可能会给单位事业带来不好的影响。对此，下属应该认真思考，尽量争取领导的帮助。

第一，选准问题，量力而行

在争取领导的帮助时，要充分考虑主客观因素。一是让领导帮助解决的问题确实是自己解决不了的，不能把自己遇到的所有问题都一股脑儿地捅到领导那里去，要尽量少给领导添麻烦。二是要换位思考，不要给领导出难题。作为下属，要善于体谅领导的难处，充分考虑领导的职责范围和能力，不能把超出领导职责和能力范围的、领导解决不了的难题提交给领导，否则，不但得不到领导的帮助，还可能使领导对你产生误解。

第二，掌握火候，见机行事

领导有自己的分内工作和喜怒哀乐，如果不分时机和场合的汇报问题，势必得不到领导的帮助，还可能引起领导的不悦；会挨批评。在掌握争取领导帮助的火候上，要注重"四看"。一看问题的性质，按职责归谁管，该不该去找领导；二看问题的时间性要求，区分缓急，找领导不能太仓促，也不能太晚；三看时机，尊重领导的时间，假如领导正处于工作非常繁忙或者心情不好的时候，一般不会希望别人去打扰他，这时候如果去请领导帮助解决不是特别紧急的问题，会引起领导的不悦；四看场合，不能占有属于领导自己的工作时间,假如领导正在会见重要客人,你去打扰他,那他多半会不高兴的。要想争取到领导的帮助,就要提交确需领导解决的难题;就要做到紧急问题抓紧汇报,能缓解一下的问题伺机汇报,尽量在领导有时间、精神状态好的时候汇报,这样才更有利于争取到领导的帮助。

第三,精心准备,汇报得体

要想争取到领导的帮助,在向领导汇报问题时就不能占用领导太多的时间,要思考好汇报的方法,事先要拟好汇报提纲。一要汇报清楚问题的难处所在;二要汇报清楚请求领导帮助的理由;三要把握好汇报的角度,以便让领导对汇报的问题产生深刻的印象;四要量体裁衣,根据问题的性质和难易程度,考虑好汇报内容的详略和所需时间的长短。既让领导了解清楚问题,又不太耽误领导的时间。

第四,锲而不舍,灵活机动

如果遇到领导能够解决而又在短期内不太愿意解决的困难,就要注意把握"五劲"。一要有见机就上、抢抓机会的"钻劲",要巧妙地抓住机会,为我所用;二要有一股"缠劲","缠"得领导没法儿,往往会帮助你解决;三要有见空就说、不惜口舌的"磨劲",把难处讲明讲透,把领导的心磨软;四要有不怕被拒绝的勇气,对于某些非解决不可的问题,如果遭到拒绝,就要有坚持到底的"韧劲",以诚恳的态度、执着的精神打动领导;五要有锲而不舍、跟踪提醒的"擂劲",有时领导确实因为工作忙,将汇报的问题忘了,这时就要跟踪提醒领导,多"擂"几次。

第五,多出成绩,获取信任

当然,争取领导的帮助固然是重要的,但光靠领导的帮助并不能解决自己的一切困难。作为下属,在积极争取领导帮助的同时,更要发扬自力更生的精神,锐意进取,以自己的工作实绩取信于领导。俗话说:"火车不是推的,工作不是吹的。"沉下来,埋头苦干,再加上勇于创新,让领导在实绩面前认识自己,这是获取上级赏识的基础。

此外,对领导没有考虑到或考虑不周全的问题,要用适当的方式在适当的时间向领导提出来,并提出合理性建议供领导参考。把握时机,展示自己。在紧要关头、关键时刻,要挺身而出,展示自己的才华和实力。

（二）杜绝"五忌"，不辜负领导信任

第一，切忌急于求成，做到从容不迫

面对领导信任，有一些年轻干部总想在工作中证明自己，结果往往因急于求成而变得一事无成。因此，年轻干部要调适好心态。一是遇事要淡定。无论工作多与少、任务重与轻，年轻干部都要心平气和，把干活当成是弥补自身经验不足、加强实践锻炼的重要途径，以平常的心态去做好工作。二是处事要镇定。年轻干部在完成领导交付的工作任务时，难免会碰到各种难题。这时，要沉着冷静。不抱怨、不懈怠，要有"屡败屡战"的精神，积极寻找解决问题的办法，给领导留下良好的印象。三是求名要心定。年轻干部要保持安定的心态，树立正确的政绩观在对待功、名、利上不计较、不攀比、不失衡，做到求功不应太"急"，求名不要太"过"，求利不能太"切"，脚踏实地做事，一步一个脚印地干好本职工作。

第二，切忌得意忘形，做到谦虚谨慎

人际交往是一门复杂艺术。由于在组织中特殊的角色和地位，深得上级信任的下属很容易招来各种非议与关注。受上级信任的下属要主动出击，遵循与人为善策略，切忌得意忘形，谦虚谨慎，努力与各层级干部同事维系友爱和善的关系。

一是自我反思要勤。年轻干部不能把领导对自己的信任拿来"拉大旗，作虎皮"。要提升自我反思的能力，常反思自己的言行，多想想自己在工作中的表现是否符合领导的期望。秉持恪尽职守、尊卑有序的立场，既不虚夸谄媚，也不妄自菲薄，以务实态度做好本职工作，高质量完成上级领导交办的各项职能任务。

二是工作作风要实。年轻干部得到领导信任，容易在潜意识里觉得自己了不起，表现出漫不经心、眼高手低的状态，这对自身成长极为不利；年轻干部要成就一番事业，务必力戒形式主义，工作不分大小，任务不分轻重，都要严谨细致，一丝不苟，养成脚踏实地、埋头苦干的工作作风。

三是谦和意识要强。有些年轻干部认为自身能否提拔的关键在领导，平时关注领导较多，不注重与其他人和谐相处；对此，年轻干部要明白，个人的成长除了领导的提携，还必须有深厚的群众基础；无论领导多么信任，都要心存谦和，善待周边的同事，诚恳地接受他们的意见，虚心地学习他们的长处，从而为自己赢得更大的舞台奠定良好的人际基础。

四是取得成绩时要保持低调。任何人只要努力工作，总会取得成绩，面对成绩，不同的人有不同的态度。任何工作成绩的取得，离不开上级领导的指导，更离

不开同事或下属的支持与配合。因此,在向上级汇报时,要点到为止。取得了成绩是值得高兴的,但也不要夸夸其谈,一定要谦虚一些,多汇报领导、同事或下属的贡献。同时,也要诚挚接纳他人的批评建议,善于找机会主动向上级领导和同事获取关于自身的意见反馈,对标自身,查漏补缺。

第三,切忌敷衍了事,做到尽心竭力

少数年轻干部迷信关系学,成天琢磨晋升捷径,挖空心思找靠山。认为只要得到领导器重就可以对工作马虎应对,这势必严重影响其个人成长。年轻干部做事要切实做到尽心竭力。一要立志干成大事。要志存高远,用远大志向引领上进心,凡事先人想一步,先人干一步,并善于借领导信任这股"东风"来破"万里浪",干出实实在在的成绩。二要立足做好小事。日常工作中,年轻干部常常面对许多烦琐的具体事务,这些基础性的小事看起来不起眼,但实际上却有助于在关键时做好大事,要保持一丝不苟的态度,耐心、细致,尽职尽责地完成好小事,以积累工作经验,不断提高进步。三要躬身多做善事。为善是立身之本,年轻干部要注重品性修养,才能增进领导对自己的信任,"中山狼"式的干部会遭到所有领导的唾弃和排斥。因此,年轻干部要修一颗仁爱之心,在领导的支持下,多做好事实事,懂得吃亏的人才能在生活和工作中如鱼得水,游刃有余。

第四,切忌亲疏有别,做到团结和谐

团结就是力量。年轻干部容易与同事相处,但也因受领导器重而容易遭到妒忌。面对同事,年轻干部切忌亲疏有别,应做到一视同仁。一要践行团结,多些凝聚力。年轻干部要自觉维护单位的和谐,与同事加强沟通,增进理解,消除误解,不利于团结的话不讲,不利于团结的事不做,切实做到以诚聚人。二要实现团结,多些感染力。年轻干部要顾全大局,维护集体的权威,但要建立在党性原则基础上,不能搞无原则的一团和气,要敢于坚持自己的意见,通过自己的正气去感染和号召大家实现真正的团结。三要巩固团结,多些亲和力。年轻干部平时要注重同事间的相互关怀,对同事的疑惑要耐心解,对同事的倾诉要悉心听,对同事的困难倾心帮,做一个善于团结同事、让领导放心的干部。

第五,切忌推卸责任,做到主动揽过

唯物辩证法告诉我们,任何事情都是一分为二的,工作中有成绩,也难免会出现差错,而且往往是能力越强、干得越多、成绩越多,出现的差错也越多。在出现差错时,正确的做法是要争取主动,主动向领导汇报检讨,主动查找原因,认真吸取教训,变被动为主动。工作上有了失误,只要不是原则性的,作为下级就要主动承担责任,因为领导肩负重任,维护领导的权威和良好形象是一个下级应有之举;工作上有了成绩,要把功劳记在上级的身上,把"发好球"的机会让给领导,因为上级在组织中所起的作用是主要的、决定性的。唯其如此,才能处理好自己与领导的关系。

受到委屈时要豁达大度。现实生活中受委屈的事是时常发生的。不同的领导,由于其经历、背景等的不同,为人处世的方法也是不同的。面对领导的批评,处理不好,就会使得彼此之间的关系变得紧张。理智的做法是要能屈能伸,冷静处理。聪明的下属,在受到委屈时往往能泰然处之,表现大度,能够着眼未来向前看。千万不能因受到了委屈就破罐子破摔,越是在这样的情况下,越要既能看到自己的优势,看到领导的长处,越要干好工作。因为群众的眼睛是雪亮的,而时间和实践也最终会擦亮领导的眼睛。

(三)做到"四助",赢得新任领导信任

一个部门、一个学院、一所高校一把手岗位变更,不仅会给其主政的部门(学院)或高校的工作带来影响,还会给管理干部带来诸多困惑:因为它改变了原有部门(学院)或学校的政治生态、工作运行和人际关系现状,彼此有个相互认识、了解和磨合的过程。那么,如何得到新领导的认可和信任,便成为管理干部非常关注的问题。当然,管理干部要想真正获得新领导的信任,关键还是要靠品行高洁、能力拔尖、业绩超群。但这并不意味着具备上述优势就能水到渠成,还需具备真诚的待人态度、出色的沟通艺术、精妙的工作技巧和良好的人际关系,高校管理干部只要努力做到"四助",定会有所收获。

一是助领导了解情况。新领导到任后,首要任务是了解新单位的相关情况,因为这样做有利于其尽快进入角色、开展工作。如此刻管理干部能及时助新上司一臂之力,则很容易获得其好感。管理干部在得知新领导履新信息后,就不妨认真做些案头工作。要利用新领导方便之机,对单位基本情况做一扼要汇报。汇报要平实客观,把握分寸,既不要涉及评判前任领导的内容,更不能带有个人观点,防止新领导怀疑你心术不正,试图误导领导。汇报要突出重点、简明扼要,干净利落,尽显干练之风,力争给其留下好印象。切忌口无遮拦、乱加议论,更不要热情过度,好为人师,招致领导反感。与此同时,要事先精心准备,并在合适时机,陪同新领导去视察。通过精心组织,为履新领导熟悉情况创造有利条件,有效提高其调研效率,缩短其熟悉情况的周

期,获得新领导的好感。

二是助领导分解压力。履新领导上任伊始,因对新单位情况业务不熟,人员不了解,要想尽快进入角色颇有难度。然而,工作不等人,尤其是某些时效性较强的问题,若不及时处理则可能带来严重后果,因此,履新领导倍感压力。在此情况下,管理干部要理解新领导此刻的心境,主动站出来,为其分忧。按照守土有责原则,利用自身业务精、情况熟的优势,在严格按照组织原则的前提下,主动做好自己分管的工作,当好参谋助手。若是常务副职,更要靠前指挥,合理调度,主动做好牵头、组织协调工作,充分调动其他副职和中层骨干的工作积极性,使他们做到团结协作、各负其责,努力做好分内事,不让领导操心。除此之外,副职还要学会从全局角度思考问题,帮助履新领导谋划全局工作,适时提出合理化建议,尤其要提醒领导及时办理当前需急办事宜,以免因主要领导易岗耽误事情,确保工作顺利衔接。若有必要,可主动要求协助处理原本由一把手承担的相关事情,这样,可有效化解新领导因情况不明而难以发力的窘境。人们常有这样的体会:锦上添花过眼云,雪中送炭弥足贵,相信副职在履新者特殊时段大施援手之举,定会使其心存感激。

三是助领导解决难题。基层常有这种情况:每当主要领导变动之日,便是新一轮事务高潮来临之时。在现行体制下,一把手确实拥有副职或其他下属无法拥有的权力,加之部分办事者持有"副职说话不管用,拍板还需大领导"的想法。因此,每当学校主要领导或关键部门一把手易人,便会激起各种历史遗留问题的当事人的热情。有的想借助新任领导履新激情解决问题,有的则想利用履新者情况不明,浑水摸鱼。可谓个个难缠,事事难解,使新领导焦头烂额。若遇这种情况,下属就要主动地为新领导提供支援。没有特殊情况,绝不能把一把手推上风口浪尖,因为大部分历史遗留问题,往往是宏观政策及某些极特殊的原因导致无法解决的,即便领导出面,也无济于事。下属除及时向领导提供各类历史遗留问题的相关背景资料外,更多地应是主动做好化解矛盾工作,努力为履新者创造良好的工作环境。除此,在新任领导上任时,下属能挡则挡;有些事情即便不违反原则,但领导不宜出面的,下属也可伺机代为处理。

四是助领导树立威信。新任领导到任后,除需迅速熟悉情况和进入角色外,还有一个重要任务,就是尽快获得履新单位部属的认可,树立自身威信。这无论对新任领导还是对单位局势稳定和工作开展,都很必要。但此时领导者在推介自己时,分寸颇难把握:轻了,难以引起公众关注;重了,又有自我吹嘘之嫌。这便需要副职或下属挺身而出,利用身份超脱这一优势,助新任领导破解难题。副职可利用履新者上任和单位全体同志见面之机,适当地介绍其情况,要着重介绍新任领导的道德品质、工作能力及曾取得的突出业绩，增加部属对领导的了解。在与新领导共事的过程中，副职要找准角色，在新任领导未全面进入角色的情况下，副职要多介入难度较大的工作。要坚决维护新领导的权威，做到表里如一、光明磊落，不折不扣地完成新领导布置的各项任务，做服从领导、维护班子团结的引导者和行动派。

　　总之，高校管理干部要做一个靠谱的人。靠谱的人，不一定是最聪明的，但一定是能守信、办实事、有反馈的人。反之做事敷衍，见利忘义的人最终会失去他人的信任。李嘉诚先生曾说："做事要找靠谱的人，聪明的人只能聊聊天。"高校管理干部干工作应当强化"闭环思维"，把手头每一件工作，哪怕是一件小事，都做到极致，才是一名值得信赖托付、值得培养重用的人。

第三项　如何提高办文水平？

办文，也即行文，包括文稿（文件）起草以及文件的收发、转运、传递等，其核心是文字工作，有着明确的撰文要求、行文规则和处理程序。文稿写的是思想、把握的是规律、预见的是方向、体现的是责任。公文，或称文书、文件，是高校行使管理职能、办理具体事务的重要工具，在高校日常管理工作中运用频率最高、范围最广，也最受重视。公文的权威性是公文的首要特质，一旦成文，就要经得起领导和师生员工用挑剔的眼光检阅。因此，检验一名高校管理干部管理水平的最好的方式，就是看他办文的能力和水平。

公文对机关团体、企事业单位而言具有重要的作用,不仅是管理行为的重要载体,还是行使管理职能的重要工具,还能展现单位的管理观念以及价值取向。高校是我国教育体系的重要组成部分,同时也是国家公共事业的重要组成部分,肩负着人才培养、科学研究、社会服务、文化传承创新和国际交流合作等重要职能。立足新时代,如何持续优化治理体系、提升治理能力、增强服务供给能力、不断提高行政效能,从而保障上述"五大"职能的有效发挥,公文在其中发挥着重要作用。

一、如何做好公文处理工作?

公文,是指党政机关、社会团体、企事业单位为处理公务形成的具有特定效力和规范体式的文书,是传达贯彻党和国家的方针政策,发布规章制度,指导、布置和商洽工作,请示和答复问题,报告、通报和交流情况等的重要工具。高校作为具有行政职能的事业单位,不仅在与党政机关和企事业单位进行联系交往时需要使用公文,在自身内部沟通与运行中也经常使用公文,且公文在这些工作中发挥着非常重要的作用。因此,实现科学、规范、安全、高效的公文运转和管理,体现的是高校的行政管理绩效,体现的是管理干部的工作作风、办事效率和精神风貌。

(一)高校公文处理的重要性

公文处理工作是指公文拟制、办理、管理等一系列相互关联、衔接有序的工作。公文处理作为高校行政管理工作的一项日常性、基础性重要工作,是保证上传下达、下情上达、沟通信息、处理公务、协调关系的重要途径。实现科学、规范、安全、高效的公文运转和管理,是衡量高校行政管理绩效的重要指标,也是管理干部工作作风、办事效率和精神风貌的重要体现。高效发挥公文作用,对高校持续优化治理体系、提升治理能力、增强服务供给、提高行政效能、有效履行"五大职能"具有重要意义。

公文是由法定的作者制成或发布的,具有法定的权威,不是谁都可以任意制发公文。公文处理是一项复杂的系统工程,主要包括收文办理、发文办理和整理归档三个部分。其中收文办理涉及签收、登记、初审、承办、传阅、催办、答复等环节,发文办理涉及拟稿、初审、复核、登记、印制、核发等环节。公文处理同时还必须严格执行国家保密法律法规和其他有关规定要求,确保国家秘密和商业秘密的安全。这些也都体现了公文的重要性。

公文处理的质量和效率高低,直接影响高校党政机关工作思路、工作部署的及时传达贯彻和各项工作的顺利开展,直接影响高校党政机关的对外形象,直接反映高校党政机关的工作质效以及管理干部的综合素质和政策水平。因此,做好公文处理工作意义非常重大。

(二) 高校公文处理的原则

中共中央办公厅、国务院办公厅在2012年联合印发的《党政机关公文处理工作条例》(以下简称《工作条例》)第五条规定:"公文处理工作应当坚持实事求是、准确规范、精简高效、安全保密的原则。"这16字原则是机关团体、企事业单位开展公文处理工作的总原则和总要求,是衡量公文处理工作质效的核心标准和依据,体现的是经济社会发展对公文处理工作的客观要求,同时也是机关团体、企事业单位实施领导、履行职能、处理公务的现实需要。因此,高校在公文处理工作中,要牢牢把握这16字原则要求,并结合自身特点,不断提高公文处理工作的质量和效率。

第一,实事求是原则

"实事求是"是党的思想路线的核心,也是党对一切工作提出的总要求。在高校公文处理中坚持实事求是原则,就是要正确理解和把握高校公文处理工作的特点和规律,做到结合高校实际情况,结合办文实际需求和程序规范,不断提高公文处理工作水平。

如何做?主要包括以下几点:

一是坚持"行文确有必要"。从严控制发文数量、提高发文质量,对没有实质内容、可发可不发的文件一律不发,严禁应付检查、照搬照抄的文件,提高行文效用。

二是坚持"内容切实可行"。公文拟稿前要经过深入的调研和充分的论证,同时广泛听取意见,明确各方面有无抵触,要坚持从实际出发,符合客观规律,讲究可操作性,制定的政策措施和办法切实可行,能够解决工作中遇到的问题,否则行文就可能变成"一纸空文",达不到行文目的。

三是坚持"签发责权一致"。科学划分签发权限,把科学决策、依法决策、民主决策有机统一起来,促进高校管理干部依法履职尽责,严把决策关。

此外,要从实际出发,建立健全公文管理制度,确保应归档的公文资料"应归尽归",真实反映客观实际情况。

第二，准确规范原则

"准确规范"是对公文处理工作提出的质量和标准要求，即在公文处理过程中要坚持质量第一，做到正确、准确、科学，按照制度办事。在高校公文处理中坚持准确规范原则，就是要建好制度、把好关口，严谨、认真、细致地对待每一份经手的公文。

如何做？可以从"准确"和"规范"两个方面来把握。

"准确"，公文只有准确，才能保证机关工作的正常运行，任何一个环节上出现差错，都会影响工作质量，造成损失，耽误工作。①(1)公文必须客观、准确反映实际情况，在语言文字运用上要准确、无歧义，在数据使用上要准确、无偏差，用词含混或前后矛盾会给文件执行带来麻烦，数据错误或偏差会闹出笑话，还可能造成经济损失。(2)公文必须完整、准确贯彻执行上级文件要求，必须完整、准确贯彻执行本单位领导的决策意图，同时要保证公文处理的每一道程序、每一个环节都做到严谨周密、准确无误。

"规范"，公文作为具有法定效力和格式规范的文书，其行文格式和处理程序与其他文章和图书资料有着显著差异。强化公文的格式规范和程序规范，有利于增强机关公文权威，有利于提高机关工作质效，有利于提高公文运行效率，更好地保障党政机关实施领导和履行职能。(1)公文处理规范的制定应该做到与时俱进、因校制宜。一方面要根据国家制定的公文处理规范及时更新本单位的规范，与国家规范保持一致；另一方面要根据高校自身情况，细化本单位公文处理规范的执行要求。(2)要严格遵守公文处理相关制度。按照规范程序去做，符合技术标准，认真修正一切不符合规范的行为，做好不规范公文的处置工作，不断提高办文的规范化水平。

第三，精简高效原则

"精简高效"是党政机关优良作风在公文处理工作中的具体体现，也是对公文处理工作作风、文风方面的总要求。在高校公文处理中坚持精简高效原则，就是要贯彻落实中央八项规定精神，落实精简文件简报要求，高效率、快节奏处理公文，确保公文处理迅速、通畅，不拖拉、不误时、不误事。

如何做？可以从"精简"和"高效"两个方面来把握。

"精简"，"精简文件简报"是党中央的明确要求，必须贯彻落实在公文处理的全

---

① 谢煜桐.办公室学[M].北京：中共中央党校出版社，2018：44—46.

过程、各环节。一是大力精简公文数量。要充分认识到滥发公文容易使机关工作陷入文牍主义，助长形式主义、官僚主义作风。不能把制发公文当作推动工作的唯一灵丹妙药，要严格按照行文规则，从严控制发文数量，严格掌握文件制发规格。二是大力精简公文篇幅。提倡清新简练的文风，注重针对性、指导性和可操作性，文件内容要言简意赅、言之有物，反对空话、套话，力求开门见山、观点鲜明、文字精练、文风端正。

"高效"，效率可以说是衡量一项工作的重要标准之一，公文处理效率如何，关系到高校日常工作的高效有序运转，关系到领导决策部署的高效贯彻落实。一是公文拟制要高效。在日常工作中要加强对有关情况的了解，熟悉相关业务和政策法规，做到对每一个常用文种、公文处理的每一个环节都十分熟悉，随时可以接受并高效完成公文拟制任务。二是公文处理全过程要高效。要强化时间观念，在确保质量的基础上，尽可能提高效率。坚持收文后第一时间阅览，坚持急件急办、特件特办、重要件随到随办，杜绝压误。

第四，安全保密原则

"安全保密"是公文处理工作的底线，《中华人民共和国保密法》明确规定："一切国家机关、武装力量、政党、社会团体、企业事业单位和公民都有保守国家秘密的义务。"在高校公文处理中坚持安全保密原则，就是要强化保密责任意识，完善安全保密规章制度、提升安全保密工作能力。

如何做？可以从"安全"和"保密"两个方面来把握。

"安全"，公文安全是公文赖以存在和发挥作用的必备条件，一篇合格的公文应当具备以下几个安全要素：一是公文载体安全。建立健全公文安全保卫保管制度，认真抓好制度落实，确保公文不丢失、不残缺、不污损、不失控、不泄密。二是公文内容安全。涉密事项而未定密级的要定密级，定了密级的要落实相应的保密措施，确保不发生任何失泄密事故；定了保密期限的，到期后要及时解密。

"保密"，公文保密，特别是涉密公文的保密，是办文机关的法定义务，也是必然要求。当公文涉及国家秘密和工作秘密时，要全程做好保密工作，不能随意扩大知悉范围，以免给工作带来不利影响。可以从以下方面做好保密工作：一是公文定密准确。要把国家秘密、工作秘密、商业秘密区分开来，分类做好保密工作，不得乱定密级。二是要建立健全保密制度、机制，并抓好贯彻落实。做好防范失泄密和反窃密工作，发现隐患立即解决，发现失泄密事故立即报告。

（三）提升高校公文处理工作质量

正因为公文处理在高校行政管理过程中无处不在、无可替代、不可或缺，所以高校必须结合自身特点和实际，落实好16字原则，不断提高以文辅政的能力和水平。

一是加强制度建设。制度是管根本、管长远的，有权威性、强制性和公信力。《党政机关公文处理工作条例》出台后，教育部紧接着就印发了《教育部公文处理规定》（教办〔2013〕7号），对教育部各司局、直属单位的公文处理工作进行了明确规定，各地教育主管部门也陆续出台了公文处理有关制度，这充分说明了制度建设非常重要。高校也应以此为依据，制定符合本校实际的公文处理制度，或据此修订本校原有的公文处理制度，进一步梳理和规范公文处理流程，做到公文处理"制度依据充分、操作流程规范"，用科学的制度和程序来提升本校公文处理工作的质量和效率。

二是加强业务培训。培训是提升管理干部思想认识、理论水平和管理能力的重要方式。因高校的中心任务是人才培养和教学科研，对公文处理工作往往重视不够，要么是专职从事公文处理工作的岗位职数少，要么是未设相对固定岗位或聘用专业人员来从事公文处理工作，开展公文处理工作的人员能力水平参差不齐、有待提升。要充分利用新入职教师培训、中层领导干部培训、管理队伍专题培训等机会，采取多种形式和途径开展公文知识培训，提高高校专、兼职公文处理工作人员的能力和水平，做到"在思想上重视，在业务上熟悉"，促进高校职能发挥。

三是加强理论研究。公文作为实用性极强的一种文体，历史悠久，作用鲜明，将公文学作为一门独立的专门学科并加以深入研究，对公文工作者意义重大。可以从两个方面着手，首先是加强公文教学。高校，特别是开设公文写作等通识课、专业课的高校，应充分发挥自身在师资、教学上的优势，结合党政公文处理工作的新规定、新要求，积极开展公文处理教学工作，努力为社会培养一批具备高水平、专业化公文处理能力的高素质人才。其次是加强公文学研究。组织力量开展专门研究和传承，深化公文处理研究成果的转化应用，实现"教学促进科研、科研反哺教学"的良性互动，提高高校公文处理工作水平，并在服务社会方面发挥辐射、带动作用。

二、如何起草高校常用公文？

文种，是人们为了使各种公文都能有稳定的性质、特定的用途，并使更多人能对这些性质和用途有准确的了解，以利公文的正确有效形成和办理，赋予每一种公文一个能够概括其性质、用途的统一规范的称谓。正确选择并在公文上标明文种，将会给公文的形成和办理带来便利，并有助于维护公文的严肃性和有效性。

我们常讲的公文，有广义和狭义之分。狭义的公文，专指法定的公文，即《工作条例》中正式规定的15个文种，包括：决议、决定、命令（令）、公报、公告、通告、意见、通知、通报、报告、请示、批复、议案、函、纪要。广义的公文，是指除上述法定文种外，还包括党政机关常用的应用文，其大至总结、计划，小至申请、便函、条据、证明等，种类繁杂、素无定目。本章节重点讲解狭义的公文，其中就包含了高校日常行政管理中最常用的各类公文文种。

（一）公文种类

《工作条例》中正式规定的15个文种为：

决议。适用于会议讨论通过的重大决策事项。

决定。适用于对重要事项作出决策和部署、奖惩有关单位和人员、变更或者撤销下级机关不适当的决定事项。

命令（令）。适用于公布行政法规和规章、宣布施行重大强制性措施、批准授予和晋升衔级、嘉奖有关单位和人员。

公报。适用于公布重要决定或者重大事项。

公告。适用于向国内外宣布重要事项或者法定事项。

通告。适用于在一定范围内公布应当遵守或者周知的事项。

意见。适用于对重要问题提出见解和处理办法。

通知。适用于发布、传达要求下级机关执行和有关单位周知或者执行的事项，批转、转发公文。

通报。适用于表彰先进、批评错误、传达重要精神和告知重要情况。

报告。适用于向上级机关汇报工作、反映情况，回复上级机关的询问。

请示。适用于向上级机关请求指示、批准。

批复。适用于答复下级机关请示事项。

议案。适用于各级人民政府按照法律程序向同级人民代表大会或者人民代表大会常务委员会提请审议事项。

函。适用于不相隶属机关之间商洽工作、询问和答复问题、请求批准和答复审批事项。

纪要。适用于记载会议主要情况和议定事项。

（二）公文的特点和作用

我国的公文格式、种类、行文规则、办理等都是全国统一的,一般按照中共中央办公厅、国务院办公厅印发的《党政机关公文格式》(GB/T 9704-2012)执行。无论从事专业工作,还是从事行政事务,都要学会通过公文来传达政令政策、处理公务,以协调各种关系,使工作规范高效地进行。

第一,公文的特点

公文特点是指公文与一般的文章、文学作品相比较,所具有的鲜明个性特点。包括以下四个方面:(1)权威性。公文的权威性主要体现在公文制定者的身份和公文内容的政策效用上,各级党政机关和企事业单位依法制作、发布公文,对特定问题给出权威意见、看法和要求。(2)规定性。公文的规定性一方面体现在公文制作者是依法成立或被授权,且能以自己的名义行使职权和承担义务的组织或个人;另一方面体现在,公文的拟制和处理程序必须严格按照管理的权限与规定进行。(3)规范性。公文的规范性体现在公文有统一的格式要素和编排规则,语言运用要求必须规范,以保证公文一旦发布实施就能够被正确理解和严格执行。(4)实用性。公文的实用性体现在制发公文必须有的放矢,必须是为了解决工作中存在的问题,指导人们正确有序地进行社会实践活动而制定,要有指导工作的正确方略和解决问题的具体措施和方法。

第二,公文的作用

公文作为机关团体、企事业单位传达、贯彻党和国家的方针、政策,联系和处理机关工作的一种工具,具有十分重要的作用。(1)规范和准绳作用。规范性公文,作为行政法规来使用的章程、条例、规定等,是一定范围内人们行为的规范和准则,相关部门和人员必须遵守。(2)领导和指导作用。上一级机关为传达贯彻方针政策的(决定、规定等)公文,而对下属机关产生领导和指导作用。(3)联系和沟通作用。在机关工作中,通过公文进行部门之间、上下级之间的联系和协调,并对具体问题进行及时处理和获得相关信息资料,使得机关工作有序进行;通过公告、通知等知照性公文,使收文方了解信息,体现的就是公文的信息传导作用。四是依据和凭证作用。公文本身反映了制发机关的意图,具有法律效力,同时收文机关也以此作为处理工作、解决问题的依据;记述性公文,如记录、纪要等是某项活动的凭证。

（三）公文写作的一般步骤和方法

熟悉和掌握公文写作,是每位高校管理干部必备的业务能力,也是一项需要长期积累的工作。"于无定法中有定法,于有定法中无定法",只要掌握了正确的公文写作步骤和方法,"苦差事"也可以变成"美差事"。

一是明确目的。任何一份公文都是根据机关工作的实际需要来拟写的,先弄清楚"为什么写这篇公文""中心内容是什么""有哪些具体要求""要达到什么目的",并对这些问题做到心中有数,才能够落笔起草公文。公文大多是"受命"之作,领会领导意图也是明确公文写作目的的重要方面,要把握事业发展"大环境",遵循自身发展"大逻辑",紧扣领导关注点,把自己摆在领导的位置、受众的位置,才能保证公文的质量和行文目的的实现。

二是确定主题。立好题的前提是破好题,破题的关键往往在于找准主要问题,特别是要善于抓住主要矛盾和矛盾的主要方面,把问题找准了,公文的主题自然就跃然纸上了。公文主题应单一、鲜明、有强烈的针对性。"单一"就是一篇公文只能有一个主题。"鲜明"就是肯定什么、否定什么,赞扬什么、批评什么,提倡什么、制止什么,不能含糊不清。"强烈的针对性"就是主题所包含的意见、主张、办法、措施,是为何人、何事、何问题而提出的,清清楚楚,便于人们容易理解、把握、贯彻、执行。

三是选择文种。文种是公文标题的重要组成部分,具有概括表明公文性质、用途和发文机关职权范围,体现行文目的和要求的功能。正确选择文种有三个重要依据:(1)根据发文单位与受文者之间的工作关系来选择上行、平行、下行文种。领导与被领导关系、平行与不相隶属的关系要分别用不同的文种(上行文是下级机关向其所属的上级机关报送的带有汇报情况、提出问题、请求解决的公文,如报告、请示等。下行文是上级机关向具有隶属关系的下级机关发布的带有指示性、周知性的公文,如决定、命令、通告、意见、通知、通报、批复等。平行文是指平级机关或不相隶属机关商请工作的公文,如函)。(2)根据发文单位的法定权限选择文种。如"命令""公报"等,就不适用于高校发布。(3)根据行文目的和要求以及表现主题的需要选择文种。如"请示""报告"。

四是安排结构。一篇完整的公文必须具备开头(缘由)、主体(事项)、结尾三部分,"有头有尾有中间"也是公文完整性的重要体现。

公文开头的方式:讲究尚"直"忌"曲"、开门见山,力求用简明扼要的语言,讲清楚全文的目的或结论。包括:(1)"引据说明"式,开头交代行文的根据,以彰显行文的必要性和重要性,保证发文的法定权威性,一般多用"根据""按照"等作为语言标志,用来作为行文依据,常用于报告、通知等文种;(2)"概述说明"式,简述有关工作或事件的基本情况或过程,说明背景情况或工作意义,然后再叙述其他材料,常用于通报、公告等文种;(3)"直入引文"式,直接点明公文主旨、阐述中心意义引出下文的方法,常用于批复、转发、批转、印发类通知等文种;(4)"按语背景"式,开篇简明扼要介绍事件或情况,作结论性概括,以利受文者先得要领,如"由×××、×××、×××共同主办的××××××学术研讨会,拟于某年某月某日在某地举行。为切实做好相关筹备工作,现将有关事项通知如下";(5)"结果目的"式,在开头交代行文目的、开宗明义,以便受文方明确发文方的意图,一般常用"为""为了"等介词标引;(6)"时间直述"式,开篇点明某事、某情况的时间,可用具体时间,也可用"最近""近来"等模糊度稍大的时间副词,让受文方明白公文制发的出发点;(7)"综合运用"式,还有一些公文的开头综合使用了两种或两种以上上述介绍的开头方法。

公文主体的方式:(1)按照事物发展的时间顺序排布,在通报、报告、纪要等文种中常用;(2)按照事件主要构成要素的逻辑次序排布,即按时间、地点、人物(单位)、过程、原因、结果、善后等逻辑次序组织主体部分,在通知、通报、报告等文种中常用;(3)按照"提出问题""分析问题""解决问题"的事理逻辑层次排布,大多数公文均可用;(4)按照构成事物总体的各"部分"的性质及相互关系排布,在规范性文件、指导性文件中常用。

公文结尾的方式:除公告、决定、通知、通告、函没有专门的开头、结尾外,常见的公文结尾方式包括:(1)期请式,即在结尾处写上期望、请求一类的话,在请示、报告、函中常用;(2)总结式,用揭示主题、总括全文主要意见的话结束全文,在报告、通报中常用;(3)说明式,把需要补充说明的内容写在文末,在法规、办法中常用;(4)号召式,公文最后结束时发出号召、提出要求,在决定、通告、通报、通知中常用;(5)首尾照应式,隔着主体,首尾互相照应,既给人完整感,又能起到概括全文、突出主题、加深受文者印象的效果,在请示、报告、意见以及法规性公文、指导性公文中常用。

（四）公文的写作要领

一般来说,公文写作需要把握的重点是:立意、主题、结构、材料、语言。要提高公文写作水平,需要在这几个方面下功夫。

一是立意高远。立意是文章的高度,公文作为一种特殊的文章,非常注重"立意"。不论是请示事项、报告情况,还是作出决定、部署工作,都要有一定的站位高度。即便是高校的党政公文,也要立足国家战略,立足发展全局。进入新时代,新形势加速变化,新挑战层出不穷,公文撰稿人必须具有大局意识和全局观念,正确认识大局,切实把握全局,准确把握党和国家的政策、方针路线,准确把握上级机关和领导意图,准确把握发文受众的需求和愿望,使公文的内容切合实际、切实可行。

二是主题明确。主题是文章的"灵魂",公文最忌讳的就是冗长啰唆,最好是主题鲜明、直陈其事,目的性要非常明确,不能"兜圈子""绕弯子",更不能偏离主题。比如某高校一篇关于恳请省政府支持高水平研究型大学建设的请示件,在开头部分,用了很长的篇幅陈述了建设高水平研究型大学的目的、意义和作用等,没有直接提出恳请支持的具体事项,洋洋洒洒一大段,使人如坠云里雾里,被领导同志批评"不得要领、不知所云"。还比如,有的高校公文,一开始就在"兜圈子",如"在……领导下,在……关心下,在……支持下,在……帮助下,在……推动下,在……努力下",那么多的"在……下"出来了,正式内容还没出来。公文要"单刀直入",才能较好实现发文目的。

三是结构严谨。结构是文章的"骨架",公文具有固定的体例和相对稳定的结构模式,比如,通知一般包括目的依据、通知事项、执行要求等部分,请示一般包括请示对象、请示缘由、请示事项等部分。公文结构主要包括开头、结尾、层次、段落、过渡、照应等,总写什么、分写什么;先写什么、后写什么;详写什么,略写什么,都要事先谋划、合理布局。一篇结构严谨的公文,应做到层次清楚、段落分明,首尾照应、文题一致,内容丰富而不散漫。结构松散、内容凌乱会使受文者难以理解,公文也就失去了应有的效用,贯彻执行起来也会很困难。

四是材料充分。材料是文章的"血肉",观点鲜明、用材得当是评价一篇公文质量和水平的重要指标,强调材料为观点服务,材料选择要准确,运用的材料既要能说明问题,还要与观点保持一致。有观点而没有实际材料,会使公文抽象空洞、缺乏依据、难以信服;有材料但无鲜明观点,会使行文意图不清、模棱两可、无所适从。公文要有"血"有"肉",就要高度重视平时的材料收集和储备工作,中央大政方针、领导重要讲话、上级文件精神,以及国内外相关信息,本单位、本部门工作进展情况、典型案例、内部简报,兄弟单位的经验做法,社会各界的反映,新闻媒体的文章等,都可以列入材料收集的范围。只有"库存充分",才能"予求予取",让公文饱满、立体、增色、生辉。

五是语言精准。语言是文章的"细胞","内容简洁、表述准确、文字精练"是《工作条例》对公文语言的具体要求,与新时代"短、实、新"的公文文风要求一致。所谓"短",就是要力求简短精练、直截了当,要言不烦、意尽言止,能够三言两语说清楚的,坚决不拖泥带水、不绕弯子。所谓"实",就是要讲符合实际的话,不讲脱离实际的话;讲管用的话,不讲空话、套话;讲明白通俗的话,不讲故作高深的话。所谓"新",就是力求思想深刻、富有新意,这里的新意既包括新的理念、思路和举措,也包括新的角度、材料和语言表达,试想如果一个文件、一篇讲话毫无新意,那么制定这样的文件、作这样的讲话又有多大意义呢?

(五)高校常用公文的写作要求

高校常用的公文主要有决定、通知、通报、请示、函、纪要等6个法定公文。纪要在本书第四项"如何提高办会水平"中谈到,在这里不再赘述。

决定的写作要求

决定,是党政机关和企事业单位"对重要事项作出决策和部署、奖惩有关单位和人员、变更或者撤销下级机关不适当的决定事项"的公文,是普遍使用的一种下行文,具有约束性、稳定性等特点,一般分为知照性决定(包括表彰决定、处分决定、机构设置决定、发布法规性事项或对某一具体事项作出安排的决定等)和指挥性决定(包括规定性决定、规范性决定、指导性决定、指示性决定、具有有关法令性质的决定、处理重大问题的决定和安排重要活动的决定等)。

1.标题要完整、规范

决定一般采用标准的三要素齐全的标题,即"发文机关+发文事由+文种",其中发文事由要准确规范概括出来。下面几个标题写得不规范:如《关于召开中共××大学全体会议的决定》,"中共××大学"应改为"中国共产党××大学委员会"。又如,《关于召开中共××大学第×次党代会的决定》。乍一看好像没问题,但这样的标题是不规范的,"中共"即"中国共产党"的简称,后面又来个"党代会"就重复了,规范的应是《关于召开中国共产党××大学第×次代表大会的决定》或《关于召开中共××大学第×次代表大会的决定》。作为党的代表大会,一般不用简称而用全称,以示庄重,党的委员会全体会议名称则常用简称。又如《××大学关于思想政治工作的决定》,这个标题事由写得不够明确,过于简单、表意不清,应该写成《××大学关于加强思想政治工作的决定》。

2.时间要标准、清晰

决定的时间标注要注意两个问题:一是成文日期要以会议通过的日期或领导人签发日期为准,不能以起草或打印的时间为成文时间。二是决定的时间一般要标注在标题下方,可用小括号括起来。决定的时间不能标在文尾,因为决定一般不写抬头和落款。

3.缘由要准确、合理

决定的缘由是事项的依据、理由。写作时要注意交代清楚,做到简明扼要、有理有据、令人信服。泛泛而谈、根据不足、说理不清的缘由没有说服力,不可取。

4.事项要明确、清楚

一般来说,内容比较复杂的决定,事项要一条一条地表述,把主要的、重要地放在前面,次要的放在后面。结构要合理,层次要分明,内容要合乎逻辑。

【范例】《教育部关于表彰全国优秀教师和全国优秀教育工作者的决定》

教育部关于表彰全国优秀教师和全国优秀教育工作者的决定

教人〔2019〕15号

近年来,全国广大教师和教育工作者坚持以习近平新时代中国特色社会主义思想为指导,认真学习贯彻党的十九大和十九届二中、三中全会精神,深入贯彻落实全国教育大会、全国高校思想政治工作会议和学校思想政治理论课教师座谈会精神,围绕立德树人根本任务,教书育人,爱岗敬业,无私奉献,涌现出一大批先进典型。

为表彰他们的杰出贡献,大力弘扬尊师重教的良好社会风尚,进一步增强广大教师和教育工作者的荣誉感、责任感,推动形成优秀人才争相从教、教师人人尽展其才、好老师不断涌现的良好局面,促进教育事业科学发展,教育部决定授予于立君等1432名同志"全国优秀教师"称号,授予陈姗等158名同志"全国优秀教育工作者"称号。希望受到表彰的同志以此为新的起点,积极进取、奋发有为,充分发挥引领示范作用,在新时代教育改革发展事业中取得更加丰硕的成果。

广大教师和教育工作者要以受表彰的优秀教师和优秀教育工作者为榜样,更加紧密团结在以习近平同志为核心的党中央周围,牢固树立"四个意识",坚定"四个自信",做到"两个维护",

坚决贯彻党的教育方针,模范履行岗位职责,学为人师,行为世范,为加快推进教育现代化、建设教育强国、办好人民满意的教育作出新的更大的贡献!

    附件: 1. 全国优秀教师名单(略)

           2. 全国优秀教育工作者名单(略)

教育部

2019年9月4日

通知的写作要求

通知,是党政机关和企事业单位"发布、传达要求下级机关执行和有关单位周知或者执行的事项"的公文,也常用于批转下级机关来文、转发上级机关或不相隶属机关来文,是使用频率最高、运用范围最广的公文文种,体现了上级机关对下级机关的领导与指导。通知的关键在把要交代的要求和措施表达清楚的前提下,其用句用词严禁且简练,并有及时性和通俗性等要求。简单来说就是,当人阅读通知的时候,应快速得到,是谁发出的通知,通知的主要事情和其执行的时间等信息。

1.标题

通知的标题有完全式和省略式两种,完全式是发文机关、事由、文种齐全的标题。省略式则是根据需要省去其中的一项或两项。省略式标题有如下三种情况:

(1)省略发文单位。如果标题太长,可省略发文机关。如××大学发布《关于做好绿色通道高级专业技术职务任职资格评审工作的通知》,这个标题省略了发文单位"××大学"。省略了发文机关的通知标题很常见。如果是两个单位以上联合发文的,一般不能省略,如《中共××大学委员会 ××大学印发〈关于深入开展师德专题教育工作方案〉的通知》。

(2)省略文种。公文的标题一般是不能省略文种的。转发性通知,有时由于被批转、转发的公文标题中已有"通知"二字,或者被批转、转发的公文标题比较长,这时,通知的标题一般可省略文种,省去"通知"二字。

(3)省略发文机关和事由。如果通知发文范围很小,内容简单,甚至张贴都可以,这样的通知标题可以省略发文机关和事由,只有文种,即"通知"二字。例如在单位内部的会议通知、政治学习通知、简单的工作通知等等。

2.正文

通知的正文包括缘由、事项、要求三部分。主体在事项部分。下面分别介绍几种通知正文的写法。

(1)转发性通知的写法。可以把批转通知称为"批语",把被发布、批转的文件看作是通知的主体内容,批语表明发文机关的态度,提出贯彻执行的要求,一般起提示、按语的作用。

(2)事项性通知的写法。一般由开头、主体、结尾三部分组成。开头,一般是通知的缘由和目的,说明为什么要发此通知,目的是什么。主体,一般是把布置的工作或需要周知的事项一项一项地列出来,阐述清楚,讲清目的、要求、措施、办法等。结尾,一般是提出贯彻执行要求,如"请遵照执行""请认真贯彻执行""请研究贯彻"等,也有的通知结尾没有习惯用语。

写事项性通知,要开门见山,不要转弯抹角。在叙述通知时,要突出重点,把主要的、重要的写在前面。根据需要,主要内容可详写,讲清道理、讲明措施,次要内容尽量略写,简明扼要交代即可。在语言表达方面,通知的语言要以叙述为主,对下级单位提出明确要求。

(3)会议通知及任免通知的写法。这两种通知的内容没有转发性通知、事项性通知那么复杂,比较单一,篇幅简短,知照性强。会议通知的内容一般包括:会议名称、时间、地点、内容、参加人员,报到时间、地点以及会议要求等。会议通知的格式比较固定,只要把上述内容交代清楚即可。任免通知的写作比会议通知更为简单,一般有固定格式,按任免决定写上即可。

【范例】《国务院办公厅关于2023年部分节假日安排的通知》

国务院办公厅关于2023年部分节假日安排的通知
国办发明电〔2022〕16号

各省、自治区、直辖市人民政府,国务院各部委、各直属机构:

经国务院批准,现将2023年元旦、春节、清明节、劳动节、端午节、中秋节和国庆节放假调休日期的具体安排通知如下。

一、元旦:2022年12月31日至2023年1月2日放假调休,共3天。

二、春节:1月21日至27日放假调休,共7天。1月28日(星期六)、1月29日(星期日)上班。

三、清明节:4月5日放假,共1天。

四、劳动节:4月29日至5月3日放假调休,共5天。4月23日(星期日)、5月6日(星期六)上班。

五、端午节:6月22日至24日放假调休,共3天。6月25日(星期日)上班。

六、中秋节、国庆节:9月29日至10月6日放假调休,共8天。10月7日(星期六)、10月8日(星期日)上班。

节假日期间,各地区、各部门要妥善安排好值班和安全、保卫、疫情防控等工作,遇有重大突发事件,要按规定及时报告并妥善处置,确保人民群众祥和平安度过节日假期。

国务院办公厅

2022年12月8日

通报的写作要求

通报,是机关单位"表彰先进、批评错误、传达重要精神和告知重要情况"的公文,主要包括事故通报、情况通报、表彰性通报和批评通报四种类型。

在通报的实际使用中,我们常常习惯使用批评性通报。在批评错误的时候使用通报,表彰先进的时候不用通报,是对通报的片面认识。比如,我们检查学生宿舍后,对那些卫生状况不好,或者违章使用电器的宿舍,专门发通报进行批评教育;但对于卫生状况好、文明守纪的宿舍,在通报中没有表扬。

1.标题

通报的标题可省略发文机关,比较重要的通报则不省略。在拟通报标题时,特别要注意准确、简明地概括出事由。例如,《关于必须严肃处理党员干部中的违法乱纪案件的通报》就省略了发文单位,而《国务院关于一份国务院文件周转情况的通报》则写明发文机关、事由和文种。

通报的署时可以在标题下方,这时,通报不需写抬头和落款;通报也可以有抬头、落款,时间在发文机关下面。这两种格式都是正确的。

2.正文

不同类型的通报,其正文写法有所不同。下面分别介绍表扬性通报、批评性通报和情况通报的正文写法。

(1)表扬性通报。表扬性通报的内容一般包括介绍事迹,分析评价事迹意义,概括主要经验,作出表彰决定,提出希望等。表扬性通报的正文主要包括叙述事迹、表彰决定、提出希望和要求三部分:

叙述事迹。事迹要典型,叙述时尽可能简明扼要。把人物、时间、地点、事情的主要经过和结果交代清楚。要根据篇幅,抓住主要特征和梗概来写,不必要叙述全过程,只要概括介绍即可。通报还常在介绍事迹的基础上再加上简要的评价和意义分析,节省笔墨,点到即止。

表彰决定。凡表彰性通报都有表彰的具体决定。这部分一般是略写,写清楚给予什么奖励即可。

希望和要求。发通报的目的是表彰先进,号召人们向先进单位和个人学习。通报的结尾部分一般有希望和号召的内容。

(2)批评性通报。批评性通报将典型的不良行为、倾向,或重大事故公布出来,旨在使大家从中吸取教训,受到教育。其写法与表扬性通报大致相同,正文内容主要包括错误事实、根源和教训、处理决定、提出希望和要求四部分。

错误事实。批评性通报要实事求是地反映事实真相,不能夸大或缩小,因为这是批评的依据,必须真实。

根源和教训。对错误进行分析,指出错误的原因,点明危害。这部分要写得准确、中肯,实事求是,不能含含糊糊,模棱两可,或者故意夸大,无限上纲上线。

处理决定。在摆明事实、分析原因的基础上,恰如其分地提出处理决定,有理有据、令人信服。

提出希望和要求。这部分是通过对错误的处理,要求当事者如何对待错误,希望大家吸取教训、引以为戒。

(3)情况通报。情况通报是为使下级机关单位了解某阶段的工作情况,或某重大事件、活动的情况,指导工作,往往用通报将有关情况予以公布。这种情况通报具有很强的针对性。比如大家普遍关心的问题,或重大的事件和活动,对各单位都有一定的指导和参考意义。

注意时效性。发通报必须有很强的时效性,要抓住时机,及时将先进典型和经验向社会宣传推广,对反面典型予以揭露,引起警戒,或对某些重大事项和重要情况,及时予以通报,以起到交流情况、信息,指导工作的作用。

注意指导性。不是事无巨细都要发通报,要选择对面上工作有普遍指导意义的事项来发通报。要有普遍的指导意义,就应选择典型。先进的典型要能反映事物的本质特征,能揭示时代的本质,体现时代的精神。反面的典型,应有一定的代表性,有鉴戒的作用。

注意真实性。通报中所涉及的事例,必须是客观存在的,经过反复调查,真实可靠的,绝不允许捏造和虚构。另外,事例的反映要准确,不能夸大或缩小,要实事求是。通报有时要在结尾部分提出希望和号召,也必须切合实际,不脱离现实,要有一定的针对性,使读者接受号召,受到启示。

【范例】《情况通报》

情况通报

近期有关于我校化学与分子工程学院教师黄某相关问题的举报。**涉事教师已报警。**学校高度重视,已第一时间按程序进行调查核实,并将根据调查结果依法依规处理。

学校始终高度重视师德师风建设,对于违反师德师风行为零容忍。最后,学校感谢社会各界对××师大的关心支持和监督,共同维护风清气正的教书育人环境。

××师范大学

2022年11月30日

请示的写作要求

请示,是机关单位"向上级机关请求指示、批准"的公文。早期"请示""报告"存在较为严重的混用现象,现已有了较大改观,但仍还有人会错误使用"请示报告",难免遭致批评。

1.请示的结构与写法

请示包括标题、主送机关、正文和落款署时四个部分。

(1)标题。请示标题一般要写明发文机关、事由和文种,发文机关有时可以省略。

(2)正文。请示正文包括请示缘由、请示事项、请示要求三部分。

缘由。请示的缘由是请示事项和要求的理由及依据,要写在正文的开头,先把缘由讲清楚,然后再写请示的事项和要求,这样才能顺理成章,有说服力。

事项。指请示上级机关批准、帮助、解答的具体事项。一般包括方针、政策、办法、措施、主张、看法等。请示的事项,要符合国家法律、法规,符合实际,具有可行性、可操作性。因此,事项要写得具体、明白。

结尾。请示的结尾一般有如下写法:"以上,请批复""以上当否,请指示""以上请示,请审批"等,这些虽然是简单的一句话,但它是请示中必不可少的一项内容,不能遗漏,更不能含糊其辞。

2.请示的写作原则

一文一事。一份请示只能写一件事,一些单位向上级机关请示,经常把好几个问题写在一起,认为只要能解决一个问题就行了,结果一个也不解决不了,因为"一文多事"牵涉的单位多了,涉及的政策也多,任何一个上级机关都很难答复,几个单位同时答复更不可能。

不多头请示。一份请示,只送一个上级领导机关或上级主管部门,不能同时主送两个以上机关,更不能分头送给多个领导。如有需要,有关的单位可用抄送的形式。这样,可以避免出现推诿、扯皮的现象。一些单位以为多头分送保险,搞"广种薄收",结果常常是谁都有关系,但谁都不管,失时误事。

不越级请示。请示与其他公文一样,一般不越级请示,如果因特殊情况或紧急事项必须越级请示时,要同时抄送越过的机关。

不得抄送下级机关。请示是上行公文,行文时,不得同时发下级机关,更不能要求下级机关执行上级机关未批准和未批复的事项。

【范例】《关于××年面向社会专项公开招聘专职辅导员的请示》

关于××年面向社会专项公开招聘专职辅导员的请示

××省人力资源和社会保障厅:

根据《事业单位公开招聘人员暂行规定》(人事部令第6号)、《关于进一步规范全省事业单位公开招聘工作的若干意见》(×人社发〔××〕××号)等文件精神和要求,结合我单位工作实际需要,拟面向社会专项公开招聘专职辅导员××人,具体情况如下:

一、招聘单位基本情况

(略)。

二、招聘人数计划

按照《普通高等学校辅导员队伍建设规定》(教育部43号令)要求,高等学校应当按总体上师生比不低于1:200的比例设置专职辅导员岗位,足额配备到位。

××年,我校各类在校学生人数××余人。按照1:200的比例,应配备辅导员××人,目前实有辅导员××人,缺编××人。为稳步推进辅导员队伍建设,优化结构,××年拟招聘××人,拟招聘岗位均有相应类别、等级的岗位空缺。

三、招聘原则和方式

招聘工作坚持公开、平等、竞争、择优的原则,采取笔试、面试等考核方式,具体招聘方案详见附件。

妥否,请批示。

附件:1.××大学××年面向社会专项公开招聘专职辅导员公告

　　　2.××大学××年面向社会专项公开招聘专职辅导员方案

××大学

××年××月××日

函的写作要求

函,是不相隶属机关单位之间商洽工作、询问和答复问题、请求批准和答复审批事项所用的公文。

函和请示都有"请求批准"的用途,函和请示的区别在于,函主要用于平级单位之间、不相隶属单位之间以及有业务上的主管和被主管关系的单位之间。

函是唯一的一个平行公文。函主要有商洽函、问答函和批答函三种类型。如"关于尽快解决××校区教室座位紧张等问题的督办函"属问答函。

撰写函时，要注意两个方面。一是注意复函的标题。如属回复问题的函，则多在"函"字前加"复"字，如"××电力公司关于同意增列用电指标的复函"。二是要分清"函"与"便函"的区别。"函"是法定公文，有严格的成文格式。"便函"是机关、团体、企业事业单位之间商洽一般性事项时使用的一种非法定公文文种。"便函"不属于正式文件，行文比较方便。工作中，常常把"函"与"便函"相混淆，导致轻视"函"的现象发生。

1.标题

函的标题有多种写法，一种是发文机关、事由、回复函对象、文种，如《国务院办公厅关于悬挂国徽等问题给××省人民政府办公厅的复函》，这是较重要复函常用的标题。另一种是只写事由、文种，省略发文机关，如《关于请求增拨设备维修费的函》《关于拨款举办"高雅艺术进校园活动"的复函》，前例为发函标题，后例为复函标题。还有一种是省略事由的，如《××省高级人民法院函》，这种情形不多见。

2.正文

函的正文包括缘由、事项、结语三部分。

缘由，指发出本函的原因，一般简明扼要，一两句话说明即可。例如复函的缘由一般写："你单位××××年××月××日关于××××××的来函收悉"等等。

事项，指函的主体内容，根据需要把内容写出来，或商洽，或请求批准，或询问，或答复等等，不管写哪种函，事项必须清楚、具体、明确、扼要。

结语，指函的结尾，一般使用公文术语，如"特此函告""特此函达""请复""特此函复""此复"等。

【范例】关于恳请支持××××大学学生食堂改扩建审批工作的函

中共××区委：

××××大学自20世纪80年代初选址××区恢复办学以来，在××区委、区政府长期关心和有力支持下，学校先后实现了"申硕""更名"等重大跨越，各项事业得到跨越式发展。但学校建于20世纪80年代初的××校区，现有基础设施条件难以满足学校教育教学需要和师生对新时代美好生活的向往，严重延滞学校事业发展。为促进学校高质量发展，恳请区委领导协调、支持我校××校区学生食堂改扩建事宜。具体情况如下：

学校××校区学生食堂建设于1982年，设计进餐容量1500人，难以满足6000余名在校生生活用餐需求。学校拟拆除该食堂，就地重建一座地上地下共三层的现代标准食堂。根据现行政策,改扩建项目报建需提供齐全的原建筑物资料。由于学生食堂建设至今已40年,部分建设档案原始资料遗失,造成改扩建审批资料不齐全,存在报建审批难的问题,恳请协调支持学生食堂改扩建报建审批事宜。

专此函请,支持为盼!

××××大学

××××年××月××日

三、如何提高公文写作水平？

公文写作的能力是高校管理干部的一项重要能力,是干部的核心竞争力,也是从事高校管理工作的基本功,历来受到高校各级领导的高度重视。公文写作作为一项非常艰苦细致而具有创造性的脑力劳动,对写作的速度和质量都有比较高的要求,常常给人一种畏惧感,很多高校管理干部都表示"写材料很痛苦"。如何在规定时间内高效完成一篇质量上乘的公文,是所有高校行政管理干部必须思考和修炼的一个问题。

（一）高校公文制发工作中存在的问题

近年来,随着高校管理干部学历层次的提高,高校办公自动化水平不断提高,办公条件得到了大幅改善,但公文处理仍然存在一些问题,需要不断改进和加强。

一是文种混乱。目前,在实际工作中错用文种的情况仍时有发生。如,报告适用于向上级机关汇报工作、反映情况,回复上级机关询问,个别单位会在报告中夹带建议或请示事项。请示适用于向上级机关请求指示、批准,个别部门的请示类公文不符合"一文一事"要求,往往"一件多请"等。函适用于不相隶属机关之间商洽工作、询问和答复问题、请求批准和答复审批事项。个别部门向校外不相隶属的单位行文,应采用函这一文种,但为了表示对受文单位的尊重,常采用请示、报告文种,还有的自创申请、请求、汇报等文种,都是错误的。

上行文中请示与报告不分。请示和报告均是上行文,但有很大区别。请示适用于向上级机关请求指示、批准;请示应当一事一文;一般只写一个主送单位,需要同时送其他机关的,应当用抄送形式,但不得抄送下级机关;请示只能事前汇报;上级机关对下级机关的请示,应予以回复。报告适用于向上级机关汇报工作,反映情况,答复上级机关的询问。报告不得夹带请示事项;报告可以事前、事中、事后汇报;上级机关对下级机关的报告,一般不予回复。高校行政公文请示和报告的错误使用表现形式有三种：该用请示时用报告，如《关于增加教学科研用房的报告》；报告中夹带请示事项；请示报告合用，如《关于某某事项的请示报告》。

请示与函不分。请示适用于向上级机关请求指示、批准。函适用于不相隶属机关之间商洽工作，询问和答复问题，请求批准和答复审批事项。根据这些规定，高校与不具有隶属关系的单位行文，如区委区政府及其有关部门、兄弟高校等单位，不应使用请示文种。主送省教育厅，请求指示批准应使用请示。

报告与意见不分。报告适用于向上级机关汇报工作，反映情况，答复上级机关的询问。意见适用于对重要问题提出见解和处理办法。报告只适用于上行文，而意见可以用于上行文、平行文和下行文。意见作为上行文，应按请示性公文的程序和要求办理。上级机关应当对下级机关报送的意见做出处理或给予答复。意见作为下行文，文中对贯彻执行有明确要求的，下级机关应当遵照执行；无明确要求的，下级机关可参照执行。意见作为平行文，提出的意见供对方参考。

通告与公告不分。公告适用于向国内外宣布重要事项或者法定事项，而通告适用于公布社会有关方面应当遵守或者周知的事项。根据上述规定，公告的特点适用于级别较高的单位，并且发布的事项重要或者是法定事项，告知的范围是国内外；高校一般不使用公告。通告适用于级别较低的单位，并且发布的事项是社会有关方面应当遵守或者周知的，告知的范围较公告小，如《某某学院关于拆除违章搭建的通告》。

有一类公告不属行政机关公文，是属于专业性的或向特定对象发布的。如经济上的招标公告，属专业性公告；法院的诉讼文书通过发布公告间接送达，是向特定对象发布的，这些都不属党政机关公文中"公告"的范畴。

然而，公告在实际使用中，各机关单位事无巨细经常使用公告，以致使公告逐渐演变为"公而告之"。公告的庄重性特点被忽视，只注意到公告的广泛性和周知性。

当前，一些单位对通知、通告、公告混用情形较多。比如：学校教工宿舍区自来水管道漏水，后勤保障处需要在小区停水一天抢修管道，应该使用什么公文文种告知居民？在实际使用中，使用通知的比较多，用公告的也不少，应该用通告来告知小区居民。

二是文字和格式不规范。公文代表着机关单位的门面，需严格对标《党政机关公文格式》国家标准（GB/T 9704-2012），同时遵循高校自身在公文处理方面的制度安排。

标题不规范。公文标题由发文机关、发文事由和公文种类组成。按照公文管理要求,标题中不能使用标点符号,但有些单位的公文标题中却使用了如逗号、顿号和书名号等。如《关于印发全力以赴完成2022年各项任务,实现××大学"十四五"良好开局的通知》,此公文标题中不应该使用逗号,违反了公文管理要求的规定。

行文不规范。按照公文管理要求,各单位上报的请示应为"一文一事",但有些单位一份文件中请示了多件事情,而且涉及多个职能部门,又无法确定主办部门是哪个,因而造成了公文不能正常运转。

结构层次序数使用不准确。规范的结构层次应为:第一层为"一、",第二层为"(一)",第三层为 "1.",第四层为"(1)"。但在使用过程中,经常出现的问题有:一是层次顺序颠倒,即上位序数与下位序数倒置;二是层次跳跃;三是"(一)""1.""(1)"后标点混淆,如出现"(一)、""1、""(1)、"的错误现象。

其他不规范的情况。文字、计量单位和标点符号等用法不规范,字体、字号、页边距、行距等要素不合规等问题。以口语代替书面语、语句缺少主语或宾语、附件说明与正文之间没有空行、主送和抄送单位不明确、联系人和联系电话不齐全等状况也屡见不鲜,极易损害机关单位的形象。

三是内容质量不高。一篇高质量的公文要确保逻辑清晰、语言简洁、表述准确、符合实际,还要充分考虑后续工作的落实,任务的完成。在现实工作中,存在以下问题:

站位角度不准。有部门起草文件时,部分内容不是从全校的角度,而是从部门的角度去阐述。

表述照搬上级文件。缺乏针对性和侧重性,有的只是简单引用、拼凑字数,甚至与实际不符。

语言表述不够规范。比如一些固定的用法"坚持问题导向、目标导向、结果导向""提高政治判断力、政治领悟力、政治执行力"顺序是固定的,不能颠倒。

篇幅过长。不能发扬"短、实、新"文风,有关重要性或现状的一般性论述占幅较大、现有政策重复论述,造成公文事项不明确、重点不突出、内容显拖沓,特别是上行文,应该直接切入主题,将要请示、报告的事项阐述清楚,而非简单按照时间顺序罗列事实,这样大大降低了公文的质量。

四是程序不严谨。严守程序是公文质量的必要保证。有的高校报件时不按照正常行文规则和渠道报送,比如,有的没有经部门负责人签署意见就报到学校办公室;有的没有会签就报送,或者会签存在分歧没有协调,但没注明就上报;还有的认为上过学校重要决策会议,无须再办理任何签发手续即可直接制发文件,在呈领导签批过程中又有部门提出不同意见,造成不必要的环节卡顿。个别部门填写发文稿纸不规范,部分单位报送的发文稿纸中,存在"信息公开""密级""责任人"等栏目未填写、"负责人审签""核稿""拟稿"等签字未签时间、标题多次涂改、字迹潦草等问题,从而影响了发文效率。

五是滥发公文。主要有以下几种情况:所发公文属于可发可不发的,就没必要发文。有些工作已经召开了会议,并给师生员工传达了领导讲话和会议精神,而且涉及范围较小,就不该再发文。所发公文只是照抄照转上级文件,也没有必要发文。有些下级单位就是拿着上级单位的文件,基本上就是把"上级单位"改成"下级单位",所发文件内容空洞,基本上无具体措施和解决方案,这样的文件根本无须发文,只要让师生员工了解文件内容即可。关于调整议事协调机构及职责的文件。由于部门领导有时会进行调整,从而相关的议事协调机构的文件因为有一个人名进行了变更,此文件就会进行相应地修改,造成同一文件半年能发好几次。因此,这样的文件只需写到××处领导即可,不必具体写到某一个人,避免滥发文件。

(二)高校管理干部公文写作存在的问题

在高校行政管理业务中,毫无疑问,办文是一项重要内容。在办文的过程中,高效拟定公文是办文的必经环节。而在实际工作中存在诸多问题,原因主要有以下三点。

一是公文写作意识不强。高校管理干部对公文的重要性认识不足,自觉写作公文的主动性也不强,一味照搬模板。因此,高校公文常常漏洞百出,尤其是高校二级机构办公室拟定的公文常常"缺胳膊少腿",如上行文中常忽略签发人这个要素,文号编排位置和下行文一致等。诸如此类不符合公文要求的问题常常出现。

二是公文基础知识不牢。目前,高校管理干部所学专业不一,对公文写作知识积累和运用较少,即使是中文类等相关专业出身,在学生时代接触了公文写作等相关课程,但知识运用少,学后不用或少用,久而久之,也就淡忘了。

三是公文写作能力不足。高校管理干部面对日常的繁杂业务,易于陷入具体事务性工作,无心钻研公文格式及其写作规范,从而,容易出现照搬模板的情况,无法判断格式是否正确,导致公文写作能力提升慢,甚至对公文写作产生抵触心理,陷入"写不好→不愿意写→能力不提升→写不好"的恶性循环。

（三）如何提高公文写作能力

公文写作是一项政策性、思想性、规范性和针对性都很强的工作，需要高度重视。高校管理干部对待公文写作，既要像蜜蜂一样勤于耕耘、乐于奉献，又要像老黄牛一样诚信可靠、埋头苦干，还要像狐狸一样善于思考、灵活应变。

第一，重视理论素养的提高

公文的主题和内容政治性、政策性、前瞻性、适用性都很强，需要站位高、定位准、视野宽、理念新。承接拟稿任务的人员站得高一点，把好"政治关""政策关"。公文的生命力在于推动工作，必须讲政治。不仅要坚持正确的政治方向，在大是大非前始终保持清醒头脑，与上级党组织保持高度一致。对行文过程中出现的与上级政策有差别的提法或与各项规定不符的文字要坚决纠正，不能有丝毫的偏离。

要注重加强对党的路线、方针、政策的学习与研究，所拟文稿必须符合国家的法律法规和方针政策及有关规定；一篇公文的站位要高，视野要开阔，要切实了解国家的大政方针，熟读熟记相关政策条文，将"学原著、读原文、悟原理"真正的运用到公文写作中，经典永不过时，并历久弥新，有政治高度的公文，才会更有说服力和权威性。

不能出现姓名、职务、排序上的错误。这个如果出错了也是政治问题。比如说高校领导干部也是有严格排序的，不能按想象来排列。公文里还涉及一些权限的问题，也不能简单地处理。如有的公文要求财务部门给予财力保障，人事部门要增加编制，这就超越了权限。

因此，写好公文首要的不是所谓的技巧，而是需要有较高的思想理论修养。高校管理干部要注重政治理论学习，既要系统学习领会党的创新理论，还要时刻关注时事政治，学习各种法律法规和政策条例，了解高等教育改革发展规律与趋势，只有这样，才能够提高创新思维能力，加深对问题的深入理解和辩证思维，思维谋略才能与领导思想同步，与高等教育事业的改革发展需要相吻合。

第二，掌握公文特点和要领

拟制公文可以说是"带着镣铐跳舞"。每一个文种都有自己的适用范围、写作要求、固定格式和语言特点。要严格按照文种要求去写，文种一错，全盘皆错。

高校管理干部在起草公文前应当明确行文的目的、内容、要求和行文对象，主动了解近期领导的工作重点、工作要求和措施等，掌握与行文内容有关的实际情况,准确把握领导意图,力求做到心中有数、有的放矢;必须情况属实、观点鲜明,用材得当、条理清楚,文字精练、标点准确,篇幅力求简短,对于那些说的作用不大,不说也无妨的话尽量删除,以减少领导同志阅文的时间。人名、地名、数字、引文准确;必须使用法定计量单位;用字用词准确、规范,文内使用简称,应先用全称,并注明简称。

第三,重视调研和材料积累

公文写作提倡思想的标新立异,文体的恰到好处,更讲究内容的客观真实,而高校管理干部必须在丰富的材料支撑下,才能通过高超娴熟的技巧写出优秀的公文。"巧妇难为无米之炊",一篇空洞无物、干瘪瘦削、毫无生气的公文是失败的,鲜活的素材、真实的数据才是一篇高质量公文所需要的。这些都来自于日常的积累和思考,必须要注重日常积累。

高校管理干部要在日常工作学习生活中做到主动积累材料,主动阅读上级政策文件,领会上级精神;主动掌握本级工作动态及下级的需求做法;主动深入基层调研收集资料,调研可以是无主题的边走边看,边听边想,也可以是有主题的专门调研,以此来了解基层实际,掌握群众需求,挖掘写作素材,激发写作灵感。

第四,重视知识层面的拓展

随着国家对高等教育的重视,现在高校的行政管理工作要求越来越细化,涉及的领域越来越广泛,高校管理干部不仅要经常写熟悉的工作,还要向不熟悉的领域挑战,这就对高校管理干部的知识储备提出了更高的要求。

高校管理干部日常要主动涉猎各类知识,除了看公文写作知识技巧相关书籍,还要多读政治、法律、经济、文化、科技、哲学、文学等书籍,在大量学习积累基础上,再与工作实际有机结合,做到理论联系实际。只有具备足够的知识储备,公文写作时才能做到新颖生动、旁征博引、引经据典、挥洒自如,达到下笔如有神。

高校管理干部同时要加强文学修养。公文同样是语言的艺术,在实用性之外,其艺术性同样不可忽视,这是源于人类对美的无限渴望与追求。"汝果欲学诗,功夫在诗外",习近平总书记的讲话中大量引用中国古代经典名句,还有中国俗话、外国谚语。他使用这些典故,轻松自如,信手拈来,却恰当贴切、提纲挈领、深入浅出,有极强的说服力和感染力,既体现他讲话中包含的厚重文化底蕴,又使人感受到一种清新文风,形成了独特而富有魅力的习式语言风格,给我们树立了榜样。公文写作必须加深这方面的学习训练。

第五，重视时间和精力的投入

公文写作是幕后工作，也特别艰辛，写作能力的提高是一个持之以恒、循序渐进的过程，并非具有一定的理论知识和资料储备就能写好，要通过长期的勤学苦练才能够把知识转化为能力，不能急于求成，也不能一蹴而就。这是一份极其重要、亟须奉献精神的工作，更是一份锻炼人成长的工作，我们要以饱满的热情对待它，特别是年轻干部，更要勇于担当作为，坚信"梅花香自苦寒来"，相信梦想之花一定会在辛勤耕耘以后绽放得更加鲜艳。

"纸上得来终觉浅，绝知此事要躬行。"多练是提升公文写作水平非常有效的一种途径。一般情况下，年轻干部不会有很多写作的机会，特别是大的文稿，那就需要更加珍惜每一次锻炼的机会。一位老领导告诉我，他的成长起步于起草一篇通知。当年刚入职时，处长让一位同事起草一篇通知，这位同事匆匆应付，质量不好，处长就让他来写。虽然只是一篇很小的文稿，但他非常重视，查阅资料，对照格式，认认真真地起草，很好地完成了任务。自那以后，处长就不断给他安排活、压担子，因此获得了更多锻炼的机会，不久就担任了重要职务。也许，当初那位同事现在可能还不知道，就是一篇小小的通知，让他把进步的机会拒之门外。年轻干部不要怕活儿，要找着写、抢着写、争着写，要"不怕写""写不怕""怕不写"，一有机会就全力以赴，哪怕一时半会儿还没有大稿子，也要积蓄力量，认真准备，自我加压，努力提高，只有这样，一旦机会来了才能抓得住。刚开始可以从通知、会议纪要等小材料进行着手，由于这种公文具有比较固定的格式能够进行参照，只需要把基本事实进行表达就可以了，无须进行大的创新。等这些基本功扎实后，再尝试对请示、报告等进行撰写。与此同时，在进行公文写作的过程中需要进行一定的思考，需要静下心来进行反复地琢磨和推敲，没有比较就不会出现区别，还需要每一个身在其中的人慢慢去"体味"，慢慢去"体悟"，以便更好地胜任文字工作，起草出高水平、高质量的公文。

四、如何撰写领导讲话稿？

广义的领导讲话稿包括党政领导干部所有类型的讲话稿、发言稿和演讲文稿，如会议总结讲话、礼仪性致辞、工作汇报、述职报告等。狭义的领导讲话稿特指各级党政领导干部在各种重要会议，或出席某种重要场合以职务身份面向被领导者发表的，带有指示性或指导性的讲话文稿。我们这里主要讲的是狭义的领导讲话稿的撰写方法。

一般来说,有领导活动,就会有领导讲话。领导讲话稿不像大会工作报告那样有着鲜明的集体意识性,它可以有领导个人的观点。领导讲话稿通常提倡由领导自己撰写,也可由领导授意,其他管理干部代写,最终由领导审定使用。

领导讲话稿在高校行政管理工作中运用频率很高,也非常受领导重视。领导讲话稿的质量高低,直接反映了领导的思想和智慧,体现着领导的风格和形象。无疑,这对撰稿人的思想理论水平、政策水平、知识水平和文字水平提出了高要求、高标准。

(一) 领导讲话稿的类型、作用和特点

领导讲话稿的类型。根据讲话的场合,可以分为会议讲话稿、广播讲话稿、电视讲话稿、现场讲话稿等。根据会议的性质,可以分为工作会议讲话稿、动员会议讲话稿、传达会议讲话稿、座谈会讲话稿、表彰会讲话稿、纪念会讲话稿、庆祝会讲话稿、交流研讨会讲话稿、新旧领导工作交接会议讲话稿等。根据讲话的性质,可以分为思想阐发型讲话稿、动员激励型讲话稿、工作部署型讲话稿、总结评论型讲话稿、传达贯彻型讲话稿、表彰号召型讲话稿、批评指导型讲话稿等。

领导讲话稿的作用。主要体现在两个方面,一是作为讲稿的作用,二是讲话本身的效用。作为讲稿。领导讲话稿可以起到梳理讲话思路、提示讲话内容、控制讲话时间,使讲话顺利完成的作用。领导讲话本身的效用。讲话是领导施政的重要方式,是各级领导机关宣传政策、部署工作、鼓舞士气的有效形式。通过讲话,阐明施政纲领,传达政策精神;褒扬正气,抨击歪风;提高认识,鼓舞士气;总结经验,指导工作。

领导讲话稿的特点。概括起来就是:权威性、思想性、鼓动性、务实性、口语性。

权威性。领导讲话是领导机关表明政治倾向、实现政治主张,宣传政策、领导推动工作的一种重要方式。领导讲话所发表的观点、提出的要求体现的是领导机关的意图和旨意,其中的重要决策和工作部署都是要求下级贯彻执行的,带有一定的指令性和指导性。领导的职务不同,讲话的权威效果也不同。

思想性。领导讲话具有较高的思想理论高度,就有关重要决策和重大问题,从理论和实践的结合上,从历史与现实的比较上,从内因与外因的分析上,揭示事物的本质,预示事物发展的趋势,讲出一套可以启迪和说服人心的道理。使参加会议的同志听了以后,在认识上有新的提高,在观念上有新的发展,达到统一思想、坚定

信心的目的,增强做好工作的紧迫感和责任感。

鼓动性。领导讲话富有号召性和鼓动性。针对形势、问题或某种思想动态,展开富有启发性的议论,使听众明确目标、增强信心。通过富有真情实感的语言,使听众在情感上形成共鸣。

务实性。与一般演讲相比,领导讲话总是针对一定的现实问题,阐明政策观点,指出工作原则方略,作出决策部署,提高人们的认识,获得解决现实问题的工作指南,具有较强的务实性。领导讲话为今后的工作提出要求、明确目标、制定措施,使大家清楚地知道前进的方向和工作的路数,知道应该做什么、怎么做、做到什么程度,达到什么效果。

口语性。在语言表达上,领导讲话稿要适应领导口头表达的需要,结构简明、条理清楚、语言通俗、上口入耳、生动活泼,易于听众理解和接受。

(二)起草领导讲话稿存在的问题

起草领导讲话稿是高校管理干部的一项重要职责。当前主要存在以下四个方面的问题:

一是对领导意图把握不准确。不少管理干部接到起草领导讲稿任务后,不能够很好地理解把握领导之所思所虑,导致在动笔时不知道为什么写,也不清楚写什么和怎么写。这样的话,即使绞尽脑汁写出来一篇文稿,也是不合领导意图、不对领导胃口的,最后难免将自己置于尴尬和窘迫之境。

二是对上级精神领会不充分。最新的上级文件精神反映着上级最新的工作要求和工作重点。部分高校管理干部长期疲于应对诸多事务性工作,对上级的最新信息学习不及时、把握不到位、积累不充分,导致其在撰写领导讲话稿时所用的材料陈旧、无新意,甚至会出现传达精神违上的情况。

三是对师生意愿了解不深切。当前一些高校管理干部只是一味地坐在办公室闷头写作,很少主动到基层一线去了解校情民意,很少到院部去调研师生"急难愁盼"。这样凭空杜撰、费尽心思写出来的领导讲话稿,明显与当前学校的实际情况,与师生员工的意愿诉求严重不符,让领导无法采用。

四是对参会对象掌握不清楚。领导干部通过发表讲话来传达贯彻上级工作要求,讲话的成败很大程度取决于听众的接受度、评价度的高低。部分起草者由于没有很好地掌握听众的教育背景、知识水准、接受水平等信息,导致听众对一些讲话要么不易领会,要么觉得少滋无味。

（三）如何写好领导讲话稿

如何起草好领导讲话稿，仁者见仁、智者见智，但万变不离其宗，都包含讲稿的六要素，即讲者、目的、场合、对象、内容、语言。要想写出领导满意、受众认可的高质量讲话稿，需要在以下几个方面下功夫。

第一，提高站位，把握领导讲话基调

高校管理工作的一个重要特点就是业务之中有政治、政治之中有业务。政治属性是领导讲话稿的第一属性，一篇讲稿主张什么、反对什么，必须旗帜鲜明、绝不含糊。坚持正确的政治立场，就是要注意在涉及党的基本理论、方针、政策等重大观点、重要提法，必须始终与党中央保持高度一致，否则就会发生偏差、出现错误。

领导讲话稿必须有高度、有深度。起草领导讲话稿，既要接"天线"，体现党中央的决策部署，又要接"地气"，体现师生意志、维护师生利益、激发师生创造。领导讲话不是"打官腔"，不是居高临下，而是根据主题、场合、对象的不同，灵活掌握讲话的内容和方式，发挥出良好的作用。

一是要明确讲话的主题。不同性质的讲话，目的要求不同，写法也不同。其中，讲话的主题决定了讲话内容的方向和重点，主题也就是讲话稿的中心思想。同一场合不同领导的讲话内容各不相同，其根本的原因在于讲话主题的差异，讲话内容、角度、语气随主题变化而变化。比如，领导在学校年终会议上的讲话，有的侧重总结过去一年的成绩和经验，有的侧重部署今后一年的重点和目标，有的侧重对干部提出工作要求。要结合会议的主题和领导讲话的侧重点来确定领导讲话稿的方向、结构、内容。

二是要弄清讲话的场合。讲话的场合对讲话的内容、方式具有一定的影响作用。比如，领导在大会开幕式上的讲话，应该言简意赅，富有鼓舞性：先用简洁的语言宣布大会开幕、介绍议程，再着重阐述召开大会的重要意义，引起参会者的重视。然后用鼓舞性的语言发号召、提要求，确保大会取得圆满成功。而领导在闭幕式上的讲话，则应该具有高度概括性：先用概括性的语言对大会成果作评价，再对大会提出的问题进行概括总结，最后发出号召，宣布会议结束。

三是要把握受众的心理。一篇好的讲话稿必然要让讲话者和听众产生良好的精神互动，因此，高校管理干部在起草领导讲话稿前，先要弄清楚听众的身份地位、思想政治水平、文化程度及职业等，充分尊重听众的现实需求，写出具有针对性的内容，这样才能产生共鸣。比如，面对学历层次相对较低的听众，领导的讲话就要从讲大道理转化成说大白话,让听众能听得懂、听得明白,这样才能拉近领导和听众之间的距离;而面对学历层次高的听众,用上述方式则会让听众觉得领导没水平,可能会直接影响领导在听众心中的形象。因此,撰稿人要提前把握好听众情况,这样才能写出听众"听得懂、记得牢、好落实"的讲话稿。

第二,认真思考,领会领导讲话意图

起草领导讲话稿是代领导表达观点,必须充分体现领导的意图,彰显领导的思想,阐明领导的主张,反映领导的风格、特点、能力、水平。高校管理干部在接受讲话稿写作任务时,务必弄清领导意图、落实领导意图,把领导想要表达的观点,想要达到的目的,想要强调的工作等用语言文字表述出来。领会领导意图,一要有"换位思维",二要有"延伸思维"。

"换位思维",即站在领导高度和位置。一般来说,领导都会"面授机宜",但是,这个"机宜"只是个大体轮廓,具体讲什么,需要管理干部多动脑筋。因此,管理干部在起草领导讲话稿时,需认真听并理解透领导说的每一句话、每一个字。要"身在兵位,敢为帅谋",进入"领导"的角色,甚至达到"忘我"的境界。站在领导的高度,换位思考,根据会议主题和上级有关要求,以及本单位实际情况,揣摩领导讲话意图,弄清楚领导想要通过会议传达的主要内容是什么。既"想领导之所想,谋领导之所谋",又"想领导之未想,谋领导之未谋"。抓住领导意图的大致要领,经过整理使之连贯起来,最终形成完整清晰的思路,从而准确、完整地把握领导意图。因为只有在思想上真正进入了"领导状态",才能最大可能地知道"领导在想什么","从领导的角度来看哪些工作需要加强","什么措施最得力",这样的讲话才"像"领导讲话。如果你总以基层的角度来考虑问题,那写出来的就不是领导讲话稿,而是基层干部的看法与见解。

"延伸思维",即把握领导的思想。任何讲话稿,外在表现是"写"出来的,实质上首先是"想"出来的。写作水平先由思想水平决定,有多高的思想水平才可能写出多高水平的文稿。可以说,"想"是"写"的前提,"写"是"想"的表现。接到讲话稿写作任务后,先要弄清来龙去脉,再认真构思文稿的结构和内容。要注重创新,克服一般化,领导讲话不能让人一听就感到没有什么新意,老一套;想稿的过程就是酝酿准备的过程,这是起草时必不可少的环节。因此,脑子从来没有清闲的时候,不仅要想领导之所想,还要想领导之未想。领导想说的,师生想听的,就是我们要写的。

领会领导意图并不是"奉命行事",不是机械呆板的,起草者的思维应该是领导思维的延伸。起草材料要通过领导的谈话、文章、批示,特别是脱稿讲话,把领导对同一问题的看法和见解串联起来,并加以丰富和完善,提炼出鲜明的论点、提高与领导思想的贴合度。领导工作场景可能每天都在变化,但不管在什么环境状态下,工作内容总会有大量交叉重叠。起草领导讲话稿也就没有必要每次都去另起炉灶,重新再来一遍,只需进行相应的重组即可。

文稿要创新,集成也许是最快捷的路径。如果是就同一个问题起草文稿,可以对兄弟单位解决该问题的先进经验进行归纳总结,搜集专家学者的观点进行概括集中,在此基础上优化重组、加工整合、提炼升华,从而得到自己的见解。如果在写作中发现有遗漏的地方,应该敢于发表个人意见,积极发挥执笔者的主观能动性,在掌握领导意图的基础上对领导意图进行扩展,创造性地理解和发挥领导意图,使讲话稿既体现领导意图,又将执笔者的独到见解融汇其中,使两者有机结合。结合的方法,可以是向深度挖掘,顺着领导的思路深入研究,把领导意见化为深刻的见解;也可以是向广度联想,扩展领导交代的意图,举一反三,防止片面性。

第三,全面了解,把握领导讲话风格

由于领导在年龄、经历、性格、文化程度等方面存在差异,从而形成了各具特色的领导风格,讲起话来也风格各异。管理干部在为领导起草讲话稿时,必须弄清楚为谁而写,摸清楚领导的特点,使讲话内容能够充分体现领导的身份、年龄、职务、阅历、文化修养,让讲话的分寸、角度、风格都是与领导相契合的。符合领导特点的讲话稿才有特色、才能出色。

管理干部要有意识地研究领导,平时要熟悉领导的性格气质,留意领导的个性风格,揣摩领导的思维方式和用语习惯,善于用领导的语言阐述领导的意图。

一是要"笔"跟着领导。平时要主动参加领导讲话的会议,参与领导参加的活动,认真做好会议记录。要把领导即兴讲话中流露出来的工作新思路、新看法不失时机地用笔记下来,要把领导交代的主要意图,强调的重点问题详细记录在本上。有经验的管理干部,会在陪同领导检查工作、考察调研、参加会议,甚至一起吃饭、散步、闲聊的一些言行细节中,捕捉领导的看法与观点,然后将其归纳分析、连贯思索,这样,对领导的工作意图就有了总体上的把握。

二是要"心"想着领导。要研究不同领导的思维方式、语言表达习惯、讲话风格。要善于站在领导的角度、以领导者的身份换位思考。在思考上真正进入领导状态,在意识上与领导坐在同一张板凳上,如此才能像领导者一样,站得高、望得远、想得深,写出的材料自然就与领导"同频共振"。

高校管理干部应视情况的不同,在讲话语气、语言、措辞上多下功夫,写出具有个性特征、符合领导口味、符合领导身份、令领导满意的讲话稿。例如,在性格上,人有内向型、外向型、独立型、依赖型等特点,而不同性格对讲话思维有很大的影响,不同性格的领导有不同的讲话特点。一些依赖稿子的领导喜欢照本宣科,讲话稿就要准备得很细致,任何字句都要求字斟句酌;偏向于独立型的领导喜欢在讲话中自我发挥,讲话稿则要求提纲挈领,领导熟悉的内容可以略写,以便于给领导留出临场发挥的空间。另外,不同的文化程度和学科专业背景,也直接影响领导的语言习惯。如知识型的领导,注重文采,喜欢用带有哲理性的语言,常常引经据典。学文科的领导偏爱古诗词,学理科的领导喜欢运用数据说话。掌握了这些特点,起草讲话稿遣词造句就有了依据。

第四,内容实在,着力解决实际问题

领导讲话有着很强的现实指导意义,领导讲话要给工作以有效的指导,就必须提出问题、分析问题和解决问题,讲话内容必须做到客观实在,否则文稿的针对性和实效性就会大打折扣。作为文稿起草者,要坚持一切从实际出发,针对实际问题,将解决问题的办法充实到讲话稿当中,使讲话思路清晰、要求明确、措施具体。

起草领导讲话稿重在谋篇布局、搭建框架。写稿子前,要问自己三个问题:一问写这篇稿子有什么目的,要解决什么问题? 二问要用什么素材,表现什么内容? 三问属于什么文体,应该突出什么特点? 这三个问题搞清楚了,写起来心中就有底。然后开始拟写提纲,确定框架,拟好小标题。讲话稿的基本框架:是什么—为什么—怎么办。第一点,讲清楚是什么;第二点讲清楚为什么;第三点,讲清楚怎么办。它们是帮我们理清楚并解决好所有问题最基本的逻辑。具体写法主要有三种:(1)亮明主要观点,阐述重要意义,提出具体要求;(2)亮明主要观点,直接提出要求;(3)亮明主要观点,用大段篇幅阐述重要意义,最后概括提出几点原则性要求。

首先要吃透上情、把握政策。掌握最新的上级精神是写好讲话稿的前提,要求管理干部及时收集最新的政策性材料、专项性材料、动态性材料以及其他方面材料。简言之,就是及时跟进、全盘掌握、了然于胸、运筹帷幄。搞材料的人绝不能情况不明、大事不知,动态不明、糊涂懵懂。特别是要把好领导讲话稿的政策关,才能帮助领导提高指挥效能,推动工作顺利开展。

其次要摸清下情、掌握实情。情况清楚,才能提出符合上级要求、切合本单位实际的思路和举措,以此为依据来表达观点和见解,提出任务和要求,可以使决策更加科学合理,体现指导性原则,否则所形成的观点就会脱离实际,出现"两张皮"现象,不能起到指导和推动本单位工作的目的。评价一篇讲话稿的价值,关键在于看讲话中是否包含有效的措施和对策,看对实际工作是否有切实的指导作用。

第五,反复修改,充分听取意见建议

如果时间充分,应当在写初稿之前,带着要解决的问题找一些人座谈,广泛听取各方面的意见。初稿形成后,要进一步征求意见并修改,以提高讲话稿的质量。

好的文稿是改出来的。一个人想得再周到、再细致、再全面,也难免有局限性,几个人一起议一议,互相启发、开阔思路,是非常必要的。特别是党政主要负责人的讲话稿,与其他文字材料相比,更讲究思想性、全局性、严谨性和规范性,更强调高度、深度和新意。要怀着找茬的心理,审视质疑每一个字、每一句话,做到炉火纯青,多一字累赘,少一个字缺陷。

讲话稿起草要把好三道关口:(1)把好初稿关。很多错误在初稿中一旦形成,后期审改很难发现。要有效避免这一问题,在拟初稿时就必须认真、严谨、规范,每个表述都必须有来源、有依据,且来源依据必须权威。(2)把好审核关。文稿审核的关键在于校正和提升。一般来讲,审核者相比起草者,政策理论水平更高、知识范围更广、工作经验更足、领导意图把握更准。审核者要充分发挥这些优势,拿起"放大镜",戴着"显微镜",对起草的文稿进行全方位审视审查,把好政治关、政策关,深查细究、精心推敲每一个疑似问题点。(3)把好校对关。有人把校对比喻为字里行间的"啄木鸟"。校对是文稿出手的最后一道关卡,必须细而又细,确保万无一失。校对一篇文稿,最起码要过两遍:一是全文大声诵读一遍,最好两人以上。二是针对易错重点,全部审查一遍,包括序号、标点、多音易错字等,杜绝出现低级错误。

撰写领导讲话稿是一项艰苦的工作,高校管理干部在写作过程中要全面把握上述五个方面的要求,这样才能写出高质量的讲话稿。同时,提高写作水平是一个厚积薄发的过程,唯有潜心学习,刻苦钻研,积累丰富的学识,再经过长期艰苦的实践磨炼,才能逐渐熟能生巧,写作领导讲话稿才能得心应手。

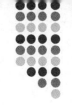

第四项　如何提高办会水平？

　　会议是各级领导制定方针政策、决定重要事项、贯彻上级指示、检查布置工作、总结交流经验的一种工作方式，是一种集众议事的行为过程。会议是高校管理工作中一种常见的活动形式，可以说高校管理干部每天不是在开会，就是在筹备会。办会、参会是每一位高校管理干部必须会的工作。会务工作是会议活动中的重要组成部分，是会议正常进行和取得预期效果的重要保证。要做好会务服务工作，必须认真抓好会前、会中、会后三个环节，谱好会前"曲"，唱好会中"戏"，弹好会后"琴"，使会务服务工作达到制度化、规范化、科学化，才能确保各类会议严谨高效，精益求精，达到预期目的。

有人说:机关工作不是在开会就是在准备开会,不是正在开会就是正在去开会的路上。的确如此,一项工作从开始到结束,前期有动员会、部署会,中期有推进会、协调会、座谈会,最后有现场会、总结会、经验交流会,其中,还有根据需要穿插的各种汇报会、交流会和工作例会。除此之外,还有工作之外其他的各种例会、培训会、研讨会,等等。一般而言,一个单位的制度越健全,办会的次数就相对越少,反之就越多。因为有了相关的制度依循,根据相关规定和相关流程开展工作即可。如学院召开党政联席会议,无论学院的制度如何健全,党政联席会议作为例会(本身就是一种制度)是不可避免要如期召开的,因为它主要研究学院的发展以及发展中遇到的新问题。而这类问题是肯定会有的,如果没有,说明学院发展本身就有问题,而反过来就说明更需要召开党政联席会议了。高校管理干部作为会议的筹备者、组织者、服务者,要树牢政治意识、大局意识、超前意识,善于站在领导决策的高度、解决问题的角度、服务发展的维度,精心筹备组织好各类会议,努力提升会议质量和服务水平,达到会而有议、议而有决、决而有行的目标,更好地服务发展、服务决策、服务落实。

一、如何做好会前准备工作?

会议是一种集体议事的行为过程,是各级领导制定方针政策、决定重大事项、贯彻上级指示、监察部署工作、解决存在问题的一种行之有效的工作方法。会议是实行集体领导的基本方法之一,是集思广益、交流信息的重要方式和途径,也是协调关系、解决矛盾的有效手段和办法。会议的规模有大有小,但都表现为解决问题、进行工作的一种手段,在现代政治、社会活动中,会议已成为一种经常性的活动方式。

(一)会议概述

尽管各类会议的具体作用不尽相同,但作为处理和决定问题的方式方法,任何会议都是为了实现领导意图,达到一定目的而召开的。会议有科学决策、宣传动员、总结部署、检查督促、调查研究、交流沟通、指导推动、密切联系等方面的作用。

会议的基本要素有:会议名称、会议时间、会议地点、会议组织者、与会人员、会议议题和内容、会议成果等。

高校为什么需要召开会议?

一是落实上级的要求。主要传达学习上级指示精神,如传达学习党的二十大精神、省党代会精神,中央和省委重要会议精神等,还有一年一度的民主生活会,这是一项制度,高校领导必须第一时间落实,有的会议还需要将学习情况上报上级党组织。

二是工作任务的需要。有些专项工作或重大任务,如一流学科建设、硕士点申报,学科评估等,领导需要及时了解掌握情况、协调解决矛盾问题,推动工作进度,所以部署会、协调会、推进会、总结会等,还是很有必要的。

三是学校发展的需要。我国的大学,体量通常都很大。如武汉大学校园网上的学校简介(2022年7月)称,现有普通本科生29450人,硕士研究生20085人,博士研究生8616人,另有外国留学生1623人,还有专任教师3862人,因此,一所大学,有时候就是一个小城镇。在大学的日常管理中,势必经常研究处理"三重一大"事项,即重大决策、重要人事任免、重大项目安排和大额度资金运作。上级文件明确规定,"三重一大"事项必须由领导班子集体研究做出决定,在日常执行中,需要校党委常委会会议研究决定。我所在的武汉纺织大学一般每周召开一次党委常委会或校长办公会会议,每次都有不少议题。研究学校干部人事、经费,以及中长期发展规划等内容,也都需要开会统一思想、征求意见,还有培育文化精神的务虚会等,都是有必要开的。

需要注意的是,会议是一种工作方法,但不是唯一的工作方法。我们承认会议的重要性,但不能把它的作用无限夸大,更不能用它代替其他工作方法,以至于造成"文山会海"的现象。

会议可以按照多种形式进行划分类型。

按照规模划分,主要有三种:小型会议(百人以内);中型会议(千人以内);大型会议(千人以上)。

按照会议性质和内容划分,主要有五类:(1)规定性会议,即法定的必须按期召开的各种代表大会(如党代会、教代会、团代会、学代会等);(2)日常型会议,即领导机关、领导同志贯彻民主集中制,实行集体领导,研究和处理日常工作的会议(如校党委常委会、校长办公会、干部大会等);(3)专业性会议,即为研究某项工作、讨论和解决某个问题而召开的工作会议和专业会议(如教学工作会议、科研工作会议、学术会议等);(4)纪念(庆祝、表彰)性会议,即为纪念重大历史事件或重要历史人物、重要节日而召开的会议;(5)座谈性会议,包括各种座谈会、茶话会等。

按照会议形式划分,可分为两种:一是有会有议的,多数会议属这种类型;二是会而不议的,例如报告会、传达会、动员会、表彰会、纪念会等。

按照时间划分,可分为定期性会议和不定期会议,还可分为多次性会议和一次性会议。定期性会议也叫例会,到预定时间而没有特殊情况必须召开;不定期会议则视情况灵活掌握,必要时随时召开。多次会议指两次以上会议;一次性会议指只需要召开一次的会议。

按照开会手段划分,可分为常规会议和电子会议:常规会议是指传统的会议;电子会议是指电视电话会议、视频会议、网络会议、卫星会议等。

高校所召开的会议一般从会议规模可分为大中小型会议,分别以人数、时长、级别作为分类标准;从会议内容可分为:一是部署工作,进行内部决策的工作会议。如领导班子会议、党委常委会、校长办公会会议、党政联席会、处务会。二是社会关注度较高,具有广泛影响力的学校会议。如实习合作基地签约会。三是教学类型会议,如开学典礼、毕业典礼。四是学术研讨性会议。如2022年国际高端学术论坛。五是工作完成之后的会议。如总结会,表彰会。六是务虚性会议。就某项工作的政治、思想、政策、理论等方面进行讨论的会议。务虚性会议是相对于务实性会议而言的。务虚性会议的内容是对下一步工作讨论一些思路、方法和工作框架。

接下来,我们先总体上了解会务工作所包含的内容,然后再重点谈谈如何做好会前准备工作。

(二)会务工作的含义和特点

会议活动是有组织、有目的、有秩序的多人集体参加的活动,需要一定的组织安排才能顺利进行。通常把会议的组织、安排以及各种事务性服务工作统称为会务工作。会务工作是会议过程中多种事务性、辅助性工作的总和,主要是会议筹办、组织协调、服务保障等工作,其根本任务是为参与会议的全体人员特别是领导提供全面服务,使整个会议活动不可缺少的一部分,其质量好坏和效率高低直接影响会议是否达到预期目的。

会务工作作为高校管理干部行政工作的基本内容之一,主要包括会议的前期筹备、中后期的组织统筹协调和会后的总结收尾工作,具备服务性、协调性及统筹性,要求高校管理干部从会务工作的实际要求和具体工作出发,不断积累经验,同时注重会务工作的技巧与艺术性,组织好、服务好、落实好会务工作,让领导满意、各方满意,将会务工作做到规范化、科学化,以适应学校的发展。会务工作中有个非常著名的定律:"100-1=0"定律。即形容整个会议中1%的疏忽就可能会导致100%的失败,要求做到"零差错"。

会务工作的特点：

政治性。这是会议的内容所决定的。高校把党的政治建设摆在首位，以党的政治建设为统领，是坚持社会主义办学方向、贯彻党的教育方针的内在要求。高等学校的教学、科研、管理、服务等各项工作都要讲政治，会议内容具有政治性，会议必然具有政治性。会议的政治性主要表现在开会的时机、会议的形式和会议的内容。所以，会务工作也要讲政治性。[1]

服务性。会务工作是随着开会的需要应运而生的，它的一切活动，都是给参与会议的所有人员提供良好的环境和方便条件，做好各项服务工作，保证会议顺利进行，达到会议预期目的。

事务性。组织会务的各个环节多有较强的事务性，繁杂而琐碎，而然正是通过这些事务性工作，保证了会议按照预先的安排顺利进行。有时一个很小的事务性工作未做好，也可能影响整个会议活动的进程。

综合性。参加会议的人员来自各个单位的各个部门，有时会议的内容涉及的也比较广泛。做好会务工作，要能够从全局出发观察和思考问题，具有高度综合的能力。

保密性。无论国家机关还是各类组织，许多重要事情都要通过会议讨论后作出决定，所以会议的内容就不可避免地涉及各种机密。因而，许多会议的内容都有很强的机密性，保守会议秘密理所当然地成为会议的一个主要特点。

时间性。会议活动本身具有很强的时间性，作为与会者要遵守时间，按时参加会议，作为会务人员更应有高度的时间观念，绝不能出现诸如与会者已经到齐但会场还没有布置好，或记录人员还未到等现象。

会务工作的总体要求是搞好会议控制，提高会议质量。具体包括以下六个方面：

一是严格会议审批。认真落实中央八项规定及其实施细则精神，最大限度地减少会议。一般能够通过更简单、更高效的方式解决问题的，就不必开会；内容相近或参加人员相同的会议合并到一起开，尽量地减少会议。

二是控制会议规模。严格按会议类别和内容确定出席人员，参加会议的一定是必要的非出席不可的人员。会务人员也要精干。

三是细化过程管理。会议组织者要掌握会议的全过程，会议主持人是会议管理的"交通警察"，要掌握会议的讨论过程和讨论效果。如果发生与会议议题无关

---

[1] 刘俊.科学高效做好办公厅(室)会务工作——读《习近平在浙江》有感[J].秘书之友,2022(7):17-19.

或深入到不必要的细节上,会议主持人或讨论主持人应及时引导回到议题本身。对分歧意见不能统一或讨论议题不能形成决议的,可推到下次会议讨论决定。

四是控制会议时间。会前要对会议和会议的每个阶段的时间进行精确预测。要准时开会、准时结束。必要时限制个人发言时间,有效把握会议进程,防止松散拖沓。

五是严格经费开支。严格会议开支,要通过从严从紧审批会议、合理确定会议类别、严格把控会议规模和时间、精确测算会议综合定额、严肃会议报销管理来实现。要节约每一个铜板。这与控制会议规模、控制会议时间直接相关,尽量减少不必要的开支。

六是抓好应急处置。会务中的诸多环节环环相扣,特别是文件准备、会场管理、会议车辆调度、医疗服务等要做好应急预案,准备多套方案。要合理使用各类力量和资源,切实把会议过程中出现的各种问题消灭在萌芽状态,确保会议的质量和安全。

(三) 会务工作的内容

会务工作是为会议服务的各种具体事务工作。会务工作的内容视会议规模而定。一般规模小、会期短的会议,会务工作的内容相对简单些;而规模大、会期长的会议,会务工作的内容就会复杂一些。

会务工作大致可以分为三个阶段,有十四个方面的工作内容。

第一阶段,会前准备。主要有四个方面的工作:一是制定会议方案;二是下发会议通知;三是起草会议材料;四是做好会场布置。

第二阶段,会中服务。主要有六个方面的工作:一是做好会议的报到工作;二是做好会场布置对接工作;三是做好会议文件的现场发放及保密工作;四是做好会场服务工作;五是做好会议记录工作;六是做好会场秩序维护工作。

第三阶段,会后收尾。主要有四个方面的工作:一是搞好财务结算;二是搞好会务总结;三是搞好材料合订存留;四是会务用品的归还和整理。

会务工作千头万绪,要做好会务工作,应遵循如下原则:

一是准备充分。要根据会议的内容、特点和领导要求,认真细致地做好各项会议准备工作,严密协调地组织好各项会议服务,使会议善始善终,达到预期目的和效果。围绕会议的中心议题和目的展开充分的调查研究,搜集必要的统计数字,了解师生员工的看法和意见,掌握最重要的第一手资料等。重要会议还必须事先准备好会议文件,决策性会议应将讨论方案预先印出,提前送达有关领导审阅。当然,不同级别、种类的会议,会务工作的重点也不同。例如:一个大型的露天集会,如毕业典礼,工作的重点应该是队伍的入场、散场的科学调度以及安全保卫工作;而一个报告会,重点是会场的选择,音响、投影仪等设备的调试,与报告人的沟通等。

二是组织严密。会议预案的重要方面是组织工作。除做好常规的准备之外,应特别注意可能出现的某些问题,逐项研究,制定相应对策并列入预案之中逐项落实,保证会议进行得有条不紊。由于会务工作涉及许多方面,有些大型会议的工作人员很多,包括工作人员、服务人员、保卫人员等。要保证会议的顺利进行,每一个环节都要组织的非常严密。各类工作人员应定人定岗、各负其责,还要密切配合,防止工作脱节。会议组织人员要做好统筹管理,做好监督、检查和协调工作,及时发现问题、堵塞漏洞。

三是服务周到。从总体上说,会务工作属于服务性工作,会议的服务工作是由大量的细小琐碎之事构成的,而每件小事都是一个环节,任何一个环节脱落都会对会议产生或大或小的影响,要避免因小失大和造成不应发生的忙乱现象。组织人员应该待人热情礼貌,全心全意为领导和与会者服务,要不怕麻烦,耐心细致,热情周到,将自己良好的个人风貌、职业素养体现出来,给与会者留下美好的印象。

四是确保安全。会议不论大小,都要确保安全。大型会议因与会人数众多,非会议人员(如记者)亦大量云集并携带大量器材;在有重要领导人出席时,除工作人员陪同之外还有大量服务人员或围观与欢迎的群众,更需确保安全。

因此,为保证会议的圆满成功,对负责会务工作的高校管理干部提出了更高的"四有"要求。

一是要有统筹协调的能力。一场大型会议一般由多个单位、部门人员组成,一般分为会务组、现场参观组、材料组、后勤接待组、宣传报道组、安全保卫组等若干个工作组,作为会议组织者在具体工作中,既强调一个口子进出,又推行分工协作、分块负责、分兵作战。对于固定步骤,要按部就班开展,做到忙而不乱,忙而有序;对于突发状况,要主动介入,尽快统筹协调解决,切不可视而不见,或者绕而行之,让小问题酿成大事故。同时应当提前制定好会议应急预案,以应对不时之需。

二是要有务求实效的作风。对于办会人员来说,会场如战场,办会人员既要当好指挥员,又要当好战斗员。这就对我们提出了较高要求。所有人必须有落地有声、有令必行的执行力,踏石留印、抓铁有痕的落实力,遇河架桥、逢山开路的战斗力。要有"会交我办无差错、会交我办出精品、会交我办请放心"的工作理念。只有以极端负责、极其用心、极为精细的工作态度将各个环节落到实处,才能保证会议的圆满成功。

三是要有关注细节的意识。会务工作无小事。会议期间小到服务员倒水时间的把握,大到会议整体组织程序,会场内外有千百双眼睛在盯着,不能有一点瑕疵,这不仅是办会人员能力水平的体现,也代表了单位部门的对外形象,容不得有半点疏忽。因此要将"细节决定成败"这句话入脑入心,在细节上下功夫,每一次会议,每一篇讲话稿件,每一个环节都要谨小慎微,考虑得细而再细,杜绝浮躁、粗枝大叶的习惯,在关注细节中体现认真、细致、严谨的工作作风,绝不能因为细节上的小问题而影响整体会议效果。

四是要有勇于创新的勇气。充分利用电视电话、网络视频等多媒体工具,在提高办会智能化水平的同时,降低会议支出成本。例如在承办校庆工作会议期间,对参会代表实施"一对一"对口联系引导机制,按照"对口引导、热情周到、来宾至上"的原则,从出发至会议结束,都专门起草了会议温馨提醒短信模板,让参会对象有了宾至如归的感觉。到达目的地后通过建立微信群,办会人员在线及时答疑解惑,掌握参会人员需求,了解会议请销假情况,在保证参会对象能按时参会、放心参会的同时,办会人员能够及时掌握情况,调整座次,确保开会时一个不少、一个不漏。同时通过微信群、QQ群等可以帮助办会人员随时传递信息,提醒注意事项,掌握会议进程,应对突发状况。此外,一些普通会议资料也可以通过手机网络下发到位。

(四)科学制定会议方案

凡事预则立,不预则废。开会也一样,会议方案制定得好,会议就不会出现纰漏,会议才能圆满成功。制定方案就是前期谋划。在思想准备上,会前认真组织学习习近平新时代中国特色社会主义思想,深入学习中央有关通知要求,提高政治站位,夯实思想根基。在时间准备上,提早着手、超前谋划。实践证明,只有打出工作提前量,想在前、干在前,才能在会议筹办工作中争取主动,做到心中有数、忙而有序。

制定会议方案要注意以下三点:

一是制定方案,要周密详尽。如,党代会大家知道要通过一些决议,主持人会问大家对决议有什么意见请发表。主持人问到这样的内容,下面没有任何反应,会场就显得非常尴尬,我们特别安排工作人员"应声",下面说"没有",主持人就会转到随后的议题。像这样的环节,我们都要考虑周到。要及时掌握会场参会人员到会情况,遇到参会人员临近会前请假等突发情况,要及时修改会议方案和会议议程。如有代表乘车,需提前报备车牌号。

二是责任分工,要具体到人。方案要做实做细,每一项具体工作都要严谨细致,每一项具体工作都要明确到人。有人来落实,有人来检查、有人督促落实。不能出现遗漏。

三是沟通衔接,要准确高效。制定方案能够便于请示汇报,也便于沟通衔接。审定方案的过程是把我们的意见建议变成领导决策的过程,也是和领导沟通协调的过程。一个会议有很多的议程,需要领导的审批和决定。比如说会议确定几个发言人,确定哪几个发言人,不是想定谁就定谁,是要报批的。比如说在分组讨论中,如何编排分组,都要报批后由领导定夺。同时领导在审定方案的时候也就知道了他自己在会议中承担的任务。就会做好自己的准备工作。

（五）精心做好会前准备工作

会议方案,关键在于落实。会务工作就是保证会议如期顺利举办、召开和闭幕的一个行为过程,那么如何保证这个过程有一个顺利的开端,也就是说如何做好会前的准备工作至关重要。要做好会务工作必须有目标、有计划,准备充分。[①]

第一,会前准备工作事项落实到位

会务工作的成效,主要取决于前期准备是否细致。会前准备工作主要包括以下事项。

一是明确会议主题。应该协助领导拟定会议议题。

二是根据预算合理安排经费。比如场地、设备、会议用品、资料、食宿、交通等。

三是制定会议议程、日程和会议进度计划。会议议程是对会议主要内容所做的顺序排列。会议日程是会议议程在时间上的具体安排,一般采用表格形式。一定要做到明确、具体、准确。让与会者一目了然。会议进度计划是根据会议方案、议程、日程等资料,制定关于会议筹备工作的任务分工、具体活动、责任单位、责任人、任务目标和时间节点等方面的具体安排。

四是做好与会人员范围的确定。要按会议的规格档次及议题内容确定参会人员。

五是做好会议通知的发送。按照确定的参会人员范围拟定参会人员名单。发送通知时,要落实到位。建议将会议场地、与会时间、参加人等项目列一清单,根据

清单项目——落实场地准备工作和通知事由。通知单上附会议通知回执,确定最终的与会人数,以便合理安排食宿。

六是提前准备会议材料。会议材料通常涉及领导的演讲稿、总结性的材料、会议报告等,尽量提前给领导修改、审稿。另外,应该做好会议文件材料的印制及分装工作。

七是做好会场布置。主要包括主席台的设置、座次安排,会议用品的准备(桌椅、茶具、音响设备、照明、通讯、摄影器材等)都要提前备好。

八是做好应急处置。开会前期要及时掌握会场参会人员到会情况,迅速通知未到场人员按时参会。如遇到参会人员临近会前请假等突发情况,要迅速调整领导座签和对应的文件资料。

只有做好会前的准备工作才能保证会议的顺利召开。

第二,会前准备工作的"五"字要求

会务工作是一项精细的事务工作,是高校管理干部的重要职能之一。在会务准备过程中,必须以会议高质量完成为目标,切实把会务准备工作做实做好。根据多年的经验,我认为必须把握好五个字"清、细、查、演、严"。

清,就是对会务交办领导的授意要听清,起草会务的承办方案内容要写清,传达会议的通知要说清,承办会务的落实情况要向交办领导汇报清。每次会议召开前,领导都要对会务分工做出具体的安排和部署,部署的内容实际上就是会务承办责任人所领取的第一道原始指令,也是下一步制定会务方案的主要依据,所以必须要听清;会务承办方案,从某种意义上讲,可以说是承办会务工作的行动指南,会务所涉及内容一定要写清,如会标、开会时间、会议地点、出席领导、参加人员、摄影摄像、会议议程,有的还包括参观内容、参观路线、乘车安排、食宿安排、陪餐领导等等。方案内容要简明扼要、类别分明,让领导和会务承办人员都能一目了然;会议通知是会前准备工作的重要一环,一般采用书面通知或电话通知的形式,由于电话通知中间流转环节较多,容易出现交代不清、接听不准的现象,所以必须要求会议通知操作人员口齿清楚、吐字清晰、通知严密、登记完整。会前会务承办责任人要将会务落实情况逐项向交办领导汇报清。必要时要请领导现场检查指导,以免出现不符合领导意图的地方。

细,就是关注细节,会务方案的设计要细致、严密。细节决定成败,"大事必作于细",会议筹办任务繁重艰巨,实际上也是由一个个具体工作细节构成,注重细致细究。承办会务的责任人要不辞辛苦、事必躬亲、具体操作。会务方案中涉及内容不但要写清,严防遗漏,还要注明相关事项和环节的具体责任人,如会场的联系和布置由谁负责,出席会议的领导由谁落实,与会人员由谁通知;会场布置是会前准备工作的一项重要内容,会场布置应根据会议内容、参加人数、会议效果等综合考虑,一般来说,"教代会"会场要庄严隆重、"党代会"要朴素大方、表彰会要喜庆热烈、座谈会要和谐融洽。重点关注三个方面细节:(1)议程的衔接。会议方案确定以后,要尽快和参与会议的各个方面做好衔接工作,让每个参与会议的人知道自己该干的工作,干到什么程度。会议的议程和主持词一定要一致。会议主持人是会议的组织者,主持词统领整个会议。开会最重要的就是主持词。(2)会议的通知。通知会议也是组织会议的关键环节。我们通知会议一般要通知一次,落实人员一次,就是要保证会议通知到人。通知会议要通知好会议的时间、地点和要求。比如党代会要求穿正装,这就要提前通知,让代表有所准备。如果几个会和活动在一起举行,我们要一项一项通知清楚。(3)音响的调试。一般的大会没有扩音设备不行。大型的会议一定要保证电力的供应。没有电就没有了音响,无法实现语言的交流。在席位设置上,按会议要求有时要摆放领导席、专家席、列席席等。席位设置要力求安置合理,与会人员层次分明。在会场布置的过程中要突出一个"细"字,特别是在会标和领导座签方面,要严防出现错字、漏字、颠倒顺序等失误,以免造成不良影响。会议通知、名单收集、会场服务、善后工作等,看似平常简单,却事关会议的质量和效率,事关办事水准。会务工作的每个细微之处都不能出现纰漏和闪失,否则就可能因小失大。比如,应到会的重要领导、主持人、报告人等未及时到会,对会务工作来说就是"重大事故"。因此,会务人员要牢固树立"会务工作无小事"的理念,把自己承担的具体工作放到确保会议成功的大局中考虑和把握。会议开始、中间,可以根据不同场景研究确定使用《沂蒙山小调》《欢迎进行曲》《欢送进行曲》《春节序曲》《不忘初心》等背景音乐,营造良好的现场氛围。

　　查,就是在会前严谨细致抓好检查把关。一是会场门前有" 三看"。一看前台。确定是否按要求设置签到台,签到表、签到笔、签到负责人是否已到位,签到情况是否需要统计并及时与主持人沟通,是否需要向签到人员发放记录本、会议资料等。二看礼仪。落实楼道口、会场门前等关键部位迎接人员是否就位,雨天是否准备雨伞等迎接物品;重要路口、停车场有无引导人员或指示牌;会场标识是否明显。三看卫生。检查地面是否湿滑,有无果皮纸屑、树叶花瓣等异物;卫生间、过道是否打扫干净;会场门外是否需要放置垃圾桶、痰盂等。二是主席台上把"三关"。一把座位关。检查领导桌签是否与会议方案所列一致,摆放顺序、摆放位置是否规范;检查座椅是否结实,上面有无破损,有无污渍、灰尘、图钉等,座椅间距是否合适,是否方便临时出入。包括合影,领导的椅子也不要摆得过于紧密。座椅间距宁大勿小,适当大一些,领导坐着宽松些会比较舒服。二把材料关。检查会议议程、主持词、讲话稿等资料是否齐备,并特别注意主持词、欢迎词、讲话稿、工作报告之类因人而异的材料是否与发言人座位对应。三把物品关。检查台上茶杯、矿泉水、纸巾等物品是否符合要求,茶杯手柄方向是否合理(手柄方向应该朝后,不能朝前了);检查笔记本、中性笔等用品是否到位,摆放是否整齐。三是设备设施重"三查"。一查安全。检查应急出口是否打开,消防通道是否畅通,灭火器、报警器、消防栓、应急光源等是否可用;电器设备活动插头是否牢固,临时连接的电源、信号线路是否容易绊倒行人,是否容易被人绊开。二查稳定。检查无线话筒电量是否充足,会议前后需播放的音乐、提示语音是否准备到位,测试音响发声是否正常,有无杂音、啸叫,会场声音大小、高低是否合适;电脑、网络、投影仪、银幕、电视机、摄像头等仪器运行是否正常,若临时出现故障,是否有备用设备或应急措施,如何进行应急操作等。三查规范。照明设施是否损坏,整体光线是否适合;空调效果是否可靠,室内温度是否舒适;需要演示的课件是否已拷贝到电脑指定位置,演示人员是否提前到位并试机;会标是否准确、规范,旗帜、盆景是否整齐、美观。

演,就是会前演练,这有助于发现和解决会务工作中可能出现的问题,更好地落实会议方案中的各项任务。要对会议细节进行逐项演练,在此基础上制定详细的分工明细表,使每个人都清楚自己的任务,并了解其他人的任务,确保工作没有漏洞、任务没有漏项、人员没有漏位。对于大型会议,要深入会场、住地进行实地演练,根据大会日程一项项地对会务细节进行预演,按照"提前一天""提前两个小时"的标准做好会议场地布置工作,即每一个会场提前一天布置完毕,每一项活动提前一天部署到位;会务工作者提前两个小时到达会场,一切准备工作提前两个小时就绪。

严,就是说任何一项会务工作的圆满完成都要靠一支作风严谨、纪律严明的队伍来保障,特别是我们负责会务工作的管理干部,这就要求我们不仅具备优良的工作作风,还要有一流的工作能力。我们承办的会议本身就具备一定的权威性、政治性、严肃性,容不得出现过多的差错。因此,我们严格执行会务承办坏事、误事追究制,任何环节都要果追责,出了问题,该批评的批评,该处理的处理。"没有规矩不成方圆",只有这样才能提高会务承办人员的责任意识和可预见能力,达到既锻炼队伍,又促进工作的目的。

二、如何做好会议通知工作？

制发会议通知是会议筹备的关键环节。会议通知是会议系列文稿中的首篇，影响贯穿会议全过程，会前便于与会者提前知悉会议主题，从而做到"心中有数"，会中利于增加会场凝聚力、向心力，会后有助于宣传和贯彻落实，故做好会议通知的起草、下发、告知、归档工作是会议圆满筹办的基础和前提。

（一）起草好会议通知，把握会议内容"多角度"

办会第一个流程就是撰写并发送会议通知，一则好的会议通知应做到篇幅短小精悍、语言准确凝练、表达简捷有效、要素全面完整、格式规范严谨。[①]会议通知是告知性通知，即告知某一具体事项，让下级或同级单位知晓的公文，也是在日常工作中使用频率较高的公文文种。要写好会议通知，就要掌握会议通知的行文格式和构成要素，严格遵守会议通知的写作要求。[②]

第一，会议通知的行文格式、构成要素及写法

会议通知的构成要素是标题、主送机关名称、正文、发文机关名称、发文日期等组成。公文的标题有三种写法：（1）发文机关、事由和文种；（2）发文事由和公文文种；（3）公文文种。在会议通知的考试中，建议采用第二种写法。这样简单、明了、省时。如"关于组织参加省高校疫情防控视频培训会的通知"就是这种标题。

正文部分由两部分内容组成，即召开会议的目的和须知事项。首先，召开会议的目的是会议通知通常所用的方式，常用"为""为了"等目的的介词来领起下文。如"为统筹做好常态化疫情防控和教育教学、综合安全和应急处置工作，提高学校疫情防控工作人员业务水平，按照省教育厅《关于举办高校疫情防控视频培训会议的通知》要求，现将我校分会场视频培训会议安排通知如下"，简洁明了地写出了召开这次会议的目的。其次，是须知内容部分，包括会议时间、会议地点、参会人员及联系方式等，是会议通知常写的事项。一要写明会议时间。哪年哪月哪日至哪日。二要写明会议的地点。包括地址、电话，哪个会议室。三要写明参会人员。按照会

---

① 杨旗.做好会前准备，走好关键五步[J].秘书工作，2022(10)：32—33.

② 李通.善用"加减乘除"写好会议通知[J].秘书工作，2019(2)：30—31.

议纪要中提供的内容写清楚。四要写明联系方式。包括哪个部门、办公室、具体联系人、联系电话、邮箱等。

会议通知的行文格式内容包括：标题、主送机关、正文、发文机关、发文时间等五个要素，必不可少。

标题。通知标题要点明主题，也就是说让人一看就能知道这大概是个什么内容的会。

会议主要事项。一般通知第一段要交代清楚召集会议缘由，比如"为了XXX""按照XXX要求"等，以及召开会议的目的，方便参会人员做好会前准备。

会议时间、地点。通知第二段要写清报到时间、地点和会务联系人的姓名及联系电话，方便大家沟通联络。同时要在报到地点后面附上乘车路线（比如火车站、机场到目的地分别怎么乘车）和报到地点附近的标志性建筑，方便大家顺利入驻。

参会人员或者参会范围。通知第三方面内容要明确参会范围，可以是限定范围，比如"参会人员为单位负责财务工作的领导"，也可以附件形式确定具体人员姓名，比如"XX 单位，张XX"。

会议费用。如果会议涉及收费还要写清楚缴费事项和金额，比如"住宿费XX元，材料费XX元"。

会议回执。会议回执一般以附件形式体现，设计好填报内容也很重要，比如要填写是否少数民族、性别、联络方式，如果有接送站服务，还需填报始发、终到站名称，航班或车次等。

第二，会议通知的写作要求

一是开头的目的要简单明了。目的是为了说明文件下发的合法性，增强文件的权威性，让收文单位提高认识，引起重视，便于更好地落实。

二是事项部分要明确。即事项部分写作要分条列项，逐项表述；做到简单、明了、具体；让人看后一目了然，清晰明白；没有歧义，没有疑问。会议议程及议题的确定应注重实效，科学制定，避免主观性和片面性。篇幅不要过长，切忌长篇大论、拖泥带水，避免冗句、冗词、冗字，删除不必要的表述，做到言简意赅。

三是对要求部分要细致。在工作中可能会遇到的困难或问题，以及下级机关可能不会引起重视的一些环节，要及时提醒注意。在会议通知中，一定要把会议议题、参会人员、会议的时间、会议地点、对与会者的要求（如准备什么材料、需要交多少钱等）都要写清楚，用序号标示，一一交代。

只有从这三个方面去着手，才能使会议通知简明扼要、重点突出，便于下级更好地知晓和办理。

【范例】关于召开申报专业技术三级岗位人员述职汇报会的通知

各相关单位:

根据学校《关于开展2022年专业技术二、三级岗位人员选聘申报工作的通知》精神,决定召开申报专业技术三级岗位人员述职汇报会,现将有关事项通知如下。

一、会议时间

2022年12月8日(周四)上午9:00

二、会议地点

1. 理工组:阳光校区行政楼二楼学术报告厅

2. 人文艺术组:阳光校区行政楼115会议室

三、参加人员

1. 通过资格审查的申报专业技术三级岗位人员;

2. 专家评委(另行通知);

3. 各二级学院院长或副院长1人。

四、相关要求

1. 请各二级单位12月6日前将参会人员名单报人事处路老师;

2. 请述职汇报人员提前10分钟到达会场;

3. 本次述职汇报采取PPT汇报方式进行;

4. 申报人员汇报时间严格控制在8分钟以内。

人事处联系人:路老师　　联系电话(略)

人事处
2022年12月5日

规范行文格式。这是起草会议通知的必然要求,规整、严谨的背后往往代表着单位的形象与办事风格。尽量避免使用"明天""后天"等易引起歧义的词语,应使用"×月×日",必要时注明"周×",若非紧急会议则尽量避免非工作时间召开。起草好会议通知后,要反复核对,认真把关,力避错别字等"硬伤",确保准确无误。近年来,一些会议采用线上视频形式召开。这就需要提前协调好保障部门做好会前调试、会中保障等工作,通知中则应明确视频调试时间、保障部门、主会场及分会场安排等。一般情况下,需提前半日做好视频调试。

（二）下发好会议通知，把握发送形式"可见度"

会议通知的发送形式分为口头通知和书面通知两种。对于一些较重要、规模大的会议，往往以公文的形式正式印发，可充分利用学校官网通知公告、传真等正式途径发送至参会单位，既可作为进入会场的凭证，也能引起与会者的高度重视，同时也便于会后扩大宣传、与会者报销费用等。而一些规模相对较小的会议，则可通过工作群、企业微信、OA办公系统的通知公告栏等下发通知，以节约办公成本，提升工作效能。在会议筹备时间紧且参会人数相对不多的情况下，往往使用电话通知，与书面会议通知相比，更便捷、更高效。为了避免出现差错，应使用普通话，简明扼要地交代清楚时间、地点、议题等事项，避免参会人员再次来电咨询，影响通知效率。同时做好通知记录，若有特殊情况应及时向领导汇报，也可同步发送短信提醒，确保信息传递准确无误。此外，无论采用何种方式，会议通知发布后应做好跟踪，掌握和落实参会人员的与会信息，做到不遗漏、不重复、无差错。下发会议通知时，在重点关注参会人员的同时也应兼顾到会务人员，以便其做好财务预算、会议接待、会场布置等工作。布置会场时，一般需要在主要领导的位置前摆放纸质会议通知材料，以便与会领导科学把控会议进程，有效应对突发事件，必要时其他与会人员也可人手一份。同时要对材料再三检查，以防出现漏页、多页、内容模糊不清等情况，确保会议顺利召开。

（三）告知好会议通知，把握发送时间"精准度"

会议通知下发得过早或过晚都不好，过早易出现变数且会被遗忘，过晚则会使与会者缺乏准备仓促参会。[①]因此，要合理把握通知下发时间，以便与会人员收到会议通知后，能有充足的时间准备和协调相关工作，统筹好与会、离会两个时间点的事项。故下发会议通知的时间，应根据会议议题、会议性质、到会的路程时间来合理确定，除紧急临时性会议外，一般应给出三至五天的准备时间。对于定期召开的工作会议，时间、地点、参会人员一般比较固定，且已形成惯例和工作制度，若无特殊情况一般定时定点定期召开，故可提前一至两天下发通知。临时性会议应充分考虑最远距离参加者及时赶到的时间，学习与精神传达类会议则以提前半天为宜。对于单位内部召开的会议，可根据临开会到场人数随机应变。若人数过少，应

---

① 安徽省委办公厅法规室.小通知　大讲究——谈谈会议通知起草审核中的注意事项[J].秘书工作，2021(2)：48—49.

及时通过电话或工作群再次提醒与会人员参会。若有时间、地点变动等特殊情况，应及时下发补充通知，重在突出变更事宜，做到简洁明了，确保告知到位。

（四）归档好会议通知，把握会议流程"完整度"

会议召开完毕，并不代表会议完全结束，工作人员要对与会人员遗留在会场内的相关文件材料进行收集整理。应遵循"存、销、备"原则，明确归档范围。对一些事务性、临时性、缺乏查考价值的临时通知则不需立卷归档，要按照有关规定作销毁处理，确保信息安全；而正式的公文，或具有重要意义的，或对今后工作有查考价值的，应及时整理归档，切实做到整理规范有序，保管安全可靠。正式的公文形式的会议通知，应及时将纸质文档送收发文管理员归档保存，并做好电子文档备份；非正式公文的，可将纸质档案销毁，留存电子档，以节约办公成本与资源。同时应指定专人，明确职责，切实做好含会议通知在内的各种会议文件材料的收集、整理和归档工作，确保相关文件材料完整归档。办公室工作人员也常常会收到来自上级或同级的会议通知，若有领导参会，应及时报送参会回执；若有相关部门人员参加，应及时通知该部门，并做好用车等保障服务。当然，同时也要做好此类收文的归档工作。

三、如何做好会场布置？

会议的地点和大小是否合适，设施是否齐全，会场的布局是否合理，会场营造的气氛是否与会议主题内容一致，对会议效果都会产生直接的影响。所以，组织会议的工作人员必须重视会场的布置。会场的布置，主要包括会场气氛的营造，会场格局的设计，会场座次的排列，会场会标的制作和悬挂，会场音响的设置，布置主席台等内容。

（一）会场气氛的营造

不同内容的会议，要求有不同的气氛，其会场的布置是不一样的。营造会议气氛首先应从会场布置着手。比如党的代表会议要求朴素大方，教职工代表大会要求庄严隆重，庆祝大会要求喜庆热烈，座谈会要求和谐融洽，纪念性会议要求隆重典雅，日常工作会议要求简单实用。

会议的气氛首先是通过会议场所的大小、色彩、旗帜、饰物、灯光、音乐等烘托出来的,所以,布置会场时要注意从这些方面营造与会议内容相适应的气氛。

（二）会场格局的设计

会场格局应该根据会议的内容来安排,同时要考虑与会者的人数及彼此的关系,还要顾及会场的建筑形状,符合美学原理和与会者的审美观等。选择会议场地遵循两个原则:一是实用,即大小适中、简朴整洁、设施良好、服务专业;二是环境,即安静舒适、交通便利、安全保密。会场可以布置成圆形、椭圆形、长方形、回字形、山字形等。①

（三）会场座次的排列

会议活动的成功筹办取决于多方面因素,如活动主题、会议内容、会场布置、会议标识、议程安排、现场组织等。其中,主席台座次摆位作为会场布置的重要内容,对保证会议活动的顺利举办起着不可替代的作用。如果悉心留意从中央部委到省市地方的会议活动就会发现,不同部委、不同省市、不同单位似乎坚持了不同的摆位原则和标准;然而,如果更加深入地去探究其中的原委,就会明白主席台摆位有一定的规律和共性。主席台座次的排列方法:我国目前的惯例是:前排高于后排,中央高于两侧,左座高于右座。

第一,单数单摆

当主席台人数为奇数（3、5、7、9、11)第一位领导较第二位领导职务高1级(含)以上时,如果坐在观众席面对主席台观察,则第一位领导居于主席台中心点位置,第二位及其他领导根据位次高低按照右—左、右—左的顺序依次排列,主席台座次呈中心对称分布,位次最低者居主席台左端。这是大部分会议活动中采用的摆法。

---

① 给领导安排座次的学问[J].领导之友,2016(10):44—45.

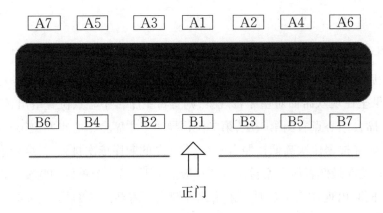

（A为客方，B为主方）

主席台人数为奇的座次图

主席台座次排列，领导为单数时，主要领导居中，2号领导在1号领导左手位置，3号领导在1号领导右手位置。

第二，双数双摆

当主席台人数为偶数（4、6、8、10）、第一位领导比第二位领导职务高1级（含）以上时，如果坐在观众席面对主席台观察，为突出第一位领导的位次，宜将第一位领导安排在主席台中心点位置。第二位及其他领导的位置有两种摆法：一种是根据位次高低按照右—左、右—左的顺序依次排列，每个人间距一致，主席台座次分布不对称，位次最低者居主席台右端。当主席台人数为偶数且不少于4人时可采用此种摆法，2012年全国人大会议上曾出现过这种情况。

一种是根据位次高低按照右—左、右—左的顺序依次排列，居于主席台中心点右侧部分的领导与其他领导的间距较小，主席台中心点左侧部分的领导与其他领导的间距较大，但右侧间距之和与左侧间距之和相等，主席台两侧距离呈中心对称，位次最低者居主席台右端。当主席台人数为偶数且不少于4人时，常采用此种摆法，这类情况较为常见。

第三，单数双摆

当主席台人数为奇数（5、7、9 、11）、第一位领导与第二位领导职务对等或平级时，如果坐在观众席面对主席台观察，则宜将主席台中心点位置空出，第一位领导居于主席台中心点右侧第一座，第二位领导居于主席台中心点左侧第一座，第三位及其他领导根据位次高低按照右—左、右—左的顺序依次排列，主席台座次分布不对称，位次最低者居主席台右端。当主席台人数为奇数且不少于5人时，可采用此种摆法。

第四,双数双摆

当主席台人数为偶数(2、4、6、8、10)、第一位领导与第二位领导职务对等或平级时,如果坐在观众席面对主席台观察,则宜将主席台中心点位置空出,第一位领导居于主席台中心点右侧第一座,第二位领导居于主席台中心点左侧第一座,第三位及其他领导根据位次高低按照右—左、右—左的顺序依次排列,主席台座次呈轴对称分布,位次最低者居主席台左端。一般情况下,当一个单位的党委一把手和行政一把手同时出现在主席台时可采用此种摆法。需要注意的是,当领导人数为偶数时,为突出第一位领导的绝对位次,宜将中心点位置空出,第一位领导居于主席台中心点左侧第一座,第二位领导居于第一位领导左手位置、主席台中心点右侧第一座。此种情况多出现在中央级及全国性会议中。另外,当同一单位的现任首要领导与原任首要领导同时出席会议时,为突出第一位领导的位次,第一位领导距主席台中心点要比第二位领导距主席台中心点的距离稍近一些。

单数单摆、双数单摆的标志是第一位领导居于主席台中心点位置;而单数双摆、双数双摆的标志是主席台中心点不安排领导,第一位领导和第二位领导分别居于主席台中心点的两侧。需要强调的是,在实际工作中,会议活动主席台的座次摆位要综合考虑多种因素,包括宾主关系、主持发言、会议属性、单位排序、在职退休等,只有真正做到举一反三、灵活运用、合理安排,才能为会议活动的成功举办奠定基础。

四、如何做好会中服务工作?

会议期间是会务工作最活跃最紧张的阶段,也是突发状况经常出现的阶段,同时也是严格考验会务工作人员工作能力的阶段。做好会中服务是会议成功举办的关键,细节决定成败,办会人员应当具备"身在兵位,胸为帅谋"素质,从会议签到、分发材料、会场服务到讨论问题、会议记录、会议保密、后勤服务等,一点也不能出现失误。会议过程中的组织协调工作务必做到人员到位、材料到位、服务到位,确保会议有序进行。

（一）树立四种意识

会务人员要始终坚持"细致严谨，务实高效"的总要求，牢固树立以下四种意识，不断提升会务保障质量和水平。

一是责任意识。会务工作做到责任到人，落实到岗；全体工作人员坚持以高度的责任心、一丝不苟的态度、严谨细致的作风，认真保障每一次会议，实现"零距离服务"和"零差错服务"。

二是服务意识。把提升服务质量作为一项常规要求，通过服务意识培训和业务技能培训，不断提高管理干部的服务意识和服务质量。

三是全局意识。会务服务工作环环相扣，任何一个环节出了问题，或多或少都会影响到会议的正常进行，每一位会务工作人员必须树立起全局意识，做好各部门的协调配合。凡事以全局为重，做到各个环节有序衔接、顺利开展。

四是细节意识。将会议服务工作分解为议题收集、通知下发、材料准备、会场保障、会议记录、材料回收、决策落实、纪要管理等八大板块，对每个环节，明确时间地点、规范动作、注意事项、潜在问题和突发事项及其处理方式等细节，全方位做好保障。会务工作者要淬炼工匠意识，细心打磨每一处细节，反复推敲，力求完美，对每个环节都应细而又细、严而又严、实而又实，决不能囫囵吞枣、大而化之。

（二）做实三个服务

会务人员要发扬极端负责、精益求精的精神，强化服务理念，做实以下三个服务。

一是礼仪服务。会议服务是机关形象的窗口之一，通过现代礼仪培训，每一位会务工作人员都要做到面容整洁、衣着得体、语言亲切、和蔼可亲；举止上稳重端庄，风度自然，从容大方；语言上声音适度，语气温和，温文尔雅。接待人员可化淡妆，少用饰品，勿用浓烈的香水，不得当众说笑、玩弄手机。会务工作人员需对与会领导和嘉宾的背景资料有必要的了解；对老弱病残、少数民族、外宾等予以特别照顾；对参会人员的要求不可搪塞推责，坚持首问负责；参会人员提出的不合理要求，要耐心解释，坚持原则。

二是细节服务。牢固树立"细节决定成败"理念，严格按照会议操作规程工作，按照要求布置会场，积极协调会议中的相关事宜，时刻关注与会人员的需求，注意细节，把握细节，把细小的事情做到位。如添茶频次既不能过高也不能过低，避免影响会议效果。

三是周到服务。提倡"以人为本"的服务理念，强调想与会者所想，帮与会者所需，解与会者所难，努力提供方便于人、安心于人和为人解忧的各项服务措施，以用心、尽心、贴心，让与会人员称心。

（三）做好六项工作

会议开始后，会务人员的中心任务是掌握会议动态，通过精心组织和良好的服务，协助领导使会议按预定方案进行，遇到问题及时补台。会议期间一般有六项工作，根据会议的规模也可能增加或减少。

一是做好会议的报到工作。会议报到是会议开始的前奏，也是提前掌握参会代表到会情况的重要环节。会议报到是与会人员身份再确认的过程，是与会人员领取会议证件、文件材料、办理与会手续的必要环节。通过报到能及时使与会人员了解会议安排，掌握会议动态，同时也能使会议组织者及时知晓与会人员情况。会议报到工作要求热情周到、迅速准确、有条不紊。要确保签到台、指示牌、签到簿、中性笔、会议需要提前发放的材料等物品准备到位。签到台要摆在会场入口处醒目位置，让与会人员远远就能看到，与会人员签到时，负责签到的工作人员必须礼貌、热情地接待参会代表，要加以指点，防止签到人员因找不到自己的单位和姓名而费时太长，影响其他与会人员签到或者漏签。签到之后，工作人员要主动引领与会人员找到自己的座位，防止与会人员对座位安排不熟悉而前后左右寻找，提醒其关闭手机，对于参会人员的疑问应礼貌回答。

二是做好会场布置对接工作。如果涉及会场翻台、主席台变更、颁奖、表彰等复杂议程，需要提前和会场服务人员、音控人员对接详细议程，明确翻台时间、数量、台型，需要播放特定音乐、音量大小调校等内容，并和主持词撰写人员对接、打印主持词并标注好变化内容交给音控人员和会场服务人员，以方便其把握议程安排与音响的调配。安排专人检查会场灯光、音响、话筒、电脑、屏幕是否正常，启动、关闭有关设施设备的时间节点把握的是否精准；会场内悬挂物件是否存在坠落隐患；空调温度和风速是否适度；音响、灯光、通风设备、安全通道等，协调专业人员在音控室值守预防在设备发生故障时，第一时间处理解决问题确保会议顺利进行。领导进场前的短暂集中和休息、茶水供应、进场路线是否有安排、有标识、有指引，开会前10分钟，为保证主席台就座的领导按时到会是否安排了提醒。会场台上、台下和会场外围的会务值守和安保工作是否明确到人、到岗到位，会中一旦有意外状况发生，是否准备了快速有效的应急预案。

会议服务工作由一件件看似不起眼的小事组成，"事非经过不知难"，小事往往都不"小"，稍有疏忽大意、处置不当，就会出"洋相"，甚至酿成"事故"，造成较大负面影响。

有一次学校召开工会暨教代会换届选举大会，当会议主持人说到"请工作人员宣读名单"时，后台播音的工作人员却迟迟没有反应。原来，这名工作人员手里没有拿到名单，急得一身冷汗，会议被迫中断，场面十分尴尬。幸好，现场后排一位与会领导反应很快，立即在会议手册中找出名单送到后台，这才化解了危机。这次失误的出现，原因是两个部门在工作衔接上出了问题：负责起草主持词的部门和负责现场调度的部门没有进行充分的沟通和衔接，没有合作模拟演练，播音的工作人员没有及时拿到名单，以至于出现会议"冷场"的事故。这件事启示我们：会议的圆满顺利召开需要参与会务工作各部门的通力协作，树立"一盘棋"思想，加强互相之间的统筹衔接，同时要把每个细节都提前演练一遍、检查一遍，确保万无一失。

三是做好会议文件的现场发放及保密工作。现场发放的文件由工作人员在会议前发放到每位代表桌上，保密文件需要对号打码发放并在会后及时收回，要做到"三不"：即不错一字，不漏一份，不掉一人。对摆放在主席台上的材料，必须逐页检查预防出现掉页漏页现象，资料摆放的上下顺序、位置是否符合发言顺序、整齐一致，确保不出差错。对于涉密会议，手机、笔记本电脑、录音笔等电子设备不可带入会场，根据保密规则必要时应安装无线频率干扰仪。

记得有一年，学校召开本科教学工作会议，全体中层干部和教师代表参会，学校领导正在讲话，突然停了下来。主席台上的其他领导一看，原来是讲话稿出现了空白页，赶紧把自己手里的材料递了过去，会议才得以继续。虽然有惊无险，但造成的负面影响难以挽回。这种"低级错误"本来是检查一遍材料就可以避免的，但由于会务工作人员工作不够细致，没有逐页检查，凑巧领导手中的这份材料出了问题，失误就这么造成了。这件事给我们启示：会务工作没有小事，需要慎之又慎、细之又细，要把小事当成大事看，把易事当作难事做。要关注好每个细节，检查好每份文件，落实好每个步骤，来不得半点侥幸心理。

四是做好会场服务工作。会议期间根据气温调整好室内温度、备好茶水等。会中服务的礼仪也是一门重要学问，服务人员应着装整洁，不披头散发，尽量不要佩戴首饰。根据会议的时间长度，适时给来宾添加茶水。服务时应根据来宾、领导的职务排序有序地进行。工作人员在会场走动时，避免动作粗鲁，分散与会人员注意力，影响会议进行。会中休息期间，应快速进行会场小整理，及时补充、更换物品,确保动作敏捷,轻拿轻放,尽量保持安静。如端茶倒水动作并不复杂,背后却体现了会务人员的综合素质。首先是细致观察。时刻观察参会领导杯中的水量,一般在剩余一半时加水为宜。其次是把握时机。领导发言时最忌打扰,最佳倒水时机是在领导阅读材料或聆听报告时。最后是动作连贯。整个倒水过程要一气呵成、来去无声。如果加水时恰好领导伸手拿杯子或水流过猛冲倒杯子都可能造成意外。让人舒适且安全的动作是:将杯子拿到自己身前,远离"潜在危险区域",把水缓缓倒入杯中,盖好杯盖放回原处,整个过程流畅自然。总之,会务人员要时常换位思考,始终将服务对象放在心中,领悟工作要领、把握工作细节、提升工作水准,为其提供体贴入微的服务。在学校的大型会议上,经常会借用学生礼仪做会场礼仪工作,在会议前期,会务工作者务必要对礼仪学生做好相应培训工作,如告知其倒水的动作、会场用语等,同时要提醒学生不要空腹做礼仪,或者不要穿鞋跟太高的高跟鞋,避免在行走中摔倒。一次毕业典礼上,一名礼仪由于没吃早餐而工作,当场头晕而险些倒地。

五是做好会议记录工作。做好会议记录,每一场会议都应安排记录员做好会议记录,会议记录必须语言简洁、条理清晰。会议精神、会议决定和决议、重大事件的安排、发言者的观点和意见应当清楚记载,不得更改内容或随意增减。确保真实、全面、准确、完整的反映会议情况,尤其是一些决策会议的表决结果,应如实记录,便于会后贯彻落实。如果会议不涉密,在做好用文字原始记录的同时,最好全程录音,方便后期整理会议纪要时参考、核实、整理和语音存档。为做好宣传会议精神做好准备。

六是做好会场秩序维护工作。一般说来,办会人员维持会场秩序的工作应该提前进行,在通知会议时,应明确提出会议的纪律要求,比如会场不能抽烟、手机需要关闭、选举时会场不得走动等。会场秩序包括会场外秩序和会场内秩序。会议召开时,在会议室门口安排专人值班,防止无关人员进入会场,保持会场安静,禁止大声喧哗。会议开始后安排专人到会场清点人数,对迟到、缺席者进行登记。发现会场内不遵守纪律的行为,予以提醒和制止。如因为参会人员都是各二级单位的负责人,在这里我们要特别注意工作方法和工作艺术。既不能因为自己的身份心怯退缩,又不能颐指气使,态度生硬,引起别人的反感。要做到语言温和有礼,态度严肃认真,行动不愠不火、不卑不亢。如果在会议过程中发生突发情况,务必保持沉着冷静,第一时间向领导汇报并联系相关方面,妥善做好处置,保证会议安全平稳召开。

此外,高校举办的一些学术性会议,一般都有校外代表参加,还需要做好食宿安排、用车安排、卫生医疗、后勤保障以及参观访问工作。这些工作应当在和参会人员进行有效交流的基础上提前来准备,且细化到个人,安排专人进行负责。其中,食宿安排非常重要、敏感,工作人员在会前要按参会代表的级别和特殊需求安排房间,并视会议规模预留5—10个房间用作解决突发情况和少量与会代表提出预料不到的要求。餐饮准备上除了妥善安排、合理搭配饮食外还要单独预备清真餐厅以备有少数民族代表参会。会务工作者,在有条件的情况下尽量满足、解决参会代表临时提出的意见。

（四）做到"三个密切关注"

做好会议服务工作,必须密切关注下面三个问题。

一是密切关注会议进程。会场会务工作负责人心中必须装好两张表,即会议议程表和每一项议程的时间表。会中时时将会议的实际进展情况与这两张表进行对比,掌握会议进程。会议期间安排工作人员应在会场附近密切关注会议现场情况。提醒工作人员定时供应茶水,巡回检查会场内的音响、灯光、室温、通风、屏蔽等情况,发现问题迅速补救。同时,要注意临时性、突发性事件的发生,遇到问题及时补救。若遇到特殊情况需要向会议主持人汇报时,要采取灵活的方式处理。如把情况写在纸条上、加盖办公室公章或签名,请工作人员利用倒水之机悄悄放到主持人面前,尽可能减小对大会的影响。

二是密切关注领导动态。会议期间,会务负责人要同出席会议的主要领导和会议主持人随时保持密切联系,根据他们的要求,及时主动做出相应安排,保证会议的顺利进行,做到心系领导"三留意"。(1)留意领导讲话。领导讲话本身是发表意见、表达态度的重要方式,也是会议决议的重要表现形式,要留意领导讲话透露的信息及其本意,以便会后传达会议精神或起草会议纪要。(2)留意领导动作。要结合领导的平素习惯、爱好、身体状况等实际情况,尽量理解领导台上眼神、手势等具体含义。重大会议中途休会期间,需要对下午或者明天的会议情况加以交代,这些工作都需要会务承办人员提前考虑、提前准备,提前送交主持会议的领导。(3)留意领导安排。要大致了解领导会议期间的活动安排,必要时上前提醒领导,防止会议超时错过重要活动;领导会前安排的紧急工作,如提醒、资料传递等简单工作是否落实到位等。

三是密切关注会场内外的动态。会场内、外各安排一名工作人员,彼此间及时沟通,保障畅通的联络,其作用是负责与会议有关的信息收集和发送,并协调处理会议期间的工作与突发事件,完成领导交办的事项。工作人员需要将会议实际进展情况实时对比会议议程,以便将会议进程及时掌握。一方面,注意会场内的情况。会议召开过程中工作人员要密切关注会议动态及会场内情况,从设备的正常运行到人员是否到位等方面进行逐一观测与核实。另一方面,留意会场外的氛围。做好会场内外的安全保卫、保密工作。协助安保人员做好出入会场人员的身份核实工作,维护好会场秩序,涉密会议材料的安全保密工作。遇到突发情况要注意工作的方式方法及工作艺术,既要尊重他人,谦卑有礼,也要认真负责,顾全大局。

五、如何做好会议记录和纪要?

大凡举办会议,都必须做好会议记录和会议纪要,以资备查和对照贯彻落实。但实践过程中,有的同志对会议纪要的整理工作不甚了然,不是把会议纪要写成"会议记录",就是把会议纪要写成简单的"会议要目",很难处理好"记录"与"纪要"的关系,需要在实际工作中加以注意。

(一)如何做好会议记录

会议记录是高校管理干部的一项日常工作,看似简单,真正做好并不容易。它需要在会前、会中、会后投入大量时间和精力,充分考虑多种细节与因素。做好会议记录应着重把握好以下三点:

一是准备细致到位。认真细致的准备工作是做好会议记录的重要保障。首先要提前熟悉会议情况。会前,要熟悉会议主题、内容,掌握会议议程、与会人员名单等,了解会议环境,准备好相关记录设备等。其次,认真研读会议材料。要把会议所有材料研读一遍,掌握背景情况,领会中央有关精神,熟悉相关工作进展,对以往相关会议讨论情况、会议决议等做到心中有数。特别是决议性会议纪要,对需要会议研究解决的问题,要搞清楚其来龙去脉,了解相关政策规定,分析问题症结所在,预判会议可能要做出哪些决议。除了会议材料外,还要储备丰富的知识,特别是自己不太熟悉的领域,要了解掌握一些基本常识、法律法规、专业术语等,做到心中有数。会议记录通常采用现场文字记录(笔录或电脑记录)和录音(录像)记录相结合的方式,一方面可以确保记录内容的全面、准确;另一方面也对有关准备工作提出了较高要求。对此,记录人应养成一种职业习惯:提前到达会场、提前调试记录设备,避免因准备不足而影响会议记录效果。

二是记录完整真实。会议记录是对会议的基本情况、发言内容和进程进行记载的原始性文字材料。会议记录是会议情况的真实反映，也是了解会议决定事项执行情况的依据和凭证。不论会议规模大小，一般均应形成会议记录。会议记录是纪要的依据。会议记录的内容有：（1）会议名称；（2）会议起止时间、地点；（3）会议主席及主持人；（4）会议出席者名单或人数、列席人员名单或人数、缺席者名单或人数；（5）会议的主要内容，包括报告内容、讨论事项、选举方法及结果、临时动议等；（6）会议决定、决议事项；（7）与会议有关的应记载的事项；（8）记录者姓名。以上内容包括两个部分：第一个部分是会议组织情况，包括会议名称、时间、地点、主持人、出席人、列席人、缺席人（简单注明原因）以及记录人签名；第二部分是会议内容，是记录的主要部分，要将会议议题、讨论发言、形成的决议以及主持人的总结发言等主要内容真实地记录下来。会议记录的目的，就是要忠实记载会议召开时的情景，以便日后查阅。这就要求会议记录必须真实，不能夹杂个人观点，更不能有意增减发言内容。记录一般保持原汁原味，忠实记载发言者的发言内容，如实反映会议讨论情况，不能随意增减，便于起草纪要时弄清楚原意。为确保会议记录内容的真实可靠，对于一些重要会议，可以会上录音、会后整理，即便是重复的发言内容也如实记下，力求准确还原发言者的每一句话、如实反映会上的讨论情况。对听不清楚或不明白的事项，会后要及时核实，以免出现遗漏或错误。

三是整理准确及时。会上记录的内容只是一个草稿，会议结束后，须在草稿基础上尽快整理成要素完整、文通字顺、格式规范的会议记录。在此过程中应注意以下几点：（1）对记录内容查漏补缺。根据会议录音等对记录文稿进行核对，对遗漏内容进行补充，对记录有误处加以修正。（2）对人名、地名、机构名、事件名等专有名词逐一核实。对个别无法确定的专有名词，应根据录音记录，标注拼音。（3）对记录文稿进行全面整理。在不影响记录真实性、完整性的前提下对文稿内容进行适当整合，确保记录体例的规范统一。会议记录经有关部门审批后，应及时归档留存。

（二）如何撰写纪要

纪要是《党政机关公文处理工作条例》规定的法定文种，适用于记载会议主要情况和议定事项，要求与会单位共同遵守和执行。法定会议、工作会议和例会都可以形成会议纪要。纪要可多向行文，既可向下级传达会议精神，又可向上级汇报、向同级通报会议情况，是贯彻会议精神、指导工作开展、解决有关问题、交流思想经验的重要工具。会议纪要的作用有：一是总结会议成果，促进会议议而有决；二是与会者贯彻会议精神的依据;三是供有关领导、档案部门留存备查。掌握纪要的写作方法,是高校管理干部必须具备的一项基本能力。①

第一,掌握基本规范

纪要通常由标题、正文、文尾三部分构成。

标题。一般有两种写法。

第一种是"会议名称+纪要",如《××年第××次校长办公会会议纪要》《关于推进阳光校区××教学楼建设专题协商座谈会纪要》,这种写法适用于有明确名称的会议;第二种是"机构+主要内容+纪要",把会议的主要内容在标题里揭示出来,如《××维修工作领导小组关于××问题研究座谈会纪要》,这种写法适用于没有明确名称的一些临时性协调会、座谈会。

如果是常规性、系列性的会议,一般还要有文号,可以直接在标题下方标注"第×号",按届次或年份排序可写为"×届第×号""〔×年〕×号"。如果有专门的纪要文件头,一般不写标题,直接写编号即可。

正文。一般包括会议概况、主要精神和议定事项三个部分。

(1)会议概况,包括会议时间、地点、主题、主持人、与会人员、主要议程等。概况写完后,还可以加"现纪要如下"作为过渡句。

例如:

×年×月×日上午,校党委书记×××在××校区行政楼××会议室主持召开党委常委会会议,××、××、××……同志参加会议。××、××同志列席会议。会上就有关工作进行了充分讨论、研究,纪要如下。

(2)主要内容,包括议题的基本情况和讨论形成的基本意见、结论、决定、要求等。一般以"会议"作为主体,为叙述方便、条理清晰,常用"会议认为""与会同志一致认为""会议指出""会议强调""会议要求""会议号召""会议同意"等作为段落的开头,当然也可以用在段中。如果会议研究比较具体的事项,没有专门安排讨论发言、主持人总结讲话等,只有表决环节,可以直接写会议议定事项。

概括归纳会议主要精神,一般来说有综述式、条款式、摘要式三种。

综述式,就是将会议所讨论、研究的问题综合成若干部分,每个部分集中谈一个方面的问题,较复杂的工作会议或经验交流会议的纪要多采用这种写法。这种写法多适用于只有一项议题的会议。

① 高峰.会议纪要"八字诀"[J].秘书工作,2015(3):50—51.

例如：

中共××××大学委员会会议纪要

××大党纪要〔2023〕2号

1月17日党委常委会会议纪要

2023年1月17日上午,校党委书记×××在腾讯会议主持召开党委常委会会议,×××、×××……同志参加会议,×××同志列席会议。会议专题就违规吃喝问题专项整治工作进行了学习传达和安排部署,纪要如下：

校党委书记×××传达学习了1月11日全省违规吃喝问题专项整治动员部署会议精神。省委书记王蒙徽出席会议并讲话,强调要深入贯彻落实党的二十大精神,认真学习贯彻习近平总书记在二十届中央纪委二次全会上的重要讲话精神,按照中央纪委国家监委有关要求,从严从实抓好违规吃喝问题专项整治工作,持之以恒推进全面从严治党向纵深发展。要以刀刃向内的勇气、抓铁有痕的决心、久久为功的韧劲,从严从实开展专项整治。

校党委常委、纪委书记×××汇报了《××××大学关于开展违规吃喝问题专项整治的实施方案》。方案列举了专项整治重点五个方面的主要表现,细化了学校纪委以召开专题学习会、签订廉政承诺书、开展自查自纠和专项检查、建立台账严肃执纪问责等方面抓好贯彻落实的工作举措。

会议指出,违规吃喝问题专项整治工作由学校党委统一领导,要压紧压实主体责任和主要负责同志第一责任人责任。党委领导班子成员要各负其责,带头锤炼党性,带头守牢底线,以身作则,以上率下,一级管一级,层层保落……

会议强调,要按照中央纪委国家监委和省委有关要求,从即日起至6月底,从严从实抓好违规吃喝问题专项整治工作。要提高政治站位,澄清错误认识,树立正确观念,时刻绷紧底线思维这根弦；要把握重点内容,抓住关键环节,各级领导干部要带头防范围猎,带头纯洁交往；要加强组织领导,扎实有效推进专项整治工作,以案说法,以案警醒,做到发现一起、查处一起、曝光一起；要合理掌握政策界限,在符合规定和标准的前提下保障学校重点工作开展。

会议通过《××××大学关于开展违规吃喝问题专项整治的实施方案》,由纪委综合室、主体责任办公室根据会议意见修改完善后印发。

　　……

条款式,就是把会议议定的事项用条款方式加以简要说明,分别冠以一二三四的标号,一条写一个事项。这样表述简明扼要,适用于部署工作的会议或办公会议,也适用于工作协调会等。一般会议议题或内容较多时采用,分议题、分事项进行叙述,加上标号或小标题。

例如:

××,校党委书记××主持召开党委常委会会议……

一、会议研究×××事宜。会议强调……

二、会议审定×××方案。会议强调……

又如:

会议听取阳光校区体育馆项目推进情况,研究讨论有关事宜。

一、关于项目设计问题。会议指出……会议明确……

二、关于项目施工问题。会议强调……会议议定……

三、关于项目经费问题。会议强调……会议要求……

摘要式,是对与会者发言内容进行摘录,按发言顺序或不同内容,分别进行叙述。这种写法一般用于研讨会、座谈会等会议。

例如:

会议听取各分管领导和机关职能部门负责人对明年学校经费预算工作的意见建议。

××同志建议,一是……二是……三是……

××同志建议,一是……二是……三是……

(3)议定事项,即会议作出的重要决策事项。通常使用"会议同意""会议原则同意""会议决定""会议议定""会议明确"等惯用语作为段落开头。议定事项较多时,可以分条列出。

例如,学校维修工作领导小组办公会议纪要中的议定事项部分这样写:

会议决定:

1. 学校基建维修工作要以……为原则,以……为标准,即按照学校维修工作管理办法执行。相关部门要做到高度重视、加强建设、严格管理。

2. 项目总经费控制在××万元以内,由财务处负责统筹安排。

3. 由××同志指导基建管理处根据会议意见对设计方案进一步修改完善,会后充分论证完善后,再次提交会议审定。

需要注意的是,议定事项不能漏项或增项,在起草过程中,要仔细对照会议记录和相关会议材料,把议定事项写准确、写到位。

文尾。包括参会人员名单(如正文第一部分已表述,可不在文尾介绍)、版记等,一般不落款。

参会人员名单。一般包括出席人员、列席人员,缺席或请假的人员也应该注明。名单一般写"单位+姓名",不写职务。如果是召开会议机构的固定组成人员或文件已明确的相对固定列席人员,也可不写单位。

以学校党委常委会会议为例:

出席:×××,×××(出席人员指常委会组成人员,一般不用再写其所在单位)

列席:组织部×××,人事处×××(如会议包含多个议题,可在各议题后标注列席单位)

版记。与其他文件类同,一般包括发送对象、印发机关、印发日期。发送单位用全称或规范简称。

第二,写作基本要求

一是"快"。会议纪要讲究时效性,会议结束后需要马上落实,会议纪要就是落实会议精神的主要依据,如果发布太晚就会失去其价值和意义。所以,会议纪要必须在会议结束后尽快完成,其审批流程也必须迅速及时。通常情况下,重要紧急会议当天印发或隔天印发,一般会议3天左右印发纪要。

二是"全"。会议纪要内容要全面、完整,不能丢项、落项,也不能多项。对于一些临时加入的会议议题,部署的一些工作任务,也要完整地写入纪要中。为了便于撰写和查阅,可以按照一事一标题或一事一段的格式去撰写,根据议题的重要程度和类别进行排列。会议未讨论通过的议题不要写入会议纪要中。

三是"准"。会议纪要一定要准确。内容要准,会议议定的重要事项,比如经费、时限、责任人等一定要准确地记录下来,不能有丝毫出入。用语用准,对参会人员所说的专业术语、专有名词一定要表达准确,对于一些不规范简称或俗称,要注意核实订正。

第三,认真修改完善

纪要源于会议记录,但又"高于"会议记录,是对会议记录的再加工、再整理。纪要的核心在"要",需要抓住会议主旨和主要成果进行提炼、概括和归纳。[①]因此,写好一份纪要,有时并不比起草一个讲话稿容易,要求起草者具备一定的综合分析、归纳概括和文字表达能力。

一份好的纪要,需要经过深度加工整理,做到主题突出、观点鲜明、结构严谨、条理清晰、内容简洁、表述准确、文字精练、格式规范。

一是抓住重点,合理取舍。要围绕主题和重点适当取舍,与会议中心内容和讨论要点密切相关的尽量写充分、写到位,不相关或联系不密切的不写或少写;体现

---

① 高峰,范涛.写好会议纪要的"精"字诀[J].秘书工作,2019(9):45—46.

会议宗旨的多数人的意见，要集中反映，少数人的意见如果是正确的，适当予以反映。讨论中意见有分歧、难以统一的，一般不写进纪要，但研讨性的会议除外。正确集中会议的讨论意见，还要善于区分讨论性意见和表态性、结论性意见，特别要注意领会会议主持人的总结讲话，把会议形成的结论性意见在纪要中充分体现。

二是把握逻辑，理清层次。根据会议内容分类别、分层次、按顺序进行归纳概括和加工整理，使纪要脉络清晰、层次分明、逻辑缜密，切忌简单罗列堆积、条理不清、层次不明、前后矛盾等。会议内容较多或有多项议题，可根据不同内容和议题分成若干部分分段归纳。在坚持体现原意的前提下，对讲得不够透彻的内容，进行适当补充、延伸和深化，使其语意完整、逻辑严密。

三是概括提炼，转换语体。在会议记录基础上，进行更高层面的综合概括，披沙拣金。会议中，领导的脱稿讲话，往往比较口语化，要适当加工，注意用词转换，把口语转换为书面语。可以对比以下两段文字：

原话：

对于学校各项工作各部门千万不要形成只顾自己"一亩三分地"的小家思想，要站在学校的角度整体思考。如果不进行统筹考虑，这对学校工作推进和统筹发展是很不利的。你们琢磨琢磨，别形成那种情况。你们看看有没有这个突出问题，应该要从整体归口管理的角度考虑，以后要规范管理。

形成纪要后：

会议强调，要进一步改革创新，改进业务归口管理办法，业务主管部门要科学统筹把握各部门实际诉求，推动解决实际问题，积极发挥统筹作用，更好树立规范意识。

四是打磨文字，把握文风。会议纪要的文风特点，概括起来就是"准、实、精"。"准"，一方面是把握原意要"准"，要全面、客观、真实反映会议情况，既不能凭空增减内容，也不能篡改原意，不掺杂个人感情和看法；另一方面是表述要"准"，涉及概念、数据、事例、重大提法和法律条文、相关政策文件表述等要准确规范，会议讨论通过的干部人事、编制、经费、责任单位、时限要求等重要事项要按照会议精神写清楚。如果遇到一些不太清楚的地方，要跟相关单位和人员核实确认。涉及重大事项可送分管领导和有关部门会签，确保准确无误。"实"，就是语言讲究平实、庄重，行文时应多平直叙述，以短句为主，用语朴素、严谨、得体，不宜用华丽辞藻过度修饰。"精"，就是内容要精简、文字要精练，不宜长篇大论。可适当使用缩略语，约定俗成的缩略语可直接使用，未约定俗成的可先全后简，这样可使纪要语言更加简明。要站在会议的高度，综合全局的意见，而不能突出个人的意志。通常这种层次是用一些约定俗成的专用语言来表达的，如常用的规范语言有"会议听取了""会议认为""会议指出""会议要求""会议强调""会议议定""会议原则同意"等。

需要说明的是,会议纪要没有独立行文功能,会议纪要报送上级时,主办会议单位需另拟一份报送报告,与会议纪要一并上呈。

六、如何做好会后收尾工作？

我们评价一次会议的效果如何,主要看其形成的意见对实际工作所产生的推动作用。会后收尾工作是保证会议达到预期目的,更好地发挥会议功效的一个非常重要的环节,也是最容易让人松懈、容易失误的环节。

一次成功的会议,不仅要求有充分的会前准备,周到的会中服务,而且要求有高质量的会后收尾工作,三者缺一不可。一次会议即使进行得很顺利,结束后如不及时做好会后收尾工作,善始而不善终,同样会影响会议效果。例如,会议结束后,不及时安排会议代表离会,代表们不能及时返回单位,就会影响会议精神的传达贯彻;不及时发布会议新闻,就不能使会议精神得到迅速宣传;不及时印发会议纪要,会议的精神就不能尽快地贯彻落实;催办工作不抓紧,就不能督促有关单位及时落实会议精神等。因此,做好会后工作具有十分重要的意义。会议结束后,办会人员应重点抓好会后服务、会后总结和会后督查三件事。这些工作的好坏直接关系到会议质量的高低。

（一）善始善终,做好会后服务

主要内容有组织与会人员离场、回收会议资料、会场清理,清退会议文件等。

组织与会人员离场。关键在于秩序和安全,特别是有重要领导出席,或者参会人数规模较大的会议,有序离场时对办会人员的重要考验。需要注意的是,一要安排专人引导与会领导和嘉宾先于会议代表离场,最好预留专用通道;二要事先告知参会代表可用的离场通道,并在会议结束后及时打开,可安排代表按照座位区域分区错时离场,让老弱病残等人群优先离场;三要在离场路线沿途安排引导人员,提醒参会代表有序离场,注意安全。

回收会议资料和会场清理,主要包括物品清理和设备回收。清理和回收会议物品要注意以下几点:可二次使用的旗帜、座签架,以及会议代表遗留在会场的会议包、个人物品等要及时回收,退回相关管理部门,签字交接,厉行节约。电子设备要指定专人使用维护,租用的设备会后应及时归还,当面确认设备完好,交接时要书面签字确认。电子设备中的数据要及时备份,租用的电子设备归还前要将数据导出并清空设备内相关的数据。如果使用内部会议室,会议结束后应主动将会议室的座椅归位,打扫干净,断电关门。

清退会议文件。会议结束后需要严格清退的文件主要有两类:一类是明确标明密级的文件;一类是会议主办方明确要求清退的重要文件,如重要领导讲话稿、文件讨论稿和其他内部文件等,清退的目的在于防止丢失泄密。办会人员在会前发放时就要明确必须清退的文件和要求,参会人员在会议结束离场时要按照目录逐一清退文件。会议文件清退还应该注意以下几点:专人负责文件的回收、保管和销毁;保密文件清退须本人退还、当面签收;保密文件应逐一编号,发放与清退时应登记编号,以便文件与人一一对应;清退文件时,要注意检查是否有缺页或损坏;会议期间,主持人应反复强调文件保密的要求和注意事项,对擅自将保密文件带离会场的人要及时追回文件,严肃处理,对丢失会议保密文件的人员要依法追究其责任。

(二)查漏补缺,及时会后总结

会议结束后,有的同志会产生"停下来""歇口气"的想法。这是要不得的。这种情况下,更应该"趁热打铁",一鼓作气,接续做好办会的"后半篇文章"。

全面作好会后总结。召集会务工作人员认真总结经验,寻找工作差距,讨论下一步意见,对已有的会务工作流程、工作规则和服务指南等及时进行修订、增补,使之更加科学、规范。对承办会议的成功经验及瑕疵失误进行总结,形成书面材料,始终放在脑中、刻在心上。对新经验、好做法要继续传承弘扬。对问题纰漏进行深刻反思,找出背后原因,时常反躬内省,使以后办理同类会议时有所借鉴,坚决做到同样的错误不犯第二次。要及时把会议文件、简报、会议记录、音像资料以及会务工作方案、服务指南等一整套原始资料收集齐全,按规定归档管理,形成尽可能完善的资料汇编,便于今后查阅使用。同时,适当对会务有功人员和有关部门进行表彰奖励,对在会务工作中未能尽职尽责的同志提出适当的批评,如有严重失误或玩忽职守的情况,则追究有关人员的责任。

及时整理会议资料。对会议的记录、简报、新闻发布工作,要明确专人负责,做好全程记录。根据需要,及时整理会议记录、起草会议纪要、撰写会议简报,或印发领导讲话。对会议记录、领导讲话、会议纪要、会议简报、会议新闻等材料的印发工作,要坚持领导审批制度,确保会议记录、报道等内容真实准确、简明扼要、符合行文程序。

及时编发纪要。坚持真实性、时效性原则，会后及时按程序起草、送审、印发会议简报或会议纪要，便于相关单位及时贯彻会议精神、执行会议决定，并为督查问效提供重要依据。

迅速归档资料。落实专人对会议通知、记录、纪要、发言稿等各种原始资料及时存档、妥善保存，便日后查阅。同时注重保密工作相关规定，按照要求做好会后资料处置等工作。

（三）力求实效，抓好会后督查

会后督促检查工作，是狠抓工作落实、确保政令畅通的重要途径，要对会议发言、讨论形成的有关事项以及会议期间的领导批示件等的办理情况进行跟踪督查，确保会议审议的各项事项和任务落到实处。

会后督查从三个方面做起：一是明确督办人员。一般由办公室同志兼任，也可根据工作需要从有关部门抽调。明确分工，在某一阶段专职专责。二是健全登记制度。建立督查台账，逐项列出检查催办的事项，下发督办通知单，包括督办内容、督办人、督办日期、被督单位、办理情况、联系人及电话等，定期记载进展情况，定期印发督办通报，一并纳入年度目标管理。三是建立汇报制度。每次会议决定事项督办结果要通过口头汇报、书面汇报、专题报告等多种方式向领导汇报，确保每次会议开时成功，开后见效。

总之，高校管理干部做好会前、会中、会后的各项工作是保证会议成功的前提，同时注重会务工作的技巧与艺术性，就一定能够把会务工作组织好，让与会各方满意。

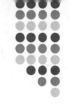

第五项　如何提高办事水平？

　　办事,就是做事情。办事,是高校管理干部的重要职责。会不会办事,能不能高效办事,反映一个管理干部的水平。会办事,就是把好事办好,把难事办成,把不放心的事办放心;不会办事,就是把好事办砸,把简单事办复杂,把放心的事办得不放心。要敢于打破旧规、突破常规、创制新规,善于借用已有、落实既有、创造没有。工作抢着干、主动干、创造性地干,为了工作可以想尽办法、吃尽千辛万苦;不图名不图利、不畏难不怕烦,再难啃的骨头、再烫手的山芋,都能事不避难、担当作为;一心扑在工作上,像老黄牛一样,埋头干事而不张扬,不待扬鞭自奋蹄。

老子云："合抱之木,生于毫末;九层之台,起于垒土;千里之行,始于足下。"形象地说明了人要成就一件大事,就得从平凡的小事做起。高校师生无小事,事事不能小看,有的看似不经意的小事,你大意了,可能会造成意想不到的后果,所以高校管理干部必须注意提高自己的办事能力,切莫让机会轻易溜走。办事水平是指办事的质量和成效,它体现在三方面:办事时间、办事质量和办事结果。办事的基本要求:一是快速,效率高。快速和效率高的基本要求是办事情要雷厉风行,即严厉迅速、声势猛烈和行动迅速。切忌漫不经心、拖拖拉拉和拖泥带水。二是美好,质量优。美好和质量优的基本要求是没有重复劳动,一次性把事情做好。所谓重复劳动是指事情没有办好,不符合要求,返工重做;三是圆满,无瑕疵。圆满和无瑕疵是指所办事情结果没有缺陷、漏洞、过失,圆圆满满,使人满意。

"办事"比"办文"要求高,难度大。办文一次不成功,还可以重写或反复修改,自己反复修改达不到要求,其他同志和领导还可以伸出援助之手;办事只能成功,不能失败,办成什么样就是什么样,别人补救来不及,办"砸了锅"是没有挽回余地的。因此,高校管理干部应下功夫探索办事的基本规律,要立足岗位奉献,不断提高办事能力和水平,学会做好身边每一件力所能及的事情,力求做到:不论办任何事情,上级指示的、领导交办的、下级请求的、同事委托的事,都是办得明明白白,不是稀里糊涂;都是雷厉风行,不是拖拖拉拉;都是严谨细致,不是粗枝大叶;都是有始有终,不是虎头蛇尾;都是严格有序,不是杂乱无章。这样才能受得起重托,担得起重任。

"事必有法,然后可成。"方法是过河的桥和船,工作方法不同,解决问题的思路就不同,结果也就不同。我们党始终注重解决工作方法问题,创新总结了深入调查研究、学会"弹钢琴"、牵住"牛鼻子"等经得起实践检验的好方法。如何提升高校管理干部的办事能力和水平是仁者见仁智者见智的问题,科学的工作方法从理论中来,也从实践中来。实践证明,只有坚持在干中学、在学中干,做到学思用贯通、知信行统一,才能不断增强工作指导的前瞻性、科学性、有效性。

一、如何增强八种本领?

习近平总书记在党的十九大报告中提出,领导干部要增强八种执政本领,即学习本领、政治领导本领、改革创新本领、科学发展本领、依法执政本领、群众工作本领、狠抓落实本领、驾驭风险本领。这八种本领,是针对现有领导干部缺乏本领恐慌意识而言的。本领恐慌是一个普遍存在的问题。早在抗战时期,毛泽东同志就提出过"本领恐慌"的概念，"我们队伍里边有一种恐慌，不是经济恐慌，也不是政治恐慌，而是本领恐慌"①。所谓本领恐慌，是个人对自身素养、能力缺乏自信且不善于或不愿意去提升的表现。习近平总书记曾指出，本领恐慌在党内相当一个范围、相当一个时期都是存在的。也就是说，提升党的领导干部领导本领和执政本领，是一个长期性的问题，需久久为功。高校管理干部能否在这个"新的历史方位"，写好高等教育"奋进之笔"，开辟新时代中国特色社会主义高等教育改革发展新境界，当前尤其需要增强八种本领。

（一）增强学习本领

在十九大报告中提到的"八项本领"中学习本领排在了第一位，足见学习的重要性。围绕解决实际问题、围绕自己从事的工作，既要全面学，也要重点突出。必须通过认认真真学、原原本本学，深学细悟、深刻领会，整体把握、融会贯通，真正通晓理论精髓、掌握精神要旨，把党的创新理论变成改造主观世界和客观世界的强大思想武器。当前和今后一个时期的首要政治任务是学习宣传贯彻党的二十大精神，高校管理干部要切实提高政治站位，进一步增强思想自觉、行动自觉、政治自觉，坚持学以致用、知行合一，坚决抓好党的二十大精神的贯彻落实，切实在学懂、悟透、做实上下功夫。

一是要在学懂党的二十大精神上下功夫。党的二十大提出了许多新理念、新论断，确定了许多新任务、新举措，需要通过学习来准确领会。尤其是当前党和国家进一步确立了一系列关于教育、科技、人才的重大政策、重大举措，我们要对接好这些顶层设计和主张，首先就要把握"学懂"这个最大前提，关键是要勤学善思，努力掌握党的二十大精神的政治意义、历史意义、理论意义、实践意义。习近平新时代中国特色社会主义思想在指导事业发展上没有止境，学习上就没有止境，只有把党的二十大报告真正学深学透，才能在高等教育高质量发展中不出现本领恐慌，不出现无的放矢，培养出真正的战斗力。

二是要在悟透党的二十大精神上下功夫。党的二十大报告通篇闪耀着新时代马克思主义思想的光辉。悟透党的二十大精神，尤其是要领悟习近平新时代中国特色社会主义思想的实质和精髓。要把学习贯彻党的二十大精神同学习马克思主义基本原理贯通起来，把学习贯彻党的二十大精神同把握党的十八大以来我们党进行伟大斗争、建设伟大工程、推进伟大事业、实现伟大梦想的实践贯通起来，把学习贯彻党的二十大精神同把握党的二十大作出的各项战略部署贯通起来，深化认

---

① 毛泽东文集：第2卷[M].北京：人民出版社，1993：178.

识党的二十大关于党和国家事业各项战略部署的整体性、关联性、协同性,全面理解、深刻认识精神实质和内涵,不断增强行动的自觉性。

三是要在做实党的二十大精神上下功夫。我们党一直强调"不忘初心、牢记使命",就是要进一步实干担当。一分部署、九分落实。要拿出实实在在的举措,把学习贯彻党的二十大精神落实到高校各项事业发展的实际行动中。要一个时间节点一个时间节点地往前推进,一个问题一个问题地解决,以钉钉子精神全面抓好落实。党员干部就要带好头,真抓实干,埋头苦干,以贯彻上级党组织决策部署为前提,把分管的工作抓紧抓实、抓出成效,确保各单位目标任务不打折扣全面完成。

(二)增强政治领导本领

在党的建设总体布局中,政治建设摆在了首位,而政治建设中首要的就是旗帜鲜明地讲政治。高校领导干部首先必须旗帜鲜明地讲政治,以增强政治能力为要求,更好地服务于广大师生群体。

首先,坚持以习近平新时代中国特色社会主义思想为指导。高校领导干部既要吸收马恩经典作家、中共历届领导人的重要思想,更要学习习近平新时代中国特色社会主义思想,将历史经验与现实逻辑相统一,用科学理论武装大脑。在提升自己理论素养的同时,高校领导干部也"要抓好马克思主义理论教育,深化学生对马克思主义历史必然性和科学真理性、理论意义和现实意义的认识,教育他们学会运用马克思主义立场观点方法观察世界、分析世界,真正搞懂面临的时代课题,深刻把握世界发展走向,认清中国和世界发展大势,让学生深刻感悟马克思主义真理力量,为学生成长成才打下科学思想基础"①。

其次,坚持"五种思维"模式。高校领导干部对学校工作实行全面领导,承担着办学治校主体的责任,需要坚持战略思维、创新思维、辩证思维、法治思维、底线思维,把方向、管大局、作决策、保落实。战略思维指高校领导干部既能够宏观把握党的路线方针政策,同党中央保持高度一致,又能因地制宜,结合本校特色,制定切合实际的发展战略;创新思维指高校领导干部敢于打破既定思维模式,冲破陈旧思想的束缚,以一种新颖独特的方法来分析问题、解决问题;辩证思维是指高校领导干部要全面地看待客观事物,既看表象,又看本质,既看好的一面,又看坏的一面;法治思维指高校领导干部要时刻牢记全面依法治国、依法治校的宗旨,将法治贯彻于

① 习近平.抓住培养社会主义建设者和接班人根本任务 努力建设中国特色世界一流大学[N].人民日报,2018-05-03.

高校改革发展事业始终；底线思维是指高校领导干部在为人、做事、从政过程中不踩红线，不触碰高压线。

（三）增强改革创新本领

改革创新是推动党和国家事业发展的强大动力。十八大以来，习近平总书记在公开讲话中多次提到"创新"一词。对此，我们要保持锐意进取的精神风貌，结合实际创造性推动工作。

一要培养创新意识。意识创新是工作创新的首要前提，如果没有创新意识，整天忙于事务，墨守成规，是难以在工作上出新的。这就要求我们在平时的工作中脑海里应当有三快：一是对新精神、新文件学习快、领会快。文件比别人多读几遍，读时比别人多看出几点，思考问题比别人多想几个。二是对新的经验和做法接受快、消化快。三是对新的方法引进快、运用快。作为一名管理干部思维不能在原地踏步，不能被各种框架束缚，要善于用新的视角观察形势、用新的思路推动工作、用新的机制和办法解决问题。

二要找准创新方向。也就是想问题、出主意要有新思路、新理念。想问题、出主意超前一点、想远一点。制定工作计划时新颖些、独特些，也就是要有自己本单位的特点、特色，要有时代和时效特点，不能照搬照抄上面的，照葫芦画瓢跟别人的，老调重弹提过去的。党的二十大报告提出了很多新的部署和要求，比如，怎样用习近平新时代中国特色社会主义思想武装党员干部头脑？怎样以提升组织力为重点，加强基层组织建设？等等，这些新提法都是我们创新的突破口和着力点。

三要确保创新实效。要不断学习新知识，掌握新方法，应用新设备、新载体，主动地、能动地做好工作。创新不能脱离实际，不能为了创新而创新，要坚持问题导向、注重结合实际。比如，有些高校在建设学生服务中心的时候，想当然地设置一些服务窗口，没有学生过来办事，根本用不起来，这样的创新有什么意义？所以，要根据基层的实际情况、师生的迫切需求、存在的突出问题搞创新，确保发挥实实在在的作用。

（四）增强科学发展本领

增强科学发展本领，最重要的就是要与一切违背高校科学发展的现象作斗争。与科学发展相对立的是非科学的发展，诸如人才的有限性与高校发展需求的无限性之间的矛盾,建设资金的有限性与资源配置需求的无限性之间的矛盾、理论教育与实践活动未能有效结合、人才培养目标与地方市场实际需求脱轨等。造成以上问题的原因,既有历史遗留因素,又有高校领导干部个人能力的问题。解决以上问题,非一日之功,需要以发展的方式且是科学发展的方式来解。

首先,以"质"为"纲"。这里的"质"指人才质量,包括了高校人才和学生两大群体。一方面要积极引导高校人才回归初心,坚持育人育才的初心,树立正确的政治立场,促进专业知识教育与思想政治教育相结合,用知识体系教、价值体系育、创新体系做,培养德智体美劳全面发展的社会主义建设者和接班人。另一方面要积极引导学生回归常识,引导学生读经典书、读圣贤书、读专业书,求得真学问,练就真本领,以过硬的"本领"迎接未来的挑战,真正把内涵建设、质量建设体现在每一名学生的学习成果上。

其次,遵循由"量"到"质"的发展路径。高等教育事业实现由"量变"到"质变"的过程,并没有固定的发展模式。高校领导干部既要遵循客观规律,也要充分尊重各校校情的差异,做到具体情况具体分析,结合本校实际与特色,明确高校发展方向,量力而行、尽力而为。追求规模、结构、质量和效益的协调发展和质量标准的多样化,推动高等教育沿着从"有"到"好"、从"大"到"强"这两条路径发展。

再次,善于用科学的眼光判断形势。这里的形势具有三个特点:一是历史性;二是现实性;三是发展性。高校领导干部要运用科学思维和有效方法,不断增强工作的原则性、系统性、预见性、创造性。要学会短期看机遇、中期看挑战、长期看趋势、国内看变化、国际看格局,通过世情、国情、舆情来正确认识和准确判断高等教育形势。

最后,用发展的方式解决热点难点问题。发展必须是创新式的发展,将全面提升高校原始创新能力摆在高校发展的首要位置,积极应对高等教育领域的热点难点问题,整合高校基础研究优势和特色,引导专家学者集成跨学科、跨领域的优势力量,加快重点突破,提升高校落实创新驱动发展战略的源头供给能力和水平。

(五)增强依法执政本领

依法执政是最可靠、最稳定和最可持续的治理方式,大到治理一个国家、一个社会,小到治理一个地方、一个领域,关键是都要立规矩、讲规矩、守规矩。推进高校内部治理体系和治理能力现代化,要求高校管理干部必须增强依法执政本领,转变"人治"观念,带头遵守法律,带头依法办事。

一方面要增强法制观念。随着法制的不断健全,高校管理干部必须懂法,学会运用法治思维和法治方式去开展工作,越是师生员工关心、关注的,越是矛盾突出的,越要严格依法办事,决不能瞎干、蛮干、乱干,一旦损害了群众利益,同时也就给自己留下了隐患,可以说损人不利己。

另一方面要懂规矩。无规矩不成方圆。讲规矩,不仅仅体现了一个人的能力,更体现了一个人的修养,如果缺少了这种能力、达不到这种修养,就不是一名称职的干部。

(六) 增强群众工作本领

随着中国特色社会主义进入新时代,多数高校领导干部能够结合学校实际,认真贯彻中央关于改进工作作风、密切联系群众的八项规定精神,但也有些领导干部热衷跑部要项目,参加各种会议和活动,无法真正下达基层,倾听一线教职工与学生群体的意见与建议,工作中难免会产生形式主义。"中国共产党领导人民打江山、守江山,守的是人民的心。"习近平总书记的告诫提醒着广大高校领导干部,要深刻理解我是谁、我从哪来、我到哪去的问题。对该问题理解不到位、理解有偏差,就会影响到学校干群的关系,影响高等教育事业。

首先,要秉持"一切为了群众"的根本宗旨。一切为了群众,是高校领导干部一切行动的出发点和落脚点。要遵循"人民对美好生活的向往,就是我们的奋斗目标"这一执政理念,切实改善师生的学习、生活和工作的条件,切实关心师生的身心健康和发展成长。尤其是要把青年教师队伍建设摆在突出位置,既要为他们创造良好的工作和生活环境,又要重视他们素质的提高和事业的发展。要更加关心学生的全面发展,为学生提供更加优质的教育资源和环境,积极开展学习指导和心理健康咨询,完善学生资助体系和政策,切实帮助广大学生解决在学习、生活、就业等方面所面临的各种实际问题。

其次,要坚持"一切依靠群众"的基本原则。高校领导干部要理解"一切依靠群众"的深层次含义,坚持以学生为中心、以教师为主体的基本原则,"建设现代学校制度,体现以人为本,突出教师主体地位,落实教师知情权、参与权、表达权、监督权。建立健全教职工代表大会制度,保障教师参与学校决策的民主权利"[①]。相信广大师生、依靠广大师生、放手发动师生,做到查找问题听师生意见、改进方法向师生请教、解决问题靠师生力量,在师生的学习、生活和工作中寻求高质量发展的办

---

① 中共中央　国务院关于全面深化新时代教师队伍建设改革的意见[N].人民日报,2018-02-01.

法和途径。

最后,要践行"从群众中来,到群众中去"的工作方法。"从群众中来,到群众中去"是中国共产党的领导方法和工作方法,从认识论上说,它就是调查研究的过程。调查研究是我们党的基本工作方法,也是我们党的优良传统和作风。毛泽东提出了"没有调查,没有发言权"的著名论断。习近平总书记强调指出,调查研究是谋事之基、成事之道,没有调查就没有发言权,没有调查就没有决策权。任何决策、任何决定都不是凭空想象出来的,而是深入各个部门、各个院系、实验室、课堂、食堂、宿舍等基层领域调查而来的结论。因此,高校管理干部要树立强烈的问题意识,深入基层调研,敢于发现问题、面对问题、解决问题。及时了解广大师生的所思所想、所疑所惑、所盼所求,善于分析、回答与师生们联系最直接最现实的问题,将思想层面的教育引导与解决实际问题相结合。

(七)增强狠抓落实本领

抓落实,是一切工作的"生命线",是检验领导干部执政能力的试金石、政策落地生根的路径,更是目标变为现实的关键。如果不沉下心来抓落实,再好的目标、再好的蓝图,也只是镜中花、水中月;有了好的制度,如果不抓落实,制度就会成为稻草人、纸老虎。

一是要有真抓的实劲。"实"就是实实在在、脚踏实地;反对空谈、强调实干;从点滴入手,从具体事情做起。按照实际情况决定工作方针,不提不切实际的口号,不做不切实际的事情。雷厉风行,狠抓落实,领导干部要带头拿出实实在在的举措,埋头苦干,真抓实干。

二是要有敢抓的狠劲。"敢"和"狠",体现的是魄力,要求的是担当。敢于担当是习近平总书记提出的好干部的重要标准,也是干事创业的基本要求。领导干部要时刻牢记自己的第一身份是共产党员,第一责任是为党和人民勤奋工作,始终保持积极进取的状态,"马上就办"狠抓落实。

三是要有善抓的巧劲。"善"和"巧",体现的是能力,"实干就是水平、落实就是能力"。要把握节奏,我们的工作目标和任务有近期的,有中期的,也有长期的,要分清轻重缓急,有计划、有秩序加以推进。抓落实要坚持正确的原则方法,既要抓重点、抓短板、抓弱项,又要抓统筹、抓配套、抓协同,把二者有机结合起来。要强化督查、问责促落实;有布置,有检查,才会有结果,督查抓到底,工作才能落到底。

四是要有常抓的韧劲。需要我们把雷厉风行和久久为功有机结合起来,要立下愚公移山志，发扬"钉钉子"精神，明确自己职责范围的任务，一个目标一个目标分解，一件任务一件任务落实，一个节点一个节点推进，不贪一时之功，不图一时之名，踏石留印、抓铁有痕、一抓到底。要提升"功成不必在我，建功必须有我"的境界，保持稳健发展的战略定力，坚持一张蓝图绘到底，久久为功，善作善成，把学校的规划蓝图一步步化为美好现实。

（八）增强驾驭风险本领

党的十八大以来，习近平总书记围绕防范化解重大风险发表一系列重要论述，要求领导干部增强忧患意识、风险意识、底线思维。近几年由于高校扩招，加之新冠肺炎疫情影响，带来校内各种资源的紧张，特别是学生管理资源，各种突发事件、危机事件时有发生。如果不及时妥善处理，会对高校的稳定发展造成诸多隐患，如政治安全风险、债务风险、校园稳定风险、网络安全风险等。以上风险问题，往往会在社会上对学校造成很大的负面影响。此外，部分高校还存在财务负债年年攀升、基建腐败屡禁不止、教育质量逐步下滑、师生关系紧张等问题。面对如此复杂的局面，高校领导干部驾驭风险的能力显得尤为重要，必须始终保持高度警惕，既要高度警惕"黑天鹅"事件，也要防范"灰犀牛"事件；既要有防范风险的先手，也要有应对和化解风险挑战的高招；既要打好防范和抵御风险的有准备之战，也要打好化险为夷、转危为机的战略主动战。

首先，善于识别风险，提升辩证思维能力。风险本身具有隐蔽性，高校领导干部如果缺乏相应的敏锐度、辨识度，很容易忽略风险的存在。习近平总书记强调，学习掌握唯物辩证法的根本方法，不断增强辩证思维能力，提高驾驭复杂局面、处理复杂问题的本领。也就是说，通过学习、掌握辩证法，全面地、思辨地看待和处理各种问题，既看到事物好的一面，又能及时发现其中不好的一面，做到防微杜渐，将风险扼杀在摇篮中。

其次，善于化解风险，将风险转化为机遇。从自然属性来讲，风险和机遇具有随机性、不确定性。从社会属性来讲，通过发挥人的主观能动性，即高校领导干部勇于直面风险的决心，风险和机遇又是可控的。高校领导干部在面对风险时，不仅要有壮士断腕的决心、过五关斩六将的勇气，还要准确认识风险中存在的各种必然性和偶然性因素，结合高校实际，巧妙利用风险中存在的各种矛盾关系，以新发展理念为指导，将风险转化为高校改革发展事业中蕴藏的机遇。

最后，健全风险防控机制，做到防微杜渐。健全各方面风险防控机制，就是要在风险防控上建立起精细管理、反应灵敏、协调有序、运转高效的工作程序。其一，要变革管理模式，实现由粗放管理到精细管理的转变，杜绝"官僚主义"和"家长制"作风。在高校管理的每个细节和环节上都要讲原则、讲规矩。其二，要建立风险识别研判机制，利用"大数据"等平台优势，有效识别高校教职工、学生群体中的"风险点"，提高风险识别能力。其三，要建立协调联动机制，使高校各部门、各院系之间在面对紧急事件时能够凝心聚力、同向发力。其四，要建立激励问责机制，通过考核奖惩这根指挥棒来增强高校领导干部健全风险防控机制的动力。

二、如何提高办事能力？

高校管理干部工作量大，事情杂，责任重，所以提高办事能力在工作中就显得尤为重要。高校管理干部提高办事能力，需要掌握科学的思想方法、工作方法。早在1934年1月，毛泽东同志在《关心群众生活，注意工作方法》一文中就指出："我们不但要提出任务，而且要解决完成任务的方法问题。我们的任务是过河，但是没有桥或没有船就不能过。不解决桥或船的问题，过河就是一句空话。不解决方法问题，任务也只是瞎说一顿。"毛泽东同志80多年前讲的这段极富哲理、形象而生动的话，至今细读起来，依然发人深思、回味无穷。进入新时代，结合新的形势任务和新的客观实际，用心探讨"任务与方法""过河与桥船"的问题，仍然有着十分现实而特别重要的意义。方法，是人们为人处世，解决生产、分配、交换、社会、科学、文化等各个领域种种矛盾和问题的思路、途径、方式、程序和策略。世上所有的个人、团体、政党和国家机关等，总是要借助、依靠、采用一定的方式方法才能做好想要做的事情，达到预想的目的，实现各自的理想。党员干部只有把思想方法搞对头，认识问题才站得高，分析问题才看得透，开展工作才把得准，新的局面才打得开。高校管理干部首先必须掌握马克思主义看家本领，坚持好运用好贯穿党的创新理论的立场观点方法，养成办事的四个习惯，掌握办事的五条原则，提升办事的五种能力，做到"四不"，才能达到事半功倍的效果。

（一）掌握马克思主义看家本领

马克思主义理论是我们做好一切工作的看家本领，也是领导干部必须普遍掌握的工作制胜的看家本领。在学习贯彻习近平新时代中国特色社会主义思想主题教育工作会议上，习近平总书记强调，真正把马克思主义看家本领学到手，自觉用新时代中国特色社会主义思想指导各项工作,为全党加强党的创新理论武装、不断提高马克思主义水平指明了方向。

所谓"看家本领",是指一个人最重要、最擅长、赖以生存的本领。对党员干部来说,马克思主义就是我们的看家本领,是指导我们认识世界、改造世界的强大思想武器。作为科学的世界观和方法论,马克思主义揭示了自然、社会和人类思维发展的一般规律,是明白学、智慧学。只要学懂了马克思主义,特别是领会了贯穿其中的立场、观点、方法,脑子就灵,眼睛就亮,办法就多;不管什么时候、干什么工作都会有方向、有思路、有招数。尤其对领导干部而言,马克思主义这个看家本领掌握得越牢靠,政治站位就越高,政治判断力、政治领悟力、政治执行力就越强,观察时势、谋划发展、防范化解风险就越主动。

党的理论创新每前进一步,理论武装就要跟进一步。习近平新时代中国特色社会主义思想立足21世纪的世界,既从世界观层面阐释了对21世纪世界的根本看法和根本观点,又从方法论层面为运用这个根本观点认识、评价和改造世界提供指导,既讲是什么、为什么,又讲怎么看、怎么办,既部署"过河"的任务,又指导解决"桥和船"的问题。全面学习领会习近平新时代中国特色社会主义思想,就要全面系统掌握这一思想的基本观点、科学体系,把握好这一思想的世界观、方法论,坚持好、运用好贯穿其中的立场观点方法。党的二十大报告提出了继续推进理论创新的科学方法,即必须坚持人民至上、必须坚持自信自立、必须坚持守正创新、必须坚持问题导向、必须坚持系统观念、必须坚持胸怀天下。这"六个必须坚持"是习近平新时代中国特色社会主义思想的立场、观点、方法的重要体现。只有准确把握包括"六个必须坚持"在内的习近平新时代中国特色社会主义思想的立场、观点、方法,才能真正把马克思主义看家本领学到手,认识问题才站得高,分析问题才看得深,开展工作也才能把得准。

坚持人民至上。答好新时代新征程"人民至上"考题,就要坚持站稳人民立场,坚持树牢群众观点,坚持贯彻群众路线,牢固树立以人民为中心的发展思想,办好人民满意的大学,坚持一切为了人民、一切依靠人民,自觉问计于民、问需于民,把师生员工满意不满意作为评判工作成效的根本标准,解决好师生员工最关心最直接最现实的利益问题,不断增强师生员工的获得感、幸福感、安全感。

坚持自信自立。新征程上,我们要全面贯彻习近平新时代中国特色社会主义思想,坚持自信自立,从中国实际出发,洞察时代大势,把握历史主动,扎根中国大地办大学,在坚定不移推进和拓展中国式现代化中谱写"双一流"建设新篇章,在发扬历史担当和创造精神中谱写中国式高等教育现代化新篇章。

坚持守正创新。高校守正创新、立德树人，既要坚持社会主义办学方向，坚持为党育人、为国育才这个立场不动摇，坚持从马克思关于人的自由而全面发展的理论观点出发，又要想国家之所想、急国家之所急、应国家之所需，着力培养担当民族复兴大任的时代新人。

坚持问题导向。时代是出卷人，我们是答卷人，人民是阅卷人。解答好时代考卷，必须坚持问题导向，增强问题意识，聆听时代声音，回应时代呼唤，认真研究解决重大而紧迫的问题。新时代新征程，我们要坚持用习近平新时代中国特色社会主义思想凝心铸魂，把这一重要思想变成改造主观世界和客观世界的强大思想武器，运用到贯彻落实党的二十大提出的重大战略部署中去。坚持解放思想、实事求是、与时俱进、求真务实，一切从实际出发，聚焦实践遇到的新问题、改革发展稳定存在的深层次问题、师生员工急难愁盼问题、党的建设面临的突出问题，不断推进实践基础上的理论创新，谱写高等教育高质量发展新篇章。

坚持系统观念。习近平新时代中国特色社会主义思想站在时代前沿和战略全局高度，运用系统观念进行前瞻性思考、全局性谋划、整体性推进，为新时代党和国家各项事业的发展提供了科学思维方法。坚持系统观念，是马克思主义理论的基本方法论，也是我们在实践中总结出的重要经验。坚持系统观念，把握好全局和局部、当前和长远、宏观和微观、主要矛盾和次要矛盾、特殊和一般的关系，我们就能通过调查研究更好把握事物的本质和规律，找到破解难题的办法和路径，为学校各项事业发展作出新贡献。

坚持胸怀天下。新征程上，要继续发挥高校的人文属性和平台优势，始终致力于开放办学、加强与全球的对话沟通，主动参与国际竞争合作，展示中国高等教育的良好风貌。要加快构建中国话语权和中国叙事体系，深入开展各种形式的人文交流活动，讲好中国故事、传播好中国声音，增强中华文化传播力影响力，展示真实、立体、全面的中国，塑造可信、可爱、可敬的中国形象。

（二）养成办事的四个习惯

高校管理干部承担着大量文稿起草、综合协调、会议筹备、信息反馈、督促检查、内外接待等事务性任务，要做好高校管理工作，首先要养成办事的四个习惯，就是勤想事、会干事、能装事、善记事。

第一，勤想事，有预案

高校管理干部面对的是高层次知识分子和大学生，他们对工作有着很高的期望。因此，高校管理干部做事不能满足于"领导交办啥就干好啥"，也不能只当那种"来了文件往上送，有了批示向下传"的收发员和传令兵，而应具有超前的战略思维和敏锐的眼光，对自己所负责的工作要有预见性和创造性，要努力做到既到位又不越位，既不缺位又不错位，时刻想着自己应该干什么。特别对领导需要提供的情况提前准备好，部门负责人提出要解决的问题首先想得到。要做到这一点，就要勤于学习思考，善于调查研究；真正吃透上头精神，掌握下头情况；积极地给领导出主意、想办法、当参谋。领导决策前，要广泛收集有关材料，提供信息，找好政策依据，供决策参考；决策实施后，又要主动抓好信息反馈，积极协助领导发现和解决实施过程中的问题。要胸怀全局，立足本职。安排工作既要领会领导的意图，又要考虑部门的承受能力。既谋大略，又干实事，不懒惰，不"甩手"。自觉做到：请示工作有方案，汇报工作有依据，贯彻上级指示有措施，紧跟中心有建议。同时要勤于思考，对领导交办的事，要沉下心去想事，用足心思做事，千方百计成事。切忌碰到困难绕道走，遇到矛盾往上交。

第二，会干事，勇担当

高校管理干部既是"参谋部"又是"政治部"成员，既是"后勤部"又是"装备部"成员，对上涉及高校的五大职能，对下涉及个人的成长进步和切身利益，任何一个环节都不能出现纰漏。开展任何一项工作，首先看态度，关键看行动，最终看效果。因此，作为高校管理干部，有想干事的自觉，也要有会干事的本事，做到"快、准、细、实"。

"快"，就是迅速敏捷，高效率地干。也就是说，任务明确后，能抓紧时间，争分夺秒地把事情办好。高校管理干部要有一种雷厉风行的工作作风，对领导交办的事项快速反应，及时布置，尽快落实、办事不拖不推，迅速处理。不能老牛拉破车，拖拖拉拉。要说了算，定了干，快节奏，高效率。

"准"，就是准确地领会领导的意图，准确地掌握真实情况，准确地把握自己的位置。要切实领会领导的真实意图，准确地传达领导的指示，正确地处理领导交办的各种事项。同时，要准确地把握自己的位置，做到既"到位"又不"越位"，积极为领导出谋划策，为领导工作拾遗补缺。

"细"，就是细致周密，条理清晰，很有章法。要做到"五加强，五减少"，即加强计划性，减少随意性；加强科学性，减少盲目性；加强针对性，减少形式化；加强特色性,减少一般化;加强务实性,减少"客里空"。对领导交办的任务,要纵横比较,交叉分析,权衡利弊,做到考虑问题多向思维,提出建议多种方案,起草文件反复推敲,答复问题掌握分寸,安排工作多方商量,评估工作不走极端。

"实",就是求真务实,工作扎实,狠抓落实。这是管理干部应具备的最宝贵的、最重要的作风。"扑下身子干实事、谋实招、求实效",是党的二十大提出的一个明确要求。一个"实"字,体现的是务实作风、求实态度。求真务实,就是坚持一切从实际出发,扎扎实实地创造性地开展工作。工作扎实,就必须说实话,干实事,讲实效,解决实际问题,大兴调查研究之风、狠抓落实之风、大力改进文风。办事一定要有甘当无名英雄的思想,干工作不图虚名,少说多做,默默实干。总结经验不掺水分,反映情况不掺个人恩怨,不把计划当结果,不把预测当现实,脚踏实地做好自己的分内事。

第三,能装事,守秘密

高校管理干部处在承上启下、联系左右、协调内外、沟通各方的重要位置,并经常列席或参加各种会议及活动,掌握了领导大量的重要信息。对此,作为管理干部,一是守口如瓶。保守秘密应成为高校管理干部的一项职业道德。特别对重大事项、干部调整、对外宣传以及涉及对干部的评价等问题,要守口如瓶,不能随意透露。二是不传闲话。坚决反对和抵制自由主义,特别涉及领导之间的意见分歧,领导对下级的一些评价、看法等,不能传播,更不能搞阴一套、阳一套的两面派作风。三是不编不造。对决定的重大事项、重要决定等内容和信息,未经批准公布之前,必须严格遵守保密规定,不能泄露秘密。四是慎重交往。说话办事要注意分寸,与人交往要把握尺度。不在QQ、微信、微博、电话上谈论工作秘密,更不能在公共场合谈论与工作有关的言论。

第四,善记事,多积累

高校管理干部承担着学校日常行政事务的重任,是领导的参谋助手,每个人都要努力培养成为管理行政事务的行家里手。一是认真做好各种记录。随同领导调研、听取汇报等活动时,对领导讲话中的闪光思想、脑子闪现出的"火花",以及在闲谈中的点滴启发、生活中的生动语言等,要随时捕捉,随时记录,久而久之,积少成多,大有益处。鲜活的语言、闪亮的思想,往往只存于瞬间,不记就稍纵即逝。二是准确把握领会领导意图。要注意把领导在不同时间、不同场合自然流露的零散观点集中、连贯起来进行分析,找准其实质内容,准确把握好领导的意图。要根据领导意图撰写材料,对自己难以把握的问题要及时请示,切忌自作主张。三是广泛收集素材。跟随领导调研时,每到一处都应广泛收集材料,包括正面的和反面的材料,特别是对师生的一些鲜活的语言、顺口溜等都尽量把它记录下来,作为撰写材料的素材。四是要成为储备多方面情况的"档案库"。要通过多种渠道,尽可能收集上级主管部门和校内二级单位各方面的信息,一旦领导需要,就能信手拈来。五是要熟悉学校的各项规章制度。特别是对学校层面和学院的重要工作制度、议事规则,要做到心中有数、言出有据。

（三）掌握办事的五条准则

高校行政管理工作作用重要,牵一发而动全身,工作具有很强的原则性、规范性、系统性、协作性等特征。高校管理干部既要掌握相关政策法规,又要熟悉本职业务;既要有良好的品德,还要有过硬的基本功;既要有分工,还要有合作。高校管理干部办事应遵循以下五条准则,即按政策办事、按原则办事、按程序办事、按职责办事、按决议办事。

第一,按政策办事

也就是办事要讲政治。严格遵守国家有关法律法规、政策规定,严格遵守政治纪律、组织纪律、人事纪律、财经纪律,不能出格越轨,不能打"擦边球""闯红灯"。政策是国家政权机关、政党组织和其他社会政治集团为了实现自己所代表的阶级、阶层的利益与意志,以权威形式标准化的规定在一定的历史时期内,应该达到的奋斗目标、遵循的行动原则、完成的明确任务、实行的工作方式、采取的一般步骤和具体措施。按政策办事,党员领导干部必须率先垂范,带头遵守、带头执行,确保政策的约束力、规范化、权威性。"没有规矩不成方圆"。政策就是规矩,就是"标准"、就是"红线"。现实生活中,不论是法律规定、纪律规定,还是其他规定,有时看起来与道德、人情相违背,但必须严格遵守,不能背道而驰。实践一再证明,只要能够坚决按法规办事,许多难办的事情反而不难,许多矛盾反而好解决了。否则,就不能把事情办得很好,甚至还会办糟;或者虽然把一件事情办成了,但却把规矩给毁坏了。

第二,按原则办事

原则是一个人说话或行事所依据的法则或标准。"小事讲风格,大事讲原则。"所谓"大事"一般都是原则性、纪律性较强的"公事"。当我们遇见原则性的问题,必须保持头脑冷静、保持定力,守住底线,按原则办事、照规矩行事,公事公办、大公无私,不讲关系,不给情面,防止"破窗效应"。只有坚持按原则办事,坚持公正处事,才能确保成事,不出事。按原则办事体现了领导干部的党性原则、政德修养和政治定力,是确保清廉从政、守正笃实的标尺、规矩。按原则办事,就要对事情的原则清楚,否则,就会犯常识性的错误。《礼记》言:"入境而问禁,入国而问俗,入门而问讳。"只要稍微认真些,失误是完全可能避免的。高校管理干部一头连着领导,一头连着师生,按原则办事,才能保证上情下达、下情上达,决不能贪图小利,违反原则办事。

高校行政管理工作原则有:

坚持党的领导。坚持以习近平新时代中国特色社会主义思想为指导,全面贯彻党的基本理论、基本路线、基本方略,全面贯彻党的教育方针,坚持社会主义办学方向,坚持扎根中国大地办教育。坚持和完善党委领导下的校长负责制,全面完整准确贯彻落实党中央关于高等教育工作的重大决策部署,坚定捍卫"两个确立",坚决做到"两个维护"。

坚持人民至上。坚持全心全意为人民服务的根本宗旨,坚持"以人民为中心"的发展思想,明确立德树人中心地位,"五育"并举培养时代新人,想师生所想、急师生所忧、办师生所盼,发挥全体师生的聪明才智办大学。优化完善服务保障体系,实现好、维护好、发展好师生员工根本利益,不断增强师生员工获得感、幸福感、安全感。

坚持依法治校。深入学习贯彻习近平法治思想和习近平总书记关于教育的重要论述,坚持把依法治理作为学校治理的基本理念和基本方式,建立依法决策、民主参与、自我管理、自主办学的工作机制和现代大学制度;教师和受教育者的合法权益依法得到保障,形成良好的育人环境;保证国家教育方针的贯彻落实,实现教育的公平,为学校改革与发展创建良好的法治环境。

坚持科学民主。强化系统观念,增强工作的前瞻性、整体性、协同性。全面落实重大决策程序制度,加强调查研究、科学论证、风险评估、合法性审查,广泛听取各方面的意见和建议。建立健全重大决策跟踪反馈制度,加强后评估,不断提高决策质量。

坚持守正创新。坚持党的基本理论、基本路线、基本方略,坚持求真务实、开拓创新,突出问题导向、效果导向,想问题、作决策、办事情一切从实际出发,着力解决改革发展稳定中的突出问题和师生员工急难愁盼问题。加强数字校园建设,让信息技术赋能高校治理,不断提升治理能力,切实做到强管理、优服务、提效能。

坚持清正廉洁。落实全面从严治党要求和廉洁从业规定,持之以恒正风肃纪反腐,一体推进不敢腐、不能腐、不想腐,全面加强廉洁校园建设,推动形成清清爽爽的同志关系、规规矩矩的上下级关系。

第三，按程序办事

程序是为了进行某项活动所规定的先后次序，体现为一定的规矩。程序是科学，程序是规律，程序是经验的总结。按程序运转，分层次处理，是做好行政管理工作的重要一环。行政工作中诸如召开会议、传阅文件、接待来访、调查研究等一些经常性、事务性的工作，都必须遵照基本的办事程序来进行。特别是一些请示报告事项，必须按照领导分工，逐级请示汇报，这是机关工作人员必须遵循的基本准则。管理干部自觉增强程序意识，按照程序办事，才能不断推动各项工作落细、落小、落实。

习近平总书记告诫全党，必须遵循组织程序，重大问题该请示的请示，该汇报的汇报，不允许超越权限办事。对于强化程序意识的重要性，大部分管理干部都比较清楚，但仍有人不愿按程序办事，总爱绕过程序拍肩膀定调、拍脑袋决策、拍胸脯许诺，一旦遇到矛盾就拿权力压人。究其主要原因：一是迷信人情关系。觉得大家平时都很熟悉，没必要走程序，遇事习惯于打招呼。二是浮躁心理影响。平时静不下来学习有关制度和程序，遇事坐不下来分析事情始末缘由，处理问题时总是怕麻烦、图省事，视程序而不见、置程序于不顾。三是私心杂念作怪。选择性看待程序，对自己有利的就要求严格按照程序办，对自己不利的就想绕过程序走捷径。

高校管理干部必须养成按程序办事的良好习惯，自觉维护正常的工作秩序。一要熟悉工作流程。要对各项日常工作规范、办事流程了如指掌，做到程序熟悉，职责明确，杜绝由于不了解工作流程而犯低级错误。二要严格执行程序。任何工作落实过程中都有先后顺序，每个工作阶段和工作步骤，都是承前启后、环环相扣的。因此，在完成工作的过程中，必须遵循工作流程，按照规定的步骤和次序依次展开，不能随意跳跃或颠倒。三要及时反馈信息。每项工作的流程中，不可避免地要面对不同层级的领导，对领导的指示和意见要及时反馈给相关部门，确保程序衔接紧密，工作顺利进展。需要指出的是，在强调程序意识重要性的同时，也要看到程序不是包治百病的灵丹妙药，要防止其成为某些官僚主义者消极怠政、为官不为、推脱责任、不敢担当的挡箭牌，但这并不影响对违反程序行为的惩处。

第四，按职责办事

各级都有明确的职责分工，按职尽责，是工作的基本要求。如果办事不按职责、不讲程序，好事争着干，难事往外推，工作就很难全面落实到位。有些工作之所以"空转"，说到底还是按职责办事的意识不强，致使许多工作文件来文件去，没有真正落到实处。办事少不了路线图、缺不了时间表、离不了责任人。无论从事哪项工作,首先要把个人职责弄清楚,明确岗位要求是什么,自己应该干什么,有什么禁忌和规定,特别是应当掌握各自工作的特点规律,明确什么时间抓什么、怎么抓;其次要强化事业心责任感,珍惜来之不易的工作岗位,对分内工作勇于担当,绝不推诿,尽心尽力完成。按职责办事要注意两点,一个是要尽职、一个是不能越职。尽职就是该自己办的事情办好,不能"缺位",不能推托给别人。另一方面,要按级尽责、谨防"多管闲事",不要"越位"和"错位"。也就是说,一级管好一级的事,一级尽好一级的责,不乱插手职责以外的事,也不能"种了别人的自留地,荒了自己的责任田"。我们日常工作中经常遇到这样的事情,"不要把一切问题都自己扛",否则,就破坏了程序,搞乱了职责。此外,还要各司其职、各负其责,防止发生"争位"和"推诿"的现象,严格按照职责要求做好分内工作,发挥各自的积极性创造性,推动各项工作有序进行。

第五,按决议办事

学校的重大投资、重大项目安排、重要人事任免及大额资金使用,必须始终坚持集体领导、民主集中、个别酝酿、会议决定的原则,经集体讨论作出决定后,按照会议决议执行。

高校都建立健全了党委全委会、党委常委会和校长办公会"三会"制度,有效规范了校党委与校长的议事内容和决策程序,形成了党委统一领导、党政分工合作、相互协调配合的工作机制,进一步提高了管理科学化和决策民主化水平。通过常委会和全委会,学校党委把握学校发展方向,决定学校重大问题,监督重大决议执行,支持校长依法独立行使职权,保证以人才培养为中心的各项任务完成。校长作为学校的法人,组织实施学校党委有关决议,行使各项职权。高校定期召开校长办公会,集体研究和决策重要行政事项。在办公会上要求负责具体分管工作的校长与相关部门主要负责人到会,确保学校管理与政策的实施落实到部门、责任到个人。学校通过"三会"制度,构建起了党政科学决策与实施的框架机制。

各高校均建立健全了学院党委会、党政联席会议和教授委员会会议制度,明确要求凡是涉及学院重大事项决策、重要人事任免、重要项目安排和大额度资金使用等,必须经学院党委会、党政联席会议研究决定;凡是涉及本科和研究生教学科研、学科和学位建设、师资队伍建设、学院发展的重大问题必须先经学院教授委员会讨论通过后方可试行。通过建立健全学院党委会、党政联席会议和教授委员会会议制度,进一步确保了权力运行得阳光高效,规范了学院议事决策的内容和程序。

当然,法无定法。对于高校行政管理工作来说,需要坚持原则性与灵活性的统一。按规则办事的根本目的,是为了提高工作效率,更好地完成工作任务。而当遇到一些特殊情况或突发性事件时,也不必拘泥于这些原则,要在不违背政策纪律的前提下,结合实际,把原则用活,从而更好地为全局工作服务。

（四）提升办事的三种能力

做过行政管理工作的人都知道,管理工作主要分三块,办文、办会、办事。每一块工作都需要相应的能力才能做好,"会不会办事"是一个人重要的工作能力。会办事,就是把好事办好,把难事办成;不会办事,就是把好事办砸,把简单事办复杂。因此,高校管理干部需要努力探索办事的基本规律,不断提升办事能力。

第一,提升判断力

从某个角度来说,行政管理工作是一个判断的工作。几件事摆在眼前,要认真进行分析,不能眉毛胡子一把抓,要保证突出重点,分清主次,区别权属,判断什么是急的,什么是不急的,什么是马上要急办的,什么是缓办的。要尽量替领导弄清真相,多为领导决策提供最原始、最准确的依据。判断是否准确往往决定事情办的是否顺利。

首先,判断事情的轻重缓急。行政工作错综复杂,千头万绪,有时同时来好几件事情,这件事需要办,那件事也等着办,这时就特别需要耐心和细心,要不厌其烦,不厌其碎,不厌其小,认真办好每一件事。行政管理工作突发事情多,越在紧急情况下,越要稳住心态,不能乱了阵脚,慌了手脚。先将事情进行判断,分清事情的轻重缓急,把握办事节奏。紧急情况可先办理再请示,如遇紧急事项来不及请示时,可以按照工作程序先处理后请示。遇事要认真分析,沉着冷静,绝不能凭想象来。更不能人云亦云,捕风捉影。判断事情的缓急,并不以"哪个领导说的"为标准,而是要以时效性为依据,不能听风就是雨,要先观察判断是否还会有变数,如果因为变化一次次地修改通知和方案会使管理干部的可信度大大降低。但是有时效性要求的事情一定不能耽误,耽误就是误事,如果是急事,加班加点也要把它完成,还有些事情可以缓办的就缓办。

其次,判断事情的归属权限。高校管理工作涉及面广、杂,如果事先不做好分类就去请示领导,只会把领导搞得莫名其妙,把事情搞复杂。因此遇事要先判断事情的归属,先要跟责任部门沟通,问清是怎么回事,缘由在哪,到了什么程度,然后分门别类,归纳汇总,有侧重地简要上报。

不要喧宾夺主，要尊重职权分工。每个领导都有自己的分管工作，在做请示处理问题上，要按照领导分工负责的范围，向主管领导请示报告，要实行单向请示，不可多头请示。如果遇到综合性较强同时涉及面广的工作，要按照主持全面工作的领导的指示精神去办。在工作过程中要及时向有关的分管领导通报情况，如果出现意见不一致，则建议领导当面研究，不可来回传话，防止传话人因理解上的问题，造成不必要的误会。

不要越权，要跟分管领导请示汇报。不要越级请示汇报，如果越级请示了，就是把分管领导放在了一个很尴尬的位置上，如果上级没有作出直接指示，上级的上级老给你作出安排，那么这个领导就被晾一边了，工作怎么能够进行下去。如果条件允许，最好是在办事之前先跟直接领导汇报，这样可以把两个领导的指示结合起来抓好落实。

最后，判断事情的先后规范。高校管理干部的判断力还体现在对事情先后行为规范的认识上。随着高校行政事务工作日趋复杂，管理人员要适应形势要求，突破思维定势，建立比较科学的先后行为规范，优化工作秩序、妥善处理各方面的关系、减少工作矛盾和失误、提高工作效率。

一是先上后下。当上级来人和要求办理的工作与下级需要帮助办理的事务交织在一起时，管理干部必须坚决服从大局，首先做好上级交办的事，接待好上级来人。这样做绝不是逢迎上级领导，而是保证上级领导和机关的工作效率、保证政令畅通的需要。对下级的事当然也要重视，在可能的情况下还要努力兼顾，但决不能上下倒置。日常工作中，如果学校会议时间与上级会议时间有冲突，就优先参加上级的会议；如部门的活动与学校的活动时间有冲突，就参加学校的活动，部门的活动延期。

二是先大后小。在高校管理工作中，往往会出现这样的情况：主要领导、分管领导以及其他领导分别交代一些工作任务，有的在时间要求上发生碰撞，有的甚至意见不一、互相矛盾，常常令人难以兼顾、难以适从。在这种情况下，管理干部只能按照下级服从上级的原则，坚持首先按主要领导、职务较高的领导的意见办，完成好他们交办的任务，然后再向其他领导汇报、解释。这样做绝不是讲究等级观念，而是为了保证管理工作能够紧密围绕领导中心有效运转，避免陷入多头领导的困境而增加工作矛盾。

三是先主后次。高校管理干部在处理多项事务及接待多批次来客中，必须按照抓主要矛盾、抓重点工作的要求，注意把主要精力投放在重要工作上，接待好相对比较重要的来客，以免主次不分、因小失大。当然，这绝不意味着可以忽视次要方面,更不能因强调主要工作而造成次要工作的失误。在实践中,必须在保证主要任务完成的同时完成好次要任务。

四是先易后难。把易于处理的事务先处理好,可以提高工作效率,并有利于把主要精力腾出来向难事倾斜。遇到难事慎重对待,一方面可以避免一开始就牵扯过多的精力,影响对若干易办事务的办理;另一方面也有利于争取时间开展调查研究,倾听有关方面的意见,制定稳妥预案,协调必要力量解决好难事。这与回避矛盾性质完全不同。

五是先外后内。要顺应开放办学的需要,首先把对外事务处理好,把外部来客接待好,内部的事可待后处理。这样做,可以提高对外交往的工作效率,显示领导者和高校良好的外部形象。

六是先远后近。在与兄弟院校或其他单位的交往中,要体谅别人远距离办事的难处,坚持把远方交往放在优先的位置,努力给对方带来"天涯若比邻"的便捷与温馨;而在近方交往中,即使一时办不了,改时再办也不会给对方带来多大麻烦,在具体工作中只要说清楚、安排妥当就可以了。决不可拘泥于一些过时的地域观念,反其道而行之。

七是先疏后亲。必须改变熟人好办事的传统观念。对越是缺乏交往的来客越要优先接待好,而关系亲密者因相互比较了解,即使"怠慢"一点也可以通过解释取得谅解。相反,如果把次序颠倒过来,就会严重影响对外交往,影响接待工作的顺利开展。

八是先师生后干部。处理学校事务、做接待工作要坚持以师生为中心的思想。一方面,应把接待工作作为了解师生情况的重要渠道,及时发现问题,把矛盾解决在起始阶段,为全局工作提供参考;另一方面,接待工作做好了,也体现着领导和管理干部服务师生、为师生办事的风范。

九是先约后常。对事先预约时段办理的事务或接待的师生,在一般情况下决不能爽约失信,一定要如期办理、如期接待。这样做可以养成讲究信用、工作严谨的作风,增强管理干部和机关处室的公信力。

十是先急后缓。对于时限要求比较紧的急事,例如上级紧急命令和部署、突发事件等,一定要打破常规,放在突出位置上,抓紧时间集中力量办好,决不能按部就班而贻误时机。对于能够缓办的事,在事务繁多时,可以适当向后安排,待比较紧急的事务办理后再依次办理。应该说明的是,急与缓是相对的,如果没有需要急办的事,可以从缓的事就没有从缓的理由和必要,也应从速办理,决不能因为时限要求不严而随意拖拉以致形成拖拉作风。

十一是先公后私。作为高校管理干部,在办理公务的同时也会有一些个人的私事需要办理。在一般情况下,应努力克服困难,尽可能把私事安排在公务之余办理;遇到特殊情况需要急办或需要花费一定精力办理私事时,则应安排好工作,并履行一定的请假、交接手续后再离岗办理,决不能因私废公、影响公务甚至导致渎职。

第二,提升协调力

高校管理干部的沟通协调工作包括了内部协调和外部协调,涉及公务接待、会议会务、通知文件的贯彻落实,不仅部门之间需要协调,上下级之间需要协调,领导之间也需要协调。协调是否到位会直接影响工作的进展,有效的协调可以提高工作效率,发挥各部门的职能和作用。

首先,准确定位,明确职责。作为一名管理干部,要准确定位不错位。明确职责是做好协调工作的关键。在高校的组织结构关系中,管理干部必须准确定位好自己的角色,要站在全局的位置上协调工作,只有把握全局,才能把握好度,才能掂量出每件事情的分量,才能有效地把握问题的实质。只有想到全局,才能与领导思考问题的方向保持一致。管理干部要准确就位不越位,在上下级关系协调时,无论是对上还是对下,必须严守本分,不擅权越位。遇到问题,不替领导拍板,要积极向领导反馈,提出相应的预案,及时请示、汇报。对待基层单位,要公平待人、表现亲和、尊重诉求,要深入基层收集相关信息,主动听取有关方面的想法和心声,预先做好协调和了解工作。对待平级部门,要友好协作、多方沟通、取长补短。

其次,加强沟通,协调各方。高校的一些大型活动如开学典礼、毕业典礼,毕业生招聘会等往往涉及众多部门,对于一些没有明确权属的工作,领导往往委派牵头单位,各部门参与,分工合作。此时,牵头单位作为协调单位要精心准备。协调办事要想在前、谋在先,复杂问题高度重视,简单问题不掉以轻心。一要明确协调事务。协调办事前,应搞清楚谁要求办,为什么办,什么时候办,办到什么程度,办事具备的条件。要向各部门说明活动的目标、拟定的实施方案、工作的进度等方面内容,进行信息沟通。二要掌握政策法规。协调办事前,把涉及的政策法规搞清楚,既确保办事有规、办事合规,又可运用政策"武器",增强协调的"底气"。三要清楚自身角色。明确自己的职权范围,防止越权办事;准确领会领导意图;把握好角色定位,防止摆不正位置办事。四要了解协调对象。注意了解协调对象的基本情况,以便寻求共同话题,拉近距离。五要预备多种方案。一些难办的事、职能交叉的事、可办可不办的事,协调难度较大。协调之前应反复揣摩,如何表述更恰当,跟谁协调更管用,哪种方法更稳妥,着眼效果做好多手准备。加强各方的信息沟通,使各相关方面了解事情的真相,促进相互信任和理解,推进彼此的谅解。协调活动的外在表现是对事的协调,实质是人与人关系的协调。作为管理干部要以坦诚的态度对待矛盾的双方,用疏导的方法理顺各方利益,用幽默的方式化解僵局,充分使用各种柔性协调方法处理人员之间的矛盾和冲突,保证工作的顺利推进。

最后,动之以情,准确切入。高校管理干部在协调各方利益和矛盾时,要善于找到解决问题的关键点和突破口。一要找到沟通的切入点。协调的关键是多方或双方的沟通。但在沟通的过程中,会受到诸多因素的影响,使沟通受阻。这时,就要求管理人员必须全面分析协调双方的实际情况及利益诉求,找出其中的一致点和分歧点。从双方的一致点出发,把双方认识上相同、相近或相融之处综合形成初步协调方案。把这一方案发放给各方,多跑动,多协调,劝说双方以大局为重,求同存异,逐级化解矛盾。二要用好感情牌。协调工作是一种微妙的关系处理,善于发挥好情感的因素。这就要求管理干部在日常的人际交往中,要注意树立好自我形象,和各部门的主要负责人建立稳定友好的关系。要在深入基层调研时,认真倾听各方诉求,在言语交流中,适当地流露出对他们利益诉求的认同和理解,并及时地把他们的意见反馈给领导,让自己成为大家都信得过的人。这样在矛盾僵持不下时,才有可能适当地动用个人的人际关系,以情化解矛盾。

第三,提升督办力

高校行政管理工作没有督办力,学校发展规划就不能贯彻落实,上级的政策和领导指示就不能执行到位。高校管理工作量大、面宽,如何在千头万绪中抓好督办落实,既要苦干实干,也要巧干,在提升督办意识、强化督办责任的同时,不断增强督办工作的能力和水平。

一是推动督办落实,确保政令畅通。高校的日常工作牵涉到教学、科研、学生、教师和上级领导部门,很多工作由于各种原因,造成有部署不落实或者是落实不力等,出现这类情况时,就需要管理干部来进行督办落实。因此,在日常工作中,对于领导安排的工作,管理干部要积极推进,督办相关部门、责任人尽快落实,要实时监督,确保政令畅通,要主动向领导汇报事情的进展情况。提高督办力度,切实加强监督和实施,确保落实领导决策。协调有关部门、二级院部联动,把握好监督工作的重点,采取有效措施,确保重要工作付诸实践。

二是实施监督检查,确保完成任务。实施必要的监督可以加快执行的进度和确保执行的效果,缺少必要的监督与检查,任务往往很容易落空。监督从任务下达时开始,不断跟踪进行,便于在每一环节发现与预期目标的差距,以便进行修正和完善。否则一旦任务期限到达未完成任务,再来检查和监督进行补救,就会延长任务完成的时间,工作效果也大打折扣。

三是洞悉督办重点,改进督办方式。洞悉督办重点,就是要把督办工作的重点放在中央和省委省政府和主管部门的重大战略部署上;放在学校发展重大决策和重点工作上;放在关系广大师生员工切身利益的民生问题和关注的热点、难点问题上。通过把握督办问题的重点和方向,不断改进督办方式,丰富督办手段。在督办过程中,既善于发现工作中存在的问题,又善于分析导致问题产生的原因,研究解决问题的方法,尤其应及时反馈妨碍决策落实的苗头性、倾向性问题,提出对策性建议,推动工作落实。

三、如何提高办事的艺术?

办事,是高校管理干部的重要职责。会不会办事,能不能高效办事,反映一个管理干部的水平,也是赢得领导好感的直接机会。有的管理干部不会办事,明明付出了努力,但效果差强人意,甚至把事情办砸,很是费力不讨好,而有的管理干部总能找到办事的关键点,把事情办得既遵章守法,又让领导满意,各方认同。从表面来看,这是办事能力的差别,但就实质而言,这涉及管理干部办事的艺术。

所谓管理干部办事的艺术,指管理干部处理事情的手法、方式、技巧等,既合事理,又含人情,既讲原则,又求灵活,整体与局部利益兼顾,又兼及公平与效益。高校的事务性工作有时很复杂,也很微妙,但事在人为。事情办得好与否,关键看管理干部能否从思维、行为两个层面发挥好办事的艺术。

(一)办事的思维艺术

思维,就是思考、思索。正如爱因斯坦所说:"人是靠大脑解决一切问题的。"人脑中的创新思维活动是人的创新实践活动中的"骨髓""基石"。习近平总书记治国理政着重强调辩证思维、战略思维、历史思维、创新思维、法治思维、系统思维和底线思维等七大思维,这些科学思维方式是广大党员干部干事创业的有力思想武器。没有思考中的创新,就没有实践中的创新。因为有了思维能力,人们才能按自己的意愿办事,凡事须深谋远虑,往往思考得越周全,事情就越容易办成功。

第一，胸怀大局有方向

对高校行政管理的各项工作而言，服务大局就是方向，就是立德树人，为党育人、为国育才，既要从自身职责出发"正确地做事"，更要从全局出发"做正确的事"。全部工作都要从大局来考量、从全局来谋划，而不能仅仅就事论事、囿于自我。

高校管理干部要善于学习领会上级政策文件，它们是国家和上级党组织对于高校内涵发展、办学质量考核评价的新要求和新标准，是高质量开展学校各项工作的行为准则。学好用好文件，是提升干部能力的现实需要，是增强工作科学性指导性的迫切需要，是获取本领域专业术语、行家里语的有效载体，更是增强决策前瞻性、争取办学资源的重要途径。通过文件学习，弄清文件中的工作要求，深刻认识到文件中与学校当前发展密切相关的机遇和挑战，对标对表、积极谋划，形成学校可操作的落实方案，全力推进学校提质进位。要牢固树立"不谋全局者，不足谋一域"的思想认识，自觉把工作放到"国之大者"中来思考、谋划、部署，紧紧围绕学校党委、行政和所在部门、单位的中心工作、重要任务发挥职能作用。要经常对标对表，在认识大局、服务大局、维护大局中找准自己的位置，使自己的工作更加紧贴学校党委、行政和所在部门、单位的需要，积极作为、主动作为，做到既为一域增光、又为全局添彩。

第二，掌握时间有主动

管理学认为，时间是最稀缺的资源，善于管理自己的时间是那些工作上有所成就者的鲜明特征之一。高校管理干部的日常工作常常是大事要事交织、急事难事叠加，如果不能有效利用时间，很可能就会出现忙于日常事务而无法专注重要事项，没有时间进行调研、思考、学习的情况。对此，高校管理干部要学会运用科学管理的方法记录时间、分析时间、诊断时间，使自己清楚时间用在什么地方了，时间分配是否合理。在此基础上，学会管理时间，大胆减少无谓的工作，杜绝浪费时间、消磨时间。在办文、办会、办事过程中要力戒形式主义，对内要压缩文件简报和可开可不开的会议，对外要减少不必要的检查调研，确保将时间用在职能履行和任务完成上。

第三，要事优先有次序

遵循有序方法办事，提高办事效率。常言道："万物有理，四时有序。"这里的"序"是顺序、次序、程序的意思，也就是事物发生发展、运动变化的过程和步骤，是客观规律的体现。反映在实际工作中，它要求我们办事必须有条理、讲程序。

在实际工作中,有序方法就是指办事情要有条有理,它可以使你对做事情的顺序的安排更加合理,时间的分配更加严格,避免许多重复劳动,最后一事无成。办事没有条理,又想把工作做好的人,总是感到没有时间或人手不够。客人来了,要泡茶,就要烧开水、找茶叶、洗茶杯。完成这件事可以有六种不同的顺序:如果等洗茶杯与找茶叶这两件事做完后才想起烧开水,就费事了,如果先烧开水,在烧开水的同时洗茶杯、找茶叶,效果就好多了。

对一个人而言,每次只能集中精力做好一件事。面对摆在面前的许多工作,如何提高工作效率?习近平总书记曾要求办公室的工作人员学会运用辩证法,分清层次,认真思考,"审大小而图之,酌缓急而布之,连上下而通之,衡内外而施之"。优先法是指在若干事情中,哪些事情必须先做,哪些事情可以后做,即做事应有主次和轻重缓急之分,不能眉毛胡子一把抓,集中力量和时间办理优先事务,可以提升办事满意度,减轻工作压力,达到事半功倍的效果。这就要求我们在工作中权衡急事缓事,分清主次、抓住重点,做到重要紧急的事情立即办、重要不紧急的事情按时办、紧急不重要的事情插空办、不重要不紧急的事情按计划办,防止眉毛胡子一把抓的"瞎忙乎"。

当然,高校各项工作无小事。一些看起来不起眼的任务如果完成不好都可能产生令人意想不到的不良后果,甚至影响大局。这方面,我们既要讲重点论,也要讲两点论,还要注意主要矛盾和次要矛盾之间的转换,在把握对立统一规律中按照轻重缓急"弹钢琴",做好每一项工作。

第四,日事日清日日高

高校管理工作纷繁复杂,任务一件接着一件,容不得半点拖拖拉拉。一旦出现积压,不但影响领导决策部署的执行,也会影响机关的形象。古代有两首诗可以引以为鉴:一是《今日歌》中写到"今日复今日,今日何其少。今日又不为,此事何时了?"二是《明日歌》中写到"明日复明日,明日何其多。我生待明日,万事成蹉跎。"所以,高校管理干部应该牢固树立"今天再晚也是早、明天再早也是晚"的效率意识,做到今日事今日毕、勿将今事待明日。我的做法是,每周利用双休日一个半天的时间,回顾本周工作安排,全面梳理并完成本周未完成的工作任务,反思总结本周计划完成得怎么样,同时列出下周要做的事情清单。要认识到,事情再多,干一件就少一件,早干成一件就早省心一些,做到案无积卷、事不过夜。而且,还要每日总结反思,看看工作有哪些不足,有哪些需要改进的地方,从而日有寸进、久久为功,使自己每天都有新成长、每天都有新进步。

第五，问题导向解难题

高校管理干部必须坚持问题导向、目标导向和成果导向相统一，以问题为起点，在不断解决问题中提升工作能力和水平，进而最终实现目标、取得成绩。对于管理干部来说，发现问题是能力，揭露问题是党性，正视问题是素质，解决问题是政绩。首先，增强问题意识，善于发现问题。作为管理干部，应该把身子"沉"下去，让问题"浮"上来。面对复杂的环境和形势，会不会发现问题、能不能发现问题特别是深层次的问题，是检验干部能力的一个重要标准。其次，增强观察、归纳、分析、总结的能力，善于分析问题。针对师生普遍反映的问题、基层普遍困扰的问题、单位呼声集中的问题，以及各项政策决策制定、执行、落实中的"最先一公里出偏差""中梗阻""最后一公里不到位"等情况，要"懂政策、勤动笔、会调研"，着重提高自身预测发展形势的能力和理清发展思路的能力。最后，抓住计划、实施、检查、总结等环节，敢于解决问题。能不能解决问题是检验干部能力的最终标准。面对新形势、新情况、新问题，各级干部要自觉强化责任担当，敢于打破旧的、落后的工作模式，革故鼎新，开拓进取；敢于直面困难、敢于较真碰硬、敢于闯难关、敢于啃硬骨头，保证各项工作任务的落实和完成，着重提高破解发展难题的能力。真正做到在解决一个又一个问题中摔打自己、丰富自己、完善自己，在破解一个又一个难题中提升境界格局、淬炼意志品质、锻造本领能力。

（二）办事的行为艺术

开展任何一项工作，首先看态度，关键看行动，最终看效果。事情凡早也是要办，晚也是要办，一定要早办；凡主动也是办，被动也是办，力争主动办；凡也可以去办，也可以不办，尽可能地办；凡冷淡也是办，热情也是办，要热情地办。

第一，有事快办

快就能够赢得主动。有事快办，就是办事要讲效率，不能拖拖拉拉。急事最鲜明的特点就是时间性较强。因此，管理干部在办急事时，一定要强调时效性。越是急事，越要询问清楚事情的缘由、要求和目的等，做到心中有数。因为在办急事中，往往会遇到一些意想不到的困难，只有完全理解领导的意图，才会在办事中灵活处理遇到的各类问题。

我国自古就有"今日事今日毕"的格言。有事快办，说到底是培养一种雷厉风行的作风。一事当前，立刻去做，毫不犹豫。对今天要办好的事情，要抓紧落实，绝不拖到明天;对有时限要求的工作,正常时间完不成的,要加班加点,坚决按时完成任务;对那些时限要求宽松一点的工作,也要快节奏进行,以争取主动。要努力做到:信息不在我手里梗塞,文件不在我手里积压,事情不在手里延误,工作不在我手里中断。

第二,急事稳办

所谓急事稳办,是指越在紧急情况下,越要稳住心态,不能遇事急躁,处事毛糙,乱了章法,慌了手脚。越是处置紧急事情,越要追求办事的一次成功率。

晚清政治家翁同龢写过这样一副对联:"每临大事有静气,不信今时无古贤。"每遇大事,一定于静观中思考,以静制动,先静而后谋,先谋而后动,问题就可以迎刃而解,化险成功。静,才能克服人身上的急躁之气,免被情绪影响和控制。因为在情绪的蛊惑下,纵使是微不足道的小事,也能被放大成可以撬动地球的大事。静,才能拨开双眼的表象,快速找到问题的根源和破局的关键。

遇事不慌,稳中求快,实现速度和效益的统一,是急事稳办的本质要求。沉静才能谋定,谋定才能干事,干事才能成事。守静,就是一个人磨砺意志,修身养性的基础。

第三,大事细办

天下大事,必作于细。大事细办,就是要始终关注大事中的一切细节问题,防止1%的疏忽,导致100%的失败。

大事和小事是相对而言的,通常来讲,迎接上级检查、举办大型会议等都属于大事的范畴,也是锻炼管理干部工作能力的好机会。但是,正因为是大事,事关全局,上级在交代任务时,就不可过于放手,而要站在全局的高度上指导工作,方向性、原则性的问题必须抓住。

一是事项交代要问清楚。要向领导询问清楚办事的原则、要求、目的及注意事项等,不要因为一些细节问题而影响办事效率,出现一些不必要的麻烦或带来无法挽回的损失。

二是安排要合理。既然是大事,它牵扯的事、涉及的部门相对就比较多,所以,在人力、物力及各类保障方面要多向领导寻求帮助和支持。办好一件大事,不是靠一个人或几个人的努力就能办好的,关键环节还得领导亲自出面。

三是把关要严。正因为是大事,关系着学校的全面建设,所以,管理干部不但要亲自干,还要及时进行检查,确保重大问题,万无一失。管理干部在承办重大事情的时候,一定要心细如发,一丝不苟,确保周全。在重大问题上稀里糊涂办"砸了锅",后果是不堪设想的。

一定要有如临深渊、如履薄冰的谨慎态度,办得有根有据,有章有法,有理有节,有始有终。在重大问题的承办上经受住了考验,方能受得起重托,担得起大任。

第四,轻事重办

概括人们的办事方法,大致可分为两种,一种人是举重若轻,一种人是举轻若重,领导干部两种人都需要。基层管理干部永远只需要一种工作方法——举轻若重,再小的事也要慎重处置。

要高度重视小事。做好一两件小事不难,做好一两天小事也不难,难得是一贯之,坚持不懈地把每一件小事做得精巧得体,万无一失。要在思想上有一个新的认识,要看到,小事有时并不"小",它连着大事,做不好可能变成牵扯全局的大事。

要认真关注小事。在通常情况下,一项重大任务在主要环节的部署安排上,领导抓得比较紧,大家都是很重视,而一些细微之处都得靠我们去完成。特别是可能影响全局的小细节、小环节、小事情、小部位,要格外重视,格外严谨,格外细致,不能侥幸地去"感觉",该亲眼看的要到现场,该直接找本人的不能通过二传手,一丝一毫不能大意。

要耐心做好小事。小事并不等于简单,有些小事干起来非常麻烦,有时很小的一件事,需要返工好几次还办不利索。有时事情不来便罢,一来就挤在一起,这件需要办,那件也等着,理不个头绪,这个时候容易产生厌烦、浮躁怀疑。所以,特别需要耐心和恒心,要不厌其小,不厌其碎,不厌其烦,认真办好每一件小事。个别小事时间跨度大,久拖不决,要特别小心,不能忘事、漏事,始终关注发展变化,什么时间办到哪一步,心中有数,有头有尾,确保落实。

第五,熟事生办

所谓熟事生办,就是把熟悉的事情当作不熟悉的事情来办,这是因为高校管理工作不少都是常识性的,程序性的,年复一年,周而复始,每年9月有新生进校,每年6月有学生毕业。许多事实证明,越是对自己很熟悉的事情,越容易产生麻痹心理。不少事情出纰漏,恰恰是因为对它太熟悉而掉以轻心所致。

高校日常管理工作年复一年、日复一日,看似重复,但又不能完全凭经验办事。必须在日常工作中保持良好的心态,无论是接听一个电话、发送一个传真还是办理领导交办的事情,都要以谨慎的态度认真处理,力求做得细致周密,努力实现"零失误、零差错、零缺陷"。俗语讲的"河里淹死会水的""小水沟里翻大船",就是警告人们对熟悉的事情千万不要大意,大意就要出问题。

第六，生事慎办

一个人不可能老是在自己熟悉的领域打转转，总要有工作岗位的转换，工作任务的转换。到达新的岗位，接受新的任务，必然会面对陌生的事物。而一个人无论多么聪明，多么有才华，他的知识和本领也是非常有限的；一个人无论经验多么丰富，在错综复杂的客观事物面前，对问题的认识和处理也难免失于偏颇。所以，涉足陌生的领域，处理陌生的事情，应谨慎从事，扎实行事，切忌自负轻率，鲁莽冒失。自负是办事成功之大敌，面对没有从事过的事情，无论多么简单，你若自负自傲，必定自食苦果。不能"大意失荆州"，不能盲目自负。

第七，特事特办

"特事"指的是特别的事情，或者是新出现的问题，过去没有遇见过，或是不解决不行的问题，但现行的法规条文没有明确规范；或是几个部门职能有交叉的问题，但领导批示让你牵头解决，你解决后可能在人力、物力、财力诸方面要"吃些亏"，等等。也就是说，特事都是超常规的事情，按常规的办法办不了、办不好。这就需要在办事时灵活处置，用特别的措施、特别的手段来办理。

"特殊情况特殊处理"，是机关干部应把握的一条办事原则。不论有多少"特殊"的理由，也要先把事情办好再说，许多情况下都是"先办事后区分责任""先办事后完善制度"。"特事特办"的基本要求是原则性与灵活性高度统一。

（三）学会合理拒绝

"拒绝"也是办事的内容。当别人对你有所希求而你办不到时，你不得不拒绝他。拒绝是一种艺术，也是一种稀缺的能力。拒绝是很难堪的，不得已要拒绝的时候，我们要学会拒绝方法。哈佛大学曾经做过一项调查：如果一个人学会合理拒绝，就能减少90%以上的不必要麻烦，更能减少大量的个人时间和精力上的浪费。下面是台湾星云大师关于拒绝的经验，不妨学习借鉴"六不要五要"。

一不要立刻就拒绝。立刻拒绝，会让人觉得你是一个冷漠无情的人，甚至觉得你对他有成见。

二不要轻易地拒绝。有时候轻易地拒绝别人，会失去许多帮助别人，获得友谊的机会。

三不要盛怒下拒绝。盛怒之下拒绝别人，容易在语言上伤害别人，让人觉得你一点同情心都没有。

四不要随便地拒绝。太随便地拒绝，别人会觉得你并不重视他，容易造成反感。

五不要无情地拒绝。无情地拒绝就是表情冷漠，语气严峻，毫无通融的余地，会令人很难堪，甚至反目成仇。

六不要傲慢地拒绝。一个盛气凌人、态度傲慢不恭的人，任谁也不会喜欢亲近他。何况当他有求于你，而你以傲慢的态度拒绝，别人更是不能接受。

一要能婉转地拒绝。真正有不得已的苦衷时，如能委婉地说明，以婉转的态度拒绝，别人还是会感动于你的诚恳。

二要有笑容的拒绝。拒绝的时候，要能面带微笑，态度要庄重，让别人感受到你对他的尊重、礼貌，就算被你拒绝了，也能欣然接受。

三要有代替的拒绝。你跟我要求的这一点我帮不上忙，我用另外一个方法来帮助你，这样一来，他还是会很感谢你的。

四要有出路的拒绝。拒绝的同时，如果能提供其他的方法，帮他想出另外一条出路，实际上还是帮了他的忙。

五要有帮助的拒绝。也就是说你虽然拒绝了，但却在其他方面给他一些帮助，这是一种慈悲而有智能的拒绝。

总之，办文、办会、办事都是一件很辛苦的事情，"办"中间一个力，两边一点汗水、一点心血。办文、办会、办事需要我们付出艰辛的努力，需要付出很多的智慧。真正办好了，我们也就会取得成功。

四、如何做好公务接待工作？

高校公务接待工作是展示高校管理水平和对外形象的"显示器"，是高校行政事务的重要组成部分，也是高校管理干部日常行政管理工作中最常见的事务之一，主要包括外单位人员（外宾）来校参加会议、考察调研、执行任务、学习交流、检查指导、学术交流、讲学等公务活动的专家或领导的接待与服务工作。高校公务接待工作对高校本身的发展有着较大影响，通过对外接待工作有机联系内外，扮演着"纽带""桥梁"的角色。高校公务接待工作反映高校接待水准，意味着双方关系的发展程度，更暗示接待方对接待对象的重视程度。从表面上来看，高校对外接待工作都是一些琐碎的小事情，但这些小事往往是为了办成大事服务的，当然这是建立在小事办好的基础上，如果办不好就会误事。特别是一些重要的接待任务，稍有疏忽就会影响大局。能否做好接待工作，不仅事关接待事项本身的成败，也影响着高校和所在单位的形象,还体现着接待人员的能力和水平。

公务接待的分类有很多种,按照其接待对象不同,主要分为国内公务接待、外宾接待、商务接待三大类;按照内容可划分为调研类接待、慰问类接待、检查类接待、考核类接待、参观交流类接待等;按范围可划分为系统内接待和系统外接待;按方向可划分为上级类接待、平级类接待、下级类接待;按重要程度可划分为重要接待和日常接待。公务接待工作具有主题性强、流程性强、细节性强、联动性强、机动性强和涉及面广的"五强一广"的显著特征。国内公务接待应当坚持利于公务、务实节俭、严格标准、简化礼仪、高效透明、尊重少数民族风俗习惯的原则。在新的形势下,高校管理干部要主动适应时代发展变化,在继承中发展创新,提倡特色化定位、有序化运作、个性化服务、协作化完成,使接待工作向着更高的目标和层次迈进。

(一)公务接待工作存在的不足

党的十八大以来,党中央相继出台《党政机关厉行节约反对浪费条例》和《党政机关国内公务接待管理规定》等一系列关于公务接待的规范性文件,尤其是中央八项规定及其实施细则,规范简化了高校公务接待的相关流程,很多高校也出台了一系列有关公务接待的规章制度,但高校公务接待工作开展得并不理想,其中存在很多突出性的问题,认真探讨这些问题,对于最大限度节约办学成本、促进高校办学效率的提升有重要意义。

第一,接待不严格不规范

制度作为特定历史条件下形成的条文约定,是大家共同遵守并且执行的形式规范,也是约束自身行为参考标准。在新的形势下,公务接待工作逐渐成为热门话题并引起政府与相关人员的关注,如何执行好公务接待工作是社会舆论讨论的焦点。而高校在这样的社会背景下,也在积极改进探索自身的公务接待工作新途径、新形式,但同时也暴露了自身固有的缺陷。党的十八大以来,各高校根据上级有关规定制定和修正了本校公务接待管理规定,从制度层面上规定了本校公务接待工作的原则、对象、内容、标准以及其他事项,但也存在一些不规范的地方。

第二,接待工作保守单一

高校管理干部在公务接待过程中,很少有人表明对这项工作充满了热情与兴趣,他们多数人认为这只是自己众多工作中需要完成的一项任务而已。因为整体接待工作氛围不浓厚,很多人员在接到了工作的指令后,并没有提前准备和了解来宾的具体情况,而是继续处理其他事情,只是当天去迎接来宾,草草安排下他们的住宿餐食,按照最简单流程完成这个接待过程,毫无诚意,有些人在接待的过程中,甚至很少和来宾交流,也不会积极去和来宾介绍所在高校的基本情况,只是将手头任务完成。他们抱着过去的思想和经验去迎接新的规定与要求,接待工作仅仅停留在订旅馆、订餐、接送、席间服务这些事情上,接待水平停滞不前。

第三,接待人员参差不齐

现实中,很多高学历有能力的人并不愿意从事接待工作,有些人认为接待工作就是对付好每一次的接待事项,不需要提高自身的综合素质,更不需要学习理论知识,对于上级和学校的接待规定缺乏基本认识,对于国家的一些方针政策也没有引起足够的重视,以至于对接待的标准、规格一知半解,这严重地影响到了接待工作的水平。一部分人在个人能力不足的情况下,还没有意识到要提高自身的整体业务水平,以工作忙、任务多为借口拒绝学习,不去提高自身的综合素质,对于遇到的临时接待往往是手忙脚乱,不能独立解决。

第四,接待硬件条件有限

接待地点基础条件有限、服务水平不高。高校公务接待工作受制于酒店、食堂的基础条件、经营理念及服务水平等影响,接待服务水平难以提升。部分接待地点功能不全、设备设施不完善,存在隔音效果差、房间有异味、空调性能差、环境卫生不理想等情况。考虑财政支出,诸多高校没有自己的酒店,在安排来访人员入住酒店的时候,很难选择到高性价比的酒店,为数不多的星级酒店都价格昂贵且超出标准,违背公务接待基本要求。

(二)公务接待工作的基本要求

"接待",分为"接"和"待"两个重要环节;所谓"接",是指接送,包含迎接和欢送两个内容;"待",是指招待、款待,包括会晤、考察、用餐等内容。公务接待对于保证组织和单位顺利开展公务活动、促进相互间的交流发挥着积极作用。从学习层面分析,高校的接待工作对主客双方都提供了有效沟通互动的机会,同时也为交流双方提供了一个相互学习、相互促进的良好平台,具体承担接待工作的人员也得到有效的学习锻炼,融洽和谐的氛围就此形成,能保质保量完成接待工作,同时双方共同关心的工作也向前推进一大步。但是高校开展接待工作时一定不能铺张浪费,尽可能少花钱办大事,关注情感层面的交流,强调事业的高效发展,真正让访客满意,让领导认同。

第一,健全制度,按章办事

党的十八大以来,新一届中央领导集体对公务接待活动出现的问题高度重视,中央八项规定和《党政机关厉行节约反对浪费条例》对规范和简化公务接待提出了明确要求。2013年,中共中央办公厅、国务院办公厅对2006年印发的《党政机关国内公务接待管理规定》进行了全面修订,旨在解决党政机关国内公务接待活动中存在的突出问题,完善制度和标准,创新管理机制,推进社会化改革,强化监督问责,为加强党政机关厉行节约反对浪费工作,改进工作作风,树立党和政府良好形象提供有力支撑。高等学校应根据或参照这一规定,结合本校的实际情况,制定本校的具体实施办法,并严格执行,使接待工作科学化、制度化、规范化,做到接待工作有章可循、有法可依。

第二,厉行节约,经济实惠

在餐饮、住宿方面,要精打细算,不大手大脚,不相互攀比。对不同的接待对象执行不同的标准,不得随意突破标准,避免铺张浪费。不安排上级领导和来宾住高档豪华宾馆,不吃天价宴席,不将上级领导或来宾带到豪华娱乐场所消费;提倡用地方特色菜肴招待客人,既能使客人了解当地的饮食文化,又体现了节约精神;要控制陪客吃饭人数,严禁"一个客人十多人陪"的现象。力争少花钱多办事,让领导和来宾都满意。

第三,规范操作,周到细致

一要制订详细的接待工作方案,认真细致地做好接待准备工作。客人的餐饮和住宿、接待的时间和地点、参加接待的人员、参观的路线等都要事先确定,每一个环节、每一个细节都要考虑周全,准备充分。接待工作既平常琐碎,又严谨重要,涉及面较广。首要任务是了解清楚来宾的职务和职级,以便确定接待规格。按照尊重、平等的原则,一般要求规格对等,即安排与宾客身份、职务相当或略高一级的人员接待,还需要参照对方在接待我方身份相仿者时所采用的具体礼宾规格。如果来宾的职级和身份明显高于主人,应及时向上级有关部门汇报,以便上级为了工作事务的需要到基层来亲自陪同、共同调研和参与协调。二要在接待过程中根据接待工作方案逐一认真实施,一丝不苟,滴水不漏,确保接待工作中的每一项内容都能落实到位。接待人员要树立安全意识,无论什么规格的接待,都要增强保密意识,不泄露单位接待活动安排,不泄露来宾信息。三要在接待任务完成后及时认真总结,找出存在的问题,提出整改措施,精益求精,不断提高接待工作水平。

第四,高效机动,紧张有序

虽然接待工作方案事先就制订好了,但在实际接待过程中,常常会有一些突如其来、意想不到的事情发生,比如来宾的人数有变化、来宾到达时间提前或推迟、参观路线临时改变等。这些事情的发生都具有突然性,要求我们在短时间内迅速做出正确的判断,采取行之有效的应对措施,确保接待工作顺利进行。因此,接待人员一要头脑灵活,随机应变,遇到情况发生变化时,要及时请示和商量,根据需要迅速调整接待方案,并尽快通知参与接待的有关部门和人员;二要沉着冷静,准确掌握不断变化的情况,及时果断处理,切忌惊慌、急躁;三要高效工作,雷厉风行,保证各项应对措施迅速落实到位。真正做到有条不紊、忙而不乱。

第五,服务热情,仪表端庄

学校能否给来宾留下良好的印象,除了看学校本身的发展水平外,接待人员的素质也是一个重要因素。因此在接待过程中,接待人员要注重接待礼仪,着装符合礼仪要求,操作规范标准,举止庄重大方,言谈热情文明,注意把握分寸和尺度。对来宾提出的任何问题或要求,都要做出热情、礼貌地回应。做到朴实、热情、真诚,使来宾有宾至如归的感觉。

接待人员在接待中的礼仪表现,不仅关系到本人的形象,而且还涉及所在单位的形象。因此,接待礼仪历来受到重视。接待中的基本礼仪有:引导客人,要先向客人指示前行的方向,在客人左前方一步左右的位置引导,并在进行过程中注意调解氛围。上楼梯,应当客人先行,自己走在客人的左后方。乘电梯,如果无司乘人员,接待人员应该先进后出,在电梯中按住开关等客人进入或走出;如果有司乘人员,接待人员要后进后出。走旋转门,接待人员不要与客人走同一扇门。进入会客室,进入前应当敲门,确认无人后再领客人进入。如果会客室的门向外开,接待人员应当拉开门,请客人先进;如果门是向里开的,则接待人员应推开门先进,用手扶住门,请客人进入。如果引导客人到领导(或其他被访者)办公室门前,一定要先敲门,经允许后方可进入。上茶水,领导与客人谈话时,接待人员端茶进门要轻轻敲门。先给客人上茶,后给主人上茶,从职位最高者上起。

送客要领:送客人下楼梯,要走在客人的前面。和领导一起送客,要在领导稍后一步。送客人到电梯,要为客人按住电梯按钮,在电梯门关上之前与客人道别。送客人到大门口,要等客人乘坐汽车开出自己的视野后再转身离去。送客人到机场、火车站、轮船码头,客人驶离要面向对方挥手致意,在对方离开自己的视线后方可离开。

(三) 公务接待水平的提升之策

长期从事接待工作的同志有个共同的体会,就是"做接待工作容易,但做好接待工作不容易"。接待工作往往被看成一个单位工作的缩影。接待人员往往被称为一个单位的"第一名片",其一言一行和能力水平直接影响来访领导对一个单位的第一印象。在当今新的发展形势下,采取一定的策略来解决高校公务接待中存在的问题势在必行。

第一,提高接待人员素养

高校可以采取讲座培训、经验交流等多种形式,组织办公室系统人员开展公务接待学习培训,尤其是学习党的路线方针政策和业务知识。高校每个季度或者是半年,可以聘请资深人士对相关部门的接待人员进行培训,宣传最新的政策理论,检验他们的接待水平和能力。在学习的过程中,领导干部要结合政策方针,不断创新学习模式,利用现代信息技术手段来提高整体的学习水平,提高政治服务的技能。此外,接待工作人员需学习基础的礼仪知识,做到妥善安排每一次的接待活动,提高自己的整体业务水平。

通过学习培训,接待人员应做到"四个坚持",一是坚持公务接待工作是政治、大局。公务接待是一项服务于大局的重要项目,具有敏感性与政治性。这就要求公务接待工作打破传统的接待工作模式,放眼全局,体现接待的政治性。二是坚持公务接待工作是形象、窗口。接待工作是本单位高质量发展的载体,也是体现接待工作的作风与干部的精神面貌的主要窗口。尤其是接待好宾客,对展示学校形象具有重要意义。三是坚持公务接待工作是桥梁、纽带。通过公务接待工作,不仅为上级领导了解下级铺设渠道,也为兄弟单位之间搭建起沟通交流的桥梁与纽带。四是坚持公务接待工作是服务、管理。接待工作以服务为基准,坚持以人为本、以客为尊的原则,从细节入手,通过有效的管理,为公务接待工作提供有力依据,确保公务接待工作顺利完成。

第二,完善接待相关制度

制定完善学校公务接待管理制度,细化完善公务接待标准。

一是细化完善用餐安排标准。根据当前市场消费情况,明确规定用餐安排标准范围。接待对象的级别根据来函内容对接清楚,并根据级别来测算出用餐安排的标准范围,同时接待用餐标准不得超出《党政机关国内公务接待规定》规定的标准范围。这样一来接待工作人员可视餐馆消费情况进行合理安排用餐。

二是单独制定外宾公务接待管理制度。对于接待除国内人员以外的因公来访人员,明确接待标准,控制经费总额,实行单独管理,注重实际效益,加强审批管理,强化审计监督,杜绝奢侈浪费。

三是对于无公函的接待,在确定是属于公务活动前提下,接待人员根据任务安排填写电话记录表,表格中详细填写接待对象单位、姓名、职务、人数,公务活动事由、行程、食宿、用车安排,陪同人员姓名、人数,填写好电话记录表后提交领导审签,以此作为接待依据。

四是严格控制陪餐人员。高校在审签接待任务时,严格按照《党政机关国内公务接待管理规定》中规定"接待对象在10人以内的,陪餐人数不得超过3人;超过10人的,不得超过接待对象人数的三分之一"的内容,安排好陪同人员和陪餐人员。

第三,细化公务接待内容

高校在进行公务接待工作的过程中,既需做到用平常心对待每个来宾,也需要具体问题具体分析,提高每个来客的满意度。所以,高校接待人员在接待的时候,要有针对性地提供接待服务。在构建起高校接待工作的大格局前提下,明确各个部门的职责,清晰划分工作人员的具体工作内容,进一步优化整合资源,针对接待群体形成工作"套餐",标准化接待流程,结合考察、参观地点,细化具体路线、讲解内容、交流提纲。保障接待效果,提高接待效率。

树立精细管理理念,提倡有序化运作。公务接待要求严而高、细而实。接待工作本身的性质决定要树立精细化管理理念,细节决定接待工作成败,接待工作的每一个步骤、每一个环节、每一个细节,必须深思熟虑、周密部署、有序落实、谨慎行事,才能确保接待工作"高标准、零失误"。

一是方案设计精细化。接待工作方案要严格按照单位接待制度制定,高校接待要本着"热情友好、细致周到、对等接待、文明节俭"的原则,明确审批程序,规范接待过程,完善接待制度。接待人员对进入接待对象视野的空间范围内都应有所考虑,特别向接待对象展示或与之密切相关的环节要全程模拟演练,不放过每一个细节,选择最佳方案,及时弥补可能出现的疏忽或纰漏;对接待过程中出现的每个细节在方案中都要有所体现,每一项工作都细化到具体单位及责任人、完成工作时间及工作标准,以及接待人员督查情况等。针对接待方案中的迎接、考察、陪同、会议、膳食、住宿等重要环节,都需要仔细斟酌、反复考虑,确保万无一失。

二是流程制定精细化。接待工作流程,主要根据来宾考察目的、接待要求等要素制定的来宾接待日程安排。需要接待方与来宾联系人反复沟通及本单位领导多次报告才能完成,最迟在来宾抵达之前定稿,以便接待方与接待对象都对接待安排心中有数,特别是接待人员要对接待日程中的各个步骤与环节做好充分准备,防止因信息不对称,导致突击应对,手忙脚乱。接待日程中的各项活动安排要科学化、精细化,并将来宾吃、住、行及参观考察活动有机、合理地串在"接待链"上,每一个环节、每一个细节都考虑到位,落实到位,预案到位,确保与主题吻合、环环相扣,实现"无缝隙接待"。

三是落实服务精细化。接待工作属于事务性工作,更多的是服务来宾,需要一支讲政治、精业务、懂礼仪、肯奉献的专业化接待队伍。接待人员要严格按照领导意图办事,按照接待程序落实,不能自作主张,越位办事,更不能自由主义、挑肥拣瘦。热情迎客、诚恳待客、礼貌送客是公务接待的三大流程,每一个环节都至关重要,要确保接待的连续性和稳定性。对于公务接待工作来讲,迎宾不仅是"开场锣鼓",而且也是整个接待工作之中的一场关键的"重头戏"。待客体现在待客细节,一个问候、一个握手、一杯热茶,点滴细节都反映了接待人员的素质和单位的整体形象。服务来宾要细致周到,提倡亲情化服务,营造宾至如归的感觉,对待协同接待的人更要有礼有节,保证接待工作紧凑、有序、细致、有力,尽力达到"宾客满意、领导满意、部门满意、自己满意"。如在接待初次见面的来宾用餐时,就要提前确定好上菜时间,避免宾主双方因为长时间等菜的冷场和尴尬,这方面的教训很多。如果迎宾是接待工作的"开始曲""开场白",送客则是接待工作的"结束曲""压轴戏","出迎三步,身送七步。"善始善终、热情周到的送别往往会给接待工作画上一个圆满的句号。

第四,体现校园文化特色

打造接待工作中的文化特色,在充分考虑来宾意图及接待方相关情况的前提下,将校园文化作为接待工作的灵魂,贯穿于接待全过程,为接待工作注入生机和活力,提升档次,打造品牌。众所周知,校园文化的形成需要长时间的积淀,绝非一目之功,在长期的积累过程中,必然形成有别其他高校不同的校园文化,其实质就是人无我有、人有我特,可以将校园文化标识、地标建筑、校史馆、成果荣誉等作为硬文化依托,将大学精神、工作理念等作为软文化依托,深挖校园文化特色服务,开发文化型服务,培育特色服务品牌,提升公务接待活动的生命力。

首先,接待人员是体现校园文化特色的首要因素。接待过程中,接待人员是接待方的"第一面孔、第一窗口,第一名片",接待人员的精神风貌与否,直接影响接待方的整体形象。接待人员要学会用微笑诠释接待工作的内涵,用真情展现接待人员的风采,用自信、干练、大方、热情的状态体现学校的精神文化风貌。

其次,在参观、餐饮、住宿等方面精心设计,更多选择体现校园文化特色。如涉及来宾参观路线,要立足校园特点,依托国家重点实验室等平台、非遗文化传承基地、校史馆,充分展现学校科学研究、文化创新最新成果,努力设计出展现学校特色的线路;在接待手册和宣传品等方面,图文并茂地展示学校最有特色的亮点;在餐饮方面,更多利用绿色食品,挖掘地方特色菜肴,以"土而特""少而精"为宜,及时上菜,避免长时间等待尴尬;在住宿方面,尽量选择环境设施完备、周边空气清新、安静舒适的住地,为接待对象营造住的温馨、吃得放心、看得用心、听得舒心的良好氛围。

最后,在礼品设计方面体现校园文化特色。礼品赠送在一定程度上拉近人与人之间的关系,具体根据往来情况而定,礼品应有学校特色,而不一定要贵重。

第五,提倡个性定制服务

坚持以人为本即为客人着想的原则,在条件和政策允许的前提下尽量满足宾客的需求。体谅客人的生活习惯、提供针对性的饮食起居,事事想到客人前面。

一是接待之前,接待人员要认真研究接待对象,准确了解来宾意图,全面了解来宾的个人信息,包括姓名、性别、民族、人数、单位、职务、工作经历、生活习惯、个人爱好、宗教信仰、抵达日期、乘坐交通工具等相关信息,并认真梳理筛选。掌握宾客情况要尽量细致,清楚性别而不仅从姓名上简单判断是为了安排房间的需要、询问民族是考虑对方特殊饮食习惯的需要,了解客人的地域是为了求同存异。从制定方案到落实接待的每一个环节都要符合来宾身份及其意图,在不违反接待制度的前提下,尽可能满足来宾个性化需求,使接待工作多一份人性关怀,添一些人文氛围。同时要考虑周到,提前制定预案,遇到临时变动能够应变有序。

二是接待过程中,接待人员要"眼观六路、耳听八方",不仅对本单位负责接待领导的要求高度关注,更要对来宾的一个眼神、动作或不经意的一句话留意和体会,以便采取积极应变措施,尽最大努力保证的接待对象的人身安全、饮食安全、住宿安全、交通安全及心理安全,为每一位来宾提供亲情化服务、个性化服务,让接待对象"乘兴而来、满意而归"。

三是接待结束后,要及时将来宾个性材料收集整理,分类归档。及时召开接待工作总结会,梳理经验,查找不足,为今后取得更好的接待效果奠定基础。

第六,树立"大接待"理念

完成公务接待是一项系统工程,大型接待更需要统一部署,有效管理,协同完成,保证接待工作整体指挥有力、运转协调、反应迅速、高效规范。

一要加强沟通协调,形成协同工作机制。首先是做好对上对外对内的沟通,及时了解来宾和领导的意图;其次是做好职能部门间的沟通,及时报告来宾情况及接待要领,取得职能部门的支持与配合;如保卫处负责来宾车辆的放行和停放安排,后勤处负责接待场所的清洁卫生和花卉摆放,宣传部负责摄影报道,所在单位领导和专家负责讲解等;最后是做好下级沟通,让接待人员按最新要求完成各项接待工作,达到繁而不乱、忙而有序。公务接待人员要善于从大局着眼、小处入手,在"细"字上下功夫 ,做好每一个细小环节、每一件细小琐事,做到"以小见大",增强接待效果。

二要精心统筹安排,建立工作联动机制。健全完善公务接待工作制度,制定规范化服务标准,规范接待程序,努力做到工作流程明确、人员操作得当,服务规范到位,积极推进接待工作流程化和服务规范化建设。通过协调会,明确分工、清晰职责,建立以接待部门为主导,以对口单位及相关部门为依托,以宾馆、参观考察点为载体的联动机制,确保思想上重视,力量上保证,工作上落实,达到领导指挥,衔接统一,上下贯通,左右协调。

三要加强督促检查,推动工作落地落实。接待方案确定后,工作人员要严格按照日程安排程序化运作、规范化操作、个性化服务、专业化接待,确保接待工作的各个环节自然衔接、紧凑有序。必要时,可以根据各个环节要点制作接待清单,来宾抵达前"地毯式"检查各个要素,保证接待过程的连续性和稳定性。同时,对接待过程中可能出现的不确定因素要制定预案。一旦接待任务发生变化,接待部门要及时启动应急措施,第一时间把信息和指令传递到相关单位或人员,做到应变有序、机动高效。

总之,高校公务接待工作是高校整体工作的一部分,是为人才培养、科学研究、社会服务和文化传承及国际交流合作服务的,做好高校公务接待工作就是为高校高质量发展做出应有的贡献。因此,高校管理干部要充分认识公务接待工作的重要性,树立大局观、长远观、整体观,把公务接待作为推进高校整体建设的一部分,并在做好公务接待共建的基础上服务高校的整体工作,以实现师生对高校发展成果的共享,赢得师生对接待工作的尊重,最终达成对高校公务接待工作的共识。

第六项　如何加强制度建设？

　　《资治通鉴》载："经国序民，正其制度。"最根本的就是要靠制度。习近平总书记指出，制度是关系党和国家事业发展的根本性、全局性、稳定性、长期性问题。高校没有哪一个机关处室不制定制度，因此，善于起草规章制度也成为考验高校管理干部能力的一项重要工作内容。强化制度意识，科学制定制度，自觉尊崇制度，严格执行制度，坚决维护制度，健全权威高效的制度执行机制，加强对制度执行的监督，是工作所需、事业所需、发展所需，也是一名党员干部健康成长的必然要求。

党的十八大以来,在我国高等教育迅猛发展的过程中,高校制度体系不断完善,制度建设理论成果渐丰。2015年11月,《国务院关于印发统筹推进世界一流大学和一流学科建设总体方案的通知》强调要加快中国特色现代大学制度建设,破除体制机制障碍。在2018年全国教育大会上,习近平总书记指出,要深化教育体制改革,健全立德树人落实机制,扭转不科学的教育评价导向,坚决克服唯分数、唯升学、唯文凭、唯论文、唯帽子的顽瘴痼疾,从根本上解决教育评价指挥棒问题。要深化办学体制和教育管理改革,充分激发教育事业发展生机活力。党的十九届四中全会通过的《中共中央关于坚持和完善中国特色社会主义制度、推进国家治理体系和治理能力现代化若干重大问题的决定》强调,我国国家制度和国家治理体系具有坚持全面依法治国、建设社会主义法治国家、切实保障社会公平正义和人民权利的显著优势,这突出了法治在推进国家治理体系和治理能力现代化中的重要作用。作为高校依法治校的重要一环,规章制度建设在高校治理体系中起着基础性、全局性和长期性的作用,是提升治理能力和治理水平的重要途径和必要手段,更是学校可持续发展的有效保障。由此可见,高校规章制度建设是提升高校管理水平、内涵发展和提高教育教学质量的有力保障。

高校管理涉及理念、制度、队伍、资源、文化等五个基本要素,制度建设对高校的发展具有重大的意义。高校制度建设包括制度制定、制度执行和制度评估三个方面,高校制度建设要高度关注制度建设的复杂性、人本性、民主性和开放性。制度创新是高校制度建设的重要任务之一,当前应特别重视党的建设与思想政治工作制度、人才培养制度、教师聘任制度、教学评价制度和科学决策制度的创新。

一、为什么要加强制度建设?

高校管理涉及五个基本要素:理念、制度、队伍、资源、文化,其中制度是一个十分重要的要素。一般认为现代大学制度包括两个层面的制度:政府如何管理大学即大学的他治(外部制度);大学如何自我管理即大学的自治(内部制度)。外部制度和内部制度既有联系又有区别,内部制度对外部制度的影响具有放大和消减的双重作用。本文主要从我国高校制度建设的意义、内涵、原则、程序及创新等方面来论述大学内部制度建设即高校制度建设。

制度建设在高校的建设与发展中的作用已经越来越受到人们的重视与关注。加深对高校制度建设概念的理解,掌握高校制度建设的基本原则,有利于高校进一步深化对制度建设的认识,增强制度建设的自觉性,提高制度建设的水平,促进制度建设的科学化、规范化和系统化。

（一）高校制度建设的基本内涵

高等学校制度建设包括学校制度的制定、制度的执行和制度的监督与评估。

第一，高校制度的概念

什么是制度？在国外，由德国和澳大利亚的两位德裔学者柯武刚和史漫飞合著的《制度经济学：社会秩序与公共政策》一书认为：制度是由人制定的规则，它们抑制着人际交往中可能出现的任意行为和机会主义行为。[①]制度为一个共同体所共有，并总是依靠某种惩罚而得以贯彻。没有惩罚的制度是无效的。只有运用惩罚，才能使个人的行为变得较可预见。带有惩罚的规则创立起一定程度的秩序，将人类的行为导入可合理预期的轨道。马尔科姆·卢瑟福在综合新老制度主义的观点后认为：制度是行为的规律性或规则，它一般为社会群体的成员所接受，它详细规定具体环境中的行为，它要么自我实施，要么由外部权威来实施。[②]

《辞海》的释义是：制度是要求成员共同遵守的按一定程序办事的规程。高校制度是指高校按照一定程序依法制定的、要求其成员共同遵守的规程。国内和一些专家和学者还从不同的角度对制度做了各有侧重的具体解释。有的人认为，制度是具有约束力的规范，是将各项工作及对各类人员的要求加以系统化、条理化，并规定为必须遵守的具体条文；同时，它也是组织正常运转的重要保障，是组织秩序的一种实现形式。有的还认为，制度是党政机关、人民团体、企事业单位为加强对部门工作的管理和严格组织纪律而制定的要求有关人员共同遵守的规范性公文。

综上所述我们认为，制度可以从广义和狭义两个层次来理解。广义的制度就是指由人制定的规则。它包括国家的法律法规、党内法规、行政规章、行政机关制定的规范性公文、企事业单位制定的内部规章、人民团体及其他非政府组织的章程及内部规定、约定等。广义的制度，还可以分为成文制度和不成文制度。不成文制度又包括一些约定俗成的规定（譬如没有形成文字的村规民约）和有权的领导口头做出的未形成文字的规定。狭义的制度是指由党政机关、人民团体、企事业单位依

---

① 柯武刚，史漫飞.制度经济学：社会秩序与公共政策[M].北京：商务印书馆，2000.

② 马尔科姆·卢瑟福.经济学中的制度：老制度主义和新制度主义[M].陈建波，郁仲莉，译.北京：中国社会科学出版社，1999.

法制定的要求有关人员共同遵守的成文规定。本文所阐述的高校制度则是专指从狭义的概念上所理解的制度,即指高校按一定程序依法制定的要求本校全体或有关人员共同遵守的成文规章。

现代大学制度是大学为顺应现代社会发展要求,在政府的宏观调控下,面向社会依法自主办学、实施民主管理、全面落实大学作为法人实体和办学主体所应具有的权利和责任相统一的管理制度。本文从微观层面分析,现代大学制度是为了处理好内部政治权力、行政权力、学术权力、民主权力等四种公共权力的配置与制衡关系而建立的大学内部管理制度。高校制度建设包括学校制度的制定、制度的执行和制度的评估三个方面。制度的制定是指学校根据法律法规和上级有关规定结合本校实际在充分酝酿的基础上依照一定的程序起草、讨论、通过、发布制度的过程。制度的执行是指学校对制度的贯彻落实过程。再好的制度如果不在实际中执行只能是一纸空文。制度评估是学校在某项制度执行的过程中,对该项制度的科学性、实效性以及制度之间的相互协调性进行评价,如发现问题及时作出相应调整的过程。

第二,高校制度的特性

根据大学组织结构的特点,高等学校制度有以下特征。

时代性。大学制度与社会政治制度、文化教育制度密不可分,也必然受制于经济社会发展基础上的政治、教育、文化因素,因此具有时代性。在中国特色的社会主义高等教育体制中,党委领导、校长负责、依法治校、教授治学、育人为本、民主管理、社会参与等,都是大学制度中不可或缺的核心内容。

人本性。一所好的大学,必须是能够让教师潜心于人才培养,并在促进学生成长成才的同时,享受作为教师的快乐。大学应秉持唯才是举,择天下英才而教之的理念,形成多元、多途径的选拔与培养人才制度,探索因材施教、有教无类的人才培养方式。大学制度构建要努力营造能够充分发挥学生学习主动性、积极性和创造性的教学环境及学习氛围,教学管理要积极为学生搭建自主学习和充分展示个性发展的平台。

复杂性。高校制度建设是一个系统工程,不仅包括从制度起草前的调研、立项工作,到制度的起草、修改、通过和发布,还应包括制度的执行、落实和督察工作。

合法性。高校制度建设是指高校依照法律法规和上级有关规定,结合本地本校实际,在充分酝酿的基础上,依照起草、讨论、通过、发布制度等程序并组织实施、确保贯彻执行的过程。

第三,高校制度的类型

高校制度是一个庞大的体系,各种制度数以百计,内容涉及面广,种类繁多。不同的学者和管理者依据不同的标准对其做出了不同的划分,形成了不同的制度体系。高校制度可以划分为一般制度和具体制度。

首先,一般制度指大学章程,即关于大学性质、任务及其组织构成和主要行为活动等最基本内容的原则规定或框架。大学章程是大学的根本法,是大学办学的依据。大学章程通过规定学校的办学理念和特色,学校的发展目标和战略,校内各种关系,学校的领导体制、治理结构、管理模式,教职员工的权利和义务,学生的权利和义务等重要内容,回答包括现代大学治理等在内的现代大学制度的核心问题,为大学依法自主办学提供可行的自治规范。学校有了章程,也就等于有了根本法。大学章程明晰了校内治理结构与运行机制,是规划校园秩序的"组织法";规定了教职员工的权利和义务、学生的权利与义务,把学校与教师、学校与学生、教师与学生的关系建立在以人为本的核心理念上,是师生员工的"权利法";彰显了学校的办学理念和特色、承载了学校的发展目标和特色战略,是面向社会的"宣言书"。大学的具体制度都是围绕这一基础性制度设计的。

其次,具体制度主要涉及机构设置制度、管理制度和工作制度等方面。机构设置制度是指一定的组织按照其组织目标设计的机构结构的规则。高校机构包括行政机构和学术机构。高校行政机构设置不能套用政府机构设置;学术机构要健全并保障其发挥作用。机构设置制度十分重要,但我国多数高校没有形成机构设置制度或者按照上级行政意图、规定设置机构或者凭经验、拍脑袋致使机构设置不科学这一现象也须改变。管理制度包括决策制度、执行制度、评估制度以及人事管理制度、教学管理制度、科研管理制度、资金管理制度、设备管理制度、学生管理制度等。这些制度下面又包括若干具体制度,如人事管理制度包括教师聘任制度、职员聘任制度、分配制度、考核制度、奖惩制度等。工作制度包括人才培养制度、科学研究制度、社会服务制度等。这些制度下面也包括若干具体制度,如人才培养制度包括专业设置制度、学分制、选修制、拔尖创新人才培养制度、学位制等。

（二）高校为什么要加强制度建设

高校制度建设对高校生存和发展具有极其重要的价值和意义。著名教育学家夸美纽斯指出:"这类学校的长处全在于制度,它包括了学校发生的一切事。因为制度才是一切的灵魂。通过它一切产生、生长和发展并达到完美的程度。哪里制度稳定那里便一切稳定;哪里制度动摇那里便一切动摇;哪里制度松垮那里便一切松垮和混乱;而制度恢复之时一切也就恢复。"①2023年全国教育工作会议强调"四个认识",并指出在全面提高人才自主培养质量、造就拔尖创新人才和服务区域经济社会发展、优化布局结构上先行先试,进一步加强高校分类管理的顶层设计,加快探索高校分类评价改革。②中国特色社会主义进入新时代,高等教育到了更加注重内涵发展的新阶段。高校落实立德树人根本任务,深化综合改革,加快内涵发展,推进教育现代化,就必须加强制度建设,为其奠定坚实的基础,提供必要的保障,其意义主要体现在以下三个方面。

第一,制度是实现高校法治化管理的必然选择

无论社会发展还是为达到某种目的的社会活动都必须形成组织。组织是由单个人组成的,人的价值取向具有多元性,利益诉求具有多样性,而社会资源具有稀缺性,因而在组织内部的共同活动和人际交往中常常会产生冲突。现代高等学校是一个人员众多、规模宏大、结构复杂、目标多样、任务繁重、责任重大的组织。如何使冲突得以限制,组织得以协调运转?"现代组织要生存和运作,就必须有制度化安排。"③对此,邓小平同志明确提出:"少数人靠觉悟,多数人靠政策。"一方面要加强思想教育提高人们的思想觉悟,激励组织成员为组织利益而不懈奋斗,同时更重要的是要形成制度,使各种行为规范化和稳定化。

首先,高校内部而言,只有制度才能为资源分配、关系调整、行为规范、任务推进、目标落实提供强制性和约束力,保证学校朝着既定的方向和目标发展前进。制度的功能在于规范和约束行为,由于行为主体存在人性弱点、行为能力差异以及行为环境的不断变化,制度规范和约束的功能指向往往侧重于消解人性弱点、增强行为能力和克服客观环境不利因素。制度经济学中常常引用"分粥"的案例来说明制度的功能:在一个僧多粥少的庙里,人们发现掌勺和尚分粥有多有少,因人而异,很不公平,于是掌勺和尚改由大家推选。但一段时间后,发现这种方法也行不通,因为谁都有私心,大家推选的掌勺和尚其实也亲疏有别,难以公平。经商量,决定轮流掌勺,一人分一顿,情况虽一时有所好转,但时间一长,发现问题更多,因为个别

① 任钟印.夸美纽斯教育论著选[M].北京:人民教育出版社,1990:243.

② 怀进鹏.2023年全国教育工作大会上的讲话[EB/OL].[2023-01-03].https://m.sohu.com/a/630489848_121106991/? scm=1102.xchannel:325:100002.0.6.0.

③ 理查德·斯格特.组织理论:理性、自然和开放系统[M].北京:华夏出版社,2002:128.

和尚不仅分亲疏贵贱，轮到自己时还又吃又藏。经过反复讨论，大家决定在轮流掌勺的基础上再加上一条规矩：分粥者必须最后拿剩下的那一份。这样，问题最终得到了很好的解决。长期以来，我们对制度的功能和力量重视不够，更多地强调思想教育和思想改造，虽然两者都很重要，但却有着明显的局限性。在推进制度建设的进程中，工作中经常出现的问题要从规律上找原因，反复出现的问题要从制度上找原因。离开了制度，高校内部成员的思想认识无法做到统一；人、财、物等各类资源优化配置无法实现有效利用；各部门之间无法理顺管理程序和职责范围，直接影响到管理效率，高校的发展也就难以维持。

其次，于高校外部而言，随着工业化的觉醒，高校与社会的关系变得更加复杂。经济的急速发展，不断给予高校更高的人才培养期望，"象牙塔中的大学"不是走出，而是被推向了社会，更深入地卷入了各种社会问题之中。高校应当更致力于满足社会实际需求，因为离开了社会这个支持体系不可能生存。因此高校的管理，不可避免与社会产生更多的联系。特别是党的十八大以来，我国坚持依法治国、依法行政、加快建设法治社会都离不开制度建设。推进高校法制建设的关键，就是依据体现法律法规和规章原则及精神的制度进行教育教学和管理。一方面，因为高校具有主体的特殊性，即高校普遍缺少一份向上连接国家法律法规和学校章程，向下连接学校制定的各项规章制度的"学校立法法"，只能将国家法律法规和规章转化为高校制度。另一方面，高校内部管理所有事项不可能在国家法律法规和规章中进行规定，还是需要高校根据自身情况制定具体制度。

第二，制度是推进高校民主决策与可持续发展的根本保障

习近平总书记指出，践行以人民为中心的发展思想，发展全过程人民民主。全过程人民民主实现了过程民主和成果民主、程序民主和实质民主、直接民主和间接民主、人民民主和国家意志相统一，是全链条、全方位、全覆盖的民主。

在高校制度建设中，唯有坚持民主性原则，才能真正实现民主化的教学、民主化的学术研究、民主化的管理。所谓高校制度建设的民主性原则，就是指制度建设必须坚持，保障成员知情制度的制定、参与、监督，制度建设的过程也是全体成员广泛参与、各部门共同参加的，是围绕民主而进行的各项程序性活动。

全面发展协商民主。在高校制度建设中，成员能自觉、自愿地参与到义务的规范和权利的分配中去。由于制度的本体功能，成员会自然地以主体身份参与制度建设的全过程。当面临争议与讨论时，成员各方相互表达、相互争取、达成双赢的互动过程，这正是民主的独特魅力所在。并且，民主监督意识和思维融入高校的教

育教学科研和人才培养的过程中,潜移默化地不断提高广大师生的民主法治素养,从而增强师生的民主管理意识和参与民主管理、民主监督的能力,提高各方主体行使民主权利、运用民主管理优化大学治理结构的能力。

促进发展的可持续。习近平总书记指出,建设教育强国是中华民族伟大复兴的基础工程,必须把教育事业放在优先位置,深化教育改革,加快教育现代化,办好人民满意的教育。习近平总书记指出,发展是解决我国一切问题的基础和关键,发展必须是科学发展,必须坚定不移贯彻创新、协调、绿色、开放、共享的新发展理念。其一,高校制度建设是一项涉及教学、科研、管理的系统性工程,制度的制定必须严格按照法定、合理、科学、正当的要求去设计,制度的运行必须体现可持续性,即保持相当程度的稳定性,防止制度权威的缺失。其二,制度建设能够为高校可持续发展实现公平与效率的有机统一。制度的运行必须遵循事先设计的程序,不能"跨越式"发挥作用,这是制度建设的公平原则所决定的,但是,从制度建设的整体性上看,制度的高度程序化又是实现制度效率的良好途径。好的大学制度能以共同的价值观和愿景统筹协调各方利益,最大限度地释放组织和个人的创造潜力,帮助学生发展兴趣和能力,鼓励教师潜心钻研探索,努力激发师生的创造力。高校发展的主体是广大师生,只有以他们为中心,加强制度建设,才能在保障公平的前提下兼顾学校科学发展的效率和质量,调动他们参与工作学习的积极性、创造性和自觉性,才能切实保障广大师生的权利。

第三,制度是维护高校和谐稳定的重要力量

邓小平指出:"中国的问题,压倒一切的是需要稳定。没有稳定的环境,什么都搞不成,已经取得的成果也会失掉。"①好的制度具有公平性,塑造公平公正的内部环境,保障校内组织、教师、学生的权益,规范学术道德和职业行为。

首先,就学生个人发展而言,由于国际形势的错综复杂、新的不确定因素不断增加,加上国内新情况、新问题、新矛盾不断出现,导致社会治安形势仍比较严峻,影响高校安全稳定的不利因素仍比较多。充分认识维护高校稳定的重要意义并采取相应对策,对于确保高校安全稳定,确保高等教育事业健康、快速、有序地发展,是十分必要的。维护高校稳定是构建和谐社会的必然要求。高校是社会的重要组成部分,也是意识形态斗争的重要阵地。同时,高校的学生来自全国各地,牵涉到千家万户,高校稳定直接关系到整个社会的稳定。从这种意义上说,高校的稳定与健康和谐发展对社会稳定、和谐社会的构建有举足轻重的作用。没有稳定,构建和

---

① 邓小平文选:第 3 卷[M].北京:人民出版社,1993:284.

谐校园无从谈起,更不用说构建和谐社会了。特别是有部分行为不足以达到国家法律法规惩处的程度,唯有加强高校制度建设,为违法乱纪行为增强校内约束力,才能达到校园和社会和谐。

其次,就学校自身发展而言,进行制度建设,才能使广大师生在安全、和谐的环境中工作、学习和生活,稳定人心、齐心协力,才能保障师生一心一意谋划改革发展,聚精会神加强自身建设,才能使高校改革与发展的各项目标得以顺利地实施和实现。反之,则会导致校园秩序的紊乱、各级领导和部门的精力受到影响和牵制、学校发展的各项任务和目标就难以实现。

现代高校组织成员包括学生、教师、职员、教辅人员、后勤人员、第三方人员等。其中不乏在国内外有重大影响的学者,在社会上举足轻重的人物。组织成员特别是教师的活动多样、广泛,既要从事教学、科研,又要面向社会从事各类社会服务活动。高校是一个开放的生态系统,与政府、企业以及社会的方方面面发生着广泛、深入的联系和交往,学校之间还面临着激烈的竞争。因此制度建设对于高校组织的生存和发展意义更加重大。

制度建设是依法治校的本质要求,是内涵发展的根本保证。体制机制改革创新是高校提高教育教学质量、实现内涵式发展的强大动力和基本途径,而高校推进制度建设正是其体制机制改革创新的根本所在。高校体制机制改革创新,不仅需要国家宏观层面的外部管理体制改革,更需要各高校微观层面的内部管理体制改革。高校内部管理体制改革,主要涉及政治权力、行政权力、学术权力、民主权力等四种权力之间的融合制衡问题。如何根本解决这四种权力的相对融合与相对制衡,只能依赖于制度的建设效能与执行效能。

二、怎样有效进行制度建设?

当前,统筹推进世界一流大学和一流学科建设已成为我国高等教育发展的战略任务,"双一流"建设旨在实现我国高等教育由大向强转变。如何推进"双一流"建设? 对于今天的高校发展来说,加强制度建设也是一个极为紧迫的课题,高校要在学习、借鉴和传承的基础上实现综合创新,不断完善中国特色现代大学制度。

(一) 高校制度建设的法律依据

高校有权制定要求全体教职工共同遵守的内部规章制度,这是《中华人民共和国教育法》(以下简称《教育法》)、《中华人民共和国高等教育法》(以下简称《高等教育法》)赋予高校的法定权利。

一是高校取得法人资格。《高等教育法》第三十条规定,高校自批准设立之日起取得法人资格。高校的校长为高校的法定代表人。因此,高校作为拥有独立法人资格的事业单位,从其被批准设立之日起就与其他法人组织一样,自然享有相应的权利,可以根据内部管理的需要制定制度,对其成员进行管理。

二是高校拥有办学自主权。《教育法》《高等教育法》中对高校授予了一系列的办学自主权,如《教育法》第二十八条规定,学校及其他教育机构拥有按照章程自主管理等八个方面的权利。《高等教育法》第十一条规定:高校应当面向社会,依法自主办学,实行民主管理。《高等教育法》还明确授予了高校招生权、专业设置权、教学权、科学研究权、对外交往权、校内人事权和财产权等八个方面的办学自主权。要充分、科学地行使好以上权利,高校就必然要制定一系列的相关制度。

三是坚持党委领导下的校长负责制。习近平总书记指出,办好中国的世界一流大学,必须有中国特色。我们的高校是党领导下的高校,是中国特色社会主义高校,这是我们的根本和最大特色。我们既要认真吸收世界上先进的办学治学经验、遵循教育规律,又要重视自身的办学治学经验,不能妄自菲薄。要始终坚持党的领导,在这方面必须有自信和定力。《高等教育法》第三十九条进一步明确,国家举办的高校实行中国共产党高校基层委员会领导下的校长负责制。中国共产党高校基层委员会的领导职责之一就是“讨论决定学校的改革、发展和基本管理制度等重大事项”。《高等教育法》第四十一条还明确规定,高校的校长全面负责本学校的教学、科学研究和其他行政管理工作,有权拟订发展规划,制定具体规章制度和年度工作计划并组织实施。可见,现行法律明确赋予了高校制定制度的权利。

(二) 高校制度制定基本程序

目前,高校的规章制度一般都是由有关职能部门负责起草,法制工作部门(或学校办公室)负责审查,经教职工代表大会、校党委(常委)会或校长办公会会议审议通过后,由学校公布实施。因此,高校规章制度的制定程序涉及立项、起草、审查、决定、公布、解释和废止等诸多环节。

第一,立项

日常工作中,相关部门制定制度需先提出立项申请,经分管校领导同意后,启动制度制定程序。高校制度建设的酝酿主要源于四种情形,一是学校对表行政法规或地方性法规而需发布的制度,如党委领导下的校长负责制实施细则等;二是校领导根据学校或所主持(分管)的工作实际而提出发布的制度,如校院两级管理体制实施办法等;三是处室(院部)对表各级部门规章而需发布的制度,如国有资产管理办法等;四是为解决某一类具体问题而需发布的制度,如实验教学管理办法等。

第二,起草

有关处室(院部)根据酝酿结果,在调查研究、总结经验、听取意见基础上安排专人着手起草相应制度。其中听取意见可以采取书面征求意见、座谈会、论证会、听证会等多种形式,特别是所起草制度直接涉及师生员工或其他组织切身利益,应当在校内外广泛公布,全方位征求合理意见。

规章制度在起草工作之前应进行深入的调研,并进行可行性论证,只有各方面都比较成熟的规章制度项目,才能列入年度规章制度工作计划。规章制度列入工作计划后,相关职能部门要组织人员具体负责起草工作。起草过程中要广泛听取有关部门、教职工和学生的意见。听取意见可以采取书面征求意见、座谈会、论证会、听证会等多种形式。对于涉及教职工或学生切身利益的规章制度或有重大意见分歧者,起草部门应当举行听证会。

第三,审查

规章制度由高校法制工作部门(或学校办公室)负责审查,对于涉及重大问题或有关部门不能达成一致意见的。应当举行论证会并报上级主管部门解决。制度审查部门对拟提交会议表决的制度需进行形式、内容、合法等三方面的审查。形式审查主要审查制度文本结构的完整性、文字表达的规范性等,内容审查主要审查制度责权利的统一性、流程运行的科学性等,合法审查主要审查制度责权利的合法性、奖惩的合法性等。审查结束后有关部门要形成制度草案和对草案的说明,提出提请学校有关会议审议的建议。

第四,审议

制度审查部门将已通过审查的制度形成草案后按有关规定向党委常委会或校长办公会会议提交制度审议议题,由会议集体研究决定通过。集体研究未通过的制度需要制度建设领导小组负责再协调、再研讨、再认识。

第五,公布

经审议通过的规章制度应及时进行公布,同时,还应该允许教职工和学生查阅、复制。

第六，宣传

宣传是提升制度实施效能的第一温床。制度发布后，要创设一定平台予以宣传。主要通过制度宣讲会、教职工学习会、网络推介等平台大力宣传有关制度，让有关制度真正入脑入心，提升师生员工制度建设的知晓率、惠及率。

第七，解释

制度起草主体与制度执行客体并非对应关系，起草主体意图与制度执行客体往往不能无缝对接，即在制度执行中很容易产生起草主体无法预设的具体问题，这些具体问题需要由制度起草部门（院部）负责解释，制度解释同制度本身具有同等效力。

建立和实施规章制度的程序还应包括规章制度的修改、废止和清理。随着学校工作的开展和变化，现行的规章制度未必符合实际，对于此类规章制度要及时进行修改或废止，以保证高校规章制度体系与法律体系的一致性和客观实际的一致性。此外，高校还应建立规章制度清理机制。

加强规章制度的科学性和合理性。规章制度的制定和修改首先应该遵循合法性原则，同时要符合科学合理的制定程序，各高校应成立专门的政策研究部门，组织聘请相关专家或专业人员对规章制度的制定形成严密的工作流程，对规章制度的具体内容进行反复研究讨论，确保规章制度制定的每个环节都合法合规，确保规章制度的内容经得起推敲，符合现行法律法规、杜绝朝令夕改的情况发生，增强规章制度的科学性和合理性。

（三）高校制定规章制度权限

根据《高等教育法》第四章的规定，高校的基本管理制度，只有校党委会有权制定；具体规章制度和年度工作计划由校长主持，校长办公会议或者校务会议进行处理；对于涉及广大教职工切身利益的奖惩办法、住房分配制度、福利费管理办法等具体规章制度只有教职工代表大会才有权决定；对于学科或专业的设置，教学、科研计划方案等有关学术事项，只有学术委员会才有权规定。但不论是党委会、教职工代表大会还是学术委员会都是高校的下设机构，这些部门仅仅是代表学校制定某个方面的规章制度，所以只有学校才是规章制度的制定者。

第一，高校制定规章制度的限度

对于教育法规没有规定的，也没有授权高校规定的事项，根据法无禁止即自由的原则，高校可以制定提倡性教育规范，但不得制定禁止性法律规范。法律法规没有规定或授权高校做出规定的范围。既是法定的自由，对这种自由的限制即是非法的。

另外，高校不具有行政处罚权。因此，在有关职称评定、纪律处分及校园管理的规章制度中就不能有对教职员工、学生或校外人员罚款的规定。现实中，有部分高校的人事、教务、学生管理、后勤等部门制定的规章制度，以部门的名义发布，这种做法显然是不合法的。因为高校内部的各部门、系、部等只是高校任务的执行部门，不具有独立法人资格，也就不能赋予其建章立制权。规章制度的解释权属于规章制度制定机关，而不属于起草部门。对出现的新情况或不明确的部分做补充规定时，应当由制定机关作出解释，规章的解释与规章具有同等效力。

第二，高校制定规章制度的监督

有了科学合理的规章制度，关键在于执行。规章制度执行得好不好，关键在于能否建立依法治校的实施监督机构。实施监督机构应由高校党的基层纪律检查委员会、监审部门、办公室及其他兼职人员组成，要具有广泛的代表性和权威性。监督机构要严格实行委员会制，并只对高校党委和校长负责，具有相对的独立性。其职责是监督检查高校规章制度的执行情况，处理违反规章制度的情况。

首先，高校人员的监督。高校人员指全体师生，高校任何一项制度都涉及全体师生的根本权益，而保障全体师生的根本权益是高校制度建设的出发点和落脚点，因此，高校任何一项制度的生成与执行过程，均要自觉接受全体师生的民主监督。

其次，高校机构的监督。高校机构指纪检监察部门，对制度起草执行过程予以全程监督是纪检监察部门的重要职能，纪检监察部门不仅要对制度建设基本程序加强监督，特别是要加大对制度执行中的违规行为的查处力度，坚决防止制度执行中的疏通、变通行为，坚决杜绝制度"稻草人"现象。

用质量意识增强规章制度的执行力，形成有章可循的监督、问责机制。规章制度是否能有效实施、取得成效，是高校在管理方面的本质要求。用质量意识来规范规章制度的形成，同时规章制度也是保证质量意识落地生根的具体手段。只有制定高质量的、能表达师生员工意愿的、尊重师生员工切实利益的规章制度，才能使新制度真正执行到位，而不是只停留在嘴上、挂在墙上、写在纸上，把制度当成"稻草人"。此外，要充分发挥师生能动性，积极参与到制度落实的监督工作中，对于与师生员工关系密切的规章制度,应充分尊重其意见,使其参与到制度的制定过程,增强主人翁意识,从而增强规章制度的执行力,提升高校管理水平。

(四) 高校制度建设存在的问题

随着高校依法治校的观念逐渐加深,各高校对规章制度建设也越来越重视,规章制度建设也逐步在加强和完善,依法办学、依法治校的水平不断提升,高校法治化建设工作也取得了显著的成果。但我们仍然要看到,在制度的制定、实施、监控、反馈等四个环节上还存在各种各样的问题,导致制度建设的效果不明显。

第一,制度制定过程中存在的问题

严密、科学的制度必须在一个严密、科学的过程中制定完成,否则难以成功。目前,高校在制定制度过程中主要存在三个问题:(1)学校制定制度时,缺乏整体的、长远的统筹规划,具有随意性,影响制度的连续性、稳定性、配套性。缺少统筹协调,各个规章制度之间存在分歧、矛盾或不配套、不衔接的情况,缺少一个专业的职能部门对各项规章制度进行统一的统筹和协调。(2)制度制定过程缺少民主参与,制定出来的制度不能广泛反映各方面意志,难以得到充分认可和理解,如有的奖惩力度过轻或重,难以发挥效用;(3)各高校在制定规章制度的过程中,主要以职能部门负责起草—征求意见—领导班子会议审议通过—发文公布这样的过程来进行的,很多规章制度并没有经过相关方面专家的推敲论证,也没有经过有关部门的审核研究,仅仅依靠高校领导在班子会议上讨论通过,缺少对制度语言的锤炼,严谨性不够,规定不明确,影响到制度制定部门以及制度本身的权威。最终制定的规章制度会存在一定的局限性,从而导致制度没有办法顺利落实。

第二,制度实施过程中存在的问题

在制度的实施过程中主要存在以下问题:(1)对制度的实施重视程度不够,许多部门和个人潜意识里认为,制度制定出来就大功告成了,至于制度的执行实施常常被轻视或忽视,因此,许多制度被束之高阁,没有发挥其应有的效力;(2)制度执行过程的不规范、不透明,降低了师生员工对制度和制度执行者的信任,降低了制度的权威性;(3)制度运作过程中产生了低效率,这与制定制度的初衷相违背。

第三,制度监控和反馈过程中存在的问题

制度的监控和反馈两个环节在发挥作用时,其实可以看作是一个相互融合的过程。在这个过程中存在的主要问题是制度监控和反馈环节的缺失。由于缺少监督与反馈,制度实施的效果很难反映至制度的制定者和执行者那里,造成了制度运作程序上的断裂,从而出现"规章失灵"的现象。规章失灵是指原有的规章失去约束力,不再具有约束行为主体行为的功能,而相应的新的规章制度尚未建立或虽建立却无约束力。这种情况在我国高校都有不同程度的体现。

规章制度的执行缺少监督和问责。规章制度的生命力在于贯彻执行,在于是否能取得良好效果。高等学校在规章制度建设方面存在重制定、轻执行的情况。一些规章制度制定完是否顺利落实,是否有效实施,缺少进一步的监督和问责。

（五）高校制度建设的原则

任何一个组织都是围绕某个中心活动而组织起来的,制度则是规范组织活动运行、对人们的行为起制衡作用的规则体系。高校属文化领域,是专门从事高深学问传播、储存、鉴别和探索的组织和场所,主要活动是学术活动。学术活动是对未知世界的探索,具有很强的不确定性;学者们学习、研究的动力,首先来自对学术活动的价值认同与兴趣。制度建设是为了促进学术发展即人才培养、科学研究和以学术服务于社会。人们在高校制度建设的探索过程中形成了许多基本经验,可以从中归纳出一些基本的原则。高校加强制度建设的前提就是要重视和遵循这些原则。能否实现这些原则,也是检验高校制度建设优劣的一个重要标准。

第一,合法原则

合法原则是指高校所制定的制度,其内容不得与国家法律法规和规章相抵触。高校虽然依法享有制定要求师生员工共同遵守的规章制度的权利,但是,从性质上来看,高校的制度与国家法律法规及规章有着本质的区别。前者是高校的内部管理制度,不属于法的范畴,而后者是国家法律体系的组成部分。也就是说,高校的制度不是法,但又是依法制定的,是法的补充和延伸。因此,高校制定的制度必须合法,不得与国家法律法规和行政规章相抵触。同时,高校还要注意,要遵守当地政府及上级政府部门的规范性文件所作的规定,学校制定的制度不得与其相抵触。

第二,人本原则

师生的成人成才成业是高校的根本价值追求,高校制度建设是实现其根本价值追求的关键性路径,在实施这一关键性路径中,时时处处均要体现对师生的"人文关怀""人性关爱",不能将师生被动套进制度的"笼子",而是将师生主动请出制度的"笼子",在最大程度上实现制度给师生带来的"红利",集中体现为:重视人、尊重人、关心人、爱护人。

第三,民主原则

罗尔斯认为,正义是社会制度的首要价值,不管它们如何有效率和条理,只要它们不正义,就必须加以改革和废除。[①]高校制度建设的过程就是追求正义、释放正义的过程,更是体现民主、释放民主的过程。这种民主体现在制度酝酿的集思广益、制度起草的群策权力、制度审查的全员参与、制度执行的自觉内化等方面。高校任何一项制度的设计和构造,都应当以维护全校师生员工的根本利益为宗旨,民主应当是制度建设最基本、最普遍的价值目标,因此,制度建设的过程应当是一个充分发挥民主的过程。民主原则就是要求高校在制度的制定、实施、监控过程中应做到:一是制度的制定过程要充分吸收各类代表参与,适当地安排听证会,听取广大师生员工的建议意见;二是制度实施过程中要透明、公开,对待各类人员要一视同仁,不可偏颇;三是对制度的实施要有监管部门进行监控,杜绝制度执行中的不公平现象;四是在制度的内容上要维护广大师生员工的利益,保障广大师生员工拥有平等的发展机会和合法公平的权益。从现实情况看我国的高校制度建设中发扬民主还远远不够。一位从美国回来应聘到国内某著名大学担任学院院长的学者深有感触地说:学校某项制度的制定完全不听取院系、教师、学生的意见,职能部门拍拍脑袋制度就出台了。制度下发以后由于与实际情况不符,院系无法执行,上面也就不管了。这种现象带有一定的普遍性。高校制度建设一定要充分发扬民主,特别是要努力克服学术决策中的行政化倾向,发挥教授们的作用,为学术自由发展留下广阔的空间。

第四,程序原则

程序原则是指高校在制度建设过程中一定要按程序办事,并且要注重制度设计的程序性。一方面,在制定制度时应当按照一定的程序进行。一般而言,高校制度建设应当包括部门或有关人员提出制度立项申请、校办公室编制立项计划或规划、起草并形成征求意见稿、协调审查并形成送审稿、提交校长办公会议或党委(常委)会议审议通过、发布及实施。其中涉及教职工利益的,还应当提交教职工代表大会审议通过,涉及学生切身权益的应当广泛征求学生的意见。另一方面,在制度设计时,应当重视程序的设计。比如,在制定大学生违纪处分条例实施细则时,对学生的违纪行为作出处分决定,应当明确书面告知程序,学生的陈述、抗辩、听证、

---

① 约翰·罗尔斯.正义论[M].何怀宏,等译.北京:中国社会科学出版社,1988.

申诉程序等,切实保障学生的合法权益,真正体现法治精神和民主精神。

第五,系统原则

从高校制度建设的体系设置上看,具有分层分类性,总体上分为三个层次,第一个层次以《大学章程》《加强党委领导下的校长负责制的实施细则》为核心的系统设计;第二个层次是主干管理制度及类别,即学校层面的主要制度,分类别建设包括教学、科研、学生、人事、资产与财务、后勤、对外合作等方面的制度;第三个层次是管理制度子类别,即各项管理实施细则以及各单位、各部门内部管理规范、工作流程等。这三个层级不同类别的规章制度的制定归属于学校的各个职能部门和学院,并且有的制度涉及几个职能部门。系统性原则就是要求高校从全局的角度运用系统的眼光加强制度建设,对各项制度做好必要的配套建设。高校制度建设是一个复杂的系统工程,任何一项制度的建设都不是孤立的,许多制度的内容是与其他制度相联系和衔接的,每一项制度作用的发挥都关系到其他工作的开展。因此,制定和执行制度时要从全局出发,注重建立健全相关配套制度和具体实施细则,注重与其他制度做好相互衔接,避免出现制度建设上的不连贯,甚至形成冲突,带来制度执行的困难。

第六,稳定原则

稳定原则就是要求高校制定的每一项具体的规章制度都要保持相对的稳定性,保持其长久的生命力。高校制度建设在一定意义上讲,是高校办学理念和治校方略的具体化、条文化,如果在制度建设上朝令夕改,就会使人们对学校发展产生不确定感,影响目标统一、思想统一。但这并不是说制度一经制定就不能修改,而是要本着稳定性原则制定和实施制度,必要情况下可以根据实际情况进行修改和完善。

三、如何创新制度建设?

高校的规章制度是学校为了组织和管理各项行政工作,按照一定程序制定的,在全校范围内具有普遍约束力的章程、规定和办法等规范性文件的总称。高校的规章制度是对我国教育法律体系的有益补充,高校规章制度建设也是依法治校工作的核心内容。

（一）加强高校制度建设的基本策略

结合上述高校制度建设的六项基本原则,加强高校制度建设可采取如下策略。

第一,加强组织领导保障

学校党委将制度建设作为"一把手工程"来抓,成立由党委书记、校长任组长,分管校领导任常务副组长,有关校领导任副组长的规章制度建设工作领导小组,负责统一领导学校规章制度建设工作,加强统筹规划,提高制度供给水平和制度建设质量,牵头审查学校根本制度和基本制度。领导小组下设办公室,挂靠发展规划处或学校办公室。制度建设工作领导小组每学期召开一次专题会议,就制度建设中的基本问题或重要问题予以研讨商榷,统一思想、形成共识,为会议审定扫清认识上或技术上的各类障碍。领导小组办公室负责规章制度建设工作的日常事务,由政策研究室专人负责规章制度的校核及审查工作,从制度建设的组织机构上给予充分保障。

第二,明确制度层次体系

高校管理具有鲜明的层次性,高校制度更需如此。中国特色现代大学制度是一个制度体系,其中根本制度是党委领导下的校长负责制,基本制度包括学术委员会制度、教职工代表大会制度、理事会制度、学生代表大会制度等,重要制度包括决策议事规则、人事管理、学生管理、招生管理、合作办学、后勤管理等治校办学的方方面面。为使制度建设协调、有序,应首先明确制度层次体系,推动形成以章程为核心,规范统一、分类科学、层次清晰、运行高效的学校规章制度体系。一要在国家相关法律法规的要求下制定学校的章程。章程作为高校的内部法,是高校依法办学的基本依据,是高校的特殊制度,在高校各项制度中具有统领的地位,是其他层次制度建设的依据和遵循的准则。高校要通过完善的章程,对办学宗旨、主要任务、学校规模、专业设置、教育形式、内部管理体制及人事活动、财务活动、师生权利义务、社会活动等重大的、基本的问题作出全面规范。二要根据章程制定学校的体制、机制性制度和规范,如领导机制和决策制度、重要议事规则、有关工作条例、学术管理制度、学术规范、教职工代表大会制度等。通过制定规则和条例,确立职责权限、决策程序、约束机制。三要制定学校层面的具体管理制度。包括主要面向学校教职工的人事制度、考核制度、财务制度等管理制度,主要面向学生的教学管理制度、学生工作制度、学生奖惩制度等。四要促进校属各单位和各部门制定内部管理制度。以贯彻学校层面规章制度为前提,各单位和部门应结合工作实际制定具体的岗位职责、工作规范等,对工作人员形成明确的制度规范和约束,保障本单位或部门职能的充分发挥。

第三,做好制度配套建设

要根据制度的系统性原则,做好制度的配套建设。有的研究者提出,高校规章制度配套建设应该有三个类型:一是高校与外部关系的配套建设;二是高校内部制度的配套建设;三是高校内部制度建设中存在的纵向配套建设。高校制度建设要与整个社会的大政方针、规章制度接轨,适应经济社会的发展;要与学校内部其他制度做好衔接,理顺和协调好各项工作的相互关系,保持制度的全局性;对于制定的每一项制度,要保持其系统性,环环相扣、条条对应,跟随工作发展,将配套建设贯穿制度运行的全过程。

第四,强化制度实施监督

习近平总书记指出,制度一经形成,就要严格遵守,坚持制度面前人人平等、执行制度没有例外,坚决维护制度的严肃性和权威性,坚决纠正有令不行、有禁不止的各种行为,使制度真正成为党员、干部联系和服务群众的硬约束,使贯彻党的群众路线真正成为党员、干部的自觉行动。加强制度建设,不仅需要在"制定"上下功夫,更需要在"执行"上下功夫。要提高制度的执行力,必须强化对制度实施的监督和反馈,在执行中主动完善,在监督中被动完善。首先,要有明确的部门对制度实施进行监管、督办、落实,保证制度的执行力;其次,在制度内容中制定明确的监督和反馈的条文,规定反馈渠道,以利于有关部门随时掌握制度实施过程中出现的问题;再次,加强制度的宣传贯彻,重要制度要组织进行宣传贯彻,特别是涉及师生切身利益的制度,只有通过宣传贯彻、强化认知,制度才能有效执行。

执行落地是根本。谋划变现实,根本在执行。建立制度建设激励与问责机制,对制度建设工作领导与管理不力的部门、院部党政负责人予以问责,有效遏制制度建设中的本位主义、甩手主义、经验主义等现象,倡导营造"制度就是生产力""执行制度就是执行效能"意识与氛围,使"执行到位、落地生根"成为学校的文化品格和实践气质,切实推动制度建设从文本到实践的转化、从目标到步骤地细化、从问题到行动的深化、从制度到文化的内化。

第五,健全反馈修订流程

检验制度建设效能的唯一标准是制度实践。制度实践的过程就是制度分析与评价的过程,更是制度反馈与修订的过程。制度反馈与修订需要对制度建设过程做出事实判断与价值判断,需要对制度本身的内涵与外延、内涵与外延的适切性、内涵外延与管理服务实践的匹配度融合度等问题——做出考量,这种考量是制度建设持续运行久久发力的根本保障。高校要以章程实施机制建设为引领,紧咬"双一流"建设目标,紧扣党委领导下的校长负责制实施细则,通过"存、废、改、并、立、释",全方位反馈与修订,系统梳理学校规章制度,逐步理清学校管理服务过程中的各种责权利关系,有效解决现行制度缺失和体制机制障碍等突出问题,着力强化校院两级管理、学术管理、民主管理、社会参与、师生权益保护、法治工作等各类机制建设,确保学校规章制度的合法性、合理性、有效性、可操作性、适切性、匹配性,形成健全、规范、统一的高校特色制度体系。

第六,营造良好制度建设氛围

制度建设的氛围直接关系到制度建设的成效。要营造一个良好的制度建设氛围,首先,要把握制度建设的时机,制度建设要与学校发展相适应,过于超前或者过于滞后都不利于制度功能的发挥,要在学校发展的重要时机及广大师生员工需要的时机及时制定和出台有关制度;其次,每一项制度的出台要坚决和严肃,不能优柔寡断,更不能朝令夕改,要通过各种积极的措施引起全校的重视,扩大制度效力,保障执行到位,增强制度尊严;再次,要宣传和营造以人为本、民主和谐、公平合法的制度文化,树立正确的制度观,为制度运作提供良好的软环境。大力开展制度宣传教育,增强师生员工的制度意识,使他们正确认知评价制度,形成制度信仰,对制度有敬畏之心,对制度有信赖感和依赖感,增强学习、运用、执行、遵守和维护制度的积极性、主动性和自觉性。

第七,定期清理废止不合时宜的制度

为规范学校办学行为,进一步完善校内各项管理制度,提升学校依法治校水平,有效解决部分规章制度与学校改革发展不适应、不协调、不衔接、不一致问题,应建立校内规范性文件定期清理机制,定期对学校现行的各项规章制度和规范性文件进行集中清理修订完善。清理修订完善工作要以习近平新时代中国特色社会主义思想和党的二十大精神为指导,坚持依法治校和以人为本的原则,依据学校,结合国家法律、党内法规和上级政策规定,对规章制度和规范性文件进行排查梳理,做出保留、废止、修订或新立的处理,保证规章制度和规范性文件的合法性、程序性、针对性、可操作性,体现稳定性与前瞻性。学校规范性文件清理工作形式分为:保留、废止、修订、新立四类。当前,尤其要做好废止工作,现行学校规范性文件存在下列情况之一的，将予以废止：与现行国家政策、法律法规、上级文件及学校章程相抵触的；无法适应当前高等教育发展形势和学校自身发展实际的；就某项工作内容，学校已制定新的规范性文件，但原有相关文件没有及时废止的。

（二）开拓高校制度建设的创新路径

高校制度建设的任务主要是维护高校组织的生存和发展；促进学生的健康成长；通过制度创新协调社会变革和学校变革之间的关系等。现在各高校基本上都有自己的一套相对完整的制度，因而高校制度建设的主要任务是制度创新，通过制度创新推进学校的改革和发展。世界上不乏通过制度创新推进高等教育发展的先例。例如近代德国大学形成了科研和教学相结合的实验室制度和以研究高深课题为中心的研讨班制度，这两种制度顺应了17世纪以来科学革命造成的知识分化的发展趋势以及工业发展对人才培养提出的要求，有力地推动了大学的发展，使世界高等教育走向了一个新的历史阶段。我国近年来推行的学分制度、学生评教制度，对于推动教学内容和方法的改变起到了十分重要的促进作用。

高校制度创新的主要原则是：以科学的大学理念为指导，针对制度建设中存在的突出问题，有利于推进学校的持续发展。制度创新要总体设计分步实施，从阻碍学校发展的关键问题入手逐项进行。笔者认为当前以下制度的创新尤为重要。

第一，完善党委领导下的校长负责制制度

坚持和加强党在高校办学治校过程中的全面领导既是中国特色社会主义大学的本质要求，也是推动高校事业发展的有力保障。党委领导下的校长负责制是党对高校开展领导的具体路径。党中央历来重视高校党的建设，《高等教育法》明确规定，我国高等学校必须把中国共产党高等学校基层委员会领导下的校长负责制作为治学办学所要坚持的根本制度，为党对高校的领导提供了法律基础。党的十八大以来，加强党对高校的全面领导日益成为高等教育领域的重要课题。2014年，中共中央办公厅印发《关于坚持和完善普通高等学校党委领导下的校长负责制的实施意见》（以下简称《实施意见》），对党的建设在高校事业发展中的重要地位予以进一步明确，为新时代加强高校党的建设工作、完善高校领导体制和运行机制进而构建中国特色现代大学框架提供了重要理论依据。2016年，习近平在全国高校思想政治工作会议上强调，高校党委对学校工作实行全面领导，承担管党治党、办学治校主体责任，把方向、管大局、做决策、保落实。为新时代全面加强高校党的建设,坚持党委领导下的校长负责制指明了方向。

实践证明,党委领导下的校长负责制是最能够实现我国高校内涵建设、高效管理的治理模式。在高校实行党委领导下的校长负责制是坚持党对高校领导的根本要求,是保证高等教育健康发展的需要,适合我国国情,必须认真贯彻落实。

党委领导关键在于领导。党委是高校全局工作的领导核心,党委领导是集体领导,只有对学校发展战略性、全局性、根本性的问题做出决策的重大职责,党委要把好方向,抓好大事,理好思路,用好干部作为主要任务来抓,总揽学校改革与发展的全局,协调各方面,统一领导学校的工作。

校长负责关键在于负责。校长要执行党委的决议,对党委领导负有行政落实的责任。对于学校行政工作中重大问题和重要事项,由校长为首的行政领导负责提出工作意见和方案,提交集体讨论决策。学校党委确定的大政方针,由以校长为首的行政系统组织实施。

党委领导下的校长负责制是党委领导与校长负责的和谐统一,最关键的是要处理好集体领导与个人负责的关系。校长是学校的法定代表人,在学校党委集体领导下,依法独立负责地行使职权,全面负责学校教学、科研和其他行政管理工作,党委必须支持校长行政职权,但不可包揽具体事务。

一是完善顶层设计。制定实施《关于贯彻党委领导下的校长负责制的实施办法》《落实党委领导下的校长负责制情况报告制度》,明确党委在学校事业中的领导核心地位,细化党委领导和校长负责的主要方式和内容,对决策制度、运行机制、组织领导和情况报告等方面作出规定,保证党委领导下的校长负责制的贯彻执行。

二是优化议事规则。修改完善学校党委全委会、党委常委会、校长办公会"三大会议"议事规则,进一步明确会议议事决策范围、原则和程序、执行和监督,确保"三重一大"事项与"三大会议"对号入座,整体覆盖,全面统筹。坚持和完善学院党委会议和党政联席会议制度,制定二级学院党委会议和党政联席会议事规则,规范议事制度,提升议事水平,充分发挥二级党组织承上启下作用,着力破解"上热中温下冷"的困难局面,不断加强党的基层组织建设。

第二,加强党的建设与思想政治工作制度

习近平总书记指出,办好我国高等教育,必须坚持党的领导,牢牢掌握党对高校工作的领导权,使高校成为坚持党的领导的坚强阵地。高校在推进大学治理体系和治理能力现代化进程中充分认识到,加强党的规章制度建设,要主动学习党内法规体系建设经验,对照党内法规制度体系基本框架进行归类分析,形成立改废意见,以确保学校党的规章制度科学规范、运行有效,同时也要结合高校特点,特别是人才、学科、传统等优势,加强党内法规体系研究,立足新时代新使命新要求,全面提升依法依规治校能力。

思想政治工作具有思想引导和行为规范两大基本功能,即教育和管理的双重功能。教育引导是根本,管理制度是保证。相对教育而言,管理制度具有全局性、稳定性、长期性的作用。因此搞好制度建设,对加强新形势下高校的思想政治工作意义重大。应重点加强以下几项制度建设:一是政治学习制度,主要包括领导干部政治学习制度、教职员工政治学习制度、学生政治学习制度;二是思想政治工作例会制度,用以定期分析师生的思想动态,明确工作任务和工作重点,以便有针对性地开展思想政治工作,做好大学生的思想教育和政治引导工作;三是思想政治工作岗位责任制度,明确包括辅导员(班主任)在内的专兼职政工人员的工作职责任务、职权、检查考评标准等;四是思想政治工作考核、评比、奖惩制度,明确考评的内容、标准、方法,充分体现思想政治工作为教学中心服务、为人才培养服务的方针,并将年度考评与奖惩结合,树立典型,表彰先进,鞭策后进,形成比、学、赶、帮的好风尚,推动高校校园文化建设不断发展,促进大学生品学兼优、健康成长。

第三,创新人才培养制度

党的二十大报告明确指出,要全面提高人才培养质量,着力造就拔尖创新人才。显然,国家已将拔尖创新人才培养提升到治国、强国的战略高度。人才培养制度是高校制度的核心十分重要。我国的人才培养制度方面还存在缺陷,难以培养出拔尖创新人才。著名的"钱学森之问"——为什么我们的学校总是培养不出杰出人才? 这也成为困扰中国教育界的头号命题,创新人才培养制度成为关注的焦点。高校应从以下方面努力改善这种状况。

一是学生评价制度。评价本质是价值判断,价值判断的过程是动态的而不仅仅是定量评价。长期以来,我们一直混淆着"考试"和"评价"的概念,更多的是强调考试就是选拔人才,忽略了评价在人力资源开发方面的重要作用。当前,在大力推进素质教育和创新型人才培养的进程中,传统的学生评价观正在向现代的、发展性的评价观转变。要依据现代教育目标和价值观,建立有利于发展学生个性,能够体现时代发展要求的、具有创造性的、能够促进学生全面发展的新的人才评价机制。

二是教学管理制度。教学制度作为高等教育的内部制度,外延很广,这里只探讨教学管理制度。以培养创新人才为主要目标,以人为本、关注学生发展的高等教育价值观,应在教学管理理念、制度、内容、方法等方面具体反映,学生创造力的养成和培养,主要是通过富有创造性的课程体系和教学内容的系统教育而实现的。为此,应对原有的课程体系进行重大改革,可以通过压缩、精选专业必修课模块,在保证基本的专业培养规格基础上,扩展通识课模块。同时,应该扩大选修课的规模,包括人文社科课程、现代信息技术课程、外语训练课程、实践应用课程、方法类课程等,要提高选修课程的地位,使之能够与普通教育课程和主修课程同等重要。

三是学生培养制度。教育是培养创新人才的基本途径,是创新人才成长的奠基工程。创新人才培养必然要求在人才培养观念、培养视角及教育制度等方面进一步改革创新。《纲要》就人才培养体制改革特别强调了几个理念:注重学思结合,倡导启发式、探究式、讨论式、参与式教学,帮助学生学会学习;注重知行统一,坚持教育教学与生产劳动、社会实践相结合;注重因材施教,关注学生不同特点和个性差异,发展每一个学生的优势潜能。创新人才培养是一项系统工程,要突破既有人才培养模式的障碍,"教、学、做"一体化,实施工学结合、校企合作、改革人才培养模式。在"教、学、做"一体化基础上,构建第一课堂、第二课堂和大学生就业跟踪反馈结合的"1+2+1"人才培养模式。通过改革"教",重建人才培养目标、构建个性化教学平台、培养"双师型"师资队伍、编写新概念教材、改革考核方法、创新学生管理手段;通过"学",捕捉交叉学科的切入点、密切第一课堂和第二课堂中教师和学生的联系、关注学生不同特点和个性差异,因材施教;通过"做",坚持教育教学与生产、社会实践相结合,鼓励学生参与项目和科研活动、鼓励学生的科技作品在企业孵化,做到学思结合、知行统一;通过"毕业跟踪",准确反馈毕业生质量信息,了解社会对人才的需求情况,及时修订人才培养模式。

四是学生参与科研活动制度。高校要加快培养创新人才,就必须加大学生参与科研的力度。学术上提倡的是不断创新,主张更多原创性的知识和成果。创造在学术能力中的作用是无可比拟的,而且"钻研学术是学生的天职",大学应该不仅要学生在讲堂上听讲,也要留出更多时间,让其自己去研究。要促进每个学生全面发展,要以"厚基础、宽领域、强能力、高素质"为人才培养目标,必须注重培养学生的批判性思维和跨学科思维以及解决实际问题的能力,积极营造鼓励独立思考、自由探索、勇于创新的良好氛围。现代人才测评有诸多要求,已有产业化趋势,我们必须鼓励学生向现代创新人才发展。可成立"大学生创新实践活动指导委员会",负责指导、策划、审核和评审大学生创新实践活动;设立"大学生创新教育专项基金",资助大学生创新实践课题立项和各项创新活动;设立科研学分、能力学分、创新学分和奖励学分,让更多的学生参与到科技创新活动中来。学生还可以做老师的小助手,参加一些具体的科研工作,如文献检索、文献综述、调研、收集整理资料、实验工作、撰写论文。在参与科技创新、科研实践的过程中,有助于增长知识、增长才干。

第四,完善教师考核评价制度

2020年10月,中共中央、国务院办公厅发布了《深化新时代教育评价改革总体方案》(以下简称《总体方案》),这是贯彻落实习近平总书记关于教育重要论述和全国教育大会精神、深化教育改革的重大举措,对教育改革有重大的意义。《总体方案》提出要改革学校评价、教师评价、学生评价、用人评价。这几方面评价的改革,归结到一点就是要着力破除唯分数、唯升学、唯文凭、唯论文、唯帽子的顽瘴痼疾,建立科学的、符合时代要求的教育评价制度和机制,《总体方案》对教师的评价制度改革有着重要的作用,因为对教师的评价最终都要落实到教育教学上。《总体方案》对改革教师评价的要求是:坚持把师德师风作为第一标准,突出教育教学实绩,强化一线教学工作。《总体方案》提出,要改进结果评价,强化过程评价,探索增值评价,健全综合评价,这四个方面对教师评价非常重要。考核评价是调动教师工作积极性、主动性的"指挥棒",是高校教师选聘、任用、薪酬、奖惩等人事管理的基础和依据,对高校推动新时期教学改革、提高教育质量、坚持正确科研导向、促进科研成果转化、开展创新创业和社会服务,具有全局性和基础性影响,完善教师考核评价制度是激发高校人才内生动力的迫切需要。

一是凸显精细化导向,实施教师分类管理。在教师分类改革中,将科研型教师进一步细分为不同类型,结合职业生涯不同阶段,实施教师分类精细化管理和制度支持。在岗位聘任中,面向新入校教师实施预聘制,面向青年教师实施破格晋升不限指标制度,面向学术水平高、学校急需的教师采用更为严格的代表作评价标准,面向教学贡献突出的老教师设立教学贡献突出教授四级岗位。在考核过程中,对新入校教师、从事哲学社会科学基础研究或前沿研究的教师以及教学经验丰富、但科研创新能力处于下降期的老教师,进行分类考核评价。

二是遵循教师发展规律,推行"四结合"考评模式。在聘任、考核评价制度改革中,以符合教师发展规律为根本出发点,除了关注教师发展中的共性元素外,加大个性化制度设计。重点推行学校考核和院部自主考核相结合、全面考核和个性化考核相结合、年度考核和聘期考核相结合、刚性考核和弹性考核相结合的"四结合"教师考核评价模式,设置量化和质量评价两种轨道,允许教师自主选择,充分激发教师的工作活力和创新能力。

三是突出人才培养目标,加大教书育人指标权重。改革评价机制,加大教师教学能力和人才培养的指标权重,增加教师教学培训要求。增设"教学贡献突出教授四级岗位",鼓励教师从事教学工作。设立"优秀教学奖""优秀教学特别奖""励道教学杰出贡献奖",表彰本科教学效果显著的教师。在青年教师培养方案中,建立新入校教师听课制度以及以老带新的帮扶机制。通过学生课堂评价、督导员听课、教学成果认定等方式,不断提高对本科教学的质量要求。

四是深化绩效工资改革。首先做到同步推进激励和约束两方面机制建设,一方面创新绩效为导向的激励机制,一方面强化日常监督管理长效机制。旨在做到扩大二级单位绩效分配自主权,明确校院两级权责,加强对学院的业务指导和服务。及时做到以师资分类发展改革为契机,优化绩效分配方式。

高校制度建设十分重要又非常复杂,制度之间联系密切,牵一发而动全身。因此学校领导分工中应有人分管制度建设,如由常务副校长或行政副校长统筹制度建设,避免各自为政,职能部门分工中应有部门负责制度建设,如由学校办公室或发展规划处协调制度建设。此外,高校政策研究部门在制度建设中负有重要的责任。如在制度制定过程中进行调查研究提出咨询意见,在制度执行过程中广泛收集信息了解执行情况,在制度评估过程中定期对制度制定、执行情况进行评价提出反馈意见。

总而言之,高校制度建设是一项复杂的系统工程,不可能一蹴而就,需要不断创新和完善。随着中国依法治国方略的不断推进,依法治校日益成为高校管理的重要理念,因此,制度建设显得尤其重要。高校管理干部不仅要在管理工作中严格按制度办事,还要在实践中积极探索高校制度建设的规律,丰富高校制度建设理论,以提高管理工作水平,为推进中国高校治理能力提升作出应有的贡献。

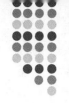

第七项　如何正确行使权力?

　　大学是一种社会组织,组织是人们为着实现一定的目标,协作分工结合而成的集体或团体。组织最大的特性是分工。组织内部必然会分化出管理阶层来指挥协调,要完成复杂的目标,就必然导致科层制的出现。我国高等学校的内部权力构架在经过数十年的探索、建设,逐步形成了具有中国特色的政治权力、行政权力和学术权力三权分治、相互渗透而又互为制约的运行模式。党的核心力量、行政力量和学术力量是大学内生的主要力量,若三种力量之间失去了平衡,大学的管理系统就会出现问题。因此,高校管理中政治权力、行政权力与学术权力协调的总原则是明确界定政治权力、学术权力与行政权力的职责,形成党委领导、校长负责、教授治学、民主管理的总体格局。正确处理好内部治理中的"民主"与"集中"、"学术"与"行政"、"服务"与"管理"、"整体"与"局部"、"制度"与"文化"关系,充分调动一切积极因素,汇聚持续推动高等教育高质量发展的强大力量。

　　党的二十大报告中指出,到2035年,我国发展的总体目标之一就是基本实现国家治理体系和治理能力现代化。高等教育治理体系和治理能力现代化是国家治理体系和治理能力现代化的重要组成部分,是中国特色社会主义制度优势在高等教育领域的集中体现,是高等教育推进内涵式发展、提升综合竞争力的内在需求,也是扎根中国大地办好中国特色社会主义大学的根本保障。高等学校只有坚定推进治理体系和治理能力现代化,提升治理效能,才能解决影响高校高质量发展的机制性、结构性问题,才能为高校落实立德树人根本任务、产出创新性科研成果、促进内涵式发展、推进"双一流"建设,更好地服务经济社会发展提供坚实保障。政治权力、行政权力和学术权力是大学治理的主要权力形态,包容是三种权力共生的必然选择。随着高校办学规模不断地扩大,如何理顺高校内部的政治权力、行政权力与学术权力的关系,对建立更加有效的高校内部管理体制,促进高校又好又快地健康地发展必要性已十分明显。如何协调三者之间的关系,建立符合我国实际的关系模式具有重要的理论与现实意义。

一、如何认识高校的三种权力?

　　随着我国高等教育的快速发展,对高校内部的管理体制也提出了更高的要求。党的十八届三中全会提出推进国家治理体系和治理能力现代化,四中全会提出全面推进依法治国。落实这两项任务,大学就要推进"大学治理现代化"。推进"大学治理现代化"的关键在于推进现代大学制度建设。高校首先是一个学术机构,从事学术活动,但学术活动的有序展开离不开行政人员的专业保障;大学还是一个教育机构,解答培养什么样的人、如何培养人以及为谁培养人等与政治使命息息相关的问题。高校学生享有的更多属于"权利",如专业选择权、教师选择权、教学评价权等,而非拥有某种支配地位和强制性质的"权力"。所以,我国高校内部权力主要包括以各级学术委员会为中心的学术权力、以高校校长为首的行政组织掌握的行政权力和以高校党委书记为班长的政党组织拥有的政治权力,学术权力、行政权力与政治权力共同构成了我国高校内部权力的基本形态。

　　高校政治权力是国家政治权力的延伸,是保持我国高校办学方向、决定高校合法存在的权力,在我国,党委会行使着大学中的政治权力,贯彻党的教育方针,保持人才培养始终朝向正确的政治方向。高校党委会通过抓大事、管大局、把方向、管干部的方式,督促行政权力在其职权范围内行使。高校"三重一大"事项,必须先通过党委会讨论后方可列入校长办公会议题,进入行政权力治理范围,即"校长负责"也须以"党委领导"作为前提；行政权力是高校行政机构及其人员行使法律、法规、规定的职权所产生的能够对高校内部成员产生约束与影响的能力，其合法性在于法律授权；学术权力则是学术组织和人员能够对他人和其他组织的行为产生影响的能力，其合法性在于行使者的学术水平和能力以及高校内部学术人员和组织的认可。

高校内部管理体制的改革与调整是现代大学制度建设的重要环节，而改革的关键在于高校内部权力即学术权力与行政权力和政治权力的整合。目前，我国高校办学规模、办学层次呈现出多样化的发展趋势，如果能够协调好学术权力与行政权力和政治权力的关系，做好合理定位，对提高学校内部的管理水平及办学质量大有裨益。基于此，我们要调整好学术权力与行政权力、政治权力的矛盾冲突，发挥好学术权力、行政权力与政治权力在高校内部治理中的重要作用，从而促进高校内部管理体制的改革。

（一）高校学术权力、行政权力和政治权力之界定

现代大学是实体性存在和精神性存在的统一体。作为实体性存在的大学，存在于具体的民族国家之中，受民族国家具体的国家制度和文化传统的影响，并为民族国家发展服务；作为精神性存在的大学，因其学术性使命具有人类性和世界性，而为人类文明发展进步服务。学术权力、行政权力和政治权力是存在于大学内部的三种基本权力形式。对于学术权力、行政权力和政治权力的界定，更重要的是为了便于明确在大学管理中它们的内涵及外延之间的关系，进一步明确三者的职责范围，这对于高校的高质量发展具有重要意义。

第一，学术权力的界定

大学与学术相伴相生，如纽曼把大学描述为探索普遍学问的场所，洪堡认为大学的核心是发现知识，弗莱克斯纳主张大学的本质就是发展纯学术，蔡元培表达了相似的观点：大学是研究学理的机关，大学为研究纯粹学问之机关。大学起源于人类求知的本性，产生于人类探索世界的欲望。大学自诞生之日就担负着创造和传播高深知识的使命，由于高深知识具有深奥性、前沿性和专业性等特征，只有经过长期学术训练的专家才能够准确理解它的内涵，因此，应该由学者决定学术活动中的事宜。

学术一词主要是指系统的、比较专门的学问，泛指高等教育和研究的科学与文化群体。权力主要是指由力量、价值和权威构成的某种强制力或影响力。关于学

术权力的界定,国内外学者见仁见智。有关学术权力的概念被引用最多的就是伯顿·克拉克教授在约翰·范德格拉夫等著的《学术权力——七国高等教育管理体制比较》一书中所提出的学术权力十种类型:教授个人统治,教授集团统治,学者行会权力,专业权力,魅力权威,院校董事权力,院校官僚权力,政府官僚权力,政治权力,高等教育的学术寡头权力。[①]伯顿·克拉克教授在《高等教育系统——学术组织的跨国研究》中又把这些学术权力划分为三大组成部分,即扎根于学科的权力、学院权力和系统权力。其中扎根于学科的权力包括个人统治、学院式统治、行会权力和专业权力;学院权力包括董事权力和院校的官僚权力;系统权力包括政府的官僚权力、政治权力和全系统的学术权威人士权力。[②]根据伯顿·克拉克教授的概念,院校董事权力,院校官僚权力,政府官僚权力、政治权力等并不是一些学者通常理解的学术权力。在这里,伯顿·克拉克教授将一国高等教育管理体制及高等教育系统中的权力组织结构当成学术权力的整体进行研究,行政权力隐含在学术权力之中。与其称其为学术权力,倒不如笼统称为高等教育权力体系更为贴切。尽管我们对学术权力内涵理解不同,但是,克拉克教授对高等教育系统整体权力的分类有助于我们的理论研究和理解。

约翰·范德格拉夫从学术权力所管辖的范围对学术权力进行分类。他所探讨的学术权力是指从高等教育管理系统的最上层到最底层,即国家到教师等各个层次的管理机构和人员所享有的高等教育管理权力。伯顿·克拉克教授从学术权力等级的角度对学术权力进行分类,即学科、院校及系统的权力。

我们认为,学术权力就是学术人员和学术组织在其职责范围内拥有的对学术事务进行管理并影响和支配他人或组织行为的一种权力形式。新时代我国高校的学术权力表征为校学术委员会和二级学院学术委员会的权力,共识认知来源于高等教育内生规律所期待的独立性专业权力,甚至被认为高校区别于其他社会组织的不二标识,"学术的归学术,行政的归行政"的表达即是明证。

首先,学术权力来源的基础是科学真理和专业知识。学术权力以"学术"评价和判断为核心,只有具有相应学术水平的人通过自己对某一学术领域或学术问题具备的学术能力才能运用。

其次,学术权力的主体是学术人员和学术组织。高等学校中教学和科研人员

---

① 约翰·范德格拉夫等.学术权力:七国高等教育管理体制比较[M].王承绪,等译.杭州:浙江教育出版社,2001:83-92.

② 伯顿·克拉克.高等教育系统:学术组织的跨国研究[M].王承绪,等译.杭州:杭州大学出版社,1994:109-113.

最接近学术权力客体,对学术权力事务的特点和规律最为了解,他们是学术权力的主体。学术人员包括拥有学术头衔的人诸如教授、副教授、讲师等。学术组织包括决定学术事务的组织诸如学术委员会、教授委员会等。

最后,学术权力的客体是学术事务。在以知识活动为主要活动的高等学校内部,学术事务几乎涉及有关人才培养、事业发展和学校声誉的所有方面,诸如教育教学、科学研究、学科建设、学术讨论和交流、专业设置与调整、师资选配、职称评聘、学位授予、招生就业、经费审批与使用、刊物出版等。学术权力包括个体学术权力和团体学术权力。典型的个体学术权力是以德国为代表的"讲座制"。学术委员会、教授会、评议会等组织行使学术权力即为团体学术权力。

《高等教育法》第四十二条对学术权力行使作了原则性规定。高校学术委员会主要履行以下职责,学科建设与专业设置审议,教学与科研成果评定,学术纠纷调查与处理,以及学术不端调查与认定等。2014年1月,教育部审议通过的《高等学校学术委员会规程》进一步明确:高校的最高学术权力机构是学术委员会,学术委员会拥有学术审议权、学术评定权、学术决策权和学术咨询权。高校要健全学术管理制度,尊重并支持学术委员会独立行使职权。

第二,行政权力的界定

虽然大学以学术为中心,但学术活动并不是能够自发开展的。大学是一种社会组织,组织是人们为着实现一定的目标,协作分工结合而成的集体或团体。组织最大的特性是分工。组织内部必然会分化出管理阶层来指挥协调,要完成复杂的目标,就必然导致科层制的出现。一所大学组建后,行政权力便相应产生。随着大学职能日益多样化,大学组织的复杂性增强,对行政权力的依赖性加剧,使得行政权力在行使中不断强化。我们可以努力改善行政管理工作,但不能弱化行政。因为弱化行政就是在弱化组织的本质属性,使组织变得松散乃至衰亡。

"行政"一词原意是"执行事务"。行政含义包括对国家与公共事务的管理,以及对一般社会组织、私人企业内部事务的管理。前者一般称为公共行政,后者相对于前者叫作私人行政。与此相适应,高等教育系统行政权力可以从两方面分析:一是政府行政权力,一是高等学校内部行政权力。政府行政权力指国家教育行政机关根据法律法规对高等学校进行管理的权力。高等学校内部行政权力是指高等学校行政机构和人员为实现学校组织的目标,依据法律、学校章程和某种民主程序及上级赋予的职权,对有关行政的事务或活动进行管理时行使的权力。新时代我国高校的行政权力表征为校行政领导下各级职能部门和二级学院行政的权力。

首先,高等教育行政权力来源于国家法律法规和规章制度,是一种授予权。行政权力是以行政管理体制为基础,以行政管理职能为依归,权力大小取决于该行政组织在整个管理系统中的层次和位置。高等学校作为一种社会组织,其行政管理权力具有等级制的特点,但不完全是等同于科层制的政府行政权力。

其次,高等教育行政权力主体是政府和高等学校行政机构。政府包括国务院及省级教育行政部门,代表国家执行教育行政权力。对高等学校的运作及相互关系进行宏观规划、规范、协调和评价。高等学校行政机构是决定和处理行政事务和活动的组织,即保障教学和学术活动的非教学和科研系统(成员是各级各类机构的行政人员,本书称之为高校管理干部)。

再次,高等教育行政权力的客体是以非学术事务性工作为主。政府行政权力主要从宏观上对高等学校的整体事务进行整体把握。高等学校行政权力客体指主体职责范围内的事务和活动,这些事务和活动都是以非学术性为核心,实现对资源合理有效的配置,维护整个学校系统的正常运转,以确保学术性活动的顺利进行。

最后,行政权力在行政机关和高校的体现也存在区别。政府行政权力和高校行政权力均具有权力运行的一般特点,但政府行政权力是政治权力的一部分,进行社会公共事务管理,服务于社会公共利益,主要以执法权力的形式出现。高校行政权力更多是社会组织内部管理权力,服务于高校学术权力,主要以管理权力的形式出现。

第三,政治权力的界定

大学自中世纪诞生之日起,尽管把对于真理的追求、知识的创造和人才的培养作为其始终不渝的价值追求,但大学在产生之初客观事实上一直受到政权势力和宗教势力的影响。现代高校早已不再是远离世俗喧嚣的象牙塔,它已经步入社会的中心。高等教育涉足社会事务愈是深入就愈需要用政治眼光去看待它。时至今日,高等教育的发展直接影响到国力的强弱,国家的政治权力已成为影响高校发展极其重要的力量。著名学者伯顿·克拉克是关注高等教育管理的政治权力问题的学者之一,他曾指出,"在所有的社会科学门类中,政治学最少介入对教学组织的研究。在所有的国家,对高等教育管理中政治权力的作用都缺乏仔细的研究"[1],系统化理论化的成果较为匮乏。1981年,伯顿·克拉克提出了学术组织经典分析框架,

---

① 约翰·范德格拉夫等.学术权力:七国高等教育管理体制比较[M].王承绪,等译.杭州:浙江教育出版社,2001:196.

即要同时关注和考察国家权力、市场力量和学术权威三大势力。①

高校的政治权力就是高校的所有权人基于国家或社会整体发展的需要而对高校各项事务决策而施加的各种影响力,这些影响的持续存在决定了高校的政治权力是高校存在的本质属性之一。高等教育中政治权力的存在,正在于高等教育与国家及社会的大系统的相互作用影响。这是因为大学的发展从来都不是纯粹的"象牙塔",都必然服务于特定国家或社会的政治经济社会发展需要,成为国家权力组织中的重要构成。尽管西方学人有深远的自治传统,政治权力仍然是大学发展的重要影响力量。正如布鲁贝克所称:"高等教育越卷入社会的事务中就越有必要用政治观点来看待它。就像战争意义太重大,不能完全交给将军们决定一样,高等教育也相当重要,不能完全留给教授们决定。"②

当前,尽管各个国家的政府和相关机构对大学的政治控制程度各异,但政治力量的介入和影响都广泛存在。在欧洲,学监是国家普遍采取的一种方式,通过学监的设立和政府教育部的运转,实现政治权力对大学保持一定影响和控制的目标。这种模式对日本和拉美国家也有着重要的影响。美国则是通过董事会这样的形式来控制和影响高校的发展,同时,美国政府通过数量繁多的各种法律和政策等的制定和安排来影响和控制大学的政治发展。

政治是国家意志或政策的表达,行政则是国家意志或政策的执行。我国高校政治权力是中国共产党领导权力在高校的延伸和体现,用于保障党的路线、方针和政策在高校的贯彻和执行。新时代高校的政治权力表征为校党委领导下各级党委(党总支)的权力,做到政令畅通、令行禁止是党的政治建设目的,这也是我国社会主义高校的特色所在,共识认知来源依赖于高校传统中在意识形态方面进行诠释高校政治权力属于各级党委发挥的权力所在。

中国共产党是我国的执政党,在国家政治生活中,中国共产党属于领导地位,是中国特色社会主义事业的领导核心,任何排斥、否认共产党领导的做法都是极其错误的。中国的高等教育,必须贯彻和坚持党的领导,这一点在法律上也有明确规定。《高等教育法》第三十九条明确规定:"国家举办的高等学校实行中国共产党高等学校基层委员会领导下的校长负责制。"坚持党委领导下的校长负责制,是建立中国特色社会主义高等教育制度和体系的首要条件之一,国家法律赋予了高校党委重要的领导权力。2021年2月26日,中共中央政治局在审议《中国共产党普通

---

① 伯顿·克拉克.高等教育系统:学术组织的跨国研究[M].王承绪,等译.杭州:杭州大学出版社,1994:59.

② 约翰·S.布鲁见克.高等教育哲学[M].郑续伟,等译.杭州:浙江教育出版社.1987:32.

高等学校基层组织工作条例》时重申:必须毫不动摇坚持和加强党对高校的全面领导,不断加强和改进高校党的建设。习近平总书记强调,办好我国高等教育,必须坚持党的领导,牢牢掌握党对高校工作的领导权,使高校成为坚持党的领导的坚强阵地。习近平总书记在全国高校思想政治工作会议上明确要求,党委要抓好政治领导和思想领导。政治领导,就是要保证高校正确办学方向,保证党的领导在高校中全面发挥作用;思想领导,就是要掌握高校思想政治工作主导权,巩固马克思主义在高校意识形态的主导地位,用科学理论培养人,用正确思想引导人,保证高校始终成为培养社会主义事业建设者和接班人的坚强阵地。在任何一所中国的公立大学里党委领导都是左右这所大学发展的最核心的政治力量。正是由于国情和现实的需要,以党委为核心的政治权力,才成为高校权力博弈的关键一环。对我国的大学而言,政治权力集中在党委会及其组织机构。

(二)高校政治权力、行政权力和学术权力之作用

第一,政治权力的作用

高校的发展从来没有脱离国家和社会,它追求但是从来没有成为纯粹的"象牙塔",而是服务于特定历史时期国家和社会的发展需要,成为国家权力组织的重要部分。因此,只要国家存在,高校政治权力不可能消泯。

政治权力主要体现在政治领导、组织领导和大事领导三个范围。政治领导主要是以政治建设为统领,担负起管党治党、办学治校的政治责任和主体责任,确保在党的领导下办好中国特色社会主义大学的性质,确保学校正确的发展方向,即始终坚持为人民服务、为中国共产党治国理政服务、为巩固和发展中国特色社会主义制度服务、为改革开放和社会主义现代化建设服务。教育引导师生员工树牢"四个意识",坚定"四个自信",坚决做到"两个维护";组织领导最核心的是干部任免、人才培养、队伍建设;大事领导例如学校的发展规划、重要基础建设、招生就业、学科发展等。在一些规模较大的综合性大学,一般以党委会或党委常委会为最高决策机构,同时辅之以二级、三级机构的党的总支或支部会议为政治权力的核心。在政治权力中,组织权是核心和关键。公立的高校实际上是国家权力机构的外延,它的管理人员和政府的各级官员十分类似。绝大多数的学校管理者依然是按照行政级别来管理的。

高校政治权力的核心在于决策,我国"党委领导下的校长负责制"即是政治权力的外显化。依据公共选择理论的观点,决策过程是利益分配的政治过程。"党委

领导"是我国高校政治权力的基本特征,它清晰地反映了我国高校决策的实质和价值取向。《高等教育法》明确规定我国公办高校实行"党委领导下的校长负责制",高校"党委领导"的核心是政治领导,主要表现为把握高校的思想政治领导权,即"把好方向,抓好大事,出好思想,用好干部"。党委把握学校总体办学方向,但不能包办一切行政、学术事务,行政权力交给校长负责,学术权力应该留给教授们。

第二,行政权力的作用

大学行政权力是适应大学自身发展需要而产生的。在大学内部建立行政机构来对大学进行控制和管理也是大学自身发展的需要。现代大学已经由社会的边缘走向社会的中心,大学作为社会有机体的一部分,必然要与社会其他机构建立并保持各种联系,相互协调,相互协作,在资金、信息、技术、人才培养、科学研究等方面进行交流和交换,这就需要大学内建立与社会行政机构对等的行政机构来实现。更为重要的是,大学行政权力的行使,能把大学内各个组织和部门紧紧地联为一体,有利于管理的高效率和各种政策、法令、措施在各个层级的顺利实施,确保大学的正常运行。因此,在与学术权力目标一致的前提下,大学管理中的行政权力能够维护教育教学秩序,提高办学效益,保证各项学术活动健康、顺利地进行,促进学术事业的发展。

但是,大学是开展教学和学术研究的场所,如果大学行政权力泛化必然导致官本位意识的进一步强化,使更多的人去关心权术而不关心学术,关心位子而不关心事业。行政人员控制大学,学术人员在学术事务上无发言权,必然会阻碍大学的发展。大学行政权力的膨胀还会造成大学机构臃肿、人浮于事的现象,并浪费掉大量的教育资源。存在一些管理干部以教授角色介入各种学术组织,继而以行政身份左右学术评审的现象。如评价教师用科研经费获取量、论文篇数、得奖和兼职情况等依据权力意志制定的一些形式化指标代替学术性的指标体系,而不以实际教学效果和真正的科研水平为评价标准。这会使教师不扎实地开展教学科研工作,而迎合形式指标,甚至弃教从政,以追求自身价值的实现。

第三,学术权力的作用

没有学术权力的大学不能称之为大学。学术权力体现的是大学精神,好的大学能够激发和释放学术权力,引导和鼓励学者在各自领域中制订规则和分配资源。布鲁贝克认为,教授应广泛地控制学术活动,因为他们最清楚高深学问的内容,因此也就最有资格决定应该开设哪些科目和课程以及如何讲授,最有资格决定谁有资格成为教授。大学是由教授、学者主宰的。①依此推理，教授自然应成为大学这一学术组织发展的决定力量。大学是探究高深学问的场所，传播真理的堡垒，无论何时，学术发展都是大学的根本，这一建立在认识论哲学基础上的大学内在发展逻辑赋予了大学自身追求大学自治、学术自由的权利。

教师是大学学术活动的主体力量，教师的积极性对大学学术活动及其效果起着决定性影响，教师是影响大学学术水平和学术质量的关键因素。实行教师民主管理，尊重教师的学术权威，有利于增强大学自身的"免疫"能力，使大学能够抵御来自非学术方面的不良影响，提高大学学术质量，避免大学学术事业发展出现较大失误，遭受不应有的损失。从大学教育的特点与规律来看，大学传授的是高深知识，而教师对学术知识的"垄断"和专业优势则成为鼎助学术权力扩张的学术能力。尤其是在科学高度分化的今天，学科知识专业化程度进一步增强，相应地，学术人员的学术权力更是无人能够替代。但是，学术权力的扩张是有限度的，超出这个范围和度或达不到这个范围和度，都不利于大学的发展。它可能使学术决策局限于考虑学术因素的影响，而不顾非学术因素对学术发展的客观限制，使学术发展趋于保守、封闭和故步自封；也可能造成学术管理效率不高；还可能造成学术发展过分重视各学科专业本身的利益，而忽视大学的整体规划与协调。

（三）高校政治权力、行政权力和学术权力之差异

高校政治权力、行政权力与学术权力之间相互影响、相互制约，以对立统一的形式存在。政治权力在公立高校权力体系中居于政治主导地位，行政权力和学术权力要服从政治权力；行政权力是由上而下逐级进行的，在高校权力系统中处于管理主导地位；学术权力是大学核心和内在逻辑的基本体现。学术权力发挥的目的在于求得学科发展，创造学术自由的氛围，提高大学的水平。三种权力在实际运行过程中，会出现矛盾的一面，如何将三权的对立转为统一，是高校内部权力治理机制必须解决的问题。

一是理念不同。理念是行动的指南，不同的理念导致不同的行为。高校的政治权力维护高校社会主义办学方向，以实现高校整体利益为目标；行政权力是高校法定的权力和理性的权力，在衡量和处理问题时，也是从高等学校的总体目标和整体出发，保证整个组织的协调、有序、有效运行，并以效率为目标；学术权力以实现学术人员利益最大化为目标。三者理念不同，均以各自利益为中心，难以兼顾全局

---

① 约翰·S.布鲁贝克.高等教育哲学[M].郑继伟，等译，杭州：浙江教育出版社，1987.

的利益。

二是来源方式不同。在权力获得上,高校中的政治权力由国家或地方政治机构授权;在组织上,高校中的政治行政组织等同于校外的政治行政单位;在个人方面,高校的政治行政组织人员可以随时地转移到高校外的政治行政单位做同等或更高一级的政治官员。政治权力代表着高校举办者的意志,行政权力主要来自于组织的委派或任命,其主体主要是行政机构以及行政人员,其客体是行政事务,主要通过法律、政策、指示、指令等自上而下贯彻执行,具有一定的强制性。而学术权力主要来自于专家学者的推崇,其主体主要是学术人员和学术组织,其客体主要是学术事务,大学的学术权力不是外部赋予的,而是大学的内在逻辑的客观要求,是大学本质特性的外化,主要依靠学者自身的权威对客体产生影响。学术权力源自知识。它的存在与否决定于大学学术人员的专业背景和学术水平,而不依赖于组织的任命。

三是作用方式不同。政治权力在我国高校权力体系中居于政治主导地位,行政权力和学术权力要服从政治权力;政治权力的作用方式是以"权威性"为特征,具有强制性,主要是高校党委民主集中制的决议方式;行政权力是由上而下逐级进行的,在高校权力系统中处于管理主导地位。行政权力以科层化的组织体制为基础,核心是"权",其管理权限决定权力范围边界,运行方式遵循自上而下的垂直关系,要求等级制度严格,职责分工具体,权力关系分明。学术权力合法性扎根于各个学科和专业之中;核心是学术地位,学术地位高低决定了学术权力空间大小,学术权力的作用方式具有松散性和自主性,其作用方式可以是行政命令式的,也可以是民主协商式的,工作等级是极为平坦的,联合方式也相当松散,随着学科和专业领域的日趋专业化,学术组织的结构变得松散,与之密切相连的学术权力也变得松散,弥散在学术组织的各个角落。

四是主体地位和价值取向不同。在高等院校,学术权力、行政权力与政治权力各自的价值是不同的。高校党委的政治权力与校长的行政权力尽管同属于我国高校治理过程中的上层主导性权力,从本质上说,政治权力与行政权力在治校的最终目的上没有根本区别,但是二者依然有其不同的倾向性。政治权力主体是以高校党委书记为首的政党集体组织,政治权力要求高校发展必须具有明确的政治性,高校党委领导集中体现在思想政治领导权上,也就是要坚持社会主义办学方向。具体来说高校必须在落实党的路线、方针、政策的基础上,要适应高等教育规律发展的内在要求,突出培养社会主义事业建设者和接班人的根本目的。政治权力强调高校社会利益与战略目标的价值观实现;行政权力主体是以高校校长为首的行政集体组织,作为建立在"类科层制"基础上的管理文化系统,主要服务于高校多层级的学术组织,其价值定位要求以行政效率与注重绩效为最终取向,通过多方面地利用校内与校外资源,最大限度地发挥高校人才培养、科学研究、社会服务和文化传承创新的职能,保障高校全局性、整体性与多方面职能目标的达成;学术权力的主体是以知识为载体的学术人员,强调探究专业知识的内在本质,追求科学真理,客观上崇尚学术自由和价值中立的观念。学术权力的实施不承认等级,不服从多数,以逐步逼近真理的标准作为唯一评判标准。学术权力,坚持与社会保持一定的距离,捍卫神圣"象牙塔"的殿堂,以追求学术人员利益最大化为价值目标。

五是运行环境不同。由于国家法律赋予了高校党委的领导权力,政治权力在高校中处于领导地位,这也是与我国的政治体制性质相适应的。政治权力作为一种高度体制化的权力模式,通过强制性与权威性作用方式,从根本上决定着高校发展的基本性质与方向,保证国家和政党的利益和意志达成,最终实现高等教育政治、经济、文化等社会功能。政治权力强调个人服从集体,少数服从多数的文化生存特征;行政权力随着高等教育由经济社会的边缘走向中心,使得高校逐步形成一个以"类科层制"方式组织起来的"巨无霸"教育机构,行政权力的展开也越来越依赖特定的章程与制度体系,通过意见、通知、准则、办法等方式,按照自上而下层层放射,保证高校整体目标与职能的实现。行政权力作为一种等级性的"管理文化",强调层级性和全局性,严格的"有组织、有机构、有制度"氛围是其生存环境;学术权力的存在是高等学校根本属性的必然要求,大学作为传授普遍知识的场所,它客观上要求一种相对松散、自主的氛围。学术权力在客观上需要一种相对自由、宽松的环境,通过民主方式达成学术共识,给学术人员自由地思考的空间,真正去追求学术真谛,挑战科学难题。因而,学术权力更多地关注本学科和专业的发展,体现出一种 "各家自扫门前雪"的责任感,崇尚学术领域的"无序"、学术自由与学术自治的工作环境。

(四)共存——三种权力的不可替代性

我国公立高校的性质被界定为社会主义的高等院校,与西方国家大学存在本质上的区别。高校内部管理体制也存在本质的差别,西方国家高校内部管理体制主要涉及行政权力和学术权力;而中国高校的特有管理权力体系主要由以党委为核心的政治权力、以校长为核心的行政权力及以教授为核心的学术权力三大部分组成。三大权力紧密相连而又不可替代,在同一组织里运作,为组织共同目标的实现而服务,共同构成政治权力、行政权力与学术权力并存的三元权力结构体系。

高校的政治权力是国家所赋予的,在高校中占据主导地位,它既不能脱离行政权力和学术权力,也不能与行政权力和学术权力混同,融化和淹没于学术权力和行政权力之中,而形同虚设。所以,高校政治权力的运用,要保持其独立性;政治权力和行政权力的行政决策必须依托学术权力因素,既不能独立于学术环境和学术对象之外,更不能凌驾其上。同时,大学行政权力的合理性还在于能够弥补学术权力的不足,克服学术权力的局限性。例如,对行政权力的过分强调必然会影响从事学术活动者的积极性和创造性,而过分松散的学术权力则有损于大学效率的提高和整体效益。

因此,从某种程度来说,某种权力存在形式的局限性恰恰是另一种权力形式存在的合理性,政治权力把握社会主义办学方向,学术权力确保大学教学和科学研究的基本属性,行政权力使大学内部各部门形成不可分割的整体。行政权力的正确运用必须受到政治权力的监督以及学术权力的反馈。学术权力更不能脱离政治权力和行政权力而单独行使,离开了政治权力与行政权力所创造的学术环境,学术权力也很难发挥其作用。三种权力既不能独立行使,又不能相互混同,共性和个性的存在,使三权共处于高校的统一体中,共同推动高校健康持续发展。

对高校内部政治权力、行政权力及学术权力影响因素进行系统解构过程中,既要看到三权各自的侧重内容,又要看到彼此之间并不排斥,形成相互包含、相互渗透、相互协调的有机统一体。作为系统整体的高校,要实现高校党委的正确领导,做好党委政治权力协调行政与学术权力之间的关系,从某种角度上说协调好了行政与学术权力的关系,也就实现了高校党委的正确领导,使党委领导、学术管理和行政管理之间形成你中有我,我中有你的关系。与政治权力、行政权力及学术权力相对应的中国高校党的领导、行政管理与学术管理三者之间的关系也是彼此间相互联系、相互影响、相互协调的和谐统一体。

二、为什么需要协调三种权力？

我国高等学校内部的政治权力、行政权力和学术权力三种类型的权力,体现了我国社会主义的政治制度,反映高校自主管理的内在需求,彰显了高等学校的教育属性。为了保证高校和谐、健康、良性发展,高校内部需建立职责明确、分工合理、监督有力的权力运行体系,需要构建三者相互协调、彼此制约的权力金字塔结构。

（一）我国高校政治权力、行政权力和学术权力的演变历程

中国近现代大学体系主要是经由学习迁移借鉴形成的。清末废科举、兴新学、建立中国近代大学体系，虽然私立大学也曾发挥重要作用，但整体上高等教育体系是由政府主导建立的，早期师从日本，后来学习德国，再到参照美国。新中国成立后，从全面参照学习苏联进行大学院系调整，再到现在的"双一流"建设，高等教育发展的每一个阶段都是由政府主导的，这与欧美大学内生的演进方式有着很大不同。

我国高校领导管理体制是历史的选择。新中国成立以来，党和政府十分重视大学的发展。建国初期，在接管并改造旧大学的同时，建立了社会主义新大学，并多次对大学进行内部管理体制改革。伴随着国家经济、政治的宏观大背景的演变，我国高校的领导体制经过了多次变革，总体来说可分为六个阶段。与此相应，高校政治权力、行政权力和学术权力也经历了几次大的变动。经过多种探索，我国最终确立了党委领导下的校长负责制。实践证明，党委领导下的校长负责制为高校改革发展稳定提供了坚强的制度和组织保障，符合我国国情和高等教育发展规律，是中国特色现代大学制度的核心内容。

第一阶段（1950—1956年）：实行"校长负责制"。校长为大学的最高行政负责人，校务委员会为最高审议决策机构，大学比照国家其他事业单位设立行政机构，在这种体制下，校长直接由中央人民政府任命，领导并负责学校内部的所有工作，代表学校直接向政府负责；行政权力已经控制了大学，教师在学术事务上没有发言权。

第二阶段（1956—1961年）：实行"党委领导下的校务委员会负责制"。大学的重大问题由党委决定，经校务委员会讨论通过，由校长负责组织实施。这种管理体制中的行政权力仍然集中于学校一级，但校长的权力有所减弱，中层的权力有所扩大，基层教师仍没有参与学术管理的权力。此外，在行政权力之上又增加了政治权力对大学发展的领导。政治权力和行政权力共同控制了大学的发展。

第三阶段（1961—1966年）：实行"党委领导下的以校长为首的校务委员会负责制"。校长是由国家任命的学校行政负责人，对外代表学校，对内主持校务委员会和学校的日常工作。校务委员会是大学行政工作的集体领导组织，由校长、副校长、党委书记、教务长、总务长、系主任和若干名教授及其他人员组成。校长和校务委员会在党委的领导下开展工作，对于学校的一些重大问题，由校长提交校务委员

会讨论决定,再由校长执行,这种体制是在前一种体制上的改进,既充分发挥了党委的统一领导核心作用,同时又兼顾了校长的作用和行政系统的作用,调动广大职工的积极性,提高了办学效益;校长仍然是大学行政权力的集中代表,行政权力仍集中于学校一级;政治权力没有变化;教师有了参与学术管理的权力,但仍然很小。

第四阶段(1966—1978年):实行"党委'一元化'领导"。"文化大革命"开始后,教育战线受到了严重冲击,高校的领导体制混乱,在1971年后实行党的一元化领导体制,大学大都以党委"一元化"领导下的"革委会"作为大学的行政领导机构,政治权力行使行政权力,这种体制取消了校长的存在和知识分子的作用,在一定程度上也否定和破坏了党委的集体领导;绝大多数大学原来的各种职能机构都被取消,调整为政工、教育和办事三组。

第五阶段(1978—1985年):实行"党委领导下的校长分工负责制"。党委是大学的领导核心,对大学实行统一领导,大学的重大问题由党委讨论决定,由校长分工实施。这种体制加强了党委的领导地位,同时也增加了校长的责任感与使命感,在行政问题上主要由校长负责,但这种体制导致正、副校长都对党委负责的错误理解,没有明确校长的职责且在一定程度上存在党政不分的状况。另外,大学内部设立了学术委员会,学术权力开始取代一部分行政权力而对学术事务进行管理。

第六阶段(1985年以后):实行"党委领导下的校长负责制"。党委领导下的校长负责制,是校长受国家委托,在党委领导和教职工民主参与下管理大学,对大学行政工作全面负责的一种大学领导制度。1985—1995年校长负责制和党委领导下的校长负责制并存;1995年至今实行党委领导下的校长负责制。1998年8月颁布的《高等教育法》明确规定:高等学校设立学术委员会,审议学科、专业的设置,教学、科学研究计划方案,评定教学、科学研究成果等有关学术事项。这些规定,为教师进行学术管理在法规制度上提供了一种可能。大学内部普遍设立了学术委员会、教师职称评审委员会和学位委员会等。在一些大学的管理中,选拔一些教师进入行政部门,学术权力得到了较大的加强,但由于部门的组织、计划仍然是行政意志主导,所以他们行使的仍然是行政权力,没有发挥作为学者应当发挥的作用。

(二) 我国高校内部权力运作中存在的问题

权力运作是大学组织运行过程中不可规避的重要机制,影响着大学组织的运行方向和运行状态。权力的核心是对资源的占有力、支配力和控制力。大学的科学发展,要求大学内部的各种权力有效、恰当和协调。但由于政治权力、行政权力和学术权力三种权力的主客体、价值趋向、职责范围、运行机制不同,在现实运行过程中难免发生一些冲突。大学内部仍然存在着政治权力、行政权力与学术权力关系失衡的现象,主要表现以下几个方面。

一是存在政治权力与行政权力边界模糊现象。我国大学中政治权力的核心是大学党委的领导权,其存在的主要目的和追求是:保证党和国家的意识形态在大学的影响,坚持大学办学的社会主义方向,确保党的教育方针和路线得到贯彻落实,保证以培养人才为中心的各项任务得以完成。党委领导下的校长负责制,是党对高校领导的根本制度,是我国高校领导体制长期探索、吸取正反两方面经验教训的历史选择。但是,这项制度并非在所有大学都得到了很好的执行。在实际执行中党政领导关系处理不当的情况时有发生,这在一定程度上影响了党委领导下的校长负责制的"领导"效率,给学校发展造成了相当多的困扰。现实中也不同程度地存在"淡化""弱化""虚化"党的领导的错误言论和观点,我们必须全面落实立德树人根本任务,不断改进高校党建工作,加强党对高校的全面领导。

二是存在行政权力干预挤压学术权力现象。大学中行政权力的作用主要是使大学内部各部门相互联系、成为不可分割的整体,并协调着大学与外部的关系;学术权力的作用则在于保证学术标准的贯彻,求得学科的发展,创造学术自由的氛围,提高大学的学术水平。因此,行政权力和学术权力的协调平衡,是大学生存发展的重要保证。但在一些大学中,仍习惯于用行政管理的理念和逻辑来管理学校,按照行政组织机构的结构来设计学校的内部组织,按照行政权力的运行模式对校、院、系进行权力分配,形成了等级鲜明的行政控制关系,管理权力过多地集中于行政系统。尽管学术人员在学科建设、教学、科研、职务聘任和人才引进等方面可以提意见或建议,但由于缺乏相关制度的保障,学术人员参与决策的制度化渠道不畅。大学中行政权力泛化的现象还存在,学术主体在管理中的地位不突出,参与决策及管理功能较弱,难以使大学形成或保持旺盛的学术活力,影响了大学的长远发展。

首先,行政权力的运行方式常常代替学术权力的运行方式。现阶段学术事务在很大程度上受到行政权力的影响,学术资源调配、学术决策等工作被行政权力所主导。高校一般多采用行政方式,即自上而下的方式贯彻落实对学术事务的决策和管理,涉及学术事务的管理或改革,按照规定的程序、规则或办法自下而上的运行方式不多或流于形式,难以保证学术权力对学术事务决策的参与。如在学术绩效主导的价值目标引领下,我国大学学术治理普遍实施"目标责任制",其核心是将大学的整体目标和任务逐次分解、细化,在"大学—院系—教师"链条中逐层传导,形成纵向到底的责任体系，使每位教师的学术绩效都成为大学整体绩效的贡献因子。这种责任分工主要依靠自上而下的科层管理关系，具有明显的"控制性取向"，强化和扩展了行政权力对学术生产的控制力和可及性。绩效指标反映并渗透的是行政管理者的权力意志，在指标与政策建构的闭环关系中，学术专业判断被标准化的绩效指标和形式化的程序所替代，管理者以此将行政权力的"触角"通过科层体系贯穿于学术治理的各环节、各层面，实现了对下级的行为规训和监督控制，强化了行政管理者运用技术治理的工具优势，造成大学行政化趋势更加积重难返。

其次，有的大学在有限资源的使用中，首先保证的是行政权力运行的条件。以行政权力干预或取代学术权力的现象仍然比较普遍。最显著的特点是应该由学术权力系统做的事情基本由行政权力系统包办，忽视教授、专家对学术事务的管理，学术权力在大学的地位没有得到应有的重视，其作用没有得到应有的发挥。行政权力泛化的结果是官本位意识进一步强化，使更多的人关心权术而不关心学术。各种学术权力委员会中党政管理人员占据绝大多数，学术权力运行的结果仍然是行政权力占主导地位。

最后，行政权力泛化表现在学术权力行政化。大学作为一个学术共同体，其管理运行理应尊重教育的规律和学术的规律。然而，在当下的高校制度设计下，往往采用行政管理的手段来处理学术事务。无论是教学效果评价、科研项目评审还是职称评定，都可以看到行政权力干预的影子。尤其表现在教育资源的分配以及经费的使用方面等诸多学术事务的决策权都属高校的行政系统管理。高校各院系的院长、系主任的遴选也是如此。院长、系主任在被行政任命的同时，还会被赋予一定的行政级别，这就意味着他们的角色不仅是该专业的学术召集人，而且也成为"领导干部"——这个行政体系中的一个层级。尽管有时学校教授和专家也能参与一些组织和形式上的民主管理，在学校各项事务发展中提出一些意见和建议，但并不具备足够的决策发言权，很难起到制约行政权力的作用。

三是存在学术权力淡化现象。由于对学术权力的界定过于狭窄，造成了学术权力淡化现象。

首先，忽视学术权力存在的合理性及其重要作用。大学权力过分集中于行政系统，具有等级特征的行政机构体系在学术事务中的作用明显，把本应由学术权力发挥作用的领域让位于行政权力，很多学术活动由于涉及教育资源和经费的使用往往受到行政的约束。大学学术组织或者泛化为行政组织，或者作为"虚位"组织，学术权力在大学往往难以发挥作用。学术权力弱化极大地影响了行政决策的科学性，降低了决策实施的严肃性，不利于大学的持续健康发展。

其次,教授及其组织在管理中的作用不突出。教授一般很少有机会介入各个层次的决策过程,尽管教授在学科建设、教学、科研、职务聘任和人才引进等方面可以提意见或建议,但由于没有制度的保障,教授及其组织缺少影响决策的制度化渠道,不能构成对行政权力的有效制约。在大学重大问题的决策中,教授及其组织参与决策的途径和方式有限,学术权力得不到充分体现。教授及其学术组织是学术权力的主体,而我国高校的校级学术委员会多由学校和院系以及职能部门的负责人组成,尽管这些成员也是相关学科的专家,但在学术事务决策上难免会带有行政的意味。另外,在学校重大问题的决策中,由于学术人员在评价体系中的缺位,造成学者及学术组织参与决策的途径和方式有限,学者及学术组织的权力得不到充分体现,学者及学术组织缺乏影响决策的制度,无法构成对行政权力有效的制度性制约。

三、如何协调与整合高校三种权力?

在高校内部,学术管理与行政管理相交织,政治权力与行政权力、学术权力与行政权力的冲突存在于各个层面。过分强调行政权力,容易导致行政权力对学术活动的过度干涉,影响学校学术活动的有序开展,进而影响学术进步和科技创新;过分强调学术权力,也存在弊端,会影响高校运行的效率。如何在相互冲突的权力系统中寻找平衡点是高校必须解决的难题。

党的核心力量、行政力量和学术力量是大学内生的主要力量,协调就是要平衡这三种力量,若三种力量之间失去了平衡,大学的管理系统就会出现问题。因此,高校管理中政治权力、行政权力与学术权力协调的总原则是明确界定政治权力、学术权力与行政权力的职责,形成党委领导、校长治校、教授治学的总体格局;建立健全各种决策参与机构,充分听取教授对学校行政管理的意见;形成沟通机制,强调学术发展与学校发展的相互协调。

(一)坚持和完善党委领导下的校长负责制

大学的党委书记、校长是政治权力、行政权力、学术权力的主要协调者、平衡者,要做到责任明确,政治权力、行政权力系统要把学术事务交由学术权力系统管理。党委管理学校总体发展方向,校长和主管副校长应偏向行政,把学术留给教授管理。涉及党建与思想政治工作、组织机构设置与人事任免、学校改革发展稳定规划与制度的制定由政治权力系统完成；涉及学校定位、具体教学管理、科学研究、行政管理由行政权力系统实施；在教学评价、科学研究、学科建设、职称评定、考核评奖、课程设置、教材建设、师资培养、学位授予以及招生就业等方面涉及学术事务的由学术权力系统完成。

《高等教育法》的颁布实施，为有效整合高校的政治权力和行政权力奠定了坚实的法律基础。深化高校内部管理体制改革，在坚持党委领导下的校长负责制的前提下，协调、规范、监督政治权力和行政权力，构建高校内部决策权、执行权、监督权既相互制约又相互协调的权力结构和运行机制，是建立具有中国特色的现代大学制度的本质要求。《高等教育法》规定：国家举办的高等学校实行中国共产党高等学校基层委员会领导下的校长负责制，并对高校党委的领导职责和校长的职权作了界定。整合政治权力和行政权力，必须完善党委领导下的校长负责制，使两种权力协调运转。实践证明，党委领导下的校长负责制符合我国国情和高等教育发展规律，是中国特色现代大学制度的核心内容，是党对高校领导的根本制度。

一方面，要准确把握党委领导下的校长负责制的要义。党委在学校处于领导核心地位，统一领导学校工作，支持校长独立负责地行使职权。校长和其他行政领导班子成员自觉接受党委的集体领导，认真贯彻执行党委决定。党委统一领导学校工作，是指统一领导学校的一切重大事项、重要工作，包括校长负责的教学、科研和行政管理中的重大问题。党委的领导职责主要表现在把好方向、抓好大事、用好干部、出好思路上，而不是事无巨细，包揽一切行政事务。党委坚持民主集中制的组织原则，实行集体领导与个人分工负责相结合的制度，对于学校重大问题和重要事项，按照"集体领导、民主集中、个别酝酿、会议决定"的要求，遵循少数服从多数的原则，由党委集体讨论决定，因此党委领导并不是书记个人领导。校长在党委的领导下，全面负责学校教学、科研和其他行政管理工作。校长是学校的法定代表人，享有行政事务的指挥权，对外代表学校。党委和行政的关系，是领导和被领导的关系。党委享有决策权，负有重大事项的决策责任；校长享有执行权，对党委决议负有实施的责任。校长负责要通过校长办公会或校务会议的形式行使职权，重大问题必须向党委汇报或集体研究。党委领导下的校长负责制，是委员会制与首长负责制两种领导体制优势的耦合，体现了决策权和执行权的辩证统一。

另一方面，建立健全决策体制和运行机制，规范政治权力和行政权力。2014年中共中央办公厅印发了《关于坚持和完善普通高等学校党委领导下的校长负责制的实施意见》（以下简称《实施意见》）。《实施意见》体现了党的十八大以来习近平总书记重要讲话精神，体现了党要管党、从严治党方针，体现了深化党的建设制度改革的要求,就进一步坚持和完善党委领导下的校长负责制提出要求、作出规定,为加强高校党的建设工作和完善中国特色现代大学制度提供了重要遵循。严格贯彻落实《实施意见》,规范政治权力和行政权力,还须注意以下三点。

一是高校党委必须坚持依法领导、按章办事。《高等教育法》规定的高校党委的四项领导职责,其重点是贯彻执行党的路线、方针、政策,坚持社会主义办学方向。实施"党委领导下的校长负责制"要把握好这个重点,高校党委要"自觉"在自己相应的职责范围内开展活动,而不能"以党代政"。高校党委应将依法领导、按章办事看成是加强党的领导、实施依法治校的基石,在守法、用法、执法方面作出表率。各高校制定的实行党委领导下的校长负责制的实施办法、细则及有关规定,也必须建立在《高等教育法》的框架上。

二是依法保障校长行使职权。《高等教育法》对高校校长职责做出了相应的规定,同时规定了校长职权行使的方式——校长办公会或者校务会议。这就为校长职权的实现提供了组织保障。学校党委要把确保校长职责的实施提上党委的议事日程。这是最重要的一条。学校党委要把主要精力放在想全局和抓大事上,解决倾向性问题,抓关键性工作,要查办不按程序办事和随意插手越权办事,为校长依法独立负责地解决各种问题和正确行使自己的职权创造良好的外部环境。校长应认真履行《高等教育法》赋予的权力和义务,自觉服从党委的领导、维护党委的权威、执行党委的决策,做到依法行政、依法治校。

三是党委书记和校长要树立政治意识、大局意识,相互信任,加强团结。建立定期沟通制度,及时交流工作情况。党委会议有关教学、科研、行政管理工作等议题,应在会前听取校长意见;校长办公会议(校务会议)的重要议题,应在会前听取党委书记意见。意见不一致的议题暂缓上会,待进一步交换意见、取得共识后再提交会议讨论。集体决定重大事项前,党委书记、校长和有关领导班子成员要个别酝酿、充分沟通。

(二)规范行政权力的作用领域及运作机制

几百年来,大学经久不衰,根本原因是大学在继承与创新中发展,与时俱进是大学的本质特点。大学自治是大学发展的基础,是大学充满活力的前提。学术自由是大学的灵魂,是大学得以生存的基础,是锤炼学术大师的土壤。如果行政权力高于学术权力,或包办代替学术权力,现代大学的文化底蕴无法积淀、大学精神无法形成。没有学术权力的尊严,就没有现代大学。要建立以学术为核心、以学科为平台、以育人为中心的校、院二级管理运行机制，充分调动基层学术组织的积极性和创造力。要改变过去只依靠行政权力进行决策管理现象，充分发挥学术权力在决策管理中的作用，尊重教授在大学决策中的发言权，可以尝试让党员教授进校党委会。普通教授进校务委员会，参与学校重大决策。

高校行政权力学术权力运行应符合学校发展现实需要。在大学治理的活动中，行政权力与学术权力分别扮演不同的角色，承担着不同的功能。绝不能割裂地看待行政权力以及学术权力，适度的行政干预能够促进学术自由地发展，而行政权力的稳定持续运行在一定程度上取决于学术自由是否得到了充分的发挥。切忌片面强调学术权力或行政权力而忽视另一方，力求避免两个认识误区的产生。一方面，过于强调高校的学术性而忽视行政权力对高校管理的作用。行政权力的作用在于协调大学内部各部门之间的相互关系，使之成为不可分割的整体。高校作为一个学术性很强的社会组织，加强学术人员的学术权力无疑是重要的，但是不能以加强学者对学术事务的控制为理由来否定行政手段的作用对学术事务的管理。布鲁贝克指出："由于（学者）行会的自行其是，很容易带来某些弊端，如散漫、偏执保守、排斥改革。"① 大学要反对过度的行政化，但绝不是（事实上也不可能）取消行政管理。应根据新的情况，优化大学行政系统的结构，提高行政人员的职业水平，给予他们必要的尊重，让权力与责任对等，这才是大学改革的重要内容。因此，保持对学术事务的行政管理权力，同加强学术事务的民主管理权力一样，既是提高高校管理效率和运行效率，也是防止出现学术霸权的重要手段之一。另一方面是过于强调高校的行政权力的作用，而忽视学术权力的作用。要达到提高行政权力管理效率这一目标，恰恰需要强化学术，尊重学术权力的存在，确立学术权力的地位。没有学者学术权力的制约，行政权力对学术事务的管理容易强化官本位意识，阻碍学术活动和学校的健康发展。总之，摆正学术权力与行政权力的位置与关系，力求在二者之间建立一种协调发展的关系对于现代大学制度的建立具有重要意义。

明确行政权力与学术权力的作用领域与协调关系。进一步明确行政权力和学术权力的界限，明确学术权力和行政权力各自发挥作用的领域、范围，建立依法治校、依法行政的机制。明确大学教师学术权力的清单，即梳理大学教师作为个体（学术人员）和群体（学术组织）分别应享有哪些学术权力，如作为学术组织的教授委员会应有权审议学校学术、学位、教育教学和职称评定工作等重大事项。无论是行政权力的行使，还是学术权力的行使，都应该在国家相关法律法规框架下进行。同时，应建立学术权

---

① 约翰·S.布鲁贝克.高等教育哲学［M］.郑继伟，等译，杭州:浙江教育出版社,1987.

力与行政权力关系的协调机制,形成合理的分工、合作与制约关系。明确划分行政权力与学术权力的职能范围,通过制定相应的制度和政策积极引导高校协调好行政权力与学术权力之间的关系,逐步建立起行政权力与学术权力协调发展的体制,避免行政权力与学术权力关系失衡对高校发展带来不良的影响。

行政权力纵向让渡于学术权力。大学校、院两个层次包括了行政系统的分层,也包括了学术权力系统的层级划分。目前,高等学校一定程度地存在学校行政权力(包括各处科室权力)过宽过大,院系权力过窄过小的问题。层次结构上的权力不合理分布,不仅影响到高等学校管理效率,而且限制了广大教职员工办学积极性和创造性的发挥。从系统的纵向关系角度,学校层次应当转变管理职能,着重抓好学校学术规划,并为中下层组织实施学术规划创造各种必要条件,包括财务、设备、人事以及良好的学术环境等各方面的条件。由此,压缩管理层,实现管理重心下移,使学院成为"管理中心",系所成为"质量中心",在"底部沉重"的系所中,实现权力节点化,使个人在所属工作领域内拥有完全的行为支配权。在权力结构设置上改变目前大学"倒金字塔型"结构,就学术权力结构而言,越往基层越有发言权,所以,给予系科、研究所等基层学术组织足够的学术事务管理权限,真正意义上形成"金字塔形"权力结构。

树立行政权力服从于服务于学术权力的观念。我国大学行政权力泛化的原因之一是官本位思想的影响,所以,要使行政权力转向服从于服务于学术权力,必须转变人们头脑中的官本位思想,消除对行政权力的盲目崇拜,对大学行政权力进行限制。按照大学行政权力为学术权力服务的原则,重新建立健全学术权力与行政权力的运行机制和制约机制,健全大学内部管理的决策、咨询、指挥、执行、监督和反馈系统,加强制度、条例和议事规则等建设,重新设立学术权力与行政权力运行的程序和方式,把大学行政权力的行使限制在服务的范围内,坚持管理理念的核心是服务,高校管理干部应将管理变为服务。因此,我们要弱化行政权力的权威性,逐步实行教授治学,发挥教授的作用,体现学术自由及学术权威,真正做到科学协调学术权力与行政权力的关系。有的高校拥有一流的学科,但只有三流的管理,那么它的学科迟早会降至二流;相反,虽然只有三流的学科,但有一流的管理,那么它的学科建设水平也迟早会上升。提高学校的管理水平是个系统工程。

大学要"去行政化"是一个正确的高校治理改革方向。但大家一谈"去行政化",就容易集中到大学"去行政级别化"。大学治理"去行政化",首先指政府对大学的管理要"去行政化",政府不能把大学当成"行政机关",否则会将大学管死;其次是在学校本身的管理中,要坚持学术权与行政权分离,并坚持学术权高于行政权。"去行政化"是个相对概念，是指革除那些阻碍学术自由发挥的思想观念，对影响学术权力正常运作的管理组织进行权力再分配。"去行政化"绝不能停留在"去行政化"的表面含义上，而是需要加强高校职业化行政管理队伍建设，逐步优化高校管理体制，有的放矢地展开人事管理体制改革工作，逐渐回归对学术本身的追求，从"官本位"思想中抽离出来。

（三）提升学术权力在大学内部治理中的地位

针对我国高等教育的实际情况而言，即学术权力地位不高，行政权力泛化的现象，应把学术权力主导作为我国高等教育管理未来的价值取向，提高学术权力的地位。学术权力主导也就是在学术事务决策、审议过程中，学术权力是主导，行政权力是保证；但在推进落实过程中所要依靠的则应当是行政权力。简言之，即在高校内部管理中秉承"学术权力主导，行政权力服务"的精神，实行"学术权力决策，行政权力执行"的管理机制。

首先，学术权力主导由高等学校基本组织特征决定。大学是探求与传播高深知识的场所，其主体是大学教师，基本活动是学术活动。因此，尊重和保证大学教师的学术权力是大学作为学术机构的必然要求。与此同时，大学教师作为学术专门人员，赋予其学术权力实质上也是尊重知识、尊重人才的内在要求。再者，"大学教师的学术权力保证了学术标准的现实贯彻，教师通过学术权力才能够保障自身的主体性地位，从事学科建设，促进学科发展"[①]。可见，学术权力是彰显大学教师学术主体性、促进其顺利开展学术活动的重要保障，也是激励大学教师积极投身学术的重要力量。

其次，学术权力主导符合高校民主管理机制的需要。党的二十大报告强调，人民民主是社会主义的生命，是全面建设社会主义现代化国家的应有之义。全过程人民民主是社会主义民主政治的本质属性，是最广泛、最真实、最管用的民主。学术权力以学术自由为基础，对学术问题不能简单地采取下级服从上级、少数服从多数的方式决定，而应当进行充分的研究协商。广泛吸收学者的意见，在有科学依据的基础上做出决策。学术权力的民主分权特征相较于行政权力的集权特征更能体现学术权力对学术自由的保障。

最后，学术权力主导是社会发展对高校职能的要求。党的二十大报告强调，高校要加强基础学科、新兴学科、交叉学科建设，加快建设中国特色、世界一流的大学

---

① 王文华.提升大学教师学术权力的对策研究[J].辽宁师范大学学报(社会科学版),2013(3):364-368.

和优势学科。高等学校一直以来都是人类知识产生和传播的场所,特别是社会发展进入知识经济时代,大学从社会的边缘进入到社会的中心,对社会的发展起着举足轻重的作用,这种职能特相直接导致了高校管理重心向学术管理的偏移以及学术权力地位的加强。

保障学术人员能充分参与大学管理和决策,切实享有对学术事务的主导权。在办学过程中,必须克服过于行政化的倾向,在教育教学、学科发展建设的一系列问题上,要广开渠道,请教授参与决策,发挥教授的主导作用。在学术研究上为教授创造宽松的学术环境,张扬他们的学术思想和学术主张,使他们能够创造性地工作。在各项管理中要充分体现以人为本的办学理念,建立一套教授参与决策,在学校教学、人才培养和学术研究等学术事务方面行使其拥有的学术权力而实现教授民主治教的有效机制。要建立健全以下管理制度:(1)进一步建立健全以教师党员为主体的党代会、以教师为主体的教代会、以职工为主体的职代会制度。通过立法形式明确规定党代会、教代会、职代会的职责,确定教师代表的比例。确保教师参与学校重大问题决策的发言权和主动权。教代会作为高校民主管理的基本形式,也是教职工参与学校管理与监督的基本载体和平台,目前不少大学的教代会存在如下的问题:其一,未能制度化;其二,职能不清或职能弱化;其三,教授比例偏小。为了确保高校教师的权益得到充分的发挥,必须遵从《高等教育法》第四十三条要求,进一步建立健全"以教师为主体的教职工代表大会"制度,定期召开教职工代表大会,校长向全体教职工代表报告工作,相关职能部门向大会汇报有关事项,校行政接受代表的质询。不定期召开代表团长会议,征求教职工对学校发展的重要事项或事关职工切身利益的事项的建议和意见。(2)建立健全学术委员会制度。使学术委员会真正成为大学学术事务的最高决策机构,在教学评价、科学研究、学科建设、职称评定、考核评奖、课程设置、教材建设、师资培养、教师聘任、学位授予以及招生就业等方面涉及学术事务的由学术委员会进行决策管理。甚至按上级部门设定的高校领导干部要求推举正、副校长的候选人等。(3)建立健全校务委员会制度,适当吸收教授、专家代表,甚至可以吸收学生代表参与学校行政事务的决策。(4)建立健全专业委员会及学科委员会制度,来协助学术委员会进行学术事务决策和管理。需要建立教学改革指导委员会、教材建设委员会、教学督导委员会、科研指导委员会、职称评定委员会、人事与分配制度改革委员会、财务管理委员会、校园建设委员会等,每个专业、学科应建立相应的委员会。

高校重大教育领域决策建立专家论证制度。建立重大决策专家论证制度和听取意见制度,直接关系到教育领域决策的科学性和民主性。教育领域的很多决策涉及专业技术问题,必须在决策前交由专业技术人员进行专家咨询论证,凡未能通过论证的亦不得作出决策,唯有如此,才能防止领导随意决策,确保决策的科学性。高校专家学者云集,可以通过学术委员会、教职工代表大会等校内学术机构实施专家论证咨询,提高高校决策的科学性和民主性。

（四）推进校院两级管理体制改革

作为高校治理的重要组成部分,二级学院治理不仅是高等教育改革与发展的重要主题,也是当前高校治理的热点之一。基于目前部分高校二级学院存在治理理念滞后、党政二元结构难以耦合、学术权力与行政权力矛盾、配套制度不健全、监督保障难以发挥实效等问题,可以通过管理重心下移、赋予二级学院办学自主权、完善"三位一体"的内部权力结构、落实监督保障措施等方式,努力形成系统完备、科学规范、多元共治、运行有效的二级学院治理体系。

一是明确学校与二级学院的权力及职能边界。二级学院作为高校治理的重要主体,学校需要明确和二级学院在行政管理、科研、教学等方面的权力及职能边界,在工作方式上减少对二级学院的管控,发挥宏观指导、服务咨询、监督保障等作用,注重引导二级学院确立"自主办院"的基本理念。二级学院在对高校、政府部门、社会中介组织等的角色定位、职能边界有清晰认识的基础上,不断调整与完善政治权力、行政权力和学术权力之间的关系,既注重治理结构的扁平化,各治理主体的分权、共治与制衡,又关注各治理主体责权利的统一、沟通协调等治理能力的提升。

学校院系两级管理体制下,学校一级管理部门应该着眼于对管理运行情况进行监督、对管理效益进行评估,工作职责主要包括参与研究学校有关教育事业发展规划,制订学校相关工作计划和有关规章制度,研究制订全校教育经费的分配使用方案等。而院系一级管理部门则更多是从事基层的、具体的、操作性的工作,其工作职责主要包括专业建设、课程建设、教材建设、实验室建设、校内外教学基地建设项目的具体实施,在角色定位上更多是规则的执行者,是基层信息的反馈者。学校应在一定的范围内适当地把一些行政权力下放到院系,使院系一级有更多的自主权,调动院系积极性,增强办学活力。院系级教学管理首先应该服从和执行学校的规章制度,在教学管理制度上,不应与学校的规定有出入,同时在管理中也要根据自己学院的实际情况制订与学校具体管理项目相配套的制度和管理细则。

二是构建二级学院"三位一体"内部权力结构。"三位一体"指由二级学院党委所代表的政治权力、院长及行政班子所代表的行政权力、教授等所代表的学术权力所组成的二级学院权力结构体系。优化二级学院权力结构,既要充分发挥各个权力主体的作用,又要实现相互之间的协调与制衡。

坚持二级学院党委在二级学院治理中的政治核心地位。学院党委坚持集体领导,在具体事务管理中,既支持院长等行政班子成员在其职责范围内独立开展工作,又通过党政联席会、支部会等途径实现对院长行政权力的监督。

保证院长及行政领导班子在二级学院治理中的行政主体地位。基于部分高校二级学院中存在的党政二元结构难以耦合、院长与书记存在矛盾等问题,学院在坚持学院党委集体领导的前提下,注重完善行政管理工作的各项规章制度及操作规范,既保障学院党委成员、师生员工的知情权,又使院长等行政领导班子成员能够自主决策、创新性地开展相关工作。

发挥教授治学的主导作用。基于以教授为代表的学术委员会在学院治理中的重要作用,二级学院的相关制度中应明确教授治学的重要性,明晰学院党委、行政在治学方面的权责、工作职能及边界,保证教授治学在学科建设、博士硕士点评估、学位授予、职称评审、学术交流等方面的决策权、决定权。既维护学术权力,又为具体的学术研究、人才培养及相关工作提供支持与服务,保障学术委员会、学位委员会等在学院治理中作用的发挥。

保障师生员工的参与权、监督权。二级学院要完善相关规章制度,如定期召开党政联席会、完善"三重一大"决策程序等,同时及时更新学院网站信息,公布涉及学院发展的重大事务及关系师生生活等重要事项,并从制度上明确师生员工对学院党委的政治权力、院长等的行政权力、教授等的学术权力的履行状况进行监督与反馈。

(五)完善权力运行制约和监督机制

党的二十大报告指出,健全党统一领导、全面覆盖、权威高效的监督体系,完善权力监督制约机制,以党内监督为主导,促进各类监督贯通协调,让权力在阳光下运行。为了使高校内部三种权力之间的关系能得到合理有效配置,应建立和谐的责、权、利机制,进一步明确学校与学院、学院与职能部门之间的职、责、权、利关系。实行管理重心逐步下移,改变行政权力集权化倾向。变直线型管理模式为扁平化管理模式,学校层面在控制目标任务的设定权、结果的审查权、资源的分配权等基础上。发挥职能部门的协调服务、政策指导等作用:扩大二级学院的办学自主权和作为基层学术组织的学术权利,从而更好地调动学院自主办学的积极性;充分释放下层能量，广泛吸收基层教学科研人员和学生参与事务决策，使他们的民主管理、民主监督权落到实处。

有权必有责、有责要担当、失责必追究。大学是一个教学和科研实体，并非是行政单位，学术工作与行政管理有着不同的分工，管理是为教学和科研服务的，行政人员必须确立为师生服务的理念。一方面，健全规章制度，必须在制度上切实保障行政人员为师生服务的理念贯彻于大学自主办学的全过程，严防行政工作异化为损害教师正当权益的工具。高校规章制度是对大学行政权力进行有效控制的基础性工程，就是为行政权力的行使确定范围，确立不同行政权力之间的分工制衡关系，并使之制度化，形式化。高校管理干部应依法履职、秉公用权、照章办事、廉洁从政从业。另一方面，以服务为目标，分解落实不同部门、岗位管理人员的职权和责任，运用制度设置大学行政权力的行使范围，设定大学行政权力的运行程序。科学划分和明确界定各方责任界限，理出详细的责任清单，明确职责范围，提出落实及强化责任追究的具体要求，使落实清晰明确、有据可循。最后，健全常态化责任追究机制。做到一旦权力越位、错位、缺位，问责机制就相应启动，对行政缺位的严肃问责，对失职渎职的及时处理，切实保障师生员工的合法权益。需要注意的是，学术权力固然应该受到充分尊重，但学术权力如果缺乏制约，同样会腐化。

仅仅具有制度因素，还不能保障高校管理权力监督体系的有效运作。因为高校管理权力监督系统的运作与人的思想观念是紧密相关的。从理论上说，由于一切权力源于人民，所以一切权力都应该是为人民服务的。但在现实生活中，部门利益、个人利益与整个组织的整体利益经常发生冲突。如果按照系统论的思想来看，一个有效整合的监督组织，应建立在整体优先的观念之上，这就要求组织成员必须在不同利益发生冲突时，割舍个人利益、部门利益而服从整体利益。否则，就会阻碍监督工作的正常开展，导致权力的滥用和腐败的产生。为了避免不必要的阻碍，就必须对全体监督人员进行正确权力观的教育，培养全局意识，强化整体意识，倡导集体主义精神，要求每个监督机构的工作人员，都必须树立"为人民服务"的意识，树立全局意识，都必须站在高校总体利益的高度去思考问题，开展工作。只有这样，才能在思想上保证高校管理权力监督的优化整合与创新落到实处。

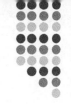

第八项　如何建设行政文化？

　　20世纪90年代，华中科技大学的涂又光教授提出了著名的"泡菜理论"，即泡菜的味道取决于泡菜汤。虽然泡菜的原料、制作工艺、保存方式等会影响和决定泡菜的质量，但是真正决定泡菜口感风味而又不易为人所模仿的却是泡菜汤。高校行政文化好比管理干部的泡菜汤，它影响和决定了浸泡其中的管理干部的思维方式和行为风格。好的行政文化如同一缸好汤，管理干部进了这个环境，好比泡菜原料投入汤料之中，必定受到行政文化的熏陶、感染和影响，时间一长就会发生化学反应，潜移默化地接受行政文化氛围倡导的价值导向和人生态度，最后形成具有完整人格、健康身心、满腹经纶、能力达标的专业管理人才。我们要重视高校行政文化的建设。

2015年国务院印发的《统筹推进世界一流大学和一流学科建设总体方案》明确指出,要加强大学文化建设,增强文化自信和制度自信,形成推动社会进步、引领文明进程、各具特色的一流大学精神和大学文化。这要求各高校整合自身文化资源,积极构建充满活力、特色鲜明、追求卓越的大学文化创新体系。在这种背景下,众多高校管理者开始探求提高高校行政管理效率和质量的方法,并充分发挥校园文化建设在高校行政管理中的重要作用。作为大学文化重要组成部分的高校行政文化,如何在文化传承中开拓创新,深入推进高校行政文化的现代重构,是加快建设高水平特色大学、争创一流的关键切入点。

校园文化是一所高校历史积淀、人文精神的高度凝练与升华,是一所学校加强内涵建设,实现高质量发展的重要组成部分,是一所学校的精髓和价值所在。校园文化只有在师生心里扎下根,才能真正具有生命力。高校校园文化建设是高校发展的一个重要方面,良好的校园文化建设能够从思想深处转变高校管理者的作风,对于学生的身心发展,有着潜移默化的积极影响。高校机关作为高校师生的服务部门、参谋机构和执行单位,承担组织、协调、策划、管理、服务、落实等工作职能,机关干部的作风深刻影响和决定着学校的整体风气。行政管理水平和高校的教育教学水平有重要的联系,二者紧密相关。而行政文化被视为一种独一无二的文化形态,是在高校进行行政管理活动的过程中慢慢积淀形成的一种精神形态,高校的行政管理水平也深受行政文化的影响。因此,要想充分发挥行政文化的积极性,就不得不正视行政文化在高校行政管理中的影响。

一、为什么要建设行政文化?

高等学校的发展及实力比拼,不单单只停留在高质量的教书育人和科学研究上,同时也非常注重内涵式发展,内涵式发展的重中之重就体现在各具特色的校园文化上。文化是最具持久影响力的因素,是大学隐性制度的外显形式之一,缺乏隐性制度的现代大学制度,极有可能刚性有余而柔性不足,导致僵硬、夹生、缺乏感染力和适应性。校园文化建设对高校发展的重要性日益突出,成为提升学校发展内涵和增强核心竞争力的迫切需要,也是学校可持续发展的重要保证。

(一)何谓高校行政文化

文化是一个非常广泛的概念,有广义和狭义之分。广义文化指人类在社会历史发展过程中所创造的物质财富和精神财富的总和,包括物质文化、制度文化和心理文化三个方面;狭义的文化是指人们普遍的社会习惯,如衣食住行、风俗习惯、生活方式、行为规范等。

高校校园文化指的是高等学校在遵循高等教育发展规律的前提下,在长期办学的实践中,由校内所有师生创造和传承,并长期坚守的一种行为规范、基本信念以及价值标准。主要体现在四个方面:(1)精神文化,指校内所有师生共同遵守的人生观、价值观、世界观及道德观等,主要表现为学校的校训、校风、学风、办学理念、学校精神等,这些是高校文化的核心部分。(2)制度文化,指学校的各种规章制度,如学校章程、教学制度、科研管理制度、学生管理制度、人事管理制度等,这些能够确保高校各项工作的运行都有章可循。(3)行为文化,指师生主体在日常教学研究、行政管理、学习生活中表现出的特定的行为习惯、行为方式和行为结果。(4)物质文化,指通过物质可以表现出来的文化,主要表现为校园环境、校内设施、校徽、校歌等,这些是学校文化的外在表现。高校文化是这四个方面的综合体现,其中精神文化居于核心位置,制度和行为文化是校园文化的中层文化,行为文化是校园文化的晴雨表和校园的"活文化",是校园人在校园内进行各种活动或行动时的动态反应,主要在教风、学风和工作作风上表现出来,最外围是物质文化,它们在高校日常生活中发挥着重要作用,具体体现在物质文化的基础作用、制度和行为文化的规范作用、精神文化的凝聚作用。

高校行政管理是指高校管理人员为了实现学校的工作预定目标,依靠相应部门和依据相关制度,通过一些手段和措施充分利用高校的各种资源,发挥管理职能,从而有效地完成学校工作任务的组织活动,包括管理与服务。管理就是服务。高校行政管理部门是高校开展各项工作及保证学校正常运转的重要部门,行政管理工作的质量、效率以及服务水平的高低会直接影响到高校的整体办学效能。

高校行政管理活动基础上产生的文化,就是高校行政文化。因此,我们对行政文化并不陌生,行政文化就在我们高校机关内,就在我们工作中,就在我们精神面貌上。认真负责是一种行政文化,推诿扯皮又是一种行政文化;热情服务是一种行政文化,百般刁难又是一种行政文化。行政文化是行政主体及其工作人员身上的精神文化形态,它既是内在的(内心),又是外在的(环境)。

高校行政文化是高校校园文化的亚文化,据此定义,高校行政文化也有广义和狭义之分。广义的高校行政文化是指高校行政机关及其行政人员在行政办公过程中所恪守的理念、追求的价值、遵循的规范以及所展示的形象的总和,包括行政精神文化、行政制度文化、行政行为文化和行政物质文化四个层面;狭义的高校行政文化仅指高校行政机关及其行政人员在行政办公过程中所遵守的价值体系,包括行政理想、行政理念、行政精神、行政心理、行政道德、行政行为、行政作风等内容。

本书重点探讨的是狭义的高校行政文化,行政文化主要由行政观念文化、行政制度文化、行政行为文化等这样一些基本要素构成。

行政观念文化是关于行政理想、行政价值、行政精神、行政道德等等方面内容的集成。例如,我们要牢牢确立"科学""高效""让师生满意"等行政理想;牢牢确立"为民服务""为民造福"等行政价值;牢牢确立"鞠躬尽瘁""公平正义""务实勤政"等行政精神;牢牢确立"用权不谋一己之私"等行政道德,并以此作为高校行政管理的价值追求和目标取向。

行政制度文化是关于行政组织文化、行政体制运行机制、行政关系、行政纪律等等方面的观念、规则和规定。例如,树立用制度管权管事管人的意识,在制度建设上下功夫;深入推进党委领导下的校长负责制;建设职能科学、结构优化、廉洁高效的服务型机关;推进学部制改革,降低行政成本;推行行政公开制度,让权力在阳光下运行;把权力关进制度的笼子里,形成不敢腐的惩戒机制、不能腐的防范机制、不易腐的保障机制。

行政行为文化则是行政决策、行政执行、行政管理等行政行为所体现的行政风格和行政态度、行政作风、行政风气等内容的综合。例如,坚持求真务实,实干兴邦,克服官僚主义和形式主义;坚持廉洁奉公,风清气正,任何时候都把师生利益放在第一位,不谋求任何私利和特权,始终与人民心连心、同呼吸、共命运;坚持问政于民、问需于民、问计于民;敢于开拓,勇于担当;坚持艰苦奋斗、勤俭节约;模范践行社会主义核心价值观,讲党性、重品行、做表率,做社会主义道德的示范者、诚信风尚的引领者、公平正义的维护者,以实际行动彰显新时代高校管理干部的人格力量。

行政文化离不开物质载体,常常表现为看得见、摸得着的有形存在。例如,行政制度、行政行为等。但行政文化首先的和本质的东西是精神的。中国特色社会主义行政文化的核心内容,就是公仆意识和服务宗旨。

大学行政文化的独特性和外在联系作为高等教育发展到一定阶段的历史产物,有着坚定的高校实践活动作为前提和客观基础,但同时也受到社会政治、经济、文化发展形势的影响。因此,与社会文化和公共行政文化存在着不可分割的联系。不同的大学有不同的定位和发展道路,因此,虽然大学行政文化具有服务性的共同特点,但是在具体实践过程中却又是千差万别。这些就是大学行政文化与社会文化和公共行政文化之间的区别,也是大学行政文化自身的内在特质表现。

（二）高校行政文化的功能

在高校事业发展中,高校行政文化作为一种隐性力量,是维护学校日常运转的润滑剂、汇聚合力的黏合剂和推动事业发展的催化剂,是学校核心竞争力的重要体现。行政文化蕴含着行政机关及其行政人员所共同具备的信念和追求,寄托着全体行政人员担当使命和实现高校奋斗目标的志向和理想,凝聚着全体行政人员推动发展行政文化的深情、智慧和干劲。其一经形成,便具有较强的稳定性和传承性,对身在其中的行政人员具有导向引领和规范教化等功能。它不仅能够使广大行政人员牢记工作宗旨、认真履行工作职责,而且能够使其始终保持旺盛的工作热情和活力,极大增强高校自主发展的创造力、拓展力和原动力,可以有效保障高校各项工作健康有序运行并良性循环,推动高校办学事业不断向前发展。

第一,导向功能

行政文化对行政组织和组织内每个成员的价值取向和行为取向起导向的作用,使组织成员的个人目标与组织的整个目标趋于一致。在我国,单位是个人社会化的基本通道,也是个人寻求安身立命和心理归属感的重要场所。单位造就了高度同质性的“熟人社会”,单位内部洋溢着组织关怀。单位人生于斯、长于斯,彼此熟稔、守望相助,形成了共性化生存模式,并在主观上具有共同的价值认同。正是在物质与精神归属的双重意义上,高校管理干部接受并内化了大学行政文化,并将其纳入自己的思维框架中,从而实现了管理干部个人与大学组织的有机联结和有效整合。从价值观层面来说,单位行政文化强调单位的集体利益,具有统摄、引领和教化的作用。这种集体主义价值取向产生了明显的制度化效应,使得管理干部的发展统一于大学的总体性发展目标中。管理干部因此普遍具有强烈的集体意识和荣辱意识,他们突破了个人的狭小局限,将大学整体利益置于个人利益至上,有着为单位做贡献的使命感和责任感。良好的行政文化,使整个学校的管理人员都朝着共同的目标而努力奋斗,行政管理人员就会形成一种校荣我荣、求知上进的积极氛围,有利于校园内正能量的传播。通过高校行政文化倡导共同的价值取向,可以有效地增加行政管理人员之间的共同语言,促使同事间在精神上相互认同、互为支柱,在工作上互相支持、互相鼓励,在生活中互相关心、互相帮助,在学习上互相学习、取长补短、共同进步,形成强大的聚合力量,使高校行政系统发挥巨大的整体优势。

第二,凝聚功能

文化具有强基固本、凝魂聚气的作用。当一个行政组织的价值观念一旦被行政人员认同和接受,就会形成一股凝聚的力量,这种力量可以紧密团结各个行政人员,从而增大行政组织的内聚力。高校行政文化追求的价值,一旦为学校干部职工所认同,就能形成强大的精神凝聚力,这种精神会渗透于学校的一切教育教学之中,成为干部职工一种自觉的生活方式,从而提高学校的凝聚力,这种内部思想统一,同心同德的文化氛围的形成,有助于学校改革和学校发展。

第三,激励和约束功能

良好的行政文化能够对高校行政管理人员产生强烈的激励和约束作用,能够从主观的角度提升高校行政管理的质量和效率。高校行政文化对行政管理人员的影响和制约正好与管理的导向、凝聚、激励、约束等功能相吻合,其能够起到监督和控制的作用。一所学校的特定时期的行政文化反映了某个阶段的校园精神面貌和文化氛围,既是直接又是一种间接的课堂。如果说干部教育培训是直接作用于管理干部,那么行政文化具有一种间接的综合作用。行政文化能够对行政管理人员进行激励和约束。当行政管理人员配合行政管理工作并促进高校进步时,就会产生自豪感和荣誉感,也就起到了激励的作用。反之,就会感受挫败,这就能够在某种程度上对行政管理人员的言行进行约束。通过行政文化这种引导作用,一方面能积极引导高校管理干部的思想和行为朝着健康向上的方向发展,另一方面也能约束部分偏离的思想和行为,纠正不良的习惯。高校结合自身的实际情况塑造出特有的行政文化,容易使广大管理干部更加高效地融入"学校主人翁"的角色,从而自觉地、由衷地、全身心地爱校爱岗,以极高的热情投入工作,进入良性循环模式,而不是依靠高校领导或者行政管理制度来指挥和控制,更容易激发出广大管理干部的积极性、创造性和自觉性,在内心深处形成"校荣我荣,我荣校荣"的潜在意识,从而能够最大限度地节省管理成本、提升管理效率,最终促进高校科学、健康发展。

第四,助推功能

行政文化建设能够有力推动高校管理工作的进步,能够为实现高校行政管理的目标提供不可忽视的助推力。从整体上说,高校行政管理就是指高等学校为了实现学校教育工作的目标,依靠一定的机构和制度,采用一定的措施和手段,发挥管理和行政职能,带领和引导师生员工充分利用各种资源,有效地完成学校工作任务,实现预定目标的组织活动。由此可以将高校行政管理的目标归结为三点。其一,带领和引导广大教师职工以及学生,充分利用高校的各种资源;其二,高效高质地完成学校的工作任务;其三,实现高校制定的工作目标,对高校的发展提供助力。简单地说,高校行政管理的终极目标是要提高高校的办学质量、工作效率和自身的竞争力,其手段就是通过引导高校的所有师生员工,发挥出高校本身最大的力量。因此,影响高校行政管理质量和效率的因素主要取决于两点:一方面,高校行政管理人员自身的素质和能力,其所制定的管理制度、工作计划能否最大化地发挥出高校师生员工的力量将是一个极为重要的因素;另一方面,高校师生员工是否愿意接受相关的安排,也就是是否愿意主动配合相关的工作计划,其主要针对的是高校师生员工的主观因素。通过行政文化建设,上述两方面的问题能够得到有效解决,也就能够达到促进高校行政管理质量和效率提高的目的。

第五,稳定功能

由于一定的行政文化是经过长期的历史积淀形成的,并且相对独立于行政技术、行政制度等物质或制度载体,是行政活动在人们心理上的一种反映,因此,当它确立后,便呈现出一种相对保守的趋势。该趋势有利于行政心理的稳定,从而使行政活动表现出一定的连续性,不至于因为朝令夕改而使行政组织在实践中无所适从。但同时,我们也绝对不能忽视这种保守性对行政创新的某些负面作用。

（三）建设行政文化的意义

高校行政文化的建设能够有力推动高校管理工作的进步,能够为实现高校行政管理的目标提供不可忽视的助推力。随着高等教育综合改革和"双一流"建设的深入推进,高校行政文化建设意义深远而重大。

首先,加强行政文化建设,是一项事关高校全局发展的基础性、根本性工作。行政文化本质上是行政人员"做事"的文化,不仅需要明确岗位职责,理顺部门之间和部门内部科室分工和职责权限,还要搞好对外公关、协调内外关系、权衡利益分配等内容,具有导向、聚合、调节控制、改造更新功能。不管这个行政组织有多大,如果建设了一种健康的高校行政管理组织文化氛围,就会在无形中影响很多人追随这股良好的风气前进,经过时间的洗涤,行政管理组织也会越来越好。在组织人员地慢慢传递中,潜移默化中转变行政组织的一些传统的消极的观念。优秀的高校行政文化能够影响到高校管理干部的心理,使其产生较为相近的价值观,即集体荣誉感。因为集体荣誉感的影响,高校管理干部自然愿意投身学校的各项建设,并且以能够为学校发展做出贡献而自豪。在某种程度上,高校行政文化建设不仅影响一所大学整体学术文化氛围和学风教风,还会逐渐融入办学理念、大学使命、发展定位、人才培养、科学研究、社会服务和国际交流中,最终形成各自迥异的大学文化,发挥着潜移默化的育人功能。

其次,加强行政文化建设,是确保学校各项决策目标贯彻落实的重要保障。高校行政管理人员作为各项方针政策的具体制定者和执行者,肩负着决策、管理、协调、服务和监督检查的重任。学校各项重大决策能否得到全面执行,发展目标能否得到有效实施,师生员工利益诉求能否得到圆满解决,很大程度上取决于行政管理人员的工作作风和综合素质。一个个体只有在积极的文化环境中才能够获得积极的影响,做出良好的行政行为,促进行政工作的顺利开展,提高自己的工作业绩,增强工作的积极性。相反的情况,在决策执行和监督检查过程中,如果行政管理人员不能站在全局高度思考问题,不能从基层实际情况出发具体问题具体分析,就容易在执行中出现偏颇或是落实不好。这就突出了建设行政文化的重要性。良好的行政文化,会使行政人员在理想信念、价值取向、道德是非、行为方式、生活方式和人际交往等方面有深刻的影响。就这种情形来说,应该加强高校行政文化建设,充分发挥行政文化对行政人员的积极影响。

最后,加强行政文化建设,是维护校园和谐稳定、夯实共同思想基础的内在要求。高校行政管理机关是广大师生反映问题、提出诉求最多的职能部门,起着横向联系纵向沟通的重要作用,承担着建设安定有序、和谐融洽、充满活力的校园文化重任。而行政文化能够对管理干部产生激励和约束作用。行政文化对管理干部的影响和制约正好与管理的导向、凝聚、激励、约束等功能相吻合,能够对高校管理干部产生强烈的激励和约束作用,因此,加强行政文化建设是一种新型的干部教育模式,其能够起到监督和控制的作用。如果在一个相对来说比较混乱的环境下,而且行政文化不具有自身的特色,相信在这种文化的环境的长久影响下,行政人员也不会很讲理,从而使得该高校行政管理部门的作风也不是很好。行政管理工作无小事,任何一件事情都有可能涉及师生切实利益。当前,我国正处于社会转型期、改革攻坚期和矛盾多发期,如果高校行政机关服务职能转变不到位,对师生提出的相关诉求置之不理,对学校发展中凸显的各种矛盾视而不见,会导致矛盾更加尖锐,严重影响校园的和谐稳定。

二、建设什么样的行政文化？

高校高质量发展关键在党，关键在人。党的十八大以来，习近平总书记鲜明提出"信念坚定、为民服务、勤政务实、敢于担当、清正廉洁"的好干部标准，赋予了好干部新的时代内涵，是新时期高校管理干部的实践准则和奋斗方向。党的二十大报告提出，建设堪当民族复兴重任的高素质干部队伍。坚持德才兼备、以德为先、五湖四海、任人唯贤，树立选人用人正确导向，选拔忠诚干净担当的高素质专业化干部，选优配强各级领导班子，加强干部斗争精神和斗争本领养成，激励干部敢于担当、积极作为。高校管理干部要加强学习，强化思想武装，特别是最新的指导思想、工作理念，要第一时间带头学习，要在"学懂"上筑牢思想根基，在"弄通"上深化学思悟践，在"做实"上推动知行合一，切实提升行政管理工作的站位和格局。

如前所述，行政文化重在建设行政观念文化、行政制度文化和行政行为文化。加强制度文化顶层设计是高校行政文化建设实现良性动态发展的根本保障，鉴于制度建设已经在本书第六项"如何加强制度建设"中已有详细论述，此处重点谈谈建设什么样的行政观念文化和行政行为文化。

（一）锻造忠诚、干净、担当的政治品格

习近平总书记强调，年轻干部是党和国家事业发展的希望，必须筑牢理想信念根基，守住拒腐防变防线，树立和践行正确政绩观，练就过硬本领，发扬担当和斗争精神，贯彻党的群众路线，锤炼对党忠诚的政治品格，树立不负人民的家国情怀，追求高尚纯粹的思想境界，为党和人民事业拼搏奉献，在新时代新征程上留下无悔的奋斗足迹。总书记的殷殷教诲、谆谆嘱托中，凸显"忠诚""干净""担当"三大关键词，是年轻干部的指路明灯，也为各级干部健康成长指明了方向。

忠诚、干净、担当是党员干部必须具备的政治品格，要融入党性修养全过程，贯穿学习工作生活各方面。忠诚、干净、担当是一个整体，忠诚是为政之魂，干净是立身之本，担当是履职之要。党员干部只有胸怀天下、志存高远，不忘初心使命，把人生理想融入党和人民事业之中，把为人民幸福而奋斗作为自己最大的幸福，才能拥有高尚的、充实的人生。高校管理干部要用奋发有为的状态、敢闯敢试的斗志、开拓进取的精神，做好奋斗者，当好答卷人。

第一,忠诚是管理干部的为政之魂

忠诚是指对党、国家、人民绝对忠诚、绝对纯洁、绝对可靠的政治本色和政治品质,思想上始终保持与党中央高度一致,对事业和同事忠诚忠实,代表着诚信、尽职和服从。忠诚是为政之魂,要筑牢理想信念根基,把使命扛在肩上。

一要对党绝对忠诚。对党忠诚,不是抽象的而是具体的,不是有条件的而是无条件的,必须体现到对党的信仰的忠诚上,必须体现到对党组织的忠诚上,必须体现到对党的理论和路线方针政策的忠诚上。理想信念是立党兴党之基,也是党员干部安身立命之本。高校管理干部要坚定理想信念和政治信念,牢固树立正确的世界观、人生观和价值观,自觉运用马克思主义立场观点方法认识问题、分析问题、解决问题。筑牢信仰之基、补足精神之钙、把稳思想之舵,坚决贯彻执行党的基本理论、基本路线、基本纲领、基本经验和各项方针政策,在大是大非面前头脑清醒,立场坚定。不断加强理想信念教育,自觉用习近平新时代中国特色社会主义思想凝心铸魂,把拥护"两个确立"体现在理想信念、政治生活、立场定力、担当作为上,把增强"四个意识"、坚定"四个自信"、做到"两个维护"融入血脉灵魂,做到忠诚于党、忠诚于人民,忠诚于马克思主义,真心爱党、时刻忧党、坚定护党、全力兴党。

二要对事业忠诚。对事业的忠诚是对事业的献身精神和忠诚意识,是对职业追求的责任心和使命感,是每位管理干部都应具备的一种品质。它要求职业工作者必须热爱自己所从事的工作和所献身的事业,竭诚地为之奋斗,并将自己的一生与其所从事的事业联系起来,在事业的成功中实现人生的价值。高校管理干部把高等教育事业作为自己终生奋斗的事业和目标,做到会谋划,善思考,善运作,善经营,满足人民对于美好生活的愿望。

三要对学校忠诚。"一滴水,只有放在大海才不会干涸。"我们每个人都是学校的一分子,学校发展强大了,个人才有更好的前途;反之,如果人人只打自己的小算盘,后果不仅是学校的损失,最终也伤害了自己的利益。对学校忠诚,意味着必须要有团队意识,上下一盘棋,统一步调向前进。对学校忠诚,意味着必须要爱岗敬业,忠于职守,干一行、爱一行、精一行。对学校忠诚,意味着必须要奉公守法,廉洁自律,不做损公肥私之事。对学校忠诚,意味着对学校制定的政策要忠贞不贰,令行禁止,不折不扣地执行学校党委的决策部署。

四要对同事忠诚。大家虽然都来自五湖四海,但是能聚在一个团队里,为了发展高教事业这同一个目标而奋斗,这本身就是一种幸福,一种缘分,同事之间要珍惜这种缘分。对同事忠诚,就要做到互相尊重、互相爱护,要坦坦荡荡、推心置腹,要经常交流沟通。要做到少玩心机、少用心机。要多一些光明坦荡,少一些阴暗心理。同事之间算计别人最终也是惩罚自己。毛泽东同志说过,堡垒最容易从内部攻破,实际上讲的是人与人的关系如何摆布。想要别人尊重自己,首先要学会尊重别人。"瓜无滚圆,人无十全。"同事身上难免有劣势、短处、缺点,但是看到对方身上这些不足之处,能够通过自身努力来提升他人、帮助他人弥补不足,这也是对同事的一种忠诚、爱护和关切。总是挖空心思琢磨别人,挑别人毛病,找别人短处,把错误归咎别人,把功劳揽到自己身上,伤害的不只是同事,最终毁掉的也是自己。

五要坚决反对做"两面人"。当前,绝大多数党员干部政治上、思想上、作风上是好的,能够做到忠诚于党的组织、忠诚于党的理想、忠诚于事业、忠诚于人民。但同时要看到,少数党员干部说一套、做一套,表面一套、背后一套,有的理想信念动摇,口头上大谈马克思主义、中国特色社会主义,而内心却存有疑虑,甚至求神拜佛、迷信西方;有的口头上大谈党的宗旨、群众利益,实际上却与党和人民离心离德,信奉个人主义和拜金主义;有的不认真学习党的基本理论,即使学了也是用来应付场面、装点门面,更无心在实践中加以运用;有的忙于造声势、出风头,把精力用在做表面文章上,而对落实工作则不了了之,等等。这些就是表里不一的"两面人"。高校管理干部必须坚决反对这种"两面人"现象,做到心口如一、言行一致。

第二,干净是管理干部的立身之本

习近平总书记指出,一个人能否廉洁自律,最大的诱惑是自己,最难战胜的敌人也是自己。党员干部若不能守住个人干净的"底线",就会像大厦失去了支柱、大坝动摇了根基,必然带来政治上的腐败、生活上的腐化、道德上的堕落、法纪上的失范。干净是立身之本,要守住拒腐防变防线,把责任担在肩上。干净是底线,要立公心、去私心、慎用权、防特权,重大节、守小节,严律己、常责己,保持清正廉洁的政治本色。

一要重品行守规矩,守住廉洁自律底线。高校管理干部要自觉筑牢拒腐防变的思想道德防线,常修从政之德,常怀律己之心,自觉净化社交圈、生活圈、朋友圈,带头执行廉洁从政各项规定,清清白白做人,干干净净做事。时刻紧绷纪律和规矩之弦,心怀敬畏之心,敬畏人民、敬畏组织、敬畏法纪,保持共产党人的高尚品格和廉洁操守;时刻怀揣公仆之心,正确看待手中的权力,正确对待手中的权力,做到公正用权、依法用权、为民用权、廉洁用权,真正做到权为民所用、利为民所谋。在大是大非面前旗帜鲜明,在风浪考验面前无所畏惧,在各种诱惑面前立场坚定,用实际行动诠释砥砺奋进的赤胆忠心。要经常对照党的理论和路线方针政策、对照党章党规党纪、对照初心使命,检视自己的理想信念和思想言行,牢记清廉是福、贪欲是祸的道理,才能拧紧世界观、人生观、价值观的"总开关",守住拒腐防变防线,不断掸去思想上的灰尘,永葆政治本色。

二要强化自我修炼,做到清醒清白清新。修身、齐家、治国、平天下,修身是第一位的,共产党人更应该强化自我修炼,做自律廉洁的楷模和表率。高校管理干部任何时候都要自重自省,自觉做到敬畏人民、敬畏法纪、敬畏组织、敬畏权力,始终坚守个人干净的为官底线,守住自觉的政治生命线。一是思想上必须清醒。要树立正确的世界观、人生观、价值观和正确的权力观、地位观、利益观,坚定崇高理想信念,任何时候都把党和人民利益放在第一位。要思想纯正,品行端正,在各种诱惑面前把握住自己,守得住清贫、耐得住寂寞、稳得住心神、经得住考验,严守党纪国法,牢记规章制度,时时处处严格约束自己。思想上清白,行为上就不留污垢,就不会被形形色色的诱惑"围猎"。二是经济上必须清白。要正确看待利与义的关系,把好小节关、亲情关、社交关,做到权力不为自己私用、不为家属借用、不为亲朋好友利用。三是生活上必须清新。倡导高尚正派、恬淡健康的生活方式,确实管住嘴、管住手、管住脚,筑起防线、抗拒诱惑。只有这样,才能真正做到清清白白做人、干干净净做事、坦坦荡荡为官,做到捧着一颗心来,不带半根草去。

三要增强自律意识,做清正廉洁的表率。习近平总书记指出,严以律己,就是要心存敬畏、手握戒尺,慎独、慎微、勤于自省,遵守党纪国法,做到为政清廉。高校管理干部手中掌握着一定的权力,如果放松了学习,放松了自律,守不住做人的底线,就会在事关原则问题上失去立场,就会在大是大非面前迷失方向。一是要过好纪律关。高校管理干部必须严格要求自己,自觉遵守党的政治纪律和政治规矩,对照《中国共产党廉洁自律准则》和《中国共产党纪律处分条例》,深入检视自己的言行,进行深刻的党性分析,努力把外在规定的约束转化成内在的自控力和较高的自觉性,做到自省、自觉、自警。二是要过好权力关。高校管理干部要心存敬畏之心,正确使用好自己手中的权力,自觉接受各方面的监督,严格按照规章制度办事,慎用手中的权力,在科研、设备、基建等方面必须严格建立起科学有序的管理规定,把有限的资金投入到学校事业发展最需要的地方。三是要过好生活关。廉洁自律还应从生活入手,在种种诱惑面前,高校管理干部要保持高度警觉,抗得住诱惑,管得住小节,保持气节,树立正气,严格操守,保持艰苦朴素的作风,学会过简单的生活,保持高尚的精神追求,培养健康的生活情趣。

第三，担当是管理干部的履职之要

大学的行政文化说到底是做事文化。管理干部要谋事，归根到底是要成事。要谋成事，就要求我们的管理干部要有主动性，有担当。所谓的担当，就是对人、对事、对工作敢于负责任、勇于挑重担。同时，其内涵也十分丰富，既包括履行义务、尽到职责的坚持，也包括心怀百姓忧乐的胸怀，又包括攻坚克难的勇气。看一名党员干部是否具有较高的素质和品德，其中的一个重要衡量标尺就是能否担当、能否忠诚于党和人民的事业，并在工作岗位上尽心尽力、尽职尽责。挑担子、负责任是党员干部的应有之义，但担当精神不是空洞的、抽象的，而是实在的。高校管理干部强化担当应在以下几个方面下功夫。

一要攻坚克难，强化改革担当。在全面深化改革中推进高等教育事业发展，必然是一个攻坚克难的过程，尤其需要党员干部有直面矛盾的勇气，有敢于担当的精神。要始终高举改革旗帜，义无反顾地担负实现建设高等教育强国的历史使命。在具体工作中，要勇于负责，能够抢抓机遇，以强烈的创新意识开拓进取。当前，我国改革进入了深水区，高校内涵发展也进入到了关键时期，每走一步都需要付出艰苦的努力，如果不想干事而只想当官，不想承担责任而只想揽权，不想付出努力而只想着风光，那么我们的工作就难以有突破，就难以取得预期的理想成绩。因此，高校管理干部既然在其位，就应该谋其政，切实担负起岗位职责与义务，尽自己所能地干事创业。

二要无私奉献，强化为民担当。习近平总书记曾经指出，党员干部要不求"官"有多大，但求无愧于民。对于党员干部来说，拥有多大的权力，相应地就必须要负有多大的责任。同时，干部不是特殊群体，没有什么特权，干部本质上就是人民的公仆，是人民的勤务员，除了为人民谋福利以外，不能有任何的私利可图。因此，高校管理干部在岗位工作中必须坚持为师生服务，在工作中努力做到密切联系师生、紧紧依靠师生，工作成果与师生员工共享。坚持以人民为中心，做任何决策、出台任何政策，都要看是否对师生员工有利，从而使我们的所有工作都能够顺民意、惠民生，使师生员工能够得到实实在在的实惠。

三要恪尽职守，强化职责担当。作为党员干部，由于职级有高低，所以其所担负的责任也有大小，但是绝对不存在党员干部身上不承担任何责任的现象。因此，无论是中层及以上干部，还是基层干部，都必须不断强化责任意识和担当意识，努力做到干一行爱一行，不管在什么岗位，都应该做到恪尽职守、敬业乐业、无私奉献，以奋发有为的姿态高质量完成本职工作。尤其是在急难险重的工作面前，党员领导干部尤其是主要领导,必须要勇敢地站出来,亲临工作一线靠前指挥,沉着冷静地进行工作的决策部署,成为领导师生员工凝心聚力、团结一致战胜困难的领头羊、主心骨。同时,在面对歪风邪气、慵懒涣散,甚至是违法乱纪的现象时,要切实坚持原则、站稳立场,敢管敢碰硬、敢动真格,绝不能被人情和关系所累,从而在本部门、本单位营造风清气正、干事创业的良好氛围。强化责任意识,做到敢于担当、秉公用权。习近平总书记指出,担当大小,体现着干部的胸怀、勇气、格调,有多大担当才能干多大事业。作为一名党员干部,要勤于履责、勇于担责、敢于负责,在敢于担当中历练提高,在真抓实干中建功立业。

(二) 树立尊重学术、尊重学者、尊重学生的工作理念

高校管理干部最重要的责任是为师生服务,要给他们以方便,要为他们排忧解难。在中山大学,有个不成文的原则叫"不拒绝原则",就是行政人员在遇到师生们提出要求的时候,只要是没有明确规定禁止的,行政人员就不要立即拒绝。尤其是领导干部,当面对师生们提出的要求时,首先考虑的不是"能不能"办的问题,而是应该考虑这些要求"该不该"办。"能不能",就是要按规矩办;"该不该",就是要动脑筋看在规矩之中甚至规矩之外还有没有办成的余地。有了这个"不拒绝原则",办起事务就会更加人性化。作为新时代的高校管理干部,要继续弘扬勤政务实作风,勤勤恳恳、踏踏实实把工作落到实处,不管身处什么岗位、什么级别,都要牢固树立群众观念,树立尊重学术、尊重学者、尊重学生的工作作风,把紧密联系群众体现在行动上、落实到工作中。要加强与师生员工的直接联系,经常开展深入基层、深入实际、深入群众的调查研究,在基层一线发现问题、研究问题、解决问题,坚持走好群众路线,主动拜群众为师、与群众交友、向群众问计,自觉为群众服务、对群众负责、受群众监督。

第一,尊重学术是大学高质量发展的首要追求

学术,是指系统专门的学问,是对存在物及其规律的学科化论证,泛指高等教育和研究。蔡元培在就任北京大学校长的演讲中说:"大学者,研究高深学问者也。"学术性是大学区别于其他社会机构的重要属性,学术质量是大学办学水平的重要标志,学术发展是学校发展的根基。在高水平大学建设中,学术应该是第一位的追求,没有高水平的学术,高水平的教学、高水平的科研和高水平的社会服务都无从谈起。

尊重学术就是要营造良好学术氛围。大学向来是不同思想观点生成、聚汇、碰撞、激荡的场域，是学术观点、学科体系和研究方法创新的园地。大学的魅力即在于它是学术渊薮，是学术摇篮；大学的氛围应该是以学问的增进为中心，以学术创新为骄傲，在科学研究中形成不同学术流派、学术观点和理论体系共同发展的良好氛围。一个尊重学术的良好氛围对高水平大学和院（系）建设来说是不可或缺的，它是学术赖以生存和生长的土壤，是培育和吸引优秀人才的天地，是激励学者、学生努力进取的力量源泉，更是将所有人的努力契合到实现学术进步和事业发展上来的催化剂。高校管理干部应该通过各种途径积极营造崇尚学术的环境和氛围。

尊重学术就是要大力弘扬学术精神。在"功利主义""拜金主义"等各种社会思潮的影响下，一些大学和学者丧失学术理想，对学术采取一种庸俗主义的态度，甚至有的道德底线一再被突破。大学不宁静，学者不淡泊，或急功近利随波逐流，或追逐名利浮躁浅薄，不能坚守自己的品格，不能弘扬学术精神。大学是学术的殿堂，必须以崇尚学术、追求真理为己任。高校管理干部可以通过定期展示和宣传教师重大科研项目、重要奖项荣誉，学生获得高层次课外科技竞赛奖项，树立教师学术标杆和学生学习典型，这对于弘扬学术精神是很有必要的。

尊重学术就是要着力追求学术质量。学术精品是一个国家学术发展水平的象征，精品对于一个学校、一个院（系）、一个学科也是至关重要的。评价一所大学的成就，根本在于这所大学与人才培养紧密结合在一起的传播、发展和创新学术方面取得的成就。大学树立这种意识，是发展和提升其教学科研水平和社会服务功能得极为有效的切入点。追求学术质量就是要激发一种追求卓越的自觉意识，并通过各种机制让一切创新的因素迸发活力，产生高质量的学术成果。因此，高校学术研究定位不仅仅在学术的整理与传承上，而是要通过学术研究培养有研究能力的创新人才，并尽可能地通过学术研究产生学术大师、一流的学术人才和一流的科研成果。从现代高等教育的观念来看，学术成果在形式上除了包括著作、论文外，也包括科研发明、技术成果、经济社会发展咨询报告等。高校管理干部应该积极致力于这方面的工作，为广大教师产出高水平的学术成果提供全方位的服务。

第二，尊重学者是大学生存和发展的精神根基

学者，指在大学或高等教育机构中以研究为职业的人员，亦指研究、发现存在的真实属性，建树理论，并以告知天下为己任的人，常常是教师。学者的工作方式就是做学术，学术活动是学者的生活和事业的写真，学者的工作通过学术活动和科学研究而体现，学者的学术成就通过造福人类的实践效果而表现。学者的风范反

映了学风、学科的水平、学术的水平。没有一批优秀学者的高校是一个没有灵魂的学校,没有优秀学者的大学也是一个没有地位和影响的大学。

尊重学者就是高校生存和发展的现实需要。清华大学前校长梅贻琦说:"所谓大学者,非谓有大楼之谓也,有大师之谓也。"哈佛大学前校长科南特也说:"大学的荣誉,不在它的校舍和人数,而在于它一代一代教师的质量。"高质量的教师是大学的根本,只有出色的教师,才能吸引优秀的生源和各种资源,产生高质量的研究成果,并为学校带来声望和荣誉。高校管理干部要树立以人为本的服务理念,坚持以教师为本,强化管理即服务、管理即责任意识,营造尊重知识、崇尚学术、尊重师生的行政文化氛围。作为高校管理干部,应该在教师的培训进修、子女就学等方面下功夫,在事业留人、感情留人上动脑筋,使本单位拥有尽可能多的知名学者和专家。

尊重学者就是要尊重学术权力的正常运行。尊重学术就是必须认识、把握、尊重学术规律,把学术权力交给真正懂学术、热爱学术、支持学术的学者。当前,大学还存在官本位现象,许多学术上的优秀人才难以安心教学科研工作。因此,必须确立学术本位的理念,杜绝行政思维对学术事务的不当干预,保证学术权力的正常运行,既不能学术事务行政化,也不能行政事务学术化。高校管理干部应该充分发挥学术委员会等机构的决策咨询作用,在科研项目申报和职称晋升方面,形成公平、公正、透明的申报程序和评定机制,推进学术民主制度建设,促进学术权力回归。

尊重学者就是要尊重学者的劳动和创造。尊重学者的劳动和创造是"尊重劳动、尊重知识、尊重人才、尊重创造"的基本要求,也是大学营造和谐学术天地、优良学术环境的根本所在。"教授就是大学",行政人员首先要尊重教授。中山大学原校长黄达人曾经对学校的行政人员说,教授可以有脾气,但行政人员不能有"脾气",要态度,太有个性的行政人员是不合格的。特别是自己不熟悉的学科的教授,尤其要尊重。尊重学者首要的是为学者学术研究和学术创新提供宽松、宽容和宽厚的环境和条件,为新思想萌芽提供阳光和沃土,努力使学者在学术上有地位、工作上有平台、生活上有保障、人格上有尊严。尊重学者,还要充分认识学者在办学中的主体地位,尊重他们在治学、治教、治校方面的意见和建议,充分发挥学者们在学校发展中的重要作用,这既是学者成就事业的源泉,也是推进学校高质量发展的动力。高校管理干部尊重学者的劳动和创造的体现,就是要出台一系列的奖励制度,对学校发展作出重大贡献的学者给予奖励;还要深入开展谈心交心活动和节日问候活动,为学者解决实际困难和问题。

第三,尊重学生是对"以人为本"的有力诠释

《国家中长期教育改革和发展规划纲要(2010—2020年)》指出:坚持以人为本、全面实施素质教育是教育改革发展的战略主题,是贯彻党的教育方针的时代要求,其核心是解决好培养什么人、怎样培养人的重大问题,重点是面向全体学生、促进学生全面发展,着力提高学生服务国家服务人民的社会责任感、勇于探索的创新精神和善于解决问题的实践能力。心理学研究表明,获得尊重是学生最基本的心理需要。尊重学生就是"以人为本"的最好诠释。

一是要尊重学生的主体地位。尊重学生必须以时代的眼光去认知学生、理解学生、尊重学生,树立学生可亲、可信、可爱的理念。管理育人工作说到底是做人的工作,既要坚持教育人、引导人、鼓舞人、鞭策人,又要做到尊重人、理解人、关心人、帮助人。尊重学生就要确立学生在育人中的主体地位,树立以学生为中心的工作理念,想问题、定办法、抓工作都要从学生的切身利益出发,千方百计地帮助学生解决学习和生活中的困难和问题,为学生提供更多的选择、创造更多的机会。尊重学生,就是要以身作则、言传身教,做到感情上贴近学生,生活里深入学生,工作中服务学生,切实把对学生的关爱之心转化为工作的责任感,公正地对待学生,并让学生能够感受到关爱,接受爱。尊重学生,就要充分尊重学生的个性,因势利导、因材施教,多给他们一些温暖和鼓励,多激发他们进取的勇气和信心,最大限度地调动他们内在的积极性。尊重学生还要确保教育公平惠及所有学生,不论学生的学业天赋和家庭背景等有何差异,都应该为他们提供最适合的平等的教育,让每一个孩子都拥有成功的梦想、获得成功的机会。高校管理干部在工作中应该把"一切为了学生,为了学生一切,为了一切学生"作为工作理念和共同的价值追求,作为管理育人、服务育人,为人师表的基本准则。

二是要满足学生的学习需求。在社会转型时期,学习需求对人们思想行为的驱动作用明显增大,由各种学习需求引起的思想问题比以往更加突出。高校管理干部应正视这些现实,真正把满足学生正当学习需求作为一项重要工作内容,坚持把有限的财力、物力最大限度地满足学生的学习生活需求,创造有利于学生安心学习生活的各种条件,切实营造有利于学生安心学习生活的良好环境。尊重学生还要维护和实现好学生的文化生活需求。当前,学生对文化生活的追求越来越强烈,对文化生活层次的追求也越来越高。因此,必须大力加强学校文化体育基础设施建设,为学生健身、娱乐创造良好环境;注重丰富文化活动的内涵,使学生在乐中求智,在乐中成才。尊重学生还要维护和实现好学生的民主权利需求。通过畅通民

主渠道,善纳不同意见和建议,舒畅学生心情,提高工作效率,把学生推进学校建设的积极性和创造性激发和调动起来,确保学生对学校建设重大问题的知情权、参与权、选择权、监督权。

三是要促进学生的全面发展。促进学生的全面发展,就是要促进每个学生的发展和每个学生每个阶段的发展,这也是广大学生的迫切愿望,更是科教强国的客观要求。贯彻以人为本要求,必须把促进学生的全面发展作为重要目标取向,立足于完成中国教育现代化的历史使命,培养学生具有理想信念、公民意识、健康身心和科学人文素养的时代人才,提高学生服务国家和服务人民的社会责任感、勇于探索的创新精神和善于解决问题的能力。促进学生的全面发展,就是要让每一个学生都拥有成功的梦想、获得成功的机会;还要培养学生终身学习的能力,帮助学生掌握基本的知识、能力、方法,使他们具有正确的情感、态度、价值观,让学生终身受益。高校管理干部要从新生入学教育开始,结合职业生涯规划教育,深入开展学生励志教育系列活动;全面实施高年级本科生导师制,构建全员育人体系;组织学生参加学校科技文化节、创新性实验和各类课外科技竞赛,切实提高学生服务社会的本领,立足学生终身发展。

(三)大力培育团结合作精神

习近平总书记在党的二十大报告中强调,团结就是力量,团结才能胜利,团结奋斗是中国人民创造历史伟业的必由之路,号召全党全国人民为全面建设社会主义现代化国家、全面推进中华民族伟大复兴而团结奋斗;在参加党的二十大广西代表团讨论时,总书记又强调,团结才能胜利,奋斗才会成功,全党全国各族人民要在党的旗帜下团结成"一块坚硬的钢铁",心往一处想、劲往一处使,推动中华民族伟大复兴号巨轮乘风破浪、扬帆远航。总书记的重要论述,深刻阐明了团结对新时代新征程全面建设社会主义现代化国家的重大意义,为我们牢牢把握团结奋斗的时代要求指明了前进方向。

马克思深刻指出,许多力量融合为一个总的力量,这个力量就不再是个体力量简单相加的"算术和"了。这充分说明了团结协作的重要性。我们不难看出,团结协作是一切事业成功的基础,个人和集体只有依靠团结的力量,才能把个人的愿望和团队的目标结合起来。团结是单位组织的最大优势,只有团结,才能凝聚外力,激发内力,最终形成合力。俗话说得好,"相互补台,好戏连台,相互拆台,全都垮台",高校管理干部要互相合作,互相帮助。人们常说:"一招不慎,满盘皆输。"如果整个棋局都输了，那么再有力量的棋子也就没有什么用了。在工作学习中，我们要更好地发扬团结协作精神。

第一，重视团结合作是领导干部的基本素养

懂团结是一种智慧，会团结是一种本事。在一个团队里面，每一个人的能力不同，特长不同，性格不同，领导干部要实现团队的最大价值，就要让每一个成员都能够人尽其才。将每个人的力量都整合起来，拧成一股绳，这可是个真本事，因此，这要求领导干部要能够精准识人，准确用人，还要增强团队的思想交流，沟通协调，以避免矛盾在心中发酵，以增强团队的情感聚合力。也就是说，领导干部必须要以合作的态度开展各项工作，因为任何工作都需要他人的配合与支持。高校机关负责全校的党建、德育、教学、科研、招生、就业、设备、基建等多项工作，内容具体，涉及面广，有许多工作仅依靠机关某一部门是难以独立完成的。因此，高校管理干部要善于团结、勇于合作、易于交往，在实际工作中，不是强调"你要配合我做什么"，而是强调"我们需要一起合作来做什么"；不仅是从形式上强调合作工作的必要性，而是从实质上认识合作的内在精神。作为高校管理干部必须清醒地认识到，自己负责的工作是在执行学校党政决策，不过是学校整体工作的某一项工作。从价值层面来说，只不过是分工的不同，不是工作重要性的不同。

"不管什么'制'，书记校长不团结就'没治'。"一位著名大学校长的这句话，道出了高校党委书记和校长团结的重要性。"书记、校长团结非常重要，如果两个人团结工作做得好，学校发展会事半功倍；如果处理不好，学校发展会异常艰难。"一位大学校长说。具体到一个二级单位，一个部门也是如此。在现代信息化高度发展的社会条件下，任何管理干部都不可能脱离合作而独立开展工作，从本质上而言，离开与他人的密切合作，离开下属或基层的配合，领导活动就构不成领导活动，这是领导活动区别于其他活动的根本所在。

第二，搞好团结合作要顾大局讲原则能宽容

共识是团结的基础，沟通是团结的前提，相互理解是沟通的关键。要进行有效沟通必须尊重对方、互相倾听，还需要学会换位思考。在沟通过程中，不仅需要摆事实、讲道理，而且更需要具有真诚的情感。高校机关干部在日常工作中，要与其他部门的负责同志以及院（系）负责人多联系、多沟通、多协商，特别是遇到涉及多部门办的事情更需要加强沟通与合作。每当遇到棘手的事情，机关部门之间不能相互扯皮、相互推诿，更不能相互埋怨、相互指责，而应该具有博大胸怀，与人为善，学会宽容，一切从有利于干成事业的愿望出发，主动协调、主动配合，真正做到工作目标一致。

一要建立和谐的信赖关系，营造良好的人际氛围。一个和谐的总体是由每一个"互为外部环境"的个体共同营造的，一个良好的行政文化，也需要一个良好的行政生态，特别是在上下级关系方面。首先，作为下级，应该服从上级的工作布置，这是上下级关系的第一个层面。但是如果只强调这一点，大学就真的变成政府了。第二个层面是下级对上级的工作布置是高度认同的，这就变成了自觉的行动，这种工作的推动就是上下联动的。第三个层面是下级对于上级人格的信任。碰到问题就会主动来找上级商量。上级应该给下级以压力，但是不能让下级感到压抑，失去了沟通的意愿。人与人之间一定存在着差异。无论是在工作还是生活中，应该尊重和理解这种差异。每个人都不是单独的个体，都避免不了要与别人打交道。不能总站在自己的角度想事情，要懂得换一下位置看问题。大家应该抱着一种相互尊重、相互欣赏、相互理解的心态，去发现别人的优点、弥合彼此的分歧、宽容对方的过失、理解和尊重人性的弱点。同事之间多交流，多协调，多沟通，互相帮助，共同提高，这样才能营造和谐、融洽的氛围，才能团结一致、齐心协力，共同把工作干好。

二要积极参加集体活动，增强团结协作精神。俗话讲："三个臭皮匠，顶个诸葛亮。"参加集体活动，可以增强我们的团结协作意识，进而产生协同效应；在遇到困难的时候，就能共同想办法、出主意，凝聚集体的力量。

三要营造比学赶超，力争上游的工作学习氛围。没有流动的水就没有活力，缺少春风的大地就缺少生机。竞争是保持团队锐气的必要条件。我们提倡团队的协作精神和互补精神，就是要在目标一致的前提下团结起来，携手争一流。

第三，要搭建"横向到边"的协调合作机制

成功，需要克难攻坚的精神，更需要团结协作的合力。一个单位，如果组织涣散、人心浮动，人人自行其是、集体一盘散沙，何来生机与活力？何谈干事与创业？只有懂得团结协作的人，才会把团结协作当成自己应尽的责任，才能明白团结协作对自己、对别人、对整个单位的重大意义。

高校的行政管理工作，更要注重团结合作，搭建"横向到边"的协调机制。新形势下行政管理工作也有许多新情况、新问题，现有的工作理念、方法、制度也面临着新挑战。从横向来看，要搭建"部门与部门、部门与学院、学院与学院"的协调机制。比如，一项看似比较单一的党建工作，有时候需要人事处、科技处、教务处等多个部门的参与，体现出党建引领、全校联动的工作模式。在工作中总会遇到某种"边界",某件事好像你管,又好像我管,结果是必须协调几个部门共同来参与完成。在这种情况下,如果大家是善于并乐于合作的人,都是为了学校的利益,遇到困难共同努力,多为别人着想,那么在工作中就容易产生火花、产生灵感,就会更强烈地激发起大家共同干事的欲望,因此工作也就容易顺利开展。相反,在工作的过程中,如果总是强调己方如何困难,推脱责任,甚至遇到困难就抱怨别人,这样就很难与之合作,甚至无法开展工作。高校的很多决策部署,都分为很多具体举措,不仅仅涉及各行政部门,更需要加强横向协同,形成工作合力。需要相关单位团结合作,每项分解任务的牵头部门要整体把握,把工作列出来,把时间表排出来,把相关单位召集起来一起研究并抓好落实,才能推进各项工作任务保质保量完成。

三、如何建设优良行政文化?

纵观世界一流大学,大学文化是大学赖以生存与发展的灵魂,文化竞争力已成为大学核心竞争力的重要标志。一流的大学文化对"双一流"建设至关重要,大学中的人才培养、学科建设、科研创新等都需要大学文化孕育和孵化。行政文化作为高校行政机关及其行政人员在工作过程中所恪守的理念、追求的价值、遵循的规范以及所展示的形象的总和,是学校核心竞争力的重要体现。然而现阶段,行政文化建设在不少高校却没有得到应有的重视,相对于教学、科研、社会服务等各类量化指标和平台载体的建设,行政文化少有人问津。在我国建设高等教育强国过程中,深化包含行政文化在内的大学文化建设,乃是增强高校发展核心竞争力、推动高校内涵发展的重要途径。

(一)当前高校行政文化建设存在的问题

明晰高校行政文化的影响因素是培育高校行政文化的前提,而坚持问题导向则是探究高校行政文化影响因素的必然要求。结合高校行政文化实际,当前高校行政文化建设主要存在以下不足。

一是思想认知不够,工作理念滞后。行政文化是大学文化的重要组成部分,是大学精神形成的重要基石和载体,也是大学精神的直观反映。良好的行政文化不仅有助于改进工作作风、提高工作效能、增强工作的凝聚力和战斗力,而且能够推动优良校风、学风和师德师风的形成。在大学文化和大学精神的培育过程中,行政文化因其服务性、广泛性、交互性等特征,具有重要的导向引领和示范带动功能,当前,不少高校对此认识模糊。在实际工作中,高校往往重教学科研轻行政管理,重平台指标轻文化建设。或对行政文化重视不足,任其自然发展,缺乏必要的引导和规范;或受传统"官本位"思想影响,片面强调服从和贯彻执行的观念,对行政文化理解狭隘,缺乏全面系统科学的认知;或对新理念、新方法、新成果反应迟滞,未能跟上时代发展的步伐,缺乏应有的示范带动和育人传导功能等。这些问题的存在,使得高校行政文化建设与学校发展需求相脱节,无法有效地凝聚起全体行政人员的智慧和力量,在一定程度上阻碍了高校行政文化的培育,影响了高校行政办公水平和质量的提升,在一定程度上影响并阻碍了高校的高质量发展。

二是制度导向偏移,激励效能受限。良好的制度导向是高校行政文化形成的基础,也是行政文化可持续发展和延续传承的保障。充分调动行政人员的积极性、激发活力和创造力、发挥每个人的潜能、增强团队的凝聚力和战斗力是高校高质量发展的保证和动力源泉。当前,虽然很多高校在导向激励机制方面都采取了一些举措、制定了一些制度,如年度考核、评奖评优等,但从实施效果来看,还存在制度设计不合理、制度体系不健全、制度落实不到位、制度成效不理想等问题。高校在发展过程中,由于受传统行政管理思维影响,存在重命令执行轻交流倾听、重任务结果轻人文关怀、重管理使用轻发展培养等问题。如一些高校习惯使用正激励,负激励使用相对不足,没有形成正激励与负激励有机结合、互为补充的完备激励体系,且在激励机制设计时缺乏科学考量,无法有效调动全体人员的工作积极性;在正激励使用上,存在走过场、轮流坐庄等现象,导向功能弱化,激励效应不理想;在负激励的使用上,趋于保守,存在不愿得罪人、害怕得罪人心理,习惯于做"老好人",负激励效应没得到有效发挥。这不仅影响了行政管理人员个体工作动力和活力的激发,也影响了机关处室和二级单位等行政办公群体的积极性和主动性,给学校高质量发展造成了严重影响。

三是职业精神弱化,工作动力不足。职业精神是指与人们的职业活动紧密联系、具有职业特征的精神与操守,包括职业理想、职业态度、职业责任、职业良心、职业作风等内容。职业精神是行政文化培育的重要内容,也是行政文化不可或缺的核心组成部分。当前,由于高校行政工作理念、导向激励机制以及自身发展目标追求等因素的影响,高校行政人员的职业精神存在不同程度的弱化现象。有的职业理想迷失,事业心不强,干事创业意愿减退,工作干劲不足;有的进取心不足,质量意识欠缺,安于工作现状,工作思路因循守旧,缺乏开拓创新、追求卓越的精神;有的重小我轻大局,干事决策首先从个人和部门的利益出发,存在拈轻怕重、推诿扯皮、不愿担当现象;也有的工作理念偏差,服务意识欠缺,重管理轻服务,待人接物态度冷淡生硬,主动服务、热情服务意识不足等。以上种种现象的存在,都不利于高校高质量发展环境和氛围的营造,亟须加以解决。

四是制度建设缺位,行为道德失范。科学的制度设计是行政文化建设的保障。高校在制度建设方面相对滞后,特别是在行政办公规范化制度建设方面,相应的标准体系和监督约束机制欠缺。这使得行政人员的工作行为缺乏有效的标准参照和监督制约,行政办公过程中出现了一些与职业道德和行为规范不匹配的现象。如部分行政机关处室大局意识欠缺,在事关学校发展的重大问题上,以单位部门的利益为出发点,重小我轻大局;个别部门工作作风松散,凝聚力不足,缺乏干事创业的勇气和担当;少数部门人浮于事、墨守成规,存在"门难进、脸难看、话难听、事难办"现象;也有少数行政人员,缺乏应有的敬业精神,工作主动性较差,在困难任务面前存在推诿扯皮甚至敷衍塞责现象等。此外,高校具有权力高度集中和资源高度丰富的双重特点,权力寻租和利益输送的风险交织,近年来,我国高校腐败案件呈现多发态势,高校腐败涉及领域涵盖了方方面面,但在基建工程、考试招生、物资采购、校园资产经营管理、科研经费等领域尤为集中。以上问题的存在,归根结底还是行政办公文化制度设计的问题。

（二）高校行政文化建设的原则

高校行政文化有其自身运行的基本原则和要求,它规定了高校行政文化建设的依据和方向。加强高校行政文化建设,既是高等教育本质回归的诉求,也是时代发展的呼唤,我们不仅要在思想观念上加深认知,而且要从实践上把握方法,建设适应高校发展的先进行政文化。高校行政文化建设应遵循如下几个原则。

一是服务性原则。服务性原则是由高校行政办公的本质属性所决定的。作为行政人员,就是要服务于教学和科研,服务于师生,不仅要对权力的敬畏,更应对知识、对学术敬畏。大学里能不能形成好的学术氛围,很重要的一点就是看我们行政文化的氛围,因为行政人员掌握着资源分配的权力,比如经费、房子等。学校的资源到底是为什么人服务的,这直接决定你的行政文化是什么。在这个方面,公心非常重要。行政办公是高校行政工作的物质基础和表现形式,是行政工作服务教学、科研和人才培养的载体,也是维护学校日常运转和推动学校事业发展的基础保障。围绕高校既定的目标战略、推动各项工作不断进步、提高育人水平和质量,这既是高校行政办公的任务职责和使命要求,也是高校行政文化建设的出发点和归宿,高校行政文化建设必须首先把握这一关键点。这不仅事关高校行政文化建设的导向,而且事关高校行政文化的效能,直接影响高校行政文化建设的成败。

二是人本性原则。在行政文化建设的全过程中,坚持尊重人、关心人、理解人、服务人,以提高人的素质、促进人的发展为最高准则。这既是行政办公服务性工作属性的客观要求,也是行政文化建设自身激发内在活力、汇聚发展合力的需要。行政办公作为高校运行发展的基础和保障,它包含服务和管理两方面任务内容。从服务方面看,行政办公是服务教学、科研和人才培养的保障系统。大学的管理者应关注人才的培养,关心师生的成长,同事间要相互理解、相互尊重、相互欣赏,要尊重教授。只有坚持人本性原则,才能在行政办公过程中切实从师生的立场出发,更好地改进服务,不断提升行政办公服务保障水平和质量。从管理方面看,行政人员是行政办公的主体,是行政文化建设的参与者和实践者。只有坚持人本性原则,才能从根本上调动行政人员的工作积极性,持续不断地激发每个人的潜能,形成众志成城推动发展的强大合力。

三是开放性原则。高校行政文化建设需与社会发展、时代进步紧密对接、保持同步,不故步自封,也不保守僵化,及时吸纳社会发展的新理念、新技术、新成果来指导、改进行政办公工作。坚持开放性原则,既是高校行政文化自身不断发展完善的要求,也是高校行政文化永葆活力和生命力的必然选择。当今社会发展迅速,新理念、新技术、新成果不断涌现,只有始终坚持开放性原则,与社会和时代保持同步,才能与时俱进、跟上时代发展的步伐,才能避免掉队和落后,也才能不断满足新形势下高校高质量发展的需求。

(三) 建设优良行政文化的方法

行政文化作为大学文化的重要分支和载体,是高校行政办公高效有序运转的重要保障。加强高校行政文化建设,不仅直接影响高校行政管理服务事业发展的水平和质量,直接影响行政人员的工作动力、活力和潜能的发挥,更直接影响高校高质量发展的整体环境和合力,影响大学文化、大学精神的形成和培育。高校管理干部必须牢牢把握高等教育发展的职责和使命,明确服务什么样的人、如何服务人、为谁服务人的根本性问题,把高校行政文化建设贯穿行政管理全过程。

第一,不断提高思想认知

新思想引领新时代,新时代要有新作为。高校管理干部要以习近平新时代中国特色社会主义思想为指导,深入学习贯彻落实党的二十大和全国高校思想政治工作会议精神，围绕学校中心任务和重点工作，以推动学习型、服务型、高效型、创新型、廉洁型"五型"机关建设为目标，努力建设能引领、服务高水平大学建设的一流机关，为学校改革发展和"双一流"建设提供坚强的思想基础和组织保障。"双一流"建设要求下，突出价值引领是重构高校行政文化建设的首要目标。首先，加强政治引领，强化机关党的建设。高校机关首先是政治机关，要发挥"走在前、做表率"的作用，聚焦围绕中心、建设队伍、服务群众的核心任务统筹做好工作。坚持在提高政治站位上下功夫、在坚定理想信念上下功夫，将政治机关的意识体现机关各部门的工作中，推动学习贯彻习近平总书记重要讲话精神和党的二十大精神走深走实。其次，坚持理论联系实际，在强化执行上下功夫。学以致用、用以促学、学用相长是加强政治理论学习的根本目的。要把党建引领贯穿机关各部门工作中，持续推动党建与业务相融合、两促进。不断提升机关部门和干部职工干事创业的精气神，围绕学校中心工作、运用马克思主义的世界观和方法论主动作为、创新作为。善于发现和挖掘行政管理人员学以致用先进典型，加大宣传教育力度，切实把学习理论的收获真正转化为推动学校发展、提高服务质量的有效动力。最后，充分发挥机关基层党组织战斗堡垒作用和党员的先锋模范作用。着力在机关党支部开展主题党日活动上下功夫，将"支部主题党日"打造成"学"的基本载体、"做"的主要平台、"改"的重要抓手，定期组织支部主题党日组织生活观摩交流活动，发挥良好示范效应。推进机关各项工作更加科学化、规范化，让机关在学校建设和发展中更好发挥示范带动作用。

第二，重视制度文化建设

高校行政管理工作只有做到"有法可依"，才能保证管理过程中有章可循，又能约束管理者的行为，降低行政管理"人为"因素的影响与制约，让涉及转型发展的各种行政管理行为在制度框架下不断科学化、规范化、制度化。"双一流"建设背景下，加强制度文化顶层设计是高校行政文化建设实现良性动态发展的根本保障。制度是管理的前提和基础，也是维护工作秩序的依据和保障。培育高校行政文化，强化制度建设乃是必要之举和治本之策。制度管理是教育管理工作的前提和基础，制度是为了保障高校教育有章、有序和有效，没有规章制度约束的学校必然是无序、混乱的。管理不是不要制度，而是要靠制度文化，加强制度文化建设是当前管理工作的有效选择。首先，完善以大学章程为核心的规章制度体系建设。规范议事规则和决策程序，建立完善党委政治权力、行政权力、学术权力的有效运行机制，完善师生参与、专家咨询与学校决策相结合的决策机制，发挥学术委员会、教代会、学代会等组织的民主决策作用。其次,建立健全行政工作管理制度体系。制度建设要具前瞻性、系统性、科学化和可操作化。高校制度体系主要应包括干部管理制度、教师管理制度、学生管理制度、教师绩效考核制度、岗位职责制度、经费分配制度、实验室管理制度等,完善机关工作人员日常管理工作规范、评价考核、人事管理、科研管理、后勤保障、档案归档、监督反馈、政务信息公开等系列配套制度,建立公开、公平、公正的高校行政文化。最后,建立确保制度正常有效运行的保障体系。一方面,要以国家的法律、法规为前提,合理制定各种规章制度,追求文本规章的完善,使其成为发挥约束功能的管理手段;另一方面,规章制度确立之后,如何执行制度也极为关键。要强化惩处问责,建立健全主体清晰、责任明确、权力配置科学的责任体系和责任追究措施,对制度执行不力造成后果的,坚决追究有关责任,以维护制度的权威性和严肃性。

第三,精心培育观念文化

加强精神培育,构筑行政观念文化。高校行政观念是行政人员在行政办公过程中目标理想、价值追求、精神面貌、行为状态和道德规范等的总和,观念文化在行政文化中居于核心地位,是行政文化建设的关键,也是培育的重点。高校基层组织的管理工作,就是要通过激发全体师生的智慧,逐步形成对全体师生具有感召力的工作目标,制定共同愿景,使其成为全体师生共同关注的焦点,进而产生强烈实现愿景的内在动力。要强化精神引领,培育积极向上的行政观念,发挥观念文化的导向辐射功能,大力弘扬优良的行政观念。

一是要以现代大学精神为指引,深化对高校行政办公属性的认识,立足高校行政办公的目标愿景和现实需要,科学确立行政观念的培育内容。培育行政观念,必须紧密围绕行政办公的职能。首先,要强化立德树人的责任感与使命感。立德树人是高校的根本任务,也是高校的立身之本。高校各项工作均要围绕培养人才这个根本,行政办公也是如此。高校管理干部要深刻认识自身所担负的责任和使命,忠诚于教育事业,以自身的实际行动来诠释教育工作者的责任担当,增强立德树人的自觉性、主动性。其次,要强化岗位意识。立足岗位做好本职工作是每位管理干部应尽的义务和不可推卸的责任。要大力弘扬爱岗敬业、追求卓越、勇于担当和无私奉献的工作精神,以高尚的精神追求、务实的工作担当、精益求精的品质要求为高校高质量发展做贡献。最后,要强化团队协作的观念。学校是一个大家庭,学校事业的发展离不开机关各部门和各二级单位的齐心协力与互相配合。必须牢固树立大局观念,以学校的利益为最高利益,以学校的目标追求为工作的出发点和落脚点,加强单位部门间的协作,增强团队的凝聚力和战斗力。

二是要在行政办公的具体实践中大力弘扬行政观念,把行政观念培育与行政办公实践要求有机统一、统抓统管、共同推进。要加强高校管理干部的日常教育,大力弘扬爱岗敬业、追求卓越、矢志发展、团结协作的工作风格。加强管理干部的管理,在行政办公实践中不断强化服务意识、发展意识、岗位意识和集体意识的落实,增强工作的拓展力、创造力和凝聚力。

三是发挥领导干部的示范带头作用。领导干部在行政观念的培育过程中具有重要的示范引领和推动促进作用。干部就是要先干一步,要一级带着一级干,领导做给群众看。领导干部如果带好头,大家就会服气,就会跟着一起干。如果领导干部不带头,大家就会不服气,甚至观望顶牛。领导干部须坚持以身作则、以上率下,要求行政人员做到的自己首先要带头做到,要用自身的实际行动做榜样、树标杆,形成上下协力、共谋发展、共同进步的良好局面。

第四,打造行政文化核心竞争力

强调以师生为本提升服务理念,是加强和改进高校行政文化建设的关键。首先,要采取有效措施,逐步克服行政化倾向。学校以现代大学制度建设为龙头,以提升服务理念为目标导向,优化行政管理路径,提升行政管理服务质量。着力推进内部运行体系再构建,以效率为目标简化流程管理、以需求为导向优化流程管理、以依法治校为理念规范流程管理、以民主监督为手段严格流程管理为根本遵循,有步骤地推进高校行政文化流程再造工作。建立健全机关各处室工作职责,梳理事务办理流程图,简化办事程序,探索建立事务管理中心,实施师生业务"一站式"服务办理窗口。其次,改革传统大学行政绩效考核价值取向。坚持以工作实绩和师生满意度作为行政管理人员考核评价的主要依据,增强教师、学生等对行政部门和人员评价在绩效考核中的比重,提高行政人员服务意识和服务水平,把大学行政部门和人员的绩效考核与服务对象的满意度和业绩相挂钩。最后,要注重调查研究,发挥典型示范引领作用。围绕学校中心工作实现管理服务中心下移,通过座谈、问卷调查、个别访谈等途径深入基层持续开展机关作风专题调研,及时回应师生诉求,强化督导落实;大力宣传高校管理先进典型、特色做法和主要成效,不断增强机关干部职工转变作风、改进工作、服务发展的主动性和自觉性。

打造行政文化核心竞争力,重塑品格魅力。高校管理干部的品格应包括有序、尽职、忠诚、主动、谦虚、创新、公正、尊重、友善、宽容等内容。在"双一流"建设中,要注重对行政管理人员"品格"的再塑造,特别是要在"学"上下功夫、在"谋"上动脑筋、在"实"上出真招、在"稳"上做文章,具有影响、带动、汇集、凝聚师生的本领。重塑品格魅力是实现高校行政文化建设和重构的重要一环,也是打造行政文化核心竞争力的关键要素。一是强化自控力。严格遵守国家法律法规和学校行政机关纪律要求,严格约束自己,经得住各种诱惑,身体力行发扬吃苦耐劳、无私奉献和示范表率作用。二是增强执行力。能正确执行学校的各项重大决策和规章制度,做到效能优先、效率第一,切实提高办事效率和服务满意度。三是增强创新力。具有前瞻性的研究能力,善于创新工作思路,积极总结提炼并推广特色做法,能定期在国内相关学术期刊发表相关研究论文。四是提升善用网络新技术能力。树立"互联网＋"思维,擅长依托新媒体、手机网络媒介等开展行政管理工作的能力,及时发现并能第一时间解决师生员工各种利益诉求。

第五,创建和谐工作环境

高校要重视创建宽松和谐的组织氛围,努力为行政管理人员提供成长和发展的机会,满足他们的物质与精神需求,使管理人员对组织发展、个人价值的体现充满信心,最大限度地把管理人员的积极性、创造性调动起来。

积极构建和谐的职业共同体,不仅公正,而且讲民主、讲人情。实际上,高校基层组织就是一个具有共同信念、共同价值、共同规范的人群共同体,但这些并不一定能够使职场成为一个和谐的群体。职场和谐的基础是职场公正。职场公正包括诸多方面:首先是分配公正,即按照管理人员的德劳勤绩分配报酬;其次是机会公正,即给每一个管理人员公平的发展机会;再次是评价公正,即对每一个管理人员的表现做出正确的评价;最后是奖惩公正,即对表现优秀的管理人员给予适当奖励,而对表现恶劣的管理人员给予适当惩罚。职场和谐的核心是职场民主。职场民主就是真正把管理人员当作职场的主人,尊重他们的主体地位,维护他们的权益和尊严,从而使他们有归属感和责任感。职场和谐的实质是真心关爱员工。既关心他们的福利待遇和职业发展,也关心他们的冷暖忧乐,能让员工把职场当作家园,使职场真正成为"员工之家"。

强化选人用人导向,完善行政人员的选拔机制,营造良好的环境氛围。选人用人标准对高校行政文化有着重要影响,是高校行政文化的风向标。坚持正确的选人用人导向,有助于形成风清气正、实干担当和开拓创新的良好文化;反之,则会出现"劣币驱逐良币"的逆淘汰,影响行政文化的培育,不利于高校事业的健康发展。行政管理有其独特的岗位要求和工作特点,要加强人员选拔,把好入口关。要牢固树立崇尚实干、奋发有为、注重实绩和清正廉洁的选人用人导向,坚持事业为上,加强对选拔对象品德、能力、作为和精神状态的严格把关,自觉防范和纠正选人用人上的不正之风和种种偏向,营造干事创业的良好环境,推动学校事业发展。只有选拔一批讲政治、懂管理、善服务的管理人才,才能构建一支素质过硬、作风优良的管理干部队伍,不断提高行政管理效率,增强行政管理的凝聚力和战斗力。健全行政人员发展机制,发展是调动行政人员工作积极性的关键因素,也是促进行政文化形成的重要推动力量。要根据行政队伍的现状,科学制定行政人员发展规划,将个人职业发展与高校事业发展紧密结合;要关心行政人员的职业发展,为其创造良好的发展环境。完善行政人员管理考核制度,细化完善考核机制,制定科学合理的绩效考评办法,构建奖罚分明的考核体系,要加大制度执行力度,让考核真正成为激励员工努力工作、积极创造的指挥棒。

后　记

　　写这本书,源于我多年以来的一个想法。那就是盘点梳理自己多年从事高校管理工作的做法与体会,或许对现在的高校管理工作者和未来的从业者有一点可资借鉴的经验与启示,因能力有限,阅历经历积累不足,加之缺乏创新的勇气,迟迟没有提笔。近年来,随着时间的流逝,仿佛有些东西在我脑海里沉淀,一些思考与体会得以明朗,并通过不同方式与他人交流,也有一些感悟在激情中闪光。促使我真正动笔是2022年上半年我工作岗位的变化,我所在的武汉纺织大学实行中层干部职务任期制度,中层干部每个任期为4年,2022年4月,又到了换届的时候,我从人事处处长轮岗交流担任学校办公室主任。学校主要领导希望我开展二级单位办公室主任培训,我想找几本为高校管理干部专业培训用的书籍,但寻找的结果不尽如人意,只找到有关辅导员业务培训的专著。目前关于高校管理干部能力素质的研究相对较少,相关研究主要集中在中层干部队伍建设现状、干部选任与培养以及干部考评体系研究等方面,这才发现很少有人专门研究高校管理干部的专业化成长问题。现实中高校也是这样,新入职的专任教师有省教育厅和学校教师发展部门举办的岗前培训,辅导员也有省教育工委和学校学工部门举办的岗前培训,管理干部没有岗前培训,似乎还找不到负责培训的部门,组织部不负责,人事处也不管。于是,我又想起了自己多年思考而迟迟没有动笔的一个想法,那就是用自己30余年从事高校管理的亲身经历,以自己的切身体会,为高校管理干部写一本专门的业务书。于是,经过一年多的写作修改完善,就有了这一本书。

　　习近平总书记指出,光有思路和部署,没有优秀的人来干,那也难以成事。当下,高等学校"双一流"建设如火如荼。完成这一项宏伟的任务,仅仅依靠专任教师队伍是远远不够的,也要有一流的行政人员与机构。"双一流"建设的重点是学科,师资队伍是关键,管理是支撑,高水平的管理能够充分运用国际化的视野,不断创新思路,制定有竞争力的政策,运用灵活的方法与国际接轨,延揽和培养高水平的师资,并为人才队伍做好配套的支持和服务工作,可以在有限的资源条件下,为学科建设提供有力的支撑,提升工作的针对性,最大限度地产生正效应。党的二十大报告中提出,要建设堪当民族复兴重任的高素质干部队伍。北京大学校长林建华认为,大学管理者与其他行业的管理者一样,是一个专业化程度很高的职业。一个好的大学管理者需要学习、需要实践、需要磨炼,需要经历过成功和失败,才能成长,才能进步。大学管理者是特殊的职业人士,既要理解学者和学术,又要通晓现代管理的理念和方法。高校管理干部的身份很特殊,社会上的人士,包括在校大学生也把高校管理干部喊作老师。然而在大学校内,约定俗成,老师特指上讲台的专任教师,有领导职务的管理干部,一般是称呼职务,如高主任、黄处长,没有领导职务的管理干部,称呼就是在姓的前面加上"小"或者"老",如小李、老张。大学是一个很复杂的体系,管理工作具有复杂性,高校管理干部既要面对院士、长江学者、杰青和教授、博士等高级知识分子,也要面对基层管理人员、大学生,还要面对工勤人员、第三方人员,大家的诉求千差万别,需要营造良好的学术氛围,更要保持持续稳定和谐氛围,调动起大家的积极性和创造性,最大限度地产生正效应,反之,必然会掣肘学校的发展,出现低水平的重复和无谓的内部消耗。所以,管理干部要扮演领导、老师、一线员工三个角色,并且角色转换很快。即便是基层干部,当他起草领导讲话稿的时候,就是领导的扮演者,一字一句,说的都是领导的话、表达的都是领导的意图,身在兵位,胸为帅谋。面对学生,就是老师的扮演者,要担任班主任,联系学生,给他们以人生指导。面对教职工,就是一线员工,有大量的日常行政事情需要处理,为师生做好服务。所以,高校管理干部需要比专任教师更了解高校行政工作实际,比大学生更具有政策理论水平。但在当前,面对新阶段、新征程严峻的形势、任务,高校管理工作重、任务新、要求高,由于长期以来管理队伍专业化、职业化水平不高,多数管理干部基本依靠经验的积累来开展管理工作,对外交流较少,国际化视野不足。高校管理干部普遍存在不同程度的知识恐慌、能力恐慌、本领恐慌,面临学历深造困难、专业教育培训匮乏等难题,有的专业能力不足,有的工作创新性不够,而高校对管理干部提供的系统培训不多,这些都限制了高校管理干部整体素质的提升。很遗憾,现在还没有专门培养大学管理干部的学校,即使有这样的学校,也未必真能够培养出优秀的大学管理干部。高校管理干部只有加强思想淬炼、政治历练、实践锻炼、专业训练,不断提高素质能力,才能适应新时代高等教育发展要求。

那么,如何提高高校管理干部的治理能力?我在拙著《高校管理干部的四重修炼》的后记中写道:对于如何提高高校管理干部的治理能力,我的体会和感悟是"爱岗敬业、持续学习、调查研究、服务至上、维护团结、领导支持、多岗锻炼、廉洁从业"的32字诀。如果要用一个词来回答,那就是"学思践悟","学"了之后,对学的内容进行"思",然后把"思"的成果运用到"践"中去,再从"践"中获得了"悟",把学习、思考、实践、感悟结合起来,这应该是我们学习工作中需要遵循的科学方法。

勤于学。"学"是基础和前提。没有"学",其他就是"无本之木、无源之水"。终身学习是克服能力不足、本领恐慌的重要手段,要有学习永远在路上的信念,不做"井底之蛙",不满足于现状,积极进取。现今部分管理干部对本职工作"见子打子"或是一味"吃老本"应付,工作起来难免力不从心,效率低下。唯有学习,不断地积累沉淀,才能提高自身素质,厚积薄发,增强工作本领,从而减少本领恐慌。学习是一种责任,每一个管理干部,都要从政治的高度,努力让学习成为习惯。高校管理干部脱产培训机会少,更要自学,勤于学习、善于学习、精于学习,向书本学、向领导学、向同事学,努力成为各自领域的行家里手,深刻领悟践行"国之大者",持续加强新时代党的创新理论武装和业务知识学习,读原著、学原文,不断提高政治判断力、政治领悟力、政治执行力,在实践中学懂弄通业务知识,切实武装头脑、指导实践、推动工作。当学习成为一种习惯、一种状态、一种自然、一种内生动力,往往就会发现,每天不看几篇好文章,睡不着;每天不背几段好语句,睡不好;每天不写几段话,睡不稳。

敏于思。"思"是"学"的延伸。"思"的位置更特殊些,也显得更加重要,因为"思"连接了"学"与"践",然后归结到"悟"上,而这个"悟"也不过是"思"的升华,实质上还是来自实践或者说经过"实践检验"的"思想"。经过思考的加工,学习的知识才更深刻,更具指导性。人的行动是建立在思考的基础上的,所以,古人说要"三思而后行",苏轼也认为熟读要与深思结合起来,即所谓的"好书不厌百回读,熟读深思子自知"。年轻干部思想活跃、精力充沛,加上入职时间不长,任务重、事务杂、交往频、选择多,特别是受社会上一些急功近利思想和网络时代快餐文化的影响,容易浮躁、急躁,容易迷惘、迷失,也容易形成碎片化的思维习惯,越是这样,越需要一种"静夜思"的心态。高校管理干部要边学边思,弄清楚"为什么做"的思想源头、理论依据、深层次道理,提升"思"的靶向性和精准度,时刻保持一种洞察时势的职业敏感,敏锐捕捉更多有效信息。有的干部很卖力,但办事水平总提不高,问题多出在思维上,办事没有经过大脑思考。有正确的思维,才有正确的行动,没有正确思维的引领,再高的智商也难以转化为智慧,再大的蛮力也不能升华为功力。

勇于践。"践"是"思"的落脚点。高校管理干部的工作是实践出来的,一切办法,只有在实干中才能付诸实施;一切问题,只有在实干中才能逐步解决;一切机遇,只有在实干中才能牢牢抓住。在工作中,部分中青年干部"滑味"十足,在工作中遇到一些"拦路虎",有些干部不免会打起"退堂鼓",对领导安排的工作"不买账",对上级布置的工作推诿,缺乏实干精神。高校管理干部要客观正视自身存在的本领不足问题,弘扬伟大建党精神,牢记"三个务必",强化责任担当,勤勉干事创业,增强斗争精神,切实履好职、尽好责。年轻干部不要怕活儿,要找活干、抢着干、争着干,要"不怕干""干不怕""怕不干",多在基层一线当几回"热锅上的蚂蚁",经风雨、见世面、练筋骨、强本领。坚持敢字当头,敢为、敢闯、敢干、敢首创,迎难而上,勇于应对"一难两难多难""既要又要还要"复杂局势,善于运用改革创新的办法破解难题、打开局面。坚持雷厉风行、快干实干,勇当"主攻手",搬掉"绊脚石",定一件干一件、干一件成一件,踏石留印、抓铁有痕,让抓落实、促发展成为工作的主旋律。

善于悟。"悟"是"践"的升华。总结规律,内化于心,才能真正外化于行。问题是时代的声音,高校管理干部要以问题为导向,运用马克思主义世界观、方法论发现问题,总结经验,吸取教训,提炼方法,指导具体工作,增强"悟"的科学性。每天静下心来,少一点无谓的应酬,抽出一些时间安安静静地研究些理论、思考些问题,善于总结,提高觉悟,不断学习和把握工作新方法,努力做到悟深、悟透,将理论联系实际,坚持实践、实践、再实践,真正提升自身执行力。感觉可能过眼烟云,感悟却能历久弥新,经验可能对付一阵,理论解决长远实质。高校所有的工作,都有其规律性,通过研究,掌握了规律,我们的工作就会事半功倍。新征程上,只有坚持一张蓝图绘到底,撸起袖子加油干,才能把"国之大者"领悟到位,落在实处,也才能确保执行不偏向、不变通、不走样。

老实说,写这样一本书,耗费了我太多时间和精力。书不是孤芳自赏的工作纪念册,是给高校管理干部专业化成长提供帮助的,高校管理干部究竟要有多少修炼?没有标准答案,想要做好高校管理工作,需要的储备太多。我们很难立刻成为一个高校管理的行家里手,所以更加需要判断。本来,这样的工作,应该是专家学者的事,应该是高校领导的事,而偏偏没有人去专门研究。我不揣浅陋,出于对高教事业的热爱,从高校刚参加工作的管理干部的角度出发,结合自己30余年的管理工作实践,去思考有哪些经过检验反思然后笃信不疑,认为最重要、最需要、最常用、最基本、最应该掌握的能力。为什么是八项修炼?八当然有故事,"八"在中文里是个很吉利的数字,有着很多美好的寓意,比如"才高八斗""八拜之交""四通八达"等。而且,"八"与我们党的建设也有着非常密切的联系,"三大纪律八项注意"

影响和教育了一代又一代官兵，为我党我军紧密联系人民群众，筑起攻无不克、战无不胜的钢铁长城。新时代，"中央八项规定精神"已经发展为适用于全体党员干部的"大精神"！它是百年大党永葆青春的关键所在。站在两个一百年的交汇点上，我们更有责任去执行好、维护好这两个"八"！不过八项修炼的确定不是为了讲故事，这是问题导向的结果。我利用了一年多的双休日的零碎时间和寒暑假的整块时间思考写作，反复修改，有的如"公务礼仪修炼""管理育人修炼""调查研究修炼"已经写好了稿子最后因为体系和篇幅的问题而忍痛割爱，如是再三，最终确定了八项修炼，才有了现在这本书的大致模样。写作本书与其说是做学问，不如说是这八项能力的又一次修炼，是人生的磨炼，其中甘苦，非亲身经历，难以体会。对于这本书的名称，当初还真有一点纠结，现在所谓的学术成果，大都冠名以什么的研究，否则就登不了学术的大雅之堂，我的想法是可读性、实践性强一点，学术性与操作性相结合，让读者真正有所收获，于是就按照自己的想法来写。本书也参考了互联网上一些成果，限于篇幅，部分资料来源没有一一注明出处，敬请谅解。期间我还征求了好几位现任和离任的高校党委书记、校长的意见，听取了一些高校年轻管理干部的建议。我的这本书，比学术专著或许少了一些学理性，但多了一些实践性，既有自己的一些经历，又有自己的所见所闻，更多的是综合了一些经验，如今写下来，跟年轻管理干部分享，以期对高校管理干部的专业化发展、高校治理体系和治理能力现代化有一定的参考价值和指导意义，这也是我最希望看到的。

这是一个千帆竞发、百舸争流的伟大时代。当本书付梓时，内心升腾出一种强大的感恩情愫。感谢各级领导和师长一直以来给我的关心指导，感谢同事朋友们的支持帮助。武汉纺织大学党委书记田辉玉、校长徐卫林院士对我的工作予以了悉心指导，耳濡目染下，我对田辉玉书记"有制度按制度办，没制度按规矩办，没规矩商量着办，商量不成按领导指示办"，徐卫林校长"要做'研究型'管理"的管理理念有了新认识，还有黄国辅副书记对人才工作的雷厉风行、罗锦银副书记对疫情防控工作的殚精竭虑、程碧海书记对办公室工作的守正创新、姜明华副校长谋划工作的思维跳跃，也给了我很多启示；感谢湖北大学党委书记谢红星、湖北工业大学党委书记彭育园为本书的撰写提供的宝贵意见，并拨冗赐序；感谢武汉纺织大学党委常委王栋教授的大力支持；感谢本书责任编辑湖北人民出版社杨猛的责任心；还要感谢武汉纺织大学学校办公室同事们的支持及姜永杰、刘登冉、蒋辛的建设性意见，马克思主义学院硕士研究生汪伦也为本书提供了帮助，对于所有花费时间、付出心血的同事和朋友，我都发自内心地感激。在这里，我还要感谢家人的理解，我的妻子刘俊给了我很大的影响，每当我想放弃的时候，她都给予我鼓励，给予我前行的力量。

本书肯定存在疏漏和不完善之处，在思路整理、结构安排、文字表述方面还有很多遗憾，加之自己的理论功底不深、能力水平有限，缺点和错误在所难免，敬请广大读者提出宝贵意见和建议。对于我而言，将多年工作的体会融入本书进行了一次深刻的梳理与反思、提升与顿悟，并借此机会与同行或交流分享，或商榷批判，这个过程，本身就是一种收获。本书的写作马上就会结束，但作为研究，还远未终止。期待能够抛砖引玉，带动更多同行和专家对高校管理干部专业化成长进行有益的探索和研究，为提升高校治理能力做出贡献。

新征程是充满光荣和梦想的远征，没有捷径，唯有实干。2022年，全国共有高等学校3013所，高等教育在学总规模达到4655万人，通过"211""985"工程和"双一流"建设计划，一批大学和一大批学科已经跻身世界先进水平，中国高等教育整体水平进入世界第一方阵。许多高校积极探索中国特色、世界一流大学建设新路，努力推动内涵式高质量发展，推动更深层次改革、更高水平开放、更高质量创新。我所在的武汉纺织大学纺织科学与工程学科，也被确定为湖北省属高校一流学科四个重点建设学科之一，学校高质量发展进入新赛道。高校管理干部责任重大，使命光荣。为者常成，行者常至，历史不会辜负实干者。实现新征程的良好开局，靠实干开创更加美好的未来，贵在脚踏实地，埋头苦干，不驰于空想，不骛于虚声。广大高校管理干部和教师队伍只要有愚公移山的志气、滴水穿石的毅力，一步一个脚印地扎实向前迈进，踏踏实实干事创业，就一定能够把宏伟目标变为美好现实。

路虽远，行则将至；事虽难，做则必成。

2023年5月28日定稿于清风居